経営学で
考える

Managementthink

高橋伸夫

有斐閣

目　次

第1章　プロローグ　経営学で考えると ─────── 1

青色 LED 訴訟　1
経営学的な五つの視点　3
視点1：ライセンス・ビジネスにおける特許権の金銭的価値　6
視点2：発明者自らが起業した場合の創業者利益　15
視点3：資源ベース理論（RBV）から見た特許権の貢献度　19
視点4：モチベーション理論から見た金銭的報酬　26
視点5：提携の枠組みの中における特許権等の役割　29
経営学で考えると　34

第2章　成功した理由 ─────────────── 35

成長の後に　35
PPM の基本構造　38
PPM で何をしたのか？　47
学習曲線の秘密　61
付　録　基本モデル，ミュース・モデルの進歩関数　78

第3章　じり貧になる理由 ───────────── 81

製品イノベーション　81
A-U モデル　86
工程イノベーション　89
硬直化した生産システム？　91

凍りついたイノベーション？　*98*
　　「じり貧」現象と「殻」概念　*103*
　　自然淘汰から人為選択へ　*113*
　　「じり貧」とぬるま湯感　*117*

第4章　意思決定の理由 ──── *133*

　　近代組織論的組織観　*133*
　　組織の合理性　*141*
　　能率の原則　*147*
　　「組織の合理性」は事後的な言い訳　*150*
　　問題解決だけが意思決定ではない　*156*
　　「やり過ごし」の効能　*166*

第5章　協調する理由 ──── *175*

　　協調・裏切りゲームとしての囚人のジレンマ　*175*
　　コンピュータ選手権での「お返し」の優勝　*184*
　　未来傾斜原理　*190*
　　高い未来係数と終身コミットメント　*195*
　　ゴーイング・コンサーン　*207*

第6章　働く理由 ──── *215*

　　働く人の言い訳　*215*
　　金銭的報酬の理論：期待理論　*217*
　　金銭的報酬の迷信　*222*
　　「満足→生産性」仮説の迷走と否定　*232*
　　イニシアチブの復権　*239*
　　イニシアチブを生かすなら非金銭的報酬　*246*

第7章 社会人のためのエピローグ
仕事の報酬は次の仕事 ──────── 259

『虚妄の成果主義』　259
ありのままの日本企業：選ばれし者たちの会社　263
1. 「今の仕事」ではなく「次の仕事」　268
2. 加速度的に差がつく　272
3. 論功行賞ではなく適材適所で　274
4. 互換性部品にはさせない　279
5. 投資の形での成果配分　281
6. 「また君と一緒に仕事がしたい」という評価　283
7. 定期異動という強力なツール　288

組織力を紡ぐ・磨く　292

参考文献 ──────── 303

あとがき ──────── 321

索　引 ──────── 323

本書のコピー，スキャン，デジタル化等の無断複製は著作権法上での例外を除き禁じられています。本書を代行業者等の第三者に依頼してスキャンやデジタル化することは，たとえ個人や家庭内での利用でも著作権法違反です。

第1章

プロローグ
——経営学で考えると

　一見，経営学とは何の関係もないように見える特許訴訟を例にして，経営学で考えるとどれだけ世界が広がり，どれだけバランス良く俯瞰して物事が見えてくるのか概説してみよう。

青色LED訴訟

　21世紀初頭，日本では，知的財産権に対する関心が急速に高まった。そのきっかけの一つが，青色発光ダイオード（LED; Light Emitting Diode），略して「青色LED」（「あおいろえるいーでぃー」と読む）の開発である。2014年には，ノーベル物理学賞が，青色LEDを開発した赤﨑勇，天野浩，中村修二の3教授に対して贈られたことでも脚光を浴びた。しかしその10年前，青色LEDは，いわゆる「青色LED訴訟」で，2004年から2005年にかけて大きな社会的関心を集めた。

　青色LED訴訟は，青色LEDの発明対価をめぐって，発明者の中村修二氏（以下，中村氏）が，元勤務先の日亜化学工業株式会社（以下，日亜化学）を相手に2001年8月に提訴したものである。同時期には他にもいくつもの発明対価をめぐる訴訟が起きていたので，当然，学界でも特許権などの知的財産権の評価が研究テーマとして注目されることになる。経済学的な関心は，もっぱら知的財産権制度（とくに特許制度）や産業組織論的分析に向けられ，会計学的な関心は，より直接的に知的財産権を指標化しようという試みに向けられた。

そんな中，2004年1月30日に，青色LED訴訟の一審の東京地方裁判所の判決（以下，地裁判決）が出された。地裁判決では，青色LEDの発明による日亜化学の独占利益を1208億円，中村氏の貢献度を50％として，発明対価をなんと604億円と算定し，中村氏が請求していた200億円全額の支払いを日亜化学に命じたのである。多くの一般市民が，その途方もない金額の大きさに驚いた。そして多くの業界関係者が「ありえない」金額だと感じたのである。

ここで注意しなくてはならないのは，「ありえない」と感じた人間の多くが，実は，当時，中村氏の科学的貢献に対して疑問を感じていたわけではなかったことである。すでにこの時期，中村氏自らが自分の貢献を強調する本を何冊も出版していたし，マスコミにも何度も登場していた。中村氏の功績を称える論調は，どのマスコミも異口同音であり，そのことを黙認するかのように，2004年1月に地裁判決が出るまでは，日亜化学側も沈黙を守っていたのである。

それでは，なぜ「ありえない」と感じたのか。それは，知的財産権の評価をめぐっては，すでに実務の世界，正確に言えばライセンス・ビジネス（あるいはライセンシング・ビジネスともいう）の世界では，ある種の相場観が存在していたからである（高橋・中野，2007b，第2章；五月女，1987；五月女・橋本，2003）。たとえライセンス交渉の現場に立ち会ったことのない人間であっても，およそ経営の世界に住んでいる人間にとっては，地裁判決は，ビジネスが根底から覆されるような，相場観とは桁違いの金額だったのである。

まず確認しておかなくてはならない事実は，発明を科学的・技術的にどのように評価するかという議論と，発明をビジネスの現場で金銭的にいかほどに評価するかという議論とは，まったく別次元の議論であるということである。その基本認識が，地裁判決には欠落していた。少なくとも青色LED訴訟をめぐるマスコミ報道においても欠落していた。言い換えれば，発明に対する科学的・技術的貢献度とはまったく異なる別の角度から，経営学的な複数の視点からバランス良く俯瞰してこそ，発明対価についての納得性の高い常識的な相場観が見えてくるのである。

その後，日亜化学が一審判決を不服として控訴し，中村氏側も請求額を1億円上乗せして東京高等裁判所に控訴したが，筆者は，その青色LED訴訟

の控訴審で、東京高等裁判所知的財産第3部に対して、2004年9月29日に、こうした経営学的視点から枠組みを考えるべきであるという趣旨の意見書を日亜化学側から提出した（高橋, 2005b; Takahashi, 2014c）。この章で、これから提示する論点は、その意見書にも反映されていたものである。

東京高等裁判所の控訴審は、2005年1月11日に和解が成立し、それは日亜化学側が中村氏に対し、発明対価約6億円を含む計約8億4000万円を支払うという内容だった。青色LEDの発明対価は地裁判決が認めた604億円から一転、100分の1の額で決着したと大きなニュースになった。

しかし、この100分の1の額で決着したというマスコミ報道は正しくなかった。もともとこの裁判では、特許番号2628404号「窒素化合物半導体結晶膜の成長方法」（特許番号の下3桁をとって、以下、「404特許」〔「よんまるよんとっきょ」と発音する〕）だけが訴訟の対象となっていたが、実は、この和解金額の6億円には、404特許だけではなく、中村氏が単独または共同発明者となっているすべての職務発明等（国内の登録特許191件、登録実用新案4件、特許庁に係属中の特許出願112件、さらにこれらに対応する外国特許および外国特許出願にかかる発明ならびに特許出願されずノウハウのまま秘匿された発明を含む）に対する相当の対価を含んでいたのである。したがって、404特許単独の発明対価は、和解勧告に基づく計算では、最大限に見積もっても1000万円程度だったといわれる。これは地裁判決の実に6000分の1の評価に下がったことになる。この金額水準といい、すべての職務発明等を含んだ和解内容といい、この和解は実にライセンス・ビジネス的なセンスに溢れた和解であったといえるのである。

経営学的な五つの視点

ところで、ここでいう青色LED訴訟は、正確には、特許法35条に定める職務発明に対する「相当の対価」をめぐる訴訟である。日本の特許法は、昭和34（1959）年法では、職務発明について、「特許を受ける権利」や「特許権」は原始的に当該従業者である発明者に帰属するという発明者主義をとり、それの使用者への承継に際しては相当の対価（補償金）の支払いを受ける権利が従業者にあるという権利主義を基本的理念としていた。しかし、発明対

価をめぐる裁判が頻発するようになり，平成16（2004）年法（平成17年4月1日施行）の新職務発明制度では，職務発明に係る相当の対価を使用者等と従業者等の間の「自主的な取決め」にゆだねることが原則となった。しかし，依然として日本の特許法は，世界でも珍しい発明者主義をとっており，職務発明については，企業は相当の対価を支払って，特許を取得する権利を譲り受ける必要があった。日本政府がようやく重い腰を上げ，企業が発明に貢献した社員に報酬を支払う社内ルールを定めることを条件に，「企業のもの」に変更する方針を固めたと報道されたのは，奇しくも青色LEDのノーベル賞受賞が発表された2014年10月7日の2日後の10月9日のことであった（「特許法等の一部を改正する法律」の成立，公布は2015年7月）。

　こうした事情があるので，当時，相当の対価の問題は，法律問題として認識され，経営学者の関心をあまりひかなかった。ところが，この相当の対価をいくらにするかという問題を特許法35条の法解釈から解決することは困難なのである。経営学的な複数の視点からバランス良く俯瞰しなければ，発明対価についての納得性の高い常識的な相場観は見えてこない。

　そこでこの章では，経営学的な視点として，次の五つの視点を挙げ，バランス良く俯瞰してみることにしよう（このうち(1)～(4)は意見書の内容（高橋，2005a，第7章）を踏襲し，和解後に判明した(5)については高橋・中野（2007a）が解説している）：

(1) ライセンス・ビジネスにおける特許権の金銭的価値
(2) 発明者（である研究者・技術者）自らがリスクを負担して起業した場合の創業者利益
(3) 経営戦略論の資源ベース理論（RBV）から見た特許権の貢献度
(4) モチベーション理論から見た金銭的報酬
(5) 提携の枠組みの中における特許権等の役割

　第一の視点は，ライセンス・ビジネスの実態を踏まえた特許権の金銭的価値である。特許権をはじめとする知的財産権の金銭的価値は，本来，会社の内外の代替的な経営的選択肢との比較によって経営判断されるものである。たとえば，会社が他社の特許権のライセンス供与を受ける際には，当該特許を回避した場合にかかるコストと比較して，ライセンス供与を受けた方が安上がりであるという経営判断があったときに，はじめて実施許諾契約として

取引が成立する。したがってその実施料は，当然，当該特許の回避コストを下回る水準になっていなければならない。

　第二の視点は，発明者である研究者・技術者（以下，研究者）自らがリスクを負担して起業した場合の創業者利益との比較である。現実の創業者利益はそれほど高い水準にはないが，従業員発明家の相当の対価は，創業者利益を下回るはずである。なぜなら，仮に，雇用契約のもとでの相当の対価が創業者利益よりも高くなるようであれば，会社側にとって，研究者の生涯給与プラス相当の対価のコストを要する雇用契約よりも低コストの他の選択肢，たとえば「起業させる」等が存在することになり，会社側は雇用契約を選択しなくなるからである。

　第三は，経営戦略論，とくに資源ベース理論に代表される視点である。資源ベース理論によれば，会社が平均以上の利益を上げるとき，その超過分は，その会社がそれまで培ってきたユニークで，他社が容易に模倣できない能力に加えて，不確実性下で会社側が不断に行ってきた積極的投資に由来する。こうした超過利益の源泉，いわゆる市場での優位性は，たんに基本特許だけで維持できるものではなく，他社に先駆けて高リスクの研究開発に投資を行い，いち早く事業化までこぎつけ，その事業化プロセスから出てきた数多くの特許やノウハウ，さらには製造装置まで自製することで優位性を固めることができると考えられているのである。

　第四の視点は，モチベーション理論から見た金銭的報酬の効果である。素直に理解すれば，相当の対価をめぐる裁判での原告側の主張は，これまで日本企業では，ほとんど発明報酬もないままに研究開発がうまくいっていたという驚くべき事実の表明であった。多額の発明報酬がインセンティブとなって研究開発が促進されるはずだというあまりにもナイーブな思い込みを当事者自らが明確に否定しているのである。そもそも相当の対価は，まるで後出しジャンケンのように，事業化に成功した後に金額算定をしてはいけない。本来，報酬システムの一部である相当の対価の算出ルールは，事前に，従業員が職務発明に懸命に取り組むようになるように設計すべきものなのである。その際，金銭的報酬に絞った報酬システムでは，モチベーション的にうまく機能しないことはわかっているので，相当の対価は，雇用契約のもとでのより広い内的報酬をも含んだ報酬制度の一部として位置づける必要がある。

そして第五の視点は，提携という大きな枠組みの中での特許権等の役割である。そこには，まったく異なる特許権の姿が経営学のレンズを通して透けて見えてくる。実際，提携交渉においては，提携以外にも，社内外の多くの経営的選択肢が代替的に存在し，それが比較検討されているし，さらに，供与側であるライセンサーが，供与した技術の管理について万全を図ろうとすると，特許の実施権やライセンス契約のみで縛ることは難しくなり，供与先であるライセンシーを資本関係で縛るという，より進んだ提携の形を迫られることになる。実は青色LED訴訟の裁判自体が，もっと大きな提携形成のストーリーの中のほんの1ピースに過ぎなかったことが，東京高裁での和解後に明らかになる。

　これから，こうした経営学的な五つの視点からの考察を行うが，これらは，地裁判決と比較して，東京高裁での和解額がはるかに妥当であることの経営学的な裏づけを示すものである。広く経営学的視点からバランス良く俯瞰すれば，一見つかみどころがない相当の対価のようなものでも，おのずと相場観が見えてくるのである。

視点 1：ライセンス・ビジネスにおける特許権の金銭的価値

　まず，ライセンス・ビジネスの視点から考えれば，そもそも特許権について，地裁判決が認めたような巨額の金銭的価値があるとは考えられない。

(1) 回避コストとの比較

　一般に，会社が外部の特許権を買うまたは実施料を支払って実施するという決定をする場合，二つのコスト要因が考慮されるといわれる。

(i) 研究開発コスト……具体的には，自社内の研究開発部門に対して，どの程度の額の研究開発予算をつければ，たとえば3年以内に当該特許を回避できる技術開発が可能になるのかが検討される。

(ii) 訴訟コスト……一般的には，当該特許の無効審判請求等を行うときの手続費用，あるいは相手側から特許侵害の裁判を起こされたときの裁判費用とそれにかかわる社内の作業量が考慮される。

　つまり市場取引では，当該特許権を回避するために要するこうした「回避

コスト」を下回る水準の価格でのみ，当該特許権の取引が成立する。ここで注意を要するのは，裁判所や経済学者は料率を気にするが，回避コストのアイデアからすれば，率ではなく額の方が重要になるということである。実際，莫大な売上高が予想される場合には，対売上高で決められた実施料率がかなり低い水準であっても，実施料の額は相当に大きなものになり，回避コストを上回ってしまい，当該特許の回避が決定されることがあるといわれている。

逆にいえば，莫大な売上高になればなるほど，料率を相当に小さいものにしておかないと，すぐに回避コストを上回ってしまう。会社が当該特許のライセンス（特許権の実施許諾）供与を受けるという選択肢を捨て，当該特許を回避するための研究開発をすることを決定する水準は，市場規模にもよるが，404 特許の地裁判決のように，莫大な売上高が予想されたというのであれば，実施料率は売上高の 1％未満の水準でも，額が回避コストを上回ってしまい，当該特許の回避が決定されることがあるといわれている。

(2) 金銭的価値は科学的価値ではなく経営的判断に依存

研究者を含め，特許を学問的業績と勘違いしている人がいるが，まったくナンセンスである。特許を取得するという行為は，まぎれもなく発明をビジネスとして扱う行為である。ライセンス供与をするにしろ，自分で製品化して他人に使わせないようにするにしろ，そこにビジネス・チャンスを作り出すために特許は取得される。しかし，それ以上のものではない。

しかも極端なことを言えば，科学的価値の如何にかかわらず，腕のいい弁理士（特許・商標等の登録出願等を代理できる国家資格者）と組めば，そこそこのアイデアや発明を特許として成立させることは「技術的に」可能なことだともいわれており，ビジネスモデル特許などは，まさにその好例といえる（高橋，2002）。米国でのアマゾン・ドット・コム社の「ワンクリック特許」（米国特許第 5960411 号，1999 年 9 月 28 日登録）などが話題となり，日本でも，凸版印刷の「マピオン特許」（特許第 2756483 号，1998 年 3 月 13 日登録）や「パーフェクト」で知られる住友銀行（当時）の「振込処理システム」（特許第 3029421 号，2000 年 2 月 4 日登録）などが有名となって，「ビジネスモデル特許」（business method patent）のブームが 2000 年をピークに到来した。ビジネスの手法やアイデアを発案し，それをより具体的な情報処理技術と組み合わせて，

首尾よくビジネスモデル特許が成立すれば，特許登録されるのは情報処理システムなのだが，同時に，この特許によってビジネスの手法やアイデアのようなものも間接的に保護されたのである。そのため，防衛特許的な連鎖出願で出願件数が膨張すると同時に，当時，ITバブルで，ビジネスモデル特許を餌にして，ベンチャー企業が資本市場やベンチャー・キャピタルから資金調達をすることが可能だったこともあり，ビジネスモデル特許が一大ブームとなった。しかし実際には，多くのビジネスモデル特許が，事業化しても利益を生み出せるような代物ではなく，資金調達の「手段」以上のものにはなりえなかった。そのため米国，日本でITバブルが崩壊して資本市場が急速に萎むと，ビジネスモデル特許の魅力は急速に薄れてしまった。

　仮に，科学的価値が非常に高い発明であったとしても，当然のことながら，特許権の金銭的価値は発明の科学的価値とは別物であり，実際にノーベル賞をもらった発明でも，会社の発展にはつながらなかったという例はいくつもある。有名な話としては，英国EMI（Electrical and Musical Industries, Ltd.; 1931-2012）のハウンスフィールド（Godfrey Newbold Hounsfield; 1919-2004）が，1968年に特許出願したCT（Computed Tomography; コンピュータ断層撮影）がある。彼はこの功績で1979年にノーベル生理学・医学賞を受賞するが，皮肉なことに，同年，EMIは不振の同事業から撤退を余儀なくされる（平尾, 2008）。つまり，特許の金銭的価値は，会社の経営に大きく依存するものなのである。

　実際，従業員の職務発明が科学的にいかにすばらしいものであったとしても，会社側は，すべての発明を特許化し，さらにそれを製品化し，事業化する義務を負うものではない。仮に，その会社の主力製品で，十分に売上げも利益も上げている製品と競合する新製品の特許であれば，たとえそれが，発明報酬のほとんど発生しない類のものであり，かつ科学的にもすばらしい発明であったとしても，経営判断としては，その特許は社内で封殺され，それを使った製品化は行われないであろう。もちろん他社にも使わせない。会社の利益を損なうからである。

　そのため，大学のTLO（technology licensing organization; 技術移転機関）が大学の特許をライセンスする場合には，業界ナンバー1の会社にはライセンスしない方がいいとされている。業界ナンバー2以下の会社にライセンスすれ

ば，ナンバー1になりたくて，その特許を使った新製品を開発してくれるが，ナンバー1の会社に排他的にライセンスしてしまうと，その会社は，自分の地位と利益を脅かすような新製品を開発したがらないし，むしろ権利を買ったうえで握りつぶされる可能性が高いからである。

　会社が保有している特許権であっても，それを実施するかどうかは，こうした会社の内外の代替的な経営的選択肢との比較によって決まるものであり，会社の経営的判断に依存している。したがって，事業化のコストが高すぎる場合には，せっかくの特許でも自己実施せずに，他社にライセンス・アウトする選択肢を選ぶ場合も多くなる。ストレート・ライセンス（straight license）と呼ばれるケースの多くはこれに該当するともいわれる。これは，ライセンサーがライセンシーに対して一方的に特許の実施許諾を与える契約で，特許など知的財産権の実施許諾権を必要とする会社に「売る」ケースである。

　こうした会社の経営的選択肢，経営的判断とまったく独立に存在している特許権の金銭的価値などありえないのであり，特許権の金銭的価値は発明の科学的・学術的価値とはまったく別個のものなのである。

(3) ビジネスの道具としての特許——金がかかる特許権行使をするかどうか

　さらに，ライセンス・ビジネスの世界では，企業にとって，特許はそれ自体で金銭的価値があるという性質のものではなく，上手に活用することで利益を生み出すことができる「道具」に近いものと理解すべきである。例外的に，商標のような会社全体のブランドに関するものは特別扱いで，侵害されれば，いかにコストがかかろうとも裁判なり何なりの法的手段に訴えることになるだろう。しかし特許権の場合には，権利を行使することにコストばかりがかかって，利益が出ないのであれば，そもそも権利は行使されない。たとえば，仮に他社が特許侵害をしていたとしても，特許侵害を立証することが困難なため，訴訟コストが損害賠償額を超過してしまう場合には，企業はあえて特許侵害訴訟を提起しないか，またはそもそも特許出願しないという選択肢を選ぶはずである。

　(a) ライセンス契約さえ結べば特許はいらない
　こんな実例がある。ある大学関係者がビジネスモデル特許を出願して，

TLOがライセンス契約を結ぶことにも成功した。毎年，それなりの金額がロイヤルティー（royalty; 特許権や著作権の使用料）として支払われるようにもなった。ところが，後になって特許庁から拒絶の通知がきてしまう。ご本人としては思い入れがあるので，拒絶査定不服審判請求をして再挑戦をしたいと主張するのだが，TLO側は「もういいじゃないですか」と断った。もうライセンス契約は結んでしまったので，特許になんてならなくても，これから何年間もお金が入ってくるわけで，ビジネスとしては，ここで余計なお金をかける意味がないからである。要するに，経営的判断とは独立に存在している特許権の金銭的価値などありえない。

　この論理はストレート・ライセンス以外でも同様に働く。たとえば，家電業界などのように，一つの製品を作るのに多数の特許権が必要な業界では，一つ一つの特許について個別の実施料を得る代わりに，互いの複数の特許権を相互に利用させ，実施料を相殺するクロス・ライセンス契約が選択される。これは実質的には，販売価格を下げる「道具」として特許を利用しているだけで，仮に，多数の必要な特許にいちいち実施料を支払っていたら，それが製品の販売価格に転嫁されて高額になってしまうため，手持ちの特許を使ってクロス・ライセンスに持ち込み，実施料を相殺しているのである。こうしたクロス・ライセンス契約を結ぶことがそもそもの目的の場合，契約さえ結んでしまえば，基本特許を除いて，出願中の特許を金をかけて審査請求する必要はない。実は，特許出願されたものは，すべてが審査されるわけではなく，出願人または第三者が審査請求料を支払って出願審査の請求があったものだけが審査される。審査請求は，出願から3年以内であれば，いつでも誰でもすることができるのだ（特許法48条の3；「3年以内」は2001年10月1日以降の特許出願からで，2001年9月30日以前の特許出願については「7年以内」）。この審査請求期間の間にクロス・ライセンス契約を結ぶことができれば，出願に比べてはるかにコストがかかる審査請求を放置するという選択肢が，経済的なのである。

　実際，出願だけであれば数十万円で済むが，それを審査請求して特許にするまでには，国際特許ともなると桁が一つ二つ違った金額が必要になる。であれば，クロス・ライセンス契約さえ結んでしまえば，出願中の特許については，基本特許を除いて，金のかかる審査請求はしないで捨ててしまった方

が安上がりなのである。その分，どうでもいいような重箱の隅的な特許の出願をたくさんして，数を稼いで実施料の支払を相殺した方が，ビジネスとしてはずっと上手なのである。実際，クロス・ライセンス契約を結ぶときには，出願中のものも含めて特許の件数だけを数えて，差し引きしてライセンス料を計算している会社もあるし，特許数だけではなく，論文数や学会報告数までカウントして計算しているところもある。互いに相手の研究所にまで乗り込んで，実力を見定めるという慎重な会社もある一方で，特許の数がある程度多くなってしまうと，特許の内容は問わずに，ライセンス料は基本的に限りなくゼロで，クロス・ライセンス契約が一種の相互不可侵条約みたいなものになっているケースが実に多い。

このように，メーカー同士だとクロス・ライセンス契約に行きつくのだが，一方がメーカーではない場合には，巨額の賠償金やライセンス料を得ようとする「特許トロール（patent troll）」と化しやすい。ただし，攻める特許トロール側にもリスクはあり，無効審判請求で返り討ちにあい，特許が無効になるケースもある。

(b) ライセンス交渉自体を回避して睨み合い

さらに，極端ではあるが，対抗する手段をちらつかせることで，ライセンス交渉自体すら回避してしまうという方法もある。たとえば，東芝が1980年代に苦労を重ねた医療用機器のMRI（magnetic resonance imaging: 磁気共鳴断層撮影装置）事業の例である（和久本・中野，2005）。一般にCTスキャナーと呼ばれるものは，X線を利用したX線CTだが，MRIはX線の代わりに磁気共鳴現象を利用したCTである。当時，東芝は医療機器ではGE，シーメンスから大敵と見られるほどの世界屈指の地位にあった。MRI事業を行う会社の数は限られており，その中で東芝とGEはMRI事業で競争していた。当時，MRIに関する基本特許はEMIとGEほかが持っていたが，EMIはすでに触れたように事業がうまくいかなかったためすでに撤退していた。東芝はMRIを製造していたが，これにはどうしてもGEの基本特許の実施が必要と判断されていた。GEからライセンスは受けておらず，侵害警告などもなかったが，もしGE側から侵害警告や訴訟が起こされれば勝目は薄く，MRI事業は苦境に陥ることになってしまう。

その頃，東芝は米国内でのMRI事業強化の必要から，MRI業界の米国企

業買収を考えていたが，特許面でも注目したのが，もう一つの MRI の重要基本特許の専用実施権を持っているダイアソニックス社（Diasonics）という米国企業であった。ここが持つ特許は GE の基本特許に対抗できるものだった。会社は小さくはないものの，そこの MRI 事業は問題を抱えており，買収可能な規模であった。そこで東芝は，数年にわたる交渉の末，1989 年に，東芝の米国子会社 Toshiba America Medical Systems 社がダイアソニックス社の MRI 事業部（MRI Division）を研究開発部門も含めて買収し，Toshiba America Medical, Inc. を設立した。この買収の主要目的は米国の MRI 事業強化であったが，結果として強力な特許を保有することとなった。つまり，もし GE 側が特許の侵害警告を出せば，東芝側もダイアソニックス社の特許に基づいて GE 側に侵害警告を出し，クロス・ライセンスに持ち込めるようにしたのである。結局 GE 側からは侵害警告は出されなかった。東芝も GE も互いに侵害の可能性を自覚しながら，それ以上のアクションは起こさなかったのである。こうして，東芝はダイアソニックス社の MRI 事業部を買収したことによって特許面では安心して MRI 事業が継続できるような状況になった。

　このように，実際のところはクロス・ライセンスの交渉にもならず，両すくみの状況になって終わるというケースもある。仮に，事業規模において対等ならば，クロス・ライセンスをしても互いの実入りはゼロである。にもかかわらず，クロス・ライセンスにすることによって，他のライセンシーとの関係が複雑になり，それにそれぞれの身内の事情が絡んで関係はさらに複雑にからまってしまうことになる。実際，東芝の MRI の事例では，特許を持っていたのは東芝本体ではなく米国子会社であり，しかもその子会社がすでに個別に与えてしまっているライセンスのことを考えると，東芝本体と GE がクロス・ライセンスに持ち込む作業は非常に煩雑になってしまう。この煩雑性とそれにかかるコストを避けるためには，GE も東芝もともにクロス・ライセンス契約を結ばないことを選択するというのが現実のビジネスであろう。

　「技術者」は往々にして非常に強気であり，特許や技術のような比較的はっきりしているものに対しては，はっきりとした行動をとりたがる。しかし，戦術としては，侵害の事実を知りながらしばらく静観するということも重要

である。侵害警告は，あることないこと思いつく限りのことを全部主張するようなスタイルになりやすい。そうなると特許の有効性についての訴訟を起こされて返り討ちに遭いやすく，結局は，特許防御に余計な時間と金を費やすはめになる。現実には，MRI 事業の例のように，侵害警告を出すか否かという判断自体が重要であると同時に，仮に侵害警告を出すにしても，それをいつ出すのかというタイミングが重要なのである。

(c) 株式市場での「買い材料」

株式市場での「買い材料」としてのみ，特許権が使われることも多い。すでに触れたように，IT バブルのときのビジネスモデル特許ブームは，まさに典型例だった。1999 年 11 月に東証マザーズが開設されると，ポートフォリオ運用で新産業・新業種に資金を割り振るファンドから，小さな市場規模に比べて大量の資金が流入して，2000 年には IT バブルが出現した。そこでベンチャー企業はビジネスモデル特許を餌にして，資本市場やベンチャー・キャピタルから資金調達をすることが可能となり，すでに述べたような「ビジネスモデル特許」のブームが 2000 年をピークに到来した。しかし結局，ほとんどのビジネスモデル特許は企業のビジネス（より正確には，売上げ）には結び付かなかった。株式市場での買い材料にしかすぎなかったのである。

もっとも，これはビジネスモデル特許だけに限られる話ではない。バイオ関連特許は，実際に特許を実施して事業を開始したら高利益を上げることができないのが通例であるにもかかわらず，バイオ・ベンチャー企業などでは，有力なバイオ特許を保有していることが市場の投機買いを生み，事業開始前に会社の株価が上昇するという株式市場の傾向が存在する。したがって，この場合には，特許権を実施して事業を開始する前に，当該特許を保有したベンチャー企業の株を売却する方が，より大きな利益を獲得できる。なぜなら，ひとたび，そのベンチャー企業が売上げを上げ，利益を計上するようになれば，株価は売上高や利益に連動して市場で決まることになり，それは通常の会社の株価と同じ決定メカニズムになり，当然のことながら株価の水準も通常の会社の株価に近づいていくことになるからである。

以上の例が明らかにするとおり，会社にとって特許とは，利益を生み出すために使う道具に過ぎないのであって，経営や事業から切り離した単体とし

ての特許に，数百億円もの巨額の価値があることはありえない。

(4) ライセンス・ビジネスから予見される合理的行動

ライセンス・ビジネスの視点から見れば，地裁判決は，さらに望ましくない企業行動を誘導する可能性があった。1956年の会社設立からかなりの年数を経ている日亜化学はいわゆるベンチャー企業ではない。しかし，青色LEDの研究開発に社運をかけて，中村氏のチームに，競合他社と比較しても，また当時の日亜化学の会社の規模を考えても，巨額の投資を行ったという意味では，ベンチャー同様に「第二の創業」ともいえることを達成した会社である。地裁判決のような相当の対価の請求が認められるのであれば，競合する大企業は，こうしたハイテク企業やベンチャー企業をつぶしたり，乗っ取ったりするために，同様の手法を駆使することになっただろう。つまり，基本的な特許の発明者になっている従業員を退職させて大学やベンチャー企業といった第三者機関に所属させてから，彼らに同様の訴訟を起こさせればいいのである。そのことで，

(i) 巨額の相当の対価の支払いにより，会社の経営が危機に陥ったところを，相当の対価の支払いの一部を肩代わりすることを申し出て買収する。または，

(ii) 中堅企業以下であれば，裁判費用の負担で研究開発費が不足し，さらに訴訟対応で研究者の研究時間がとられて研究開発が思うように進まなくなれば，それだけでも致命傷になる。

こうして，地裁判決は，日本国内で，大企業が研究開発のリスクを負担することなく，チャレンジするハイテク企業やベンチャー企業を破綻させ，買収することで，特許やノウハウを手に入れることを容易にするところだった。これでは，日本国内にようやく芽吹いてきた起業の機運に冷水を浴びせることになってしまう。とくに，日亜化学の青色LEDのような先発組の場合には，ただでさえ大きな研究開発リスクや事業リスクに加えて，経営的に成功すればするほどより巨額な発明報酬の支払リスクとそれから派生するリスクを抱えることになり，まともな経営者であれば，実証済み技術以外には手をつけようとはしなくなったであろう。

視点2：発明者自らが起業した場合の創業者利益

　雇用契約のもとでは，従業員発明家は，発明の成否，事業化の成否およびライセンスの成否などの何れについてもリスクを負わない点において，他の従業員と異なるところはない。会社がこうしたリスクを負担することで，研究者は安定的な賃金と研究費・研究環境を保証された中で研究・開発に従事している。実際，中村氏は日亜化学の従業員として，日亜化学によって生活の安定を保証され，研究発明の失敗によるリスクはゼロの立場にあった。

　《発明者自らがリスクを負担して起業し，主宰するベンチャー企業が当該発明に成功した場合に受け取るはずの創業者利益》（以下，創業者利益）は，リスクにふさわしい利益を得るという経済ないし経営の原則に照らして，相当の対価を上回るのが妥当である。というより，そもそも仮に，創業者利益と比較して，職務発明の相当の対価がそれを上回るようであれば，これから述べるように，会社はリスク負担を伴う雇用契約を選択しないだろう。

　それでは，創業者利益はどのようにして決まるのであろうか。まず，会社が発明に成功した場合，特許権からキャッシュ・フローを得る方法は，

(i) 自社で自己実施するか，

(ii) 他社に売却またはライセンス・アウトするか，または

(iii) 当該特許を保有する会社の株式の一部または全部を売却するか，

のいずれかである。しかしベンチャー企業の場合には，たとえどんなに有用な特許を保有していたとしても，(i)(ii)の選択肢をとることは，通常難しいし，利益を最大化しない。まず(i)のケースでは，これから事業化に至るまでの長い研究開発プロセスを成功させなければ，そもそも発明の自己実施によるキャッシュ・フローは得られないという現実を理解する必要がある。技術があっても事業化してキャッシュ・フローを生み出せずにいる期間のことは「死の谷」（the valley of death）とも呼ばれているのである。ベンチャー企業は，十分な資金と人的・物的資源や生産設備を持たないために，成功確率の点できわめて大きなリスクと困難を伴う。

　404特許の場合，地裁判決によれば最初の基本的特許とされ，そのことは事業化に至るまでの長い研究開発プロセスで考えれば，プロセスのかなりの

上流段階に位置づけられる発明だと認定されていることになる。しかし，このことは裏を返せば，事業化に至るまでには，将来失敗する可能性も含めて，多くのリスクを伴っていることを意味している。同時に，事業化までのプロセスが長いので，追加的に多大な費用をかけて周辺の技術開発をしなければ，事業化までこぎつけることができないことも意味している。実際，研究所レベルでの最初の基本的特許の発明に至るまでに要する研究費と比較すると，その後，事業部レベルで事業化にこぎつけるまでに要する開発費は，一般に格段に大きなものになる。しかも，事業化に必要不可欠な基本特許も事業部レベルの開発段階で次々と出てくるものだといわれている。

　また利益最大化を考えれば，(ii)の方法がとられることもない。なぜなら，通常，当該特許権を売却した場合はもちろん，ライセンス・アウトした場合でも当該特許の専用実施ができなくなり，ベンチャー企業の場合，株式公開（以下，IPO〔initial public offeringの略語〕）時や売却時の株価を大幅に低下させてしまうからである。したがって，ベンチャー企業であれば，(iii)当該特許を保有する会社の株式の一部または全部を売却することで投下資本を回収し利益を得ようとするのが通常であり，この場合の利益が最大となる。つまり，創業者利益の上限を考える際には，通常，株式の売却利益だけを考えればいいことになる。

(1) 全株式の売却額

　それでは，《当該特許を保有するベンチャー企業の全株式を特定の会社に売却した場合の売却額》（以下，全株式の売却額）は，どのように決まるのであろうか。仮に，当該ベンチャー企業の売却額として，地裁判決が認定したような法外な水準の金額を提示されれば，買い手となるはずだった会社は，当該ベンチャー企業を買い取る代わりに，次のいずれかの選択肢を選ぶことになるであろう。

(a) 代替技術を開発するべく努力する。
(b) 周辺特許を開発することによって当該特許のみでは製品を製造できないようにして当該特許の価値を減殺し，クロス・ライセンス契約に持ち込む。
(c) 当該特許を無効とする手続（無効審判請求等）を起こす。

(d) 当該事業への参入をあきらめる。

つまり，地裁判決が認定したような金額では買い手は現れない。なぜなら，当該ベンチャー企業の全株式の売却が成立する金額は，少なくとも(a)〜(c)のどの選択肢に要するコストも下回っていなければいけないからであり，それは常識的に考えて，地裁判決が認定したような金額よりはるかに少額になるはずだからである。さらに，自社技術にこだわる会社の場合には，(a)の代替技術の開発コストを度外視しても自社開発を選択するので，売却額は一段と値引きしなければ売れなくなる。

研究開発プロセスのかなり上流段階にある404特許を保有するベンチャー企業の株式を売却しようとしても，実際には，地裁判決が認定するような事業化への長いプロセスに成功した後の製品の売上高を算定基礎にした相当の対価よりもはるかに少ない額，たとえば数十億円の買収額を要求された場合でも，買い手となる会社は前述した(a)〜(d)の選択肢のいずれかを選択すると考えられる。つまり，発明者はそれ以下の価額の全株式の売却額に甘んじるしかなくなるはずである。

(2) 創業者利益

しかも，ベンチャー企業を主宰する発明者は，仮に全額出資していたとしても，この全株式の売却額を全額手にすることはできないであろう。なぜなら，買い手側からすれば，通常，3〜5年間，発明者や従業員が当該ベンチャー企業を辞めないように拘束条件をつけて，特許権だけではなく，彼らの持っているノウハウや研究開発能力も含めて買収するのが普通だからである。したがって，発明者は，実験に従事する技術者や研究者を雇用し続け，彼らを動機づけるために，彼らに対しても発明の成功報酬を売却額の中から分配する必要がある。

それではといってIPOに切り替え，当該特許を保有する会社の株式の一部を第三者に対して売却することに成功した場合にはどうなるだろうか。たしかに，投機買いにより株価が高騰する可能性はある。しかし同時に，発明者の会社に対するコミットメントを確保する目的で，通常は発明者が保有する全株式を売却することは条件的に許されなくなることに注意がいる。IPOでは，実際には保有株式の一部しか売却できないのである。従業員を動機づ

けるためにストック・オプションを与えることもできるが，この場合も，ストック・オプションが行使されれば，当然，発行済株式数が増えて，1株当たりの価値が下がって希釈化（dilution）が起こり，発明者の取り分が減ることになる。

いずれにせよ，発明者が手にする創業者利益は，全株式の売却額よりもさらに減額された額になるはずである。つまり，リスクを負ってはじめて得られるはずの創業者利益でさえ，地裁判決が認定した法外な相当の対価よりも格段に少額なのである。しかも，すでに述べたように，ベンチャー企業の株式売却の際，従業員が当該ベンチャー企業を辞めないような拘束条件を付けたり，発明者のコミットメントを求めたりするのが普通であることからもわかるように，全株式の売却額にも創業者利益にも，特許権だけではなく，ノウハウや研究開発能力の価値が含まれていることには注意がいる。以上のことから，次のような関係がある。

特許権の売却額＜創業者利益＜全株式の売却額
＜地裁判決が認定した相当の対価

(3) 雇用契約における相当対価

ところで，こうした議論では，なぜか忘れられていることが多いが，創業者利益の額は当然のことながら出資額に応じて決まる。投機買いを期待できるバイオ・ベンチャーのIPO成功例でも，保有株式を売却して得られる額は出資額のせいぜい数十倍であるから，404特許のような工学系分野での単一発明の場合には，うまくいって出資額の数倍程度であろう。つまり，巨額の創業者利益を手にするためには，当然，巨額の出資が必要になる。創業者利益として，地裁判決が認定した604億円を得るには，中村氏は少なくとも数十億円～数百億円分の出資をしておかなくてはいけなかったことになり，まったく非現実的である。

しかもその際には，中村氏はベンチャー企業が必要とする巨額の研究資金のすべてを自己資金もしくはベンチャー・キャピタルから調達しなくてはならないという厳しい制約条件を付けられることにも注意がいる。なぜなら，もしベンチャー企業設立時に日亜化学をはじめとするスポンサー企業から出資を仰いでしまうと，通常は出資の見返りとして特許の無償あるいは低実施

料率での実施権を求められることになるからである。しかしそれでは発明に成功しても売却額が極端に低くなってしまう。創業者利益を最大化するためには，それを避ける必要があり，日亜化学をはじめとするスポンサー企業からの出資は受けてはいけないのである。

実は，このライセンス・ビジネス的な現実があるために，仮に，雇用契約のもとでの相当の対価が，ある程度の水準に達してしまえば，もはや会社は雇用契約を選択しなくなる可能性が高まるのである。なぜなら，たとえば，研究者の起業を支援して，当該ベンチャー企業のスポンサーになり，見返りに無償あるいは低実施料率での実施権を得るか，あるいは会社を丸ごと安く買い叩いてしまった方が，研究者を雇用した場合の生涯給与プラス相当の対価と比較して，はるかに安上がりになるからである。取引コストの議論 (Williamson, 1975) 同様に，こうした雇用契約以外の選択肢のコストと比較して，それよりも雇用契約でのコストが低くなるような水準の相当の対価でなければ，そもそも会社側は雇用契約を選択しない。実際，バブル期には，日本企業が大挙して欧米に研究所を設けたし，米国シリコン・バレーのベンチャーを買いあさってもいた。そのときの理由は，ドル・ベースで考えたら，日本で大学院卒を研究者として雇うより，米国の研究者の方が安いというものだったではないか。

以上のことから，雇用契約において発明者が受け取るべき相当の対価については，地裁判決が認定した法外な相当の対価よりも格段に少額になるはずである。

視点 3：資源ベース理論（RBV）から見た特許権の貢献度

(1) 資源ベースの考え方

経営戦略論の分野では，1984 年に Wernerfelt (1984) と Rumelt (1984) の二つの記念すべき論文が出版され，資源ベース理論あるいは RBV (Resource-Based View) と呼ばれる一群の研究が出現した。RBV は企業の資源側の立場から，資源の特性とその変化に結び付けて，競争優位の創造と維持と再生を説明しようとする（高橋・新宅, 2002）。

ここではレント (rent) がキーワードになる。レントはもともと地代のこ

とだが，地主が土地を持っているというだけで，働かなくても入ってくる不労所得のようなイメージで考えるとわかりやすい。そこから転じて，経営戦略論では，レントとは，簡単に言ってしまえば普通以上に得られる利益率のことを指すようになった。

RBV が出現するまでは，経営戦略論でも，経済学同様にレントの源泉を市場に求めていた。たとえば Porter（1980）は，経済学の影響下で市場のパワーを強調し，独占あるいは寡占によるレントに注目した戦略モデルを展開した。この「独占のレント」(monopolistic rent) は，数あるレントの中でも，よく知られている市場に源泉のあるレントの典型である。これは産業の集中が進むと，企業が生産量を減らして意図的に品不足状態を作り出したり，政府の保護あるいは企業間で共謀したりして，価格を意図的に吊り上げ，利益率を本来よりも高く維持することから生まれるレントである。

ところが，一見すると独占のレントの存在を示しているかのように見えていたデータが，実は独占によらないレントが発生していることを示していたというデムセッツ（Harold Demsetz; 1930–）の分析が現れた（Demsetz, 1973）。デムセッツは，産業集中度と利益率の関係について調べた。1963 年における 95 の 3 桁産業（標準産業分類の小分類に該当する産業のこと）を産業集中度で分類し，各産業の総資産利益率を単純平均して求めた結果，表 1 の右端の列に示されているような平均総資産利益率が得られた。見ればわかるように，上位 4 社集中度が 50％以上になると産業全体の利益率は 10％を超え，明らかに利益率が高くなる傾向が見られた。このような産業の利益率と集中度の間の正の相関は，一見，独占のレントが発生しているかのような印象を与える。

しかし，もし本当にそうだとするならば，集中の進んだ産業ほど価格は高めに吊り上げられているはずなので，当然，その恩恵に小さな企業も浴しているはずで，小さな企業だけを見比べても，集中度が高い産業ほど利益率は高くなる正の相関がなくてはならない。ところが，1963 年における 95 の 3 桁産業を産業集中度で分類し，各産業の企業規模（資産）階層別の総資産利益率を単純平均した表 1 からもわかるように，とくに R_1 の濃い網掛け部分，資産規模が 50 万ドル未満の小さな企業では，そうした相関は見られなかったのである。

表1 集中度と利益率

C_{63} 上位4社集中度	産業数	企業規模（資産）階層別総資産利益率				全体
		~$500,000	$500,000~ $5,000,000	$5,000,000~ $50,000,000	$50,000,000~	
		R_1	R_2	R_3	R_4	
10~20 %	14	6.7 %	9.0 %	10.8 %	10.3 %	9.2 %
20~30 %	22	4.5 %	9.1 %	9.7 %	10.4 %	8.4 %
30~40 %	24	5.2 %	8.7 %	9.9 %	11.0 %	8.7 %
40~50 %	21	5.8 %	9.0 %	9.5 %	9.0 %	8.3 %
50~60 %	11	6.7 %	9.8 %	10.5 %	13.4 %	10.1 %
60 %~	3	5.3 %	10.1 %	11.5 %	23.1 %	12.5 %

C_{63}：上位4社集中度（concentration ratio）すなわち当該産業の売上高上位4社の占める割合

それとは対照的に，$R_4 - R_1$ と C_{63} との間には0.3の正の相関（$p<0.01$）が，$R_4 - R_2$ と C_{63}，$R_4 - R_3$ と C_{63} との間にはそれぞれ0.2の正の相関（$p<0.05$）が見られた。つまり，上位4社集中度の高い産業では，大きな企業の利益率は小さな企業の利益率と比べて格段に大きく，これはこうした産業では，効率性が高い企業がシェアを伸ばしたために集中が進んだことを示している。とくに表1の薄い網掛け部分，集中度50％以上の産業における，資産5000万ドル以上の企業の R_4 は高く，これらの企業は相対的に効率性が高く，低いコストで生産していると考えられた。

こうしたことから，デムセッツは，企業が高い利益率をあげるのには独占は必ずしも必要ないと主張する。企業は独占以外にも，多くの理由でレントを獲得するのだ。実際には，成功した企業とそうではない企業のパフォーマンスの差が生まれる理由を特定することは非常に難しい。たとえば，従業員チームのメンバーは，彼らが働いている特定の企業の環境の中で互いにもっている知識から高い生産性を導き出すので，生産性の源泉をばらばらにして，成功に貢献したインプットを知るのは難しく，それを移転することも困難である。さらに，企業が確立した評判や暖簾は，企業自体から分離することが難しく，帳簿上よりも高い価値をもつ。そこで，デムセッツは，こうした当該企業のユニークな要因からのレントを「リカードのレント」（Ricardian rent）と呼んだ。独占のレントが産出を抑えることで発生するのに対して，リカー

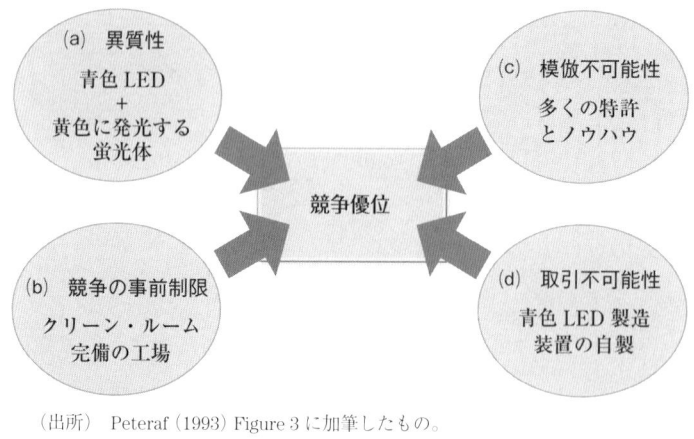

図1 競争優位の隅石

（出所） Peteraf (1993) Figure 3 に加筆したもの。

ド（David Ricardo; 1772-1823）のレントとは，希少価値のある資源を保有することから生まれるレントであり（Ricardo, 1817），資源供給の固有の希少性から生じる。

こうして研究者たちは，レントの源泉を市場にではなく，企業自身に求めるようになった。ある資源が競争優位をもたらす要因を，資源の価値（value），希少性（rareness），模倣可能性（imitability），組織（organization）の4要因にまとめ，その頭文字をとり，VRIOフレームワークと呼ぶこともある（Barney, 1997, ch.5）。しかし，このようなレントの源泉をめぐる議論から現れるRBVの基本構造をより論理的に示せば，持続的な競争優位をもたらすのは，まずは，①レントを生み出す資源のユニークさ・異質性であり，そして②その異質性を持続させるための何らかのメカニズムだということになる。このうち，②のレントを持続させるメカニズムは隔離メカニズム（isolating mechanisms）とも呼ばれ（Rumelt, 1984），さらに以下の(b)〜(d)の三つに分けられる（Peteraf, 1993）。

(a) 《異質性》レントを生み出す資源のユニークさ。
(b) 《競争の事前制限》先見の明があったり運が良かったりして事前に競争なしに資源を獲得した企業が通常以上の利益をあげるようなことを指している。

(c) 《模倣不可能性》不確実な模倣可能性（Lippman & Rumelt, 1982）のように，レントを持続させるのに必要な競争に対する事後の制限。
(d) 《取引不可能性》レントが特定の企業に限定されることを保証する不完全な資源の移動可能性（Teece, 1980）。

そして，図1のように，これら四つの隅石（cornerstone; 建物の土台となる礎石）を満たしている資源が，持続的な競争優位をもたらすと考えられている（Peteraf, 1993）。要するに，この四つの基礎的条件を満たした企業が，持続的な通常以上の利益を享受することになるのである（高橋・新宅, 2002）。

(2) 日亜化学のレントの源泉

20世紀末にはRBV的な考え方に到達していた経営戦略論からすれば，青色LED市場における日亜化学の優位性は，特許権いわんや404特許だけで説明できるものではなく，少なくとも四つの隅石(a)〜(d)の広い視点から検討してはじめて解明されるものである。

(a) 異 質 性

まず，日亜化学の場合，404特許が発明された当時には予想もされてもいなかった①カラー液晶搭載携帯電話の爆発的普及と②日亜化学が伝統的に強味をもっている蛍光体技術から生じた「白色LED」（「はくしょくえるいーでぃー」と読む）の携帯電話への組込需要によって，超過利益をあげてきた。つまり，白色LEDの開発が大きな鍵を握っていたのである。もともとLEDで白色を出すには，光の三原色である赤・緑・青の3色のLEDが必要であると考えられていた。なぜなら，光の場合「赤＋緑＋青→白」だからである（光の三原色と色〔色材〕の三原色は異なる。後者はシアン〔cyan; 濃い水色〕，マゼンタ〔magenta; ピンクに近い紫〕，イエロー〔yellow; 黄色〕の3色である）。

赤・緑・青の光の三原色のうち，赤色LEDと緑色LEDは，当時，すでに開発されており，だからこそ，残る青色LEDの発明が待望されてもいたのである。ところが，日亜化学の白色LEDは，

「赤＋緑→黄」なので「黄＋青→白」

というコロンブスの卵的な発想の転換を行い，「青色LED＋黄色に発光する蛍光体」で白色になるという蛍光体メーカーならではのアイデア商品（発明）になっている。つまりこの方式では，3色のLEDは必要なく，青色LEDだ

けで白色が出せるのである。しかも，蛍光体が発する光の波長は，元のLEDの光の波長よりも長くなるために，光の三原色の中で一番波長が短い青色のLEDの開発こそが，この方式の鍵を握っていたことになる。こうして，この白色LEDの開発は，RBVの(a)レントを生み出す資源のユニークさ《異質性》の典型例といえるのである。

　(b)　競争の事前制限

　次に，かつてセレン化亜鉛を用いた開発が主流で，20世紀中に実用化は難しいといわれていた段階で，赤﨑・天野グループが1989年に世界で初めて成功した窒化ガリウムを使った青色LEDに的を絞って集中的に研究開発投資を行っていた日亜化学の先見性あるいは運の良さにも着目する必要がある。そのため，RBVの(b)《競争の事前制限》が生まれ，先発者の優位性を獲得して利益を享受できた。しかしそれは，日亜化学が非常に大きな事業リスクを背負ってきたということと表裏一体であることには注意が要る。

　当時の日亜化学の企業規模からすると桁違いの投資規模で，会社としては，非常に大きなリスクを背負っていたことになる。ただし，ここで強調しておかなくてはならないのは，先行投資は技術開発に関するものだけではなかったということである。実は，クリーン・ルームの完備した工場の建物だけを先に作っておいたというのも非常に重要な先行投資であった。LEDを作る機械自体は，もともとLEDが小さいので，あまり大きな機械ではない。キャスターまで付いていて，移動も比較的容易である。ところが，こうした機械を設置する半導体用のクリーン・ルームの完備した建物は，建設に時間がかかる。着工してもすぐにはできない。それを日亜化学は，まだ需要も見えない時期に，先行して，面積的には半分以上使うあてがない大きな工場を建設しておいたのである。当時，日亜化学の小川英治社長が，自宅を担保に入れてまで借金したという伝説が残る資金は，実は研究開発用の資金ではなく，工場の建物建設のための必要資金だったのである。この日亜化学の工場建物への先行投資が，カラー液晶搭載携帯電話の爆発的普及に伴う白色LEDの急激な増産を一手に引き受けることを可能にした。製造用の装置はすぐに調達できるが，クリーン・ルームの工場建物の建設には時間がかかるのである。先行投資していなければ，日亜化学だけで，白色LEDの爆発的増産に対応することは不可能だった。そのおかげで，カラー液晶搭載携帯電話用に白色

LEDの需要が爆発的に伸びたときでも，日亜化学はその需要を独占的にカバーすることができ，そのことが白色LEDにおける圧倒的なシェア獲得につながったのである。

　前例や類似技術のない画期的な発明であればあるほど，実は，製品化の見通しも，果たして売れるかどうかの見通しも，どのくらい売れるのかの見通しも不確実で，実証済みの技術よりもはるかに事業リスクが大きくなる。

　(c)　模倣不可能性

　また広義の工学系発明分野では，基本特許が成立したとしても，通常それでビジネスが成功することにはならない。仮に地裁判決の認定どおり，404特許が基本特許であるとしても，基本特許に加え，周辺特許，改良特許で周囲を固め，その他の経営資源を動員することにより，はじめてビジネス・チャンスを利用しうる状況になる。しかも，白色LEDおよび青色LEDの場合，市場における日亜化学の優位性は，たんに特許権によってのみ支えられているものではない。製造は多くのノウハウが関与してはじめて可能となる。ここにRBVの(c)《模倣不可能性》がある。この点，一つの物質特許だけで製品を作ることができるため，周辺特許の役割が比較的小さいバイオ系・医薬系の発明の場合とは状況が明らかに異なる。

　(d)　取引不可能性

　さらに，日亜化学は青色LEDチップの製造装置までを自製することで，RBVの(d)《取引不可能性》が生まれている。このことは，通常の半導体産業と比較すればきわめて重要である。かつて，世界のトップに君臨していた日本の半導体産業は，いまや見る影もないが，その凋落の原因の一つが，半導体メーカーが半導体製造装置を自製せず，たとえばステッパーをニコンやキヤノンといったメーカーに外注していたためだといわれている。こうした半導体製造装置メーカーが，韓国や台湾のメーカーに製造装置を販売したために，日本の半導体メーカーの優位性は簡単に崩れてしまったのである。したがって，日亜化学が経営リスクを冒して投資を行い，青色LEDチップの製造装置を自製してきたことが，特許権以上に日亜化学の市場での優位性を維持することに役立ってきたと考えるのが自然である。

視点4：モチベーション理論から見た金銭的報酬

(1) モチベーション理論と金銭的報酬

　視点2や視点3では成果配分的な観点が強調されていたが，次に，モチベーションの観点から，金銭的報酬について考えてみよう。モチベーション（動機づけ）の理論については，詳しくは第6章で説明するが，誤解を恐れず明言すれば，単純な「賃金による動機づけ」は科学的根拠のない迷信である。このことは1990年代後半から日本で流行して失敗した成果主義の例でも身近に観察することができる（高橋, 2004）。金銭的報酬によるモチベーションなど，まさに「絵に描いた餅」であり，そんなことは100年も前の科学的管理法の時代からわかっていたことである。調査研究を積み重ねた結果，そもそも人は金のみでは働かないということがわかったからこそ，行動科学，ワーク・モチベーション，リーダーシップ論と呼ばれる研究領域が生まれたわけで，そのことを思えば，こうした話は何の不思議もない。金銭的報酬による動機づけという迷信の呪縛から抜け出してしまえば，本当のことが見えてくる。つまり相当対価を引き上げれば職務発明に励むようになるという主張には，科学的根拠はないのである。実際，すでに触れたように，相当の対価をめぐる裁判での原告側の主張は，こうした迷信を明確に否定したもので，これまで日本企業では，ほとんど発明報酬もないままに研究開発がうまくいっていたという事実を明らかにしている。

　金銭的報酬の効果を議論する以前に，強調しておかなくてはいけないことがある。それは，モチベーションの視点から言えば，本来，報酬システムというものは，事前に設計すべきものだということである。なぜなら，事前にわかっていないのに，報酬がモチベーションに役立つはずがないからである。したがって，最近の発明報酬をめぐる裁判で繰り返し出されるコメントのように，事業化に成功した後に相当対価を金額算定する方式がモチベーションに役立つなどという議論は論理的に間違っている。そもそも後出しジャンケンはフェアではない。

(2) 巨額な金銭的報酬がもたらすデメリット

　一つの発明の相当対価が数億円にもなったとき，研究者は，このワンショットで見た相当対価の金額に喜んでいてはいけない。このことは，もっと長期のプロセスに影響を与えてしまうことに想像力をたくましくする必要がある。実際，数億円の相当の対価をたった一人の従業員に付与すれば，会社としての組織的活動や研究開発チームのチーム・ワークを破壊する可能性がきわめて高くなる。純粋な理論研究でもない限り，一口に研究者といっても，研究の方向を決めるディレクターから，その人がいなくては研究や実験が回らないような技術に秀でた職人に近い人まで，職能や職務がさまざまな人がチームを組んで組織的に活動しなければ，十分な研究成果をあげられないことは明らかである。このような，おそらく誰一人欠けても成功のおぼつかないような研究開発チームから生まれる研究成果に対する個々人の業績や貢献度を測ることは不可能である。にもかかわらず，発明の相当の対価として，たった一人の従業員が，同僚のチーム・メートの年収の数十倍もの金額を独り占めした場合（地裁判決が認定した604億円という金額であれば数千倍である），研究開発チームのチーム・ワークを徹底的に破壊しつくすことになる。だとすれば，当該研究者が今後も研究生活を続けることを希望しているのであれば，雇用制度の枠組みの中での発明に対する報酬は，たとえ会社が報酬規定の見直しを進めても，売上げや利益の何％と規定されるべきものではなく，年収の数倍程度を上限とした金額で規定されるべきものであろう。その支払いの時期にしても，退職金上乗せなどの工夫が必要になる。

　さらに，一つの製品にかかわる発明の相当の対価の総計が数億円～数十億円にも達するとき，あるいは売上高の数十％にも達するようなときには，すでに会社が保有している特許についてさえ，会社は経営リスクを冒してまで製品化しようとはしなくなるだろう。特許は握りつぶされるか他社にライセンス・アウトされてしまうはずである。メーカーとしては独自技術を開発して事業化する代わりに，他社がすでに実施して実績のある実証済み技術を導入して，ライセンス生産する道を選択することになる。それは，わが国における会社内での独自技術の研究開発が大幅に阻害されるというだけではなく，研究者にとっても，自らの発明を製品として世の中に広く普及させるという発明家としての夢もまた潰えることを意味している。

こうして，今後もし，日本の裁判所が数億円もの，いわんやそれを超える多額の発明の相当の対価を認める場合には，会社は，日本国内の雇用制度の枠組みで，この問題を解決することをあきらめて，研究者を日本の雇用制度の枠外に出すことを模索し始めるだろう。たとえば，

(i) 研究開発拠点を日本から海外に移す。
(ii) 会社内の研究者と会社との雇用関係を切って，外部の研究者もしくは研究者が設立したベンチャー企業と業務請負の形で研究・開発を委託する仕組みを用意する。

しかし，日本国内に選択肢(ii)しか残らなくなった場合，研究者は幸せなのであろうか。そもそも，自らリスクを負ってでも，一攫千金を目指したいと考えている研究者がどれほどいるのだろうか。大多数の研究者は「研究に打ち込むためには生活の安定が大事」と考えているはずである。

実は，ある程度の歴史を持った（つまり，生き延びてきた）日本企業のシステムの本質は，①給料で報いるシステムではなく，次の仕事の内容で報いるシステムだった。仕事の内容がそのまま動機づけにつながって機能してきたのであり，それは内発的動機づけの理論からすると最も自然なモデルでもあった。このことは研究者であれば実感に照らして素直に理解できるはずである。他方，給料は，動機づけとは別にして，後顧の憂いを取り除き，安心して働くために設計されていた。つまり，②日本企業の賃金制度では，動機づけのためというよりは，生活費を保障する観点から年齢別生活費保障給型の平均賃金カーブが設計されてきた。この両輪が日本企業の成長を支えてきたのである。

このシステムを高橋（2004）ではあえて「日本型年功制」と呼んでいるわけだが（詳しくは，第7章で），研究者にとっては，この日本型年功制の方が適しているというべきだろう。一人の発明者に数億円もの，ましてやそれを超える相当の対価を付与するという判決は，将来的には，そうした研究者の望む安定した研究環境や処遇までをも奪う結果になり，実は研究者自身のためにもならないということに注意を喚起したい。

つまり，会社が求めている成果と，従業員である研究者が求めている成果とでは，成果の種類がやや異なっているのである。だからこそ，両者の共存共栄の関係が成立するのであり，会社と研究者が，金銭という土俵の上での

み綱引きを繰り返していては，対立の解決は永遠に望めないであろう．

視点 5：提携の枠組みの中における特許権等の役割

(1) 青色 LED 訴訟のその後の顛末——404 特許の権利放棄

　実は，「青色 LED 訴訟」には，ライセンス・ビジネスの姿を浮き彫りにするような後日談がある．東京高等裁判所での和解が成立してからほぼ 1 年後，2006 年 3 月 8 日に，日亜化学は，裁判の末に苦労して守ったはずの 404 特許について，権利放棄を正式に発表したのである．このニュースは翌日の各紙にも報道された．「正式に」と形容詞をつけたのは，実は，その前月にもマスコミで報じられていたからである．日亜化学によれば，404 特許に限らず，維持を必要としなくなった特許は経費節減のために，失効させるかまたは権利放棄をすることを特許管理実務として行っていて，2005 年は国内・国外合わせて 50 件の特許の権利放棄を行っている．その一環として 2006 年 2 月 10 日に 404 特許を含めたいくつかの特許の権利放棄を決め，発表したところ，多くのメディアが 404 特許の権利放棄について取り上げたために，改めてその経緯などを含めて「正式」発表することになったのである．

　特許権を維持するかどうかの経営判断は，発明の科学的価値とは別個のまさにビジネスとしての判断であり，①維持の必要性と，②維持コストとのバランスの問題でしかない．実際，日亜化学の正式発表における説明は，そのことを見事に表している．404 特許について整理しておくと，

① 維持の必要性：(a)日亜化学自身は 1997 年前半までには 404 特許の使用を完全に止めている．(b)日亜化学が 2002 年以降にクロス・ライセンスした相手先企業 4 社（豊田合成，Osram, Lumileds, Cree）でも青色 LED の製造に 404 特許を使用していないことが確認できた．(c) 404 特許を使用しないで製造している他社の青色 LED は，すでに 404 特許を使用した青色 LED よりも明るくなっており，404 特許を権利放棄しても，他社が 404 特許を使用するとは考えにくい．(d)要するに 404 特許を維持していても，青色 LED 製造に関して独占力がない．

② 維持コスト：　日本，米国，ドイツ，英国，フランス，オランダ，イ

タリアの各国で，2005年から権利期間満了までに，特許維持のための年金だけで合計519万円かかり，404関連特許およびそれらの手続き等にかかる諸経費をふくめると，その2～3倍の維持コストがかかる。

つまり，和解さえしてしまえば，404特許を放棄するのが合理的な判断ということになる。

(2) 提携形成の1ピース

ところで，ライセンス契約を核とした提携という視点から，この青色LED訴訟と404特許の権利放棄を見つめなおすと，別の姿が透けて見えてくる。実際，日亜化学は，なぜ404特許についてその帰属をめぐって中村氏と裁判で争っていたのであろうか。それは「青色LED訴訟」をめぐる周辺の事情が，前述の「維持の必要性」に加わっていたからである（高橋，2006b）。

仮に404特許の帰属が中村氏にも認められると米国クリー（Cree）社に移転する可能性が高く，そうなると中村氏が自分を発明者とする404特許以外の特許についても次々と訴訟を起こしてくる可能性があったために，不要な404特許であっても帰属についてこだわらざるをえなかったという事情があった。しかし，2002年9月19日に404特許は日亜化学に帰属するとの中間判決が出て，2002年11月6日に日亜化学とクリー社は窒化ガリウム系オプトエレクトロニクス技術に関する特許についてクロス・ライセンス契約を結び，両社間のすべての訴訟は和解という形で終結した（東京高裁で2005年1月11日に中村氏と和解が成立した後，2005年2月10日には，日亜化学はクリー社との間で，さらに白色LEDを含むクロス・ライセンス契約を締結している）。

404特許は日亜化学に帰属するとの中間判決が出たことで，訴訟の争点は相当の対価へと移ったわけだが，補助的な意味合いの強かったこの相当の対価の部分で，2004年1月30日に中村氏に200億円支払えという地裁判決が出たために，さらに相当の対価について争う控訴審が始まり，その途中で404特許を放棄すると200億円を減額するために放棄したのではないかと裁判官の心証を悪くする恐れがあったので，日亜化学は放棄しなかったのである。

つまり，東京高裁で争われていた発明の相当の対価は，実は，提携形成のもっと大きなストーリーの中のほんの1ピースに過ぎなかったのである。ここまでくると，青色LED訴訟が，きわめて経営学的な問題であったことがわかる。ライセンスの話は，普通はほとんど契約の話であり，一般的には会社の知財部とか法務部とかで扱われるためか，ほとんど経営学的に体系的に議論されることがなかった。しかし，提携，戦略的提携の話は，経営学や経営戦略論ではメイン・テーマの一つであり，提携という大きな枠組みの中で，ライセンス・ビジネスの視点からライセンスをとらえ直すと，そこにはまったく異なる特許権の姿が経営学のレンズを通して透けて見えるのである。実際，ライセンス交渉においては，提携も含め，会社の内外の代替的な経営的選択肢が存在しているし，さらに，ライセンサーが供与した技術の管理について万全を図ろうとすると，特許の実施権やライセンス契約のみで縛ることは難しくなり，ライセンシーを資本関係で縛るという，より進んだ提携の選択を迫られることにもなる。特許権は，そうした経営的な全体像の中のほんの1ピースに過ぎない。

ライセンスを核とした提携の問題は，東京地裁の中間判決後のクロス・ライセンス契約で，ほぼ解決済みであった。これはライセンス・ビジネスの一面を象徴しているが，同時に，特許の価値評価を裁判に委ねることの筋の悪さと虚しさをも象徴している。

(3) 多様な利益回収方法の中の一つに過ぎないロイヤルティー

そもそも提携という大きな枠組みの中では，特許から生じる利益の回収方法ですら，実に多様な方法が存在している。「特許収入」といわれて連想するロイヤルティーは，その一つにしか過ぎないのである。実際，企業同士が結ぶライセンス契約は特許権の実施許諾契約だけを指しているのではない。ライセンス契約の形態には，主に次の三つのものがある。

(a) 特許など知的財産権の実施許諾契約・使用許諾契約
(b) 技術移転，営業秘密の開示を含む契約
(c) 貿易としての技術資料取引

このうち，一番連想されやすい(a)の実施許諾契約や使用許諾契約は，特許法や著作権法といった法律的な裏づけがあるライセンス契約である。特許権

の存続期間は，原則として出願日から20年（特許法67条1項），著作権の保護期間は，原則として著作者の生存期間および死後50年まで（著作権法51条2項）である。

それに対して，(b)の技術移転，営業秘密や(c)の技術資料に関する契約には，必ずしも成文法的な裏づけはないが，これらもライセンス契約と呼ばれる。とくに海外企業とのライセンス契約でいえば，戦後の日本では，外資法のあった時代は，(a)(b)は外資法，(c)は「外国為替及び外国貿易管理法」の適用対象となっていた。(c)には，図面の代金としてのロイヤルティーも含まれているが，貸与する図面などに特許が含まれている場合には，(a)と同じようなライセンス交渉となる。実際，製造分野においては，技術供与契約がなければ現場での技術習得はもちろん，特定の目的で先方の工場を見ることすら非常に困難である。

さらに，海外の完全子会社との間でライセンス契約を結ぶ一番の動機は，その国の事情，とくに税法にある。親会社が100％子会社とライセンス契約を結び技術指導料を取る場合，子会社側が税法上，経費として落とすことができれば（ただし子会社では経費で落としたとしても，その分は本国で利益計上することになる）ライセンス契約を結び，そうでなければ結ばないことが多い。実際には，日本のように100％子会社に対しても技術指導料を認める国がほとんどであり，認めない国の方が例外ではある。

資本関係を含む海外拠点確保が模索される際，持分の比率によって「完全子会社」か「共同出資」か「資本参加」かで，ライセンス契約のあり方が変わってくる。ここで「完全子会社」とは100％子会社の場合を指し，「共同出資」（joint venture）とは，互いに相手の特別決議をブロックできる持分（たとえば日本では3分の1以上）を所有している場合，「資本参加」とは，相手の株主や不特定多数の株主が圧倒的持分を所有しているために，自分は特別決議をブロックするという意味での拒否権を持たない場合を指している。共同出資の場合，いかに特別決議をブロックできるとはいえ，100％出資ではない以上，ライセンス契約を抜きにした技術移転は考えられない。これは配当でもらう前に技術指導料で分け前をもらってしまうという意味もある。さらにいえば，共同出資の場合には，いずれ当該会社が独立したときのことも想定した契約関係が必須である。しかし，あまりに従属的な関係を強いると事

業そのものの身動きがとれなくなってしまうので，その点は注意しなければならない。もっとも，親会社と子会社間のライセンス契約の効力については国ごとに法環境は異なり，一様でないので，この点にも注意がいる。そして，資本参加の場合，持分による支配権はなく，重要事項についての拒否権もない。たとえば資本を10％持ち，役員1人を派遣しているようなイメージで，ライセンシーが勝手にどこかへ行かないように，また，すぐ狼にならないように監視しようという消極的経営参加になる。

　完全子会社・共同出資・資本参加いずれのケースであっても，資本関係を持ったときの投資収益の回収方法には，技術指導料を含めたロイヤルティー，設備輸出に伴う利益，部品輸出に伴う利益，株式配当といくつかの種類があり，これらがトレード・オフの関係にあることには注意がいる。正確に言えば，利益をどこで回収するかという問題なのである。

　ただし，たしかに支配権を持っていれば，ロイヤルティーも高く取れるであろうし，設備も部品も高く売りつけることができるかもしれない。しかし，それでは当該企業のオペレーションは高コストになってしまい，当然のことながら最終的な利益は出なくなる。さらにその利益までも配当で吸い上げてしまえば，企業は競争力を完全に失ってしまう。とくに欧米の企業と組んだ合弁会社の場合，内部留保をすぐに吸い上げ，必要なときに追加投資するという欧米型の発想に合わせると，両方の親会社がそれぞれの利益を合弁会社に要求して，その経営は悲惨な状態になってしまう。

　それに対して，日本企業では一般的に，ある傾向が見られた。すなわち日本の企業には，子会社に対して配当をあてにしない傾向があった。より正確に言えば，日本の会社は慣習上現地法人に内部留保したがる傾向がある。これは，日本の円にしても資金運用が難しいので，海外で受け取る資金をそのまま海外でプールし，海外で運用するという方法が有利な場合が多いためである。また，企業行動としては，設備や部品をそう安くはできないので，その分，ロイヤルティーを低めにする傾向もあった。もっとも，これらを合算して考えるという発想は希薄で，設備や部品の値段は貿易部門が，ロイヤルティーは技術部門がそれぞれの考えで個別交渉を行い，現地の税制や金融取引の条件などを勘案して担当者の力量で決めてきたのが現状である。しかし，ひとたびロイヤルティーに対する率で発明報酬が決まるとなれば，経営者は，

合理的に判断して，ロイヤルティーをできるだけ減らして，他の手段で投資を回収しようとするだろう。

経営学で考えると

実は，最初の二つの経営学的な視点，(1)ライセンス・ビジネスの実態を踏まえた特許権の金銭的価値，(2)発明者である研究者自らがリスクを負担して起業した場合の創業者利益については，東京高裁の「和解についての当裁判所の考え」の中でも次のように触れられている。

> 職務発明の特許を受ける権利の譲渡の相当の対価は，従業者等の発明へのインセンティブとなるのに十分なものであるべきであると同時に，企業等が厳しい経済情勢及び国際的な競争の中で，これに打ち勝ち，発展していくことを可能とするものであるべきであり，さまざまなリスクを負担する企業の共同事業者が好況時に受ける利益の額とは自ずから性質の異なるものと考えるのが相当である。

仮に，研究者と会社が，金銭という土俵の上でのみ，報酬をいつまでも争い続ければ，研究者側は，ライセンス・ビジネスの現実に打ちのめされることだろう（高橋, 2006a）。研究者にとって望ましい成果配分とは何か。職務発明家が追い求めている成果とは何か。すでに述べたように，それが，会社側が求めている成果とは異なる種類のものであるというところにこそ，両者の共存共栄の可能性が見出されるのである。裁判で相当の対価の金額だけを争うとき，研究者にとっても，会社にとっても，大切なものが失われる。そうではなくて，経営学的な複数の視点からバランス良く俯瞰してこそ，共存共栄の道も見つかり，発明対価について納得性の高い常識的な相場観もまた見えてくるのである。

第2章 成功した理由

会社が経営的に成功するには,何が必要なのだろうか。

成長の後に

組織は戦略に従う

経営史家チャンドラー（Alfred DuPont Chandler, Jr.; 1918-2007）は,「機構（組織）は戦略に従う（structure follows strategy）」(Chandler, 1962, p.14 邦訳30頁) という有名な命題を唱えた。ここで,企業の成長を計画し,実施することを「戦略」(strategy),これらの拡大した活動と資源を管理するために案出された組織を「機構」(structure) と呼んでいる。ただし「従う」と訳されている "follow" は,正確には時間的に「後に続く」の意味が込められている。事実,チャンドラー自身,なぜ戦略が先なのか,そしてなぜ組織づくりは戦略に遅れるのか,という二つの問いを出している。つまり,この命題をより正確に書き直せば,「組織づくり（organization building）の過程は成長戦略の後になるために,成長タイプの違いで組織の形も違ってくる」ということになる（高橋, 1995, 第7章）。

ところで,なぜ戦略が先なのだろうか。そしてなぜ組織づくりは戦略に遅れるのだろうか。この二つの問いに対するチャンドラーの答えは大まかに次のように整理される（Chandler, 1962, Introduction）。まず人口,所得,技術が変化することによって資源運用の機会とニーズが生み出されると,これらに気づいた企業が,事業活動を量的に拡大したり,遠隔地に工場や事務所を設

立して地域的に分散したり，新しい事業分野に進出して垂直的統合・多角化などをする。こうして企業の成長に伴い，新しい資源，新しい活動分野が増加すると，当然のことながら，それらを経営管理することが必要になる。すなわち企業活動の調整・評価・計画および資源配分が必要になる。

こうした経営管理に対するニーズを放置し，組織づくりをしないままに企業が成長を続ければ，経済的な能率は低下するだけで，規模の経済性は実現しないであろう。にもかかわらず，必要な組織づくりが遅れてしまうのは，企業の長期的成長と健康に責任のある経営者のせいであるという。経営者が日常業務に熱中し過ぎて，あるいは受けてきた教育・訓練に問題があって，長期の組織づくりの必要性を認識・理解できなかったり，対処できなかったりする。あるいは，組織づくりを経営者自身の地位や権力や安心感への脅威と感じるために，本来あるべき変化に抵抗するかもしれない。そのため，組織づくりはしばしば成長戦略に遅れをとり，とくに急成長期にはそうだったとチャンドラーは言うのである。

多角化の後に

1960 年代後半以降，米国では，合併・買収 (mergers and acquisitions; M&A) ブームでコングロマリット (conglomerate) が躍進した。一般に，コングロマリットとは，企業の内部的展開によらず，合併・買収によって，広範な，しかもそれぞれが相互に関連性を持たないような産業に進出した企業のことを指す。1950 年代から急成長したミューチュアル・ファンド（投資信託の一種）や年金基金 (pension fund) などの機関投資家に加えて，米国経済が繁栄を謳歌していた 1960 年代後半には，一流の投資銀行，証券業者までもが買収資金の供給や合併・買収の仲介といった業務を積極的に行った。これを背景にして，収益性のある投資機会を求めた企業が，独禁法の規制のない，本業とは事業的に関連を持たない企業を次々と合併・買収していくことがブームとなり，ガルフ・ウエスタン・インダストリーズ (Gulf and Western Industries; Gulf+Western とも書く)，ITT (International Telephone & Telegraph) といった巨大コングロマリットが出現する。たとえば，ITT の社長兼 CEO として有名だったジェニーン (Harold Sydney Geneen; 1910-1997) は，1959 年に ITT の社長に就任してからの 17 年間に（うち 1972～77 年は会長），シェラトン・ホテル，

ハートフォード保険会社，エイビス・レンタカー等と次々と合併・買収を行い，14年半（58四半期）連続増益という記録を打ち立て，80カ国350社からなる「帝国」をつくり上げた。

　こうした状況の米国の産業界で関心を呼んだものがポートフォリオ経営の考え方である。ポートフォリオ（portfolio）とは，もともと「折り鞄」の意味で，かつて金融街ではこの折り鞄に投資家が証券類を入れて歩き回っていたことから，この折り鞄に入れられた証券の束，つまりは「資産等の組み合わせ」のことをポートフォリオと呼ぶようになったといわれる。このポートフォリオ概念を製品に導入し，「製品系列の組み合わせ」を扱う魅力的な分析手法に仕立て上げられたものが製品ポートフォリオ経営（product portfolio management），略してPPMであり，経営戦略論隆盛の礎となった。

　PPMはボストン・コンサルティング・グループ社（Boston Consulting Group; BCG）が開発したもので，1960年代にゼネラル・エレクトリック社（General Electric; GE）が多様化しすぎた製品系列の整理を行うために研究させたといわれている。GEは，もともとはその起源が「発明王」エジソン（Thomas A. Edison; 1847-1931）にまで遡る電機メーカーであった。エジソンは，白熱電灯システムの企業化のために1878年にエジソン電灯社（Edison Electric Light Company）を設立したが，それが合併して，1889年にエジソン・ゼネラル・エレクトリック社（Edison General Electric Company）となる。これがさらに，当時，アーク灯事業で最大の企業であったトムソンヒューストン・エリクトリック社（Thomson-Houston Electric Company）と合併して，1892年にゼネラル・エレクトリック社が誕生するのである。

　その後，GEは多角化が進み，本業である発電設備に加えて，1949年までにはモーター，モーター制御装置，照明機器，電気器具，テレビおよびラジオ，ジェット・エンジン，電子部品および電子システム，1959年までには，プラスチック，コンピュータ，半導体，航空宇宙開発請負，1969年までには，有線テレビ，テレビ・ラジオ放送，タイム・シェアリング・コンピュータ，高速旅客輸送車両，都市システム研究と，事業は非常に多岐にわたっていった（Rumelt, 1974, Appendix C）。GEのことを高度に多角化したコングロマリットと呼ぶ人までいたのである（Rumelt, 1974, p.9 邦訳13頁）。このようなGEを舞台にしてPPMが開発された。

PPMの基本構造

多くの企業で行われがちなのは,「全事業,売上高対前年比15％増」のような一律の目標,「対前年比10％増の予算」のような一律の資金配分,そして「全部門,定員5％削減」のような一律の人員削減である。多少工夫をして,投資収益率あるいは資本利益率(＝利益／投資;return on investment; ROI)を使った場合でも,市場の特性や市場でのポジションの違いについてはまったく考慮せず,ROIが一律に適用される。

それに対して,PPMでは選択と集中が意図されている。一律にではなく,「どの事業」に「どのくらい」,そして,なぜ,どのように集中化するのか,あるいは,なぜ,どのように多角化するのか,といった戦略策定の論理的・実証的な裏づけを与え,選択と集中のコンセンサス(共通認識)作りに寄与する枠組みがPPMなのである。PPMの基本構造は,製品ライフ・サイクル,経験曲線の二つの経験則を組み合せたもので,以下,順にPPMの基本構造について見ていくことにしよう。

製品ライフ・サイクル

製品ライフ・サイクル(product life cycle)とは,製品にも人間の一生と同様のライフ・サイクルがあるという「経験則」である。たとえば,ある製品の累積売上高は,図1のロジスティック曲線のようなS字曲線を描くだろうというのである。つまり,最初は,どんどん市場に製品が普及していき,高い成長率で売上高も伸びていくが,やがては市場に製品が行き渡り,飽和状態に近づくことで成長率は鈍化していくというのである。こうして出現するS字曲線を,最初は製品の「導入期」,それに続く「成長期」,そして飽和状態に近くなる「成熟期」と,便宜的に三つに区分して呼ぶことにしよう。

① 導入期

新しい製品は市場に紹介されると,最初はまだほとんど普及していないわけだから,当然,成長率の分母は小さく,市場の成長率は高くなる。他方,新しい製品は,まだまだ研究開発が必要なので,当然,研究開発費はかかる。しかも,新製品の市場投入に当たっては,その製品がいかに素晴らしく,い

図1　S字曲線と製品ライフ・サイクル

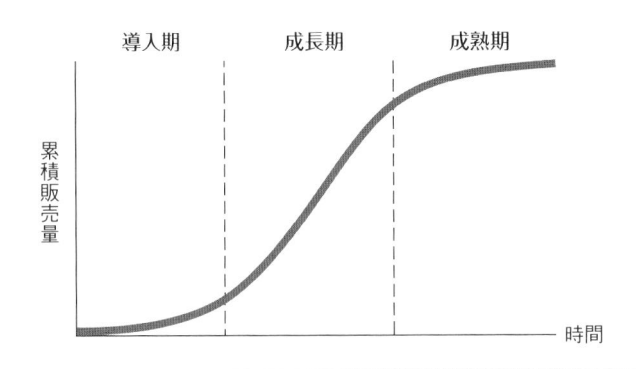

(導入期／成長期／成熟期　縦軸：累積販売量　横軸：時間)

かに使うかを伝えるための宣伝教育費も必要になる。こうした創業者的な先行投資が必要になるために，この時期の投資額はその分大きなものになる。

たとえば，1979年に発売されたソニーの「ウォークマン」は，小さなカセット・テープ・レコーダーと軽量ヘッドホンを組み合わせることで，屋外で，文字どおり歩きながらでも音楽を楽しめるという製品だった。今では，世界中で，街角で軽量ヘッドホンやイヤホンをしたまま歩いている人は珍しくもないが，発売当時は，そのような習慣は世界中を探してもなく，製品の使い方だけではなく，そうした一種のライフ・スタイル自体を売り込む必要があり，宣伝教育費をかける必要があった。こうして，導入期の資金需要は大きくなってしまうのである。

② 成長期

成長期は文字どおり市場が成長をしている時期で，市場自体が急激な拡大を続けている。急拡大を続けている市場の中で，市場シェアを確保・向上させるためには，市場の成長率以上に増産して製品を市場に投入していかなくてはならない。つまり増産のための設備投資をし，運転資金を確保し，さらに作った製品を売るために積極的なマーケティングをしていく必要がある。したがって，会社（正確には事業部門）が市場成長率以上の成長率で成長するためには，資金需要はどうしても大きくなる。

③ 成熟期

しかし，こうして成長を続けた製品もやがては成熟期を迎える。世の中に

表1 ライフ・サイクルと資金需要

	導入期	成長期	成熟期
市場成長率	高い ・製品を市場に紹介	高い ・市場拡大	低い ・市場成長率鈍化
資金需要	大きい ・創業者的な先行投資 ・通常の営業費に加えて，研究開発費，宣伝教育費	大きい ・市場シェア確保のため市場成長率以上の成長維持 ・設備投資，運転資金，マーケティング費用	小さい ・市場シェア固定化し，生産量の維持 ・減耗や破損を補う減価償却分程度の投資

製品が行き渡り，飽和状態に近づくことで市場の成長率は鈍化する。もはや市場シェアは固定化しており，シェア拡大というより，生産設備に見合った生産量を維持することの方が重要になる。この時期に必要になるのは，生産設備の減耗や破損を補う程度の投資で，これは通常であれば減価償却費（＝後で生産設備の減耗や破損を補う目的で積み立てておくもの）の範囲内に納まる程度の金額となる。つまり資金需要はずっと少なくなる。

こうした製品ライフ・サイクルに沿った特徴をまとめてみる。表1に示されるように，ライフ・サイクルの各段階で市場成長率と資金需要（資金流出とも言う）との間に，市場成長率が高ければ資金需要が大きく，市場成長率が低ければ資金需要が小さいという関係が成り立っているはずだということに注目するのである。つまり，製品にライフ・サイクルがあることから，市場成長率は資金需要の代理変数として扱うことが可能になる。このことが最初の着眼点である。

経験曲線

経験曲線（experience curve）とは，経験を積むと生産コストが下がるということをグラフ化して表現したものである。経験曲線と似たものに学習曲線（learning curve）があるが，学習曲線は「1単位を生産するのに要する加工時間が，累積生産量が倍加するごとに一定の割合で低減する」ことを示したもので，それに対して，経験曲線は「1単位を生産するのに要するあらゆるコストが，累積生産量が倍加するごとに一定の割合で低減する」ことを示して

図2　両対数目盛を使った理想的な 80 ％経験曲線

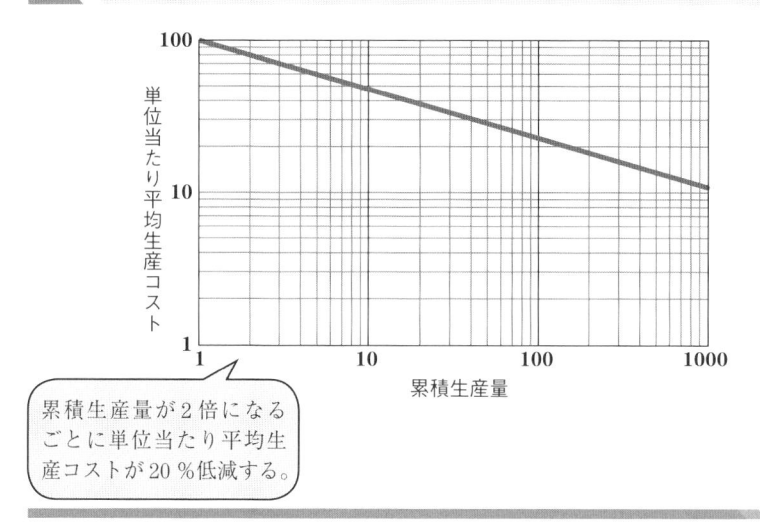

（グラフ：縦軸「単位当たり平均生産コスト」1〜100、横軸「累積生産量」1〜1000、両対数目盛で右下がりの直線）

累積生産量が2倍になるごとに単位当たり平均生産コストが20 ％低減する。

いる。つまり学習曲線が加工時間またはせいぜい生産コストを対象としたものであるのに対し，経験曲線はすべてのコストを対象としているという大きな違いがある。しかも経験曲線は，このことがある産業全体についても，また，個々の生産者についてもいえるというのである（ボストン・コンサルティング・グループ，1970）。

　経験曲線は，あくまでも経験則にすぎないのであるが，もしこの主張のとおり，「単位当たり平均生産コストは，累積生産量が2倍になるごとに一定の割合で低減する。」のであれば，経験曲線をグラフとして描けば，単位当たり平均生産コストと累積生産量を両対数目盛のグラフで表すと，ほぼ右下がりの直線になる，という特徴をもつことになる。ここで，対数目盛をとると，等倍が等間隔に表示されるということに注意しよう。たとえば累積生産量が2倍になるごとに単位当たり平均生産コストが20 ％低減するときは80 ％経験曲線と呼ばれるが，実際に，両対数目盛で，生産開始当初の生産量を1単位とし，その平均生産コストを100として両対数目盛を使って描いてみると，図2のグラフのように直線を描いてコストが低下していくことになる。

　たとえば，20世紀初頭に自動車会社，フォード社（Ford Motor Company）が大量生産によって価格を下げる販売拡大化政策をとり，1908年から1927

図3　1909〜1923年のT型フォードの価格（1958年での価格に換算）

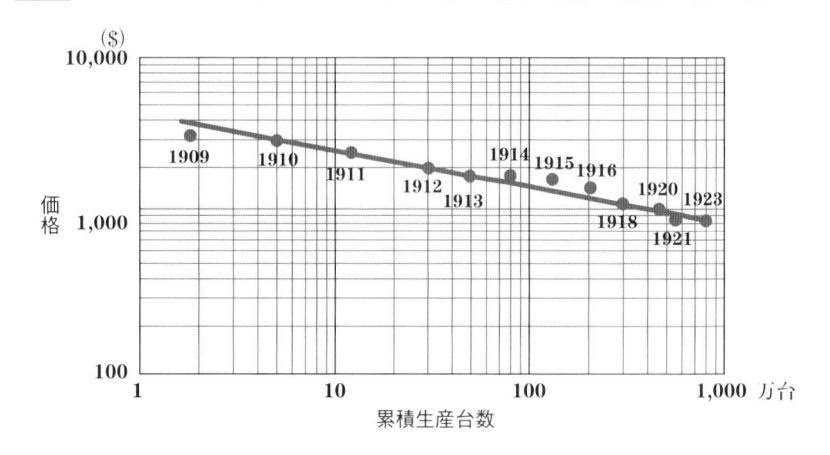

(出所)　Abernathy & Wayne (1974) Exhibit 1.

年まで，いわゆるT型フォード（Model T）を一貫して生産し続けたときの累積生産量と価格について調べたものが図3である。このとき，T型フォードの価格は1909年から1923年までの間に85％経験曲線を描いて低下したといわれる（Abernathy & Wayne, 1974）。半導体やテレビなどについても，単位当たりの平均価格と当該業界全体の累積生産量を両対数グラフを使ってグラフ化すれば，屈折したりして，とても図2のようにはきれいな直線にならないものの，それらしき曲線が得られるとされている（ボストン・コンサルティング・グループ，1970, 補論1）。

理由はともかく，経験曲線が文字どおり経験則として成立するのであれば，市場シェアが利益位置を示す指標になることが導き出せる。これが第二の着眼点である。なぜなら，ある製品の生産量の成長率が高いほど，速く単位当たりの平均生産コストを低減できる。したがって，競争他社（実際には最大競争会社だけを考えればよい）以上の成長率で成長することができれば，競争他社よりも速く単位当たり平均生産コストを低減することができる。他方，市場価格は競合企業の間で大差ないので，その分，利益を増やせる。

このことは図4によって図解される。いま同じ製品を作って競合しているA社とB社が，生産開始の最初の年，同じ累積生産量，同じ単位当たり平

図4 累積生産量と利益・損失（両対数グラフの80％経験曲線）

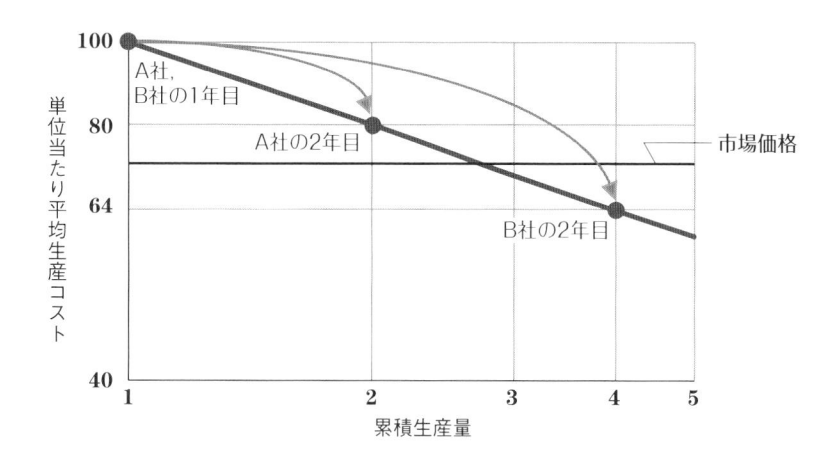

均生産コストから出発したと考えよう。2年目に入ると、A社は同じペースで生産して累積生産量を2倍にし、単位当たり平均生産コストを80％に低減させた。しかしその間、B社の累積生産量が4倍になったために、B社の単位当たり平均生産コストは64％にまで低下していた。図4に示されるように、市場価格がA社、B社の平均生産コストの間のあたりで決まると、B社は利益が出るが、A社は平均生産コストを下回る価格で赤字覚悟で売ることになる。仮に市場価格がA社の平均生産コストを上回った水準で決まったとしても、単位当たりの利益で見て、B社はA社を上回る利益をあげられる。しかも、この2年目だけの生産量を見れば、B社はA社の3倍もあるので、この製品から得られるB社の利益はA社のそれを大きく引き離してしまうのである。このB社のように、競争他社以上の成長率で成長している期間には、市場シェアは当然、相対的に大きくなっているはずなので（表2からわかるように、2年目のB社のシェアは75％にもなる）、結局、市場シェアと利益との間には関係が見られることになる。ここで「利益」といっているのは、正確には収入から支出を引いた「キャッシュ・フロー」(cash flow)のことで、大ざっぱには減価償却前の利益、すなわち「利益＋減価償却費」に相当する。ここでは資金流入と呼んでおこう。

表2 生産量と市場シェア

	A社				B社			
	生産量	累積生産量	市場シェア	相対市場シェア	生産量	累積生産量	市場シェア	相対市場シェア
1年目	1	1	50 %	1.00	1	1	50 %	1.00
2年目	1	2	25 %	0.33	3	4	75 %	3.00

ポートフォリオ・マトリックス

以上のようにして，①製品ライフ・サイクルと②経験曲線という二つの経験則からそれぞれ次の関係が導かれる。

① 市場成長率が高ければ資金流出（資金需要）が大きい。

② 相対市場シェアが大きければ資金流入（＝利益＋減価償却費）が大きい。

ここで相対市場シェアとは最大競争会社の市場シェアに対する自社の市場シェアの比率である（表2の2年目では，A社の相対市場シェアは0.33，それに対するB社の相対市場シェアは3.00になる）。こうして，市場成長率と相対市場シェアをそれぞれ資金流出と資金流入の代理変数として使うことができ，この2変数を縦軸と横軸にとることで，図5(a)のようなマトリックスができる。経験的に，市場成長率の高低の境目は約10 %，相対市場シェアの高低の境目は約1.5ともいわれている。

このマトリックスはポートフォリオ・マトリックスとかBCGマトリックスとか呼ばれるが，このマトリックスの四つのセルには，それぞれ面白い特徴づけが行われている。この特徴づけは，市場成長率と相対市場シェアが，それぞれ資金流出と資金流入の代理変数であるという性質を利用して行われるので，図5(b)のようにすると各セルの特徴が一目瞭然となる。

$ 金のなる木（cash cow）……相対市場シェアが高く資金流入は大きいが，市場成長率が低いために資金流出は小さく，企業にとっては重要な資金源となる。

☆ 花形（star）……相対市場シェアが高く資金流入は大きいが，市場成長率が高く資金流出も大きいために，短期的には資金源とはならない。市

図5 ポートフォリオ・マトリックス

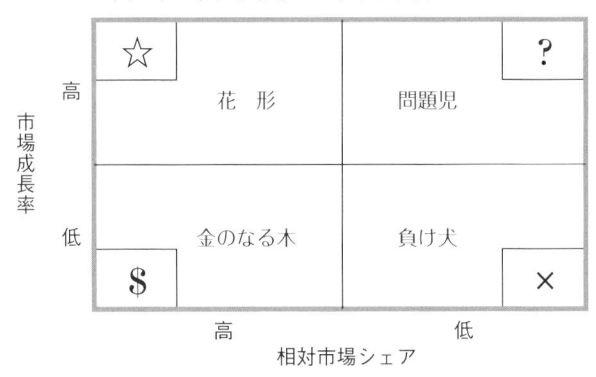

(a) ポートフォリオ・マトリックス

	高 ← 相対市場シェア → 低	
高 ↑ 市場成長率 ↓ 低	☆ 花 形	? 問題児
	$ 金のなる木	× 負け犬

(b) 資金流入／流出から見たポートフォリオ・マトリックス

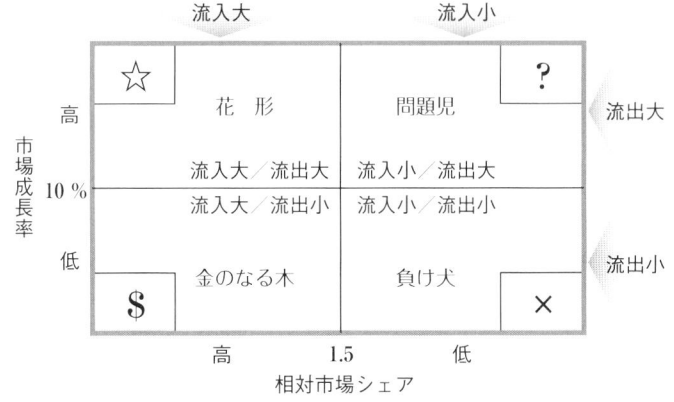

流入大　　　流入小

高	☆ 花 形 流入大／流出大 流入大／流出小 金のなる木 $	? 問題児 流入小／流出大 流入小／流出小 負け犬 ×	← 流出大
10%			
低			← 流出小

高　　1.5　　低
相対市場シェア

場成長率が鈍化してきたときに，市場シェアを維持していると，金のなる木に移行する。

× 負け犬（dog）……相対市場シェアが低く資金流入は小さいうえに，市場成長率も低いので，好条件（好景気，トップ企業の高価格政策）以外では，金を食うばかり。

? 問題児（question mark）……相対市場シェアが低く資金流入が小さいのに，市場成長率が高いために資金流出は大きく，現状では，大幅な資金

図6 製品・事業の位置変化

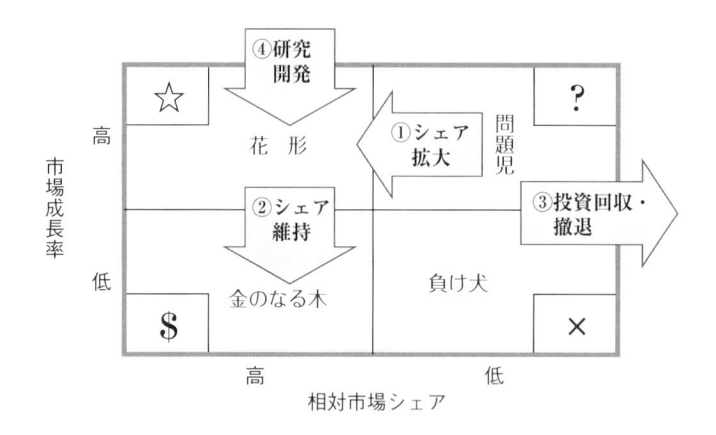

```
                    ④研究
                      開発
         ┌─────────┬─────────┐
    高   │   ☆    │    ?    │
         │         ←①シェア │
  市     │  花 形  │   拡大  │  問題児
  場     ├─────────┼─────────┤
  成     │  ②シェア│         │ ③投資回収・
  長     │   維持  │         │   撤退  →
  率     │    ↓    │         │
    低   │ 金のなる木│  負け犬 │
         │   $     │    ×    │
         └─────────┴─────────┘
              高          低
              相対市場シェア
```

出超の可能性が大きい。しかし、積極的投資により、市場シェアを拡大させることもできる。

このような各セルの特徴づけから、図6に示されるような製品の取捨選択についての示唆が得られる。すなわち、

① シェア拡大……「問題児」に投資し、市場成長率が高く、競争状況が比較的流動的なうちに「花形」に育成する。

② シェア維持……「花形」に投資し、市場シェアを維持することで、市場成長率が鈍化してきたときに「金のなる木」に移行できるようにする。

③ 投資回収・撤退……「負け犬」や有望性の乏しい「問題児」を切り捨てる。

④ 研究開発……研究開発に投資することで、直接、「花形」を作り出す。

このように、現在の「金のなる木」を資金源とし、将来の「金のなる木」とするべく、「花形」や「問題児」に資金を集中していくのである。また資金源は「金のなる木」だけでなく、「負け犬」や「問題児」も当該事業部門を売却してしまうことができれば、それもまた一時的な資金源になる。事業の再編をし、リストラクチャリングを行う際には、そうした一時的資金も計算に入れられる。

製品ポートフォリオ経営 (PPM)

ポートフォリオ・マトリックスによる分析は，それを具体的な管理運営に移し，実践することではじめて価値を持つ。その際，実際の適用に当たっては，次のような具体的な作業が必要になってくる。

(a) 事業の再定義・細分化 (segmentation)：経験曲線が意味を持つためには，すなわち，相対市場シェアがコスト位置を示す指標になるためには，競争関係に影響を及ぼす重要なコスト要因を選び出し，それによって製品・市場を「1事業」として再定義する必要がある。コスト要因としては，ユーザー別市場，製品ライン数，ブランド・イメージ，生産量，固定費等などが考えられる。

(b) 事業の位置づけ：製品ポートフォリオは各事業の戦略的位置づけを示す。そこで，事業ごとに，いくつかの戦略（①シェア拡大，②シェア維持，③投資回収・撤退，④研究開発）について，それをとったときの将来の資金流出入状況を予測・比較する必要がある。こうした特徴と，使用可能な資金を明確にしたうえで，各事業の位置づけ（＝企業として何を期待するか）ととるべき戦略を決定するのである。

(c) 戦略的事業単位 (SBU) の設置：戦略立案上の計画・実績掌握の評価単位として戦略的事業単位 (strategic business unit; SBU) を設置する。SBUは研究開発，設備，生産，マーケティング，人事等の諸計画・組織を包含してグループ化したものである。ただし財務については除く。企業はSBUに対し，自社の成長と利益目標に合致するように，戦略的位置づけ，経営資源配分優先順位，評価基準を与える。GEの例では，1970～1971年にSBUが導入されたが，SBUは特定の階層レベルに対応するものではなく，いわゆる事業本部レベル，事業部レベル，部門レベルのSBUが混在していたといわれる。

PPMで何をしたのか？

ホンダの二つの成功物語

それでは，PPMは企業に成功をもたらしたのだろうか。

1959年，米国オートバイ市場の49％は，英国企業が握っていた。ところ

が，それからわずか7年，1966年までには，日本企業，とくに本田技研工業（以下，ホンダ）が英国企業に取って代わり，ホンダ1社で市場シェア63％を掌握するまでになっていた。このとき，日本のヤマハ，スズキもそれぞれ11％の市場シェアであったから，この日本のオートバイ・メーカー3社で実に85％の市場シェアに達していたことになる。こうした事態を受け，英国政府はPPMで有名なボストン・コンサルティング・グループ（BCG）を雇って，その理由を知ろうとした。そして1975年に，BCGから120ページの報告書が出された。

この報告書は，経験曲線と高い市場シェア，そして入念に考え抜かれた戦略について書かれていた。それによると，日本のオートバイ産業，とくに業界リーダーのホンダは首尾一貫した基本哲学を持っており，それは1車種当たりの生産量を大きくすることで，資本集約的かつ高度にオートメーション化された技術を使った高生産性が可能になるということである。彼らのマーケティング戦略はこうした車種ごとの量産達成に向けられ，成長と市場シェアに関心が向けられているのが観察されるという。ホンダの場合，その国内向け生産ベースの規模をてこに，低コストに徹し，中流消費者への小型オートバイの販売という新しい市場セグメントをとおして米国市場に参入を図り，攻勢をかけたというのである。

この報告書の内容があまりにも見事にBCG的な分析を展開していたので，この報告書はすぐに要約されて，ハーバード大学，UCLA，バージニア大学といった米国の大学のビジネス・スクールで，ケースとして経営政策のコースで使われるようになったほどだという。

しかし，日本的経営の研究で知られるパスカル（Richard Tanner Pascale; 1938-）は，このような話に疑いを持ち，1982年に，ホンダの対米進出当時の当事者たち6人にインタビューするために日本に飛んだ。そして，まったく異なる話を聞いたのである（Pascale, 1984）。

1959年夏にホンダの対米進出が始まるが，その前年1958年のトヨタの対米輸出が惨憺たる結果だっただけに，当時の大蔵省はホンダの進出計画に懐疑的で，25万ドルの投資を許可したものの現金はそのうち11万ドルに制限されてしまった。ホンダは，50ccのスーパーカブ，125cc，250cc，305ccの4車種を同じ台数ずつ持っていくことにしたが，創業者である本田宗一郎

(1906-1991)はこのうち250ccと305ccのオートバイについてはハンドルの形が仏様の眉の形に似ていてセールス・ポイントになると自信を持っていた。現金をあまり持っていくことができなかったために，マネジャーたちはロサンゼルスで安アパートを借り，床で寝る者もいるありさまだった。スラム地区にある倉庫では，費用節約のため自分たちで床を拭き，設備にも金を使えなかったので自分たちの手でオートバイを積み上げた。とはいうものの米国のオートバイ・ビジネス・シーズンが4月から8月までであることを知らなかったために，なんと1959年のシーズンがちょうど終わった頃に仕事を始めることになってしまう。

　当時はヨーロッパのメーカーも米国のメーカー同様に大型マシンに力を入れていた。ホンダも，もともと本田宗一郎が自信を持っていた250ccと305ccのマシンを中心に据え，1960年の春までには40のディーラーに大型マシンを置いてもらえるようになった。こうして250ccと305ccの大型バイクが売れ始めたが，1960年4月には早くも災難が降りかかることになる。米国では日本よりも長距離をより高速で乗り回すので，大型バイクが次々に故障し始めたのである。

　その頃日本では1958年夏に発売した50ccのスーパーカブが大成功し，生産が需要に追い付かないほどであったが，何もかも大きくて贅沢な米国にはまったく向いていないと思えたので，本田と彼らの直観に従って，50ccは市場に出さないことにしていた。それで自分たちはロサンゼルス近辺での使い走りには50ccを乗り回すことになる。その光景が人目を惹いて，シアーズ社のバイヤーから問い合わせがあったりしたが，マッチョ色の強い市場で自社イメージを傷つけることを恐れて，最初の8カ月はスーパーカブを市場に出さなかったのである。しかし大型のバイクが故障し始めたことで選択の余地のなくなった彼らは，50ccのスーパーカブを市場に投入する。そして事態は意外な展開をする。中流階級の米国人たちがホンダに乗り始め，最初はスーパーカブ，後になってホンダの大型のバイクにも乗るようになり，売上げが急上昇したのである。

プロフェッショナル・マネジメント

　ミンツバーグ（Henry Mintzberg; 1939-）は，このホンダの事例を引用して，

次のように解説する（Mintzberg, 1989, ch.17）。すなわち，この話は失敗談ではなく成功談なのに，やることなすことすべてが間違っていたように見える。日本人マネジャーたちのコメントの受け身の調子もBCGの報告書とは正反対である。彼らは「実際には，米国で何か売れるかどうか見てみようという考え以外，戦略は持っていなかったですね」と話したという。ホンダのマネジャーたちはすべて東京で答えが出せるとは信じたりせずに，自分たちで答えを出すために，学習する覚悟で米国に来たのである。その間，1，2週ごとに東京にいるコントローラーに報告する必要もなかった。マネジャーたちは，米国の街をバイクで乗り回し，自分でディーラーや顧客に会い，市場のニーズで頭を殴られ続け，ついにそのメッセージを読み取ったのである。彼らは現場にいたのだ。そして，当初の戦略的ポジションをあまり重大にとらないだけの謙虚さをもった上級マネジャーたちによって成功が成し遂げられた。

　しかし，経営管理論のセオリーどおりにいけば，組織をもっぱら管理している上級マネジャーたちは現場から遠ざかり，学習できないまま戦略や計画を決定し，実施担当者は言われたとおりにそれを実施し，そして点検のために頻繁に報告させられる。まさに，「計画（plan）→実施（do）→点検・統制（see）」の管理サイクルあるいは「計画（plan）→実施（do）→点検（check）→処置（act）」のPDCAサイクルで組織を管理しているのだが，何かおかしい。しかも，このホンダの物語が始まるまさに1960年代初期，米国のオートバイ市場でのシェアを食われるはめになる英国のオートバイ・メーカーの親会社の重役会のメンバーたちは二輪車について何も知らなかったと言われる。なんと当時，マネジメント・コンサルタントたちによって，トップ・マネジメントは製品知識をできるだけ持たないようにするのが理想であることが熱心に説かれ，そうすることで事業に関するあらゆることが距離を置いたとらわれない方法で効率的に扱えると心から信じられていたのである。

　ミンツバーグの批判は次のように痛烈である。MBAのようなプロフェッショナル・マネジメントは，手法の寄せ集めを身につけ，何でも経営できるというが，それが適用されるべき文脈には関係がないのだろうか。これでは，技術者が設計する方法を知っているというだけで，より的確にはCAD用のコンピュータが机の上にあるというだけで，橋でも原子炉でも何でも設計で

きると仮定しているのと同じではないか。実際，優秀なゼネラル・マネジャーは，どこにでも通用するゼネラリストというよりもスペシャリストであり，会社内外に人的ネットワークを構築しているという事例研究（Kotter, 1982）もある。

たとえば，1979年に米国のテキサス・インスツルメンツ社の成功を説明しようと，計画立案システムを説いた本までが出版されたが，その本が出版されるとすぐに，このシステムはうまくいかなくなり，今ではこの計画立案システムは革新の邪魔をしたと信じられている。それでは成功の原因は何だったのか。実は，一人の有能なリーダーのエネルギーと熱意が優秀な人材を惹きつけ，活気づけることを可能にしたという以外に，この会社の成功の原因があったという証拠はなかったのである。

適用されるべき文脈から遊離し，人間のイニシアティブからも遊離して機能できると信じられているプロフェッショナル・マネジメントとは一体何だったのだろう。彼らは自分のオフィスにいて，財務諸表の数字とポートフォリオ・マトリックスのボックスで遊んで算出したボトムライン的な業績目標を指図する権限を持つことで「経営」できると信じている。しかし，それは明らかに何かおかしくないだろうか。

これ以上，ホンダの成功理由と英国企業の失敗理由を詮索する必要はないであろう。PPM的な分析が真の成功理由を何も明かさなかったことも明白である。ホンダのマネジャーたちは，最初から答えを出そうとせず，あるいはたとえ答えを出していたとしてもそれにはこだわらず謙虚な姿勢で対処し，学習する覚悟で自ら現場に飛び込んでいき，自分たちで答えを出すために試行錯誤を繰り返していたのである。

戦略は合理的でなくてはならないのか

ミンツバーグは，戦略のプランナーは，戦略が現実にどのようにして形成されるかについて，ほとんどまったく無知なままで，処方していたと批判する。合理的なアプローチの方が良いと単純に仮定されていたというのである（Mintzberg, 1989, ch.17）。はたして戦略は合理的でなくてはならないのだろうか。

スイスで行われた軍事演習でのこと。ハンガリー人の小隊を率いる若い少尉は，アルプス山脈の凍てつく荒野に偵察隊を送り出した。ところが，その直後から降り始めた雪は2日間降り続き，偵察隊は戻らず安否が心配された。3日目になって偵察隊は帰ってきた。彼らがいうには

「われわれは道に迷ったとわかって，もうこれで終わりだと思いました。すると隊員の1人がポケットに地図を見つけたのです。その地図のおかげで冷静になれました。われわれはテントを張って吹雪を耐え抜きました。それからその地図で方位，位置を確かめながらここに着いたわけです。」

少尉がこの命の恩人となった地図を手にとってじっくり見ると，驚いたことに，それはアルプス山脈の地図ではなく，ピレネー山脈の地図だった。

(Weick, 1987, p.222, 邦訳270頁)

この逸話の真偽のほどはよくわからない。しかし，ありそうな話ではある。一面の雪原では，見渡す限り真っ白で，吹雪の中ではもちろん，たとえ日が射していても地形の凹凸がほとんどわからない。そもそも窪地は雪で埋まり，もともとの地面の凹凸地形は雪面ではほとんど判別できなくなっている。仮に地図と眼前の細かな地形が違っていたとしても，ほとんどわからないだろう。

いずれにせよ，道に迷ったときにはどんな地図でも役に立つ可能性があるし，混乱しているときにはどんな戦略でも役に立つ可能性がある。ワイク (Karl Edward Weick; 1936-) は，部下が迷い，リーダーでさえどこへ行くべきかわからないという状況に直面したら，リーダーのなすべきことは，部下に自信を植え付け，何らかの大まかな方向感覚で部下を動かし，どこにいたのかを知り，今どこにいるのか，どこへ行きたいのかがもっとよくわかるように，実際に起こっていることに対して，部下が注意深く目を向けるようにすることであるとしている。

その意味では，次のトヨタの事例は興味深い（藤本＝ティッド, 1993）。実は自動車では，米国のフォード社（Ford Motor Company）やゼネラル・モーターズ社（General Motors Corporation; GM）の日本進出は早く，1925年にはフォー

ド社の100％子会社，日本フォードが設立され，横浜にノックダウン組立工場を建設していた。ノックダウン生産とは，他の国（この場合は米国）で製造した部品を輸入して，現地（この場合は日本）で完成品に組み立てる生産方式のことである。1927年にはGMも日本ゼネラル・モータース社を設立し，大阪でノックダウン組立工場の操業を始めていた。ノックダウン生産は1934年にはピークを迎え，日本の国内自動車市場の92％を占め，完成輸入車が5％，そして日本車は残りの3％，約1000台というありさまだった。

　後に自動車づくりに生涯をかけることになる豊田喜一郎（1894-1952）は，その当時，豊田自動織機製作所の常務取締役であったが，1933年9月にGMの33年型シボレーを買い込み，1935年5月にA1型試作車を完成させた。1934年，豊田自動織機は刈谷に自動車の試作工場の建設を始め，完成した1936年には自動車製造事業法が制定されて，自動車製造は国の許可事業となり，生産は日本の会社に限られ，部品もすべて国産にすることになった。その結果，米国系子会社は日本から締め出される。しかしこのとき刈谷工場の生産能力はわずか月産150台であった。1937年，豊田自動織機は自動車部を分離してトヨタ自動車工業株式会社（以下，トヨタ）を設立。豊田喜一郎はトヨタの副社長となり（社長になるのは1941年），翌1938年には，挙母町（現在の豊田市）に月産2000台（乗用車500台，トラック1500台）規模の挙母工場を完成させた。しかし，さあこれからという時に日中戦争が勃発し，第二次世界大戦，そして1945年8月の終戦を迎えることになる。

　トヨタは，終戦の年の9月には，GHQの許可を得て，1930年代に購入した古い機械を利用する形でトラックの生産を再開した。終戦直後，米国の量産工場の生産性はトヨタの約10倍もあったという。ところがこんな状況下で，豊田喜一郎は，3年以内に米国の生産性に追い付くという途方もない大胆な目標を打ち出す。案の定さすがに3年ではこの目標は達成できなかった。しかしトヨタは，本格的な乗用車トヨペット・クラウンを完成させた1955年まで，10年かかって生産性を10倍にする。この間，米国の生産性は上がっていなかったので，10年で目標は達成されたことになる。そして，それを受けて1957年に米国トヨタ販売（Toyota Motor Sales, U.S.A.）を米国に設立し，翌1958年に対米輸出を始めるのである。その間，豊田喜一郎は，20カ月に及ぶ労働争議の責任をとって1950年に社長を辞任した。その20日後

に朝鮮戦争が始まり，1952年に社長復帰を要請されるも，その1カ月後に急死している。

このように何の根拠もなく，おそらく非合理的で無茶な戦略でも，しかるべき人がしかるべき時に宣言すれば，そしてある程度の長期にわたって変更撤回されなければ，戦略は人々の迷いを取り払い，人々を元気づけ，人々を方向づける。戦略は組織の中で，行為がランダムなものにならないように能力を配分するための優先順位のシステムとして機能することになる。実はここに戦略を立て，持つことの意義が存在する。このことによって組織内行動のランダムネスを排除できる。それは外部環境に適応するために右往左往するよりは，むしろ外部環境との間には一線を画して毅然として自ら予測し，自らの優先順位に基づいて自律的に行動することで，自らの能力や優位性を有効に発揮していこうという姿勢である。それは変温動物としてではなく恒温動物として，しかも服を着込むことも冷暖房をすることもできる知的動物としての生き方，すなわち「環境適応」の延長線上にあるといっていいのではないだろうか。

PPMの問題点

そもそもPPMは，それが基礎としている経験則自体に大きな疑問がある。

(1) 脱成熟化

製品ライフ・サイクルの前提「すべての産業が成熟し，やがて衰退する」というのはあまりに単純すぎはしないだろうか。図1のS字曲線は，いずれ市場が飽和するという前提があるのでS字になるのだが，たとえば鉄鋼や石油製品には景気変動に伴う成長率の波はあるだろうが，はたしてライフ・サイクルがあるのだろうか。あるいは，自動車産業のように，産業の脱成熟化（de-maturity）もありうるのではないだろうか。

自動車産業では，20世紀初頭，生産者と消費者の双方で試行錯誤が繰り返された結果，ガソリンを燃料とする内燃機関，前方搭載エンジン，直結駆動車軸が一般に受け入れられてきた。これらを総合的に製品デザインとして結晶させる形で，次の第3章で見るように，フォード社が1908年にT型フォードを発表し，自動車を低価格で丈夫で信頼性のある基礎的輸送手段として浸透させた。こうして，T型フォードは，1910年代の自動車市場で支配

的地位を確立したわけである。しかし，そうやってモータリゼーションが進み，やがて道路が整備されてきて，大型で重く馬力のある自動車が，道路でスピードを出して快適に走れるようになると，消費者の好みが変わってしまう。1920年代から1930年代にかけて，GMが主導権を握る中で，自動車は「走るリビング・ルーム」(living room on wheels) へと変貌する。この脱成熟化の局面は，箱型鋼製車体，前方搭載水冷V8ガソリン・エンジン，後輪駆動，自動変速機といった新たな製品デザインへと収束していく。そして，この製品デザインすらも，1973年，1979年の二度の石油危機によりガソリン価格が急騰し，燃費の良さで拍車のかかった日本車の進出とともに，前輪駆動，横置きエンジン，エレクトロニクスといった，さらに新しい製品デザインへと刷新され，脱成熟化の局面の到来を迎えたというのである（Abernathy et al., 1983, ch.9）。

(2) 経験曲線は経験則なのか

そもそも，経験曲線はBCGが数千の製品のコスト研究から発見した経験則であるといわれているが，実は，本章で典型的として取り上げたフォード社の事例ですら，T型の次のA型では，経験曲線どころか，累積生産量が増えるにしたがい価格はどんどん上昇してしまう（Abernathy & Wayne, 1974）。つまり，経験則といいながら，実際にはいつも成立するわけではないのである。たとえば，

(i) すべての競争状況の組み合わせや，すべての産業，さらに，ある産業に属するすべての企業に本当に妥当するのか。

(ii) 経営者が精力的に働かない場合でも妥当するのか。

こうした当然の疑問（Abernathy et al., 1983, p.19 邦訳41頁）に対する答えは，すでに学習曲線の基礎研究が出している。いずれも経験曲線の登場以前に，その経験則を否定していたが，経験曲線はそうした学習曲線の基礎研究の成果を無視して主張されたのである。

このことについては，この章の後半で取り上げるが，それ以前に指摘しておくべきことがある。それは無視された「常識」である。実は，単調で変化が大きくなるデータの統計処理では，そもそも対数をとることは学問的常識なのである。たとえば，○○%増，○○%減といった表現で変化率によって変化を記述することが多い規模やコストなどについては，対数をとれば，だ

図7　AT&Tとペンシルベニア鉄道の株主数の推移（1901年〜1931年）

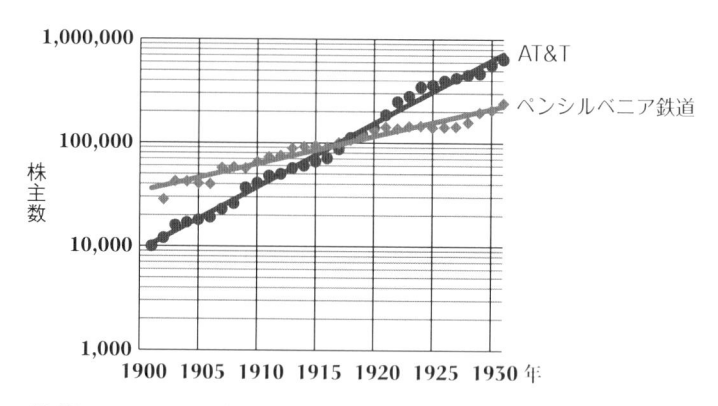

（資料）　Berle & Means（1932）book 1, ch.4, pp.54−55, Chart 1; Table VII.

いたいは直線的なきれいな関係が見えてくることが知られている。実際，アメリカ電話電信会社（American Telephone and Telegraph; AT&T）では，株主数は1901年末には1万人だったものが，急増して，30年後の1931年末には64万2180人にもなるのであるが，縦軸を対数目盛にした図7を見ると，ほぼ直線を描いていることがわかる。同様に，AT&Tより緩やかだが，ペンシルベニア鉄道も，ほぼ直線を描いている。しかし，だからといって，これが「経験則」などではないことは明らかである。そもそも原典の原図（Berle & Means, 1932, book 1, ch.4, Chart 1）の段階で，すでに対数目盛で描かれており，こうした処理は常識なのである。

　重要なことは，PPMが強弁するように，対数目盛を使うと直線になるということにあるのではなく，むしろ，対数目盛を使うと，変化が読み取りやすくなるということの方にある。実際，図3のT型フォードの場合，両対数目盛でグラフを描くと，1914年前半までで技術革新が一段落した後，5年ほど価格低下が緩み，上にそれることが読み取れる。そして1921年には，今度は下にそれることもわかるのだが，このとき価格が下がるのは，生産コスト低減のせいではなく，景気後退で自動車需要が落ち込み，在庫をさばくために価格の引き下げを行ったためなのである。こうした変化を読み取りやすくするには，たしかに対数目盛は有効といえる。それに対して，この図3

図8　通常の目盛を使って描いた1909〜1923年のT型フォードの価格

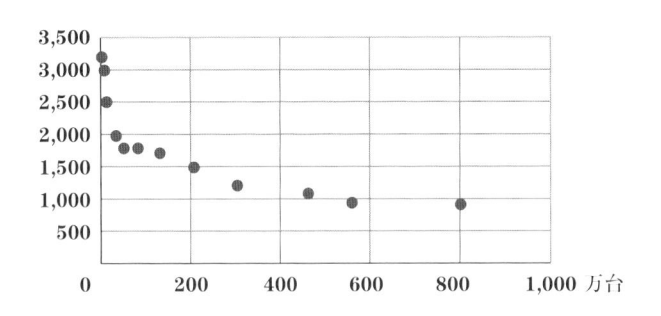

を通常目盛のグラフで描いてみると図8のようになってしまい，これでは，以上のような変化はまったく読み取れない．

(3) 市場の定義が恣意的

　市場シェアも市場成長率も市場をどう定義するのかに依存している．たとえば，あるビール会社が出している「ドライビール」の市場シェアは，市場を「飲み物一般」とするか，「酒類」とするか，「ビール」とするか，「ビール＋発泡酒」とするか，はたまた「ドライビール」とするかで，まったく違ってくる．もちろんそれぞれの市場成長率も異なる．これは本質的な問題で，市場シェアも市場成長率も，市場をどう定義するかで，いくらでも恣意的に数字を作り出せるのである．つまり客観的な市場シェア，市場成長率などは最初から存在せず，多くは事後的に，結果がわかってしまってから，もっともらしく，それを説明できるような市場シェア，市場成長率を算出しているだけなのである．

　そもそもこの世はなだらかな代替的関係を持った類似機能を有する多くの製品から成り立っており，市場に誰もが明確に認識できるような境界は存在しない．たとえば，記憶媒体としてカセット・テープを使った「ウォークマン」，MDを使った「ウォークマン」，さらにハードディスクを使った「ウォークマン」などが現実に存在してきたが，ブランドとして同じこれらを一つの市場と考えていいのか．音楽機能のついた携帯電話やタブレット端末は「ウォークマン」とは別の市場なのか．もはや，市場や産業の境界の設定は恣意的にならざるをえないし，むしろ企業が主体的・主観的にドメイン

(domain；事業領域) として戦略的に選択していくものといった方が正確なのである。

その後のGE

1970年代には多角化の進んだ多くの米国企業でポートフォリオ概念が用いられ、ある種のファッションとなったわけだが、皮肉なことに、1981年4月に、その本家本元のGEの会長兼最高責任経営者 (chief executive officer；CEO) に45歳の若さで就任 (2001年退任) したウェルチ (John F. Welch, Jr.；1935-) について、『ウォール・ストリート・ジャーナル』は次のように伝えている。

> 家電やエレクトロニクスや産業機械など、GEの古くからの製造事業の多くは外国の競争会社や景気の後退によって打ちのめされてしまった。(中略) ウェルチ氏はGEや他の米国企業に対する外国からの脅威は、1960年代と1970年代、つまり彼に言わせると、企業が指揮ではなく管理されていた期間に、GE自らが具体化に力を貸した多くの管理原則のせいだと非難する。彼は、まるで投資のポートフォリオであるかのように資産の管理を行い、長期的利益を犠牲にして短期的利益を追求し、技術革新について保守的であるといったことが、米国の主要産業の多くを恒久的にだめにしてしまったのではないかと危惧している。
>
> (*Wall Street Journal*, July 12, 1981, p.45)

こうして、いまや「伝説の経営者」とも称賛されるウェルチがCEOに就任後、GEは一変する (Tichy & Sherman, 1993)。GEのすべての事業はその市場において1位か2位のシェアを持つべきであり、その基準を満たさない事業は、再建、撤退、売却するという「ナンバー1か2」のアイデアを打ち出し、GEの伝統と誇りのシンボルであったトースター、アイロン、コーヒー・メーカーなどの小型家電部門を含む実に100以上の事業を1985年までに売却してしまったのである。そして人員削減を進める一方で、RCAなどを買収し、まさにリストラクチュアリングを進める。その結果、残った事業については、それぞれの市場環境の変化によって出てくるそのときどきの業

績の好不調の凸凹を事業部門同士がピストンのように協力しあい，好調の部門が不振の部門を資金的に支援することで，GE 全体で継続的に業績を上げていくことを目指す「ビジネス・エンジン」のアイデアを打ち出す。

　しかし，こうした表面的な変化だけに目を奪われてはいけない。ウェルチは詳細な戦略計画に基づいて管理するのではなく，全社的な明確な目標，アイデアを設定し，他人が何を信じようが，自分のアイデアを一貫して主張し続け，同じメッセージを繰り返し繰り返し発信し続けていた。そして個々の事業部門では，労働組合とも協力しながら，贅肉を落としてコストを削減し，少ない売上げでも利益の出やすい体質に変えていったのである。こうして，『フォーブス』誌によれば，1993 年 3 月現在，売上高，利益，株式時価総額，総資産額等を考慮した総合評価では，GE は世界で最も競争力のある企業と評価されることになる。ウェルチは退任までの 20 年間で，売上高を 5 倍，純利益を 8 倍にした。もうここには製品ライフ・サイクルもなければ経験曲線も存在しない。

　ウェルチのしたことが最善だったのかどうか，これほど急激に変化を進める必要があったのかどうかは疑問である。30 万人の従業員が GE を去り，そのうち 17 万人はレイオフや自然退職などで仕事を失うことにもなった（1991 年末の GE の従業員数は 28 万 5000 人といわれる）。後世の歴史家も評価しないかもしれない。しかし確実に言えることは，彼がポートフォリオ的な資産管理をやめて，GE を一つの会社として経営することに並外れた情熱を注いできたという事実であり，それが GE の競争力の源泉になっていたということなのである。

　そんな情熱とは対照的に，この章の冒頭でも触れたように，もともと「ポートフォリオ」とは折り鞄に入れられた証券の束，つまりは「資産等の組み合わせ」のことを指していた。ポートフォリオという用語が広く使われるようになったのは 1990 年にノーベル経済学賞を受賞したマーコヴィッツ（Harry M. Markowitz; 1927–）のポートフォリオ選択理論（Markowitz, 1959）の貢献が大きい。ポートフォリオ選択理論では，証券などの金融資産の組み合わせの最適化が問題にされる。つまり分散投資の理論である。証券のポートフォリオの利益率の平均（＝期待値）をできるだけ大きくし，しかもリスク（＝利益率の分散〔variance〕）をできるだけ小さくするためにはどうしたら良いか。簡

単にいえば，そのためには，利益率の平均の高い証券で，しかも負の相関のものを選んで組み合わせれば，変動を相殺してリスクは小さくなり，利益率も高くなる。このことを数学的に導いたのがマーコヴィッツなのである。そして，日本語訳は異なるが，分散投資の「分散」には「多角化」と同じ"diversification"が使われる。

その意味では，PPMが扱っているのも，多角化というより分散投資にほかならない。PPMでは，市場成長率，相対市場シェアはもともと資金流出，資金流入の代理変数であり，その意味では資金流出入だけを考えて事業の選択を行っているのと同じである。企業の経営者があたかも投資家が証券に投資するときのように，自分の会社の事業（製品系列）の資金流出入のみに注意を向けて投資を行う。まさにポートフォリオなのである。それで経営しているといえるのだろうか。ウェルチの指摘にも垣間見えるように，たとえばPPMは成熟産業である「金のなる木」への投資を抑えるので，成熟産業自身は技術革新もままならず，衰退するにまかされることになる。とくにコングロマリットは「金のなる木」として成熟産業の古い企業を買収し，そこから利益のみを吸い取ったので，このことで米国の伝統ある産業の衰退を早める結果になったともいわれる（土屋，1982）。

もちろんPPMだけが原因ではない。ミンツバーグが指摘したようなプロフェッショナル・マネジメントに対する幻想全体が引き起こした惨事なのだ。実際，第二次世界大戦で，米国以外は日本もヨーロッパも戦場と化して荒廃した中で，戦後しばらく，米国企業，とくに米国製造業の一人勝ちの状態が続くと，米国の経営者たちは，自分たちの任務はマーケティングや財務管理（たとえばキャッシュ・フローの割引現在価値分析のようなもの）だと考えるようになった。そうではなくて，生産技術こそが競争優位をもたらしていたことを忘れてしまった。アバナシー゠クラーク゠カントロウ（Abernathy, Clark, & Kantrow, 1983, pp.7-8，邦訳20-21頁）はそう指摘して，何度も映画化されたスコット・フィッツジェラルド（F. Scott Fitzgerald; 1896-1940）の人気小説『グレート・ギャツビー』の第3章末の会話の一部を引用する。

「君はまったくひどい運転をするんだな」と僕は苦情を言った。「もっと注意深くなるか，あるいは運転をまったくやめちゃうか，どっちかに

した方がいい」
　「注意してるったら」
　「いや，ぜんぜんしてないね」
　「だって，ほかの人が注意してくれるもの」と彼女はしらっと言った。
　「それ，どういう意味かな？」
　「みんな，私の行く手からうまくさっさとどいてくれるわけ」と彼女は言い張った。
　「要するに，誰かと誰かがぶつからなきゃ，事故なんて起きないわけでしょう」
　「じゃあもし君が，君と同じくらい不注意な人間に出くわしたとしたら，そのときはどうなるんだろう？」
　「私としちゃ，そういうことが起こらないことを願うのみね」と彼女は答えた。
　　　　　（村上春樹訳『グレート・ギャツビー』中央公論新社，2006, 111-112頁）

　結局，米国の経営者もこの「彼女」（ジョーダン・ベーカー）と同じで，生産現場がなんとかしてくれるとばかりに生産技術に無頓着になり，傍若無人にマーケティングや財務管理を振りかざしたことで，衰退の道へと向かったのだと断罪する。

学習曲線の秘密

学習曲線の登場

　では，どうして生産コストは低減していったのだろうか。どのような条件のとき，生産コストは低減するのだろうか。そのことは経験曲線の登場以前から，すでに学習曲線に関する基礎研究が明らかにしていた。
　同じ製品を何個も作り続けていると，1個当たりの生産コストが徐々に減少していくという現象が見られることがある。このように，製造の経験をとおして生産性向上の点で進歩が見られることは「行動による学習（learning by doing）」とも呼ばれ，今日ではさまざまな製品分野で報告されてきている。生産性の面で進歩のパターン，より正確に表現すれば，単位当たりの生産コ

スト（あるいは単位当たりの直接労働時間）が，ある率で減少していくパターンは，これまで進歩関数，学習曲線，経験曲線などと呼ばれて研究されてきた。

　もともとの経済学系・工学系の文献では，回帰分析を使って関数を推定する研究が多いので，「進歩関数」(progress function) という用語が広く用いられてきたが，経営学系の文献では，両対数目盛を使って曲線を描き，対数線形型の形状が現れることを強調する「学習曲線」(learning curve) という用語が用いられる。後に，PPM 以降の経営戦略論では，「経験曲線」(experience curve) という用語が普及するが，経験曲線は経験則であるというニュアンスが強すぎるので，これ以降は用いない。これから見ていくように，産業，企業，製品を問わず，学習率 80％ 前後の対数線形型経験曲線が既知の事実であるかのような扱いは明らかに間違いであり，学習曲線に関する多くのかつ貴重な基礎研究を無視しなければ出てこない暴挙なのである。そこで，ここでは原点に立ち返って，単位当たり生産コスト（または単位当たり直接労働時間）と累積生産量との関係をグラフにプロットして描いたものを学習曲線と呼び，それが関数形で表現されたものを進歩関数と呼ぶことにする。

　学習曲線は，最初，飛行機製造に関して発見された (Dutton, Thomas, & Butler, 1984)。米国のライト・パターソン空軍基地 (Wright-Patterson Air Force Base; ライト兄弟が飛行実験した場所は，現在の基地の敷地内にあり，ライト兄弟にちなんで名づけられた）で，1925 年に作成された報告書の中で，学習効果が最初に報告されたといわれている。それから 11 年後の 1936 年になって，学習曲線の最初の論文が公刊され，後に広く引用されることになる。論文を書いたのはカーチス・ライト (Curtiss-Wright) 社の主任技師兼部長のライト (Theodore Paul Wright; 1895-1970) である。カーチス・ライト社は，ライト兄弟のライト社の末裔を含む 12 社が，1929 年に合併して誕生した当時米国最大の航空機メーカーで，第二次世界大戦までは米軍の戦闘機を作っていた（戦後はジェット化に乗り遅れて航空機部門を売却し，その航空機部門の末裔はボーイング社に吸収されている）。

　ライトは，1922 年から飛行機の累積生産機数に伴うコストの変化を調べて，累積生産機数と労働コストを両対数目盛でプロットすると，ほぼ直線になることを見出した。製造機数が 2 倍になるごとに，1 機を製造するのにかかる労働コストが，一定の率，たとえば 10％，20％ といった進歩率で低下

することが発見されたのである (Wright, 1936)。

この曲線は，後に，対数線形 (log-linear) モデルと呼ばれることになるが，より正確に表現すれば，累積生産量で n 番目の製品の単位当たり生産コストは，

$$f(n) = an^b$$

のような進歩関数で表現される。ここで，a, b は定数であるが，$(a > 0, -1 < b < 0)$，$n = 1$ のとき $f(1) = a$ となることから，a は最初の製品の生産コストを表していることになる。また，生産コストではなく直接労働時間を使うことを好む研究者もいる。なぜなら，1 時間当たりの報酬は通常，時間的に変化するし，インフレの影響も受けるためである。本来は，直接労働時間を使う方を選択すべきであろうが，生産コストを使った研究が多いというのもまた事実である。

対数線形型の進歩関数では，累積生産量が 2 倍になると

$$f(2n) = a(2n)^b = an^b 2^b = 2^b f(n)$$

と単位当たりの生産コストが 2^b 倍になる。そこで，

$$p = 2^b$$

のことを学習率といい，$1 - p$ のことを進歩率 (progress ratio) という (例外的に，Dutton, Thomas, & Butler (1984) は $-b$ のことを progress rate と呼んでいるが，これは一般的ではない)。たとえば，$b = -0.322$ のとき学習率 $p = 0.8$ で 80 % 学習曲線ということになる。このとき，累積アウトプットが 2 倍になるごとに 20 % の進歩率で単位当たり生産コストが低減する。

経営のツールとしての学習曲線の応用

ライトが発見した学習曲線は，第二次世界大戦中，戦争遂行上必要な船舶，航空機の製造に必要なコストと時間を予測する方法を探していた米国政府の契約担当者によって関心がもたれ研究された。そんな学習曲線が航空機産業以外の製造業にも共通して使えることは，偶然の出来事で示された。第二次世界大戦中，家庭電器メーカーの経営者が西海岸の大手航空機メーカーの経営者と出会ったとき，航空機メーカーの経営者が，10 万台目の冷蔵庫のコストを 10 % の精度で当てるという賭けをして，鉛筆と定規と両対数グラフ用紙だけで，航空機同様に学習曲線を使って，162.50 ドルとはじき出し，

賭けに勝ったのである。実際のコストは 162.00 ドルで，50 セントしか違わなかったという（Andress, 1954）。その 10 年後には，経営のツールとしての学習曲線の利用を意図し，学習率として 80％という数字をことさら強調する論文も現れた（Hirschmann, 1964）。そして，1970 年にボストン・コンサルティング・グループ（BCG）によって，レポート *Perspectives on Experience* が出されたとされるが，一般には入手が困難なので，BCG のコンレイ（Patrick Conley）の論文（Conley, 1970）がよく引用され，そこでは，すでに BCG マトリックスの原形も取り上げられている。そして，直接労働課業だけでなく，コストの各要素が学習曲線効果で減少するとして，総コストも累積生産量が倍になるごとにある固定した比率で低減するとし，経験曲線（experience curve）と呼ぶことになる。その際，これらの論文は，学習率のばらつきを明確に指摘した基礎研究を引用すらせずに無視したのである（Takahashi, 2013a）。

進歩率は産業・企業・製品によって異なる

実は，学習曲線が対数線形型になる場合でも，進歩率の推定値が産業，製品，時間によって実質的にかなり異なっているということは事実として知られていた。そのことを第二次世界大戦後の早い時期に詳細なデータを使って実証していたのが経済学者アルキアン（Armen A. Alchian; 1914-2013）である。アルキアンは，第二次世界大戦中の航空機製造のデータを使って分析した論文を 1949 年までに完成させていた。しかし，軍事機密扱いのデータを使っていたために 1963 年になってようやく公開された（Alchian, 1963）。

アルキアンによれば，すでに進歩関数あるいは学習曲線は，第二次世界大戦中，航空機産業と米空軍で計画・予測に使われる道具の一つになっていた。そこで，

(i)　その施設で 1000 機以上作られているモデルで，
(ii)　その施設で作られた 100 機までのデータが利用可能で，しかも
(iii)　累積機数 100 機までは各月の直接労働の 60％以上が（下請けなどではなく）その施設で行われたモデル

という条件を満たしたモデル・施設組み合わせ（model-facility combination; MFC）を選び，該当する爆撃機 9，戦闘機 8，訓練機 3，輸送機 2 の計 22 の

表3 ハーシュの調べた工作機械製造における進歩率

製造している機械の機種	全体 進歩率	全体 $\bar{R}^2$	機械加工 進歩率	機械加工 $\bar{R}^2$	組立 進歩率	組立 $\bar{R}^2$
半自動タレット旋盤1[a]	18.1	0.93	6.4	0.48	27.5	0.82
半自動タレット旋盤2[b]	24.8	0.95	20.2	—	30.8	—
自動工作機械 1	18.8	0.79	13.2	0.72	25.5	0.79
自動工作機械 2	20.8	0.84	14.1	0.78	28.6	0.84
自動工作機械 3	16.5	0.7	10.4	0.49	23.7	0.8
自動工作機械 4	18.1	0.73	13.5	0.98	23.2	0.43
織機（textile machine）	17.5	0.79	—	—	—	—
多目的建設機械	20.0	0.82	20.1	0.75	19.0	0.35
全体	19.3		14.1		25.6	

[a] Hirsch（1952）では「半自動工作機械」とされていたが，Hirsch（1956）で「半自動タレット旋盤」(turret lathe) であったことが明らかになった．
[b] Hirsch（1956）で追加されたが，理由は明らかではない．

MFC を分析した．その結果，航空機産業では，対数線形型の学習曲線が観察されたが，にもかかわらず，学習曲線は MFC によって異なる切片と傾きをもっており，各 MFC にユニークなものであった．産業平均や機体カテゴリー別平均を使って直接労働必要量を予測すると実測値との間に平均 25 %，26 % もの乖離が生じたのである．

また経済学者ハーシュ（Werner Z. Hirsch; 1920-2009）は，米国の大手の工作機械メーカーの一つの工場の中で，製品レベルでの進歩関数を推定してみた．この会社が製造している 20 種の製品のうち，表3 のような 8 種が取り上げられるが，いずれも新製品もしくは新モデルで，生産は一つの大きな工場で行われている．

そこで，生産を部品の機械加工と組立に分け，機械加工・組立・全体の直接労働量 x_1 と累積生産量（ロット数）x_2 の関係をプロットしてみると，通常目盛では曲線になるが，両対数目盛では直線になった（ただし「織機」だけは，通常目盛の方が決定係数が高い）．全体での進歩率は，平均が 19.3 %，範囲は 16.5〜24.8 % で，分散分析の結果，これら 8 種類の機械の進歩率の間には 1 % 水準で有意な差があった．

それではなぜ進歩率に違いが生じたのだろうか。ハーシュによれば，それは，モデルが新しくなっても，部品はしばしば同じ物を使っているからである（Hirsch, 1956）。たとえば，進歩率20％では，最初のロットと2番目のロットでは20％低減するのに対して，125番目のロットと次の126番目のロットではたった0.3％しか低減しない。いま仮に，この125番目のロットから，新しいモデルの部品として使用が始まったとすると，新モデルの最初のロットと2番目のロットといっても，この部品に関しては0.3％しか低下せず，新モデル全体の進歩率を押し下げる効果がある。つまり，素人考えでは，それまでの経験を組み合わせることにより新製品は進歩率が高くなると考えがちだが，両対数目盛の学習曲線の場合には逆になるのである。しかも，新旧部品の割合によって，進歩率にはかなりの幅が生じることも容易に説明ができる。

　このことで，なぜハーシュの研究で，組立工程と比べて機械加工工程では進歩率が低いのかといったことまでもが説明できる。モデルが新しくなればたしかに組立工程は刷新される。しかしモデルが新しくなっても，部品はしばしば同じ物を使っているために，そうした部品については機械加工工程の進歩を途中から観察していることになり，両対数目盛の学習曲線では進歩率は低くなってしまうのである。実際，平均で見ると機械加工工程の進歩率は14.1％と組立工程の進歩率25.6％の約2分の1になっている。しかも機械加工工程の進歩率は6.4〜20.2％（1％水準で有意な差）で，組立工程の進歩率19.0〜30.8％（5％水準で有意な差）と比べて，進歩が遅いだけではなく，ばらつきも大きかった。つまり機械加工工程は進歩の途中から観察している場合が多いのである。当然，機械加工の割合が高くなるほど，進歩率は低くなる。

　同時にこのことは，重大な論理的帰結をもたらす。いま仮に部品レベルで，すべての部品の進歩率が同じであったとしよう。しかし完成品のレベルでは，すべての部品が完全な新モデルでない限り，それらを組み立てた完成品のレベルでは，必ず部品の進歩率よりも低下することになるのである。実際には，すべての部品が新モデルであるということはありえない。既存の技術や部品をまったく前提としない製品開発は，現代においては想像すらしにくい。つまり，すべての完成品について，進歩率が同じであることは論理的にありえ

ないことなのである。

このように，学習曲線・進歩関数に関する基礎研究によれば，すべての部品，完成品について，進歩のプロセスを最初から観察しているわけではないので，進歩率あるいは学習率が同じであることは，論理的にありえないし，実証データでも否定されている。そして，これから見るように，探索理論のモデルを使えば，学習曲線は対数線形モデルで近似されるものの，進歩のプロセスを最初からではなく，途中から観察している場合には，初期凹性が見られることもわかっている。それぞれの製品には固有の進歩率があること，そして，曲線に初期凹性があることは，いずれも，進歩のプロセスを最初からではなく，途中から観察しているために起こる現象なのである（高橋，2001b）。

学習曲線の探索理論的基礎

最初のライトの論文（Wright, 1936）からちょうど50年，1986年に，合理的期待形成理論の父としても知られるミュース（John F. Muth; 1930-2005）による画期的論文（Muth, 1986）が発表された。ある条件を満たすとき，対数線形型の学習曲線を描いて生産コストが逓減することが理論的に証明されたのである。その条件とは，次の三つの仮定にまとめられる。

仮定1　製造コストの低減は，技術的（あるいは経営的，行動的）代替案の母集団からの独立な無作為抽出つまり無作為探索によって，より低コストで済む技術的代替案が発見された場合に生起する。

仮定2　探索は生産活動によって促される。つまり，技術的代替案の母集団から無作為抽出された標本サイズは累積生産量に比例する。

仮定3　製造プロセスは一つかそれ以上の製造作業（operation）から構成されている。各製造作業において，技術的代替案に関する探索が独立に行われ，より低コストの技術的代替案が発見されたならば，即座に採用される。

つまり，製品の製造プロセスが多数の工程または作業に分割されていて，そのそれぞれで，より低コストで済む技術的代替案が無作為探索（random search）されているときには，対数線形型の学習曲線を描いて生産コストが

図9 基本モデルの期待製造コスト

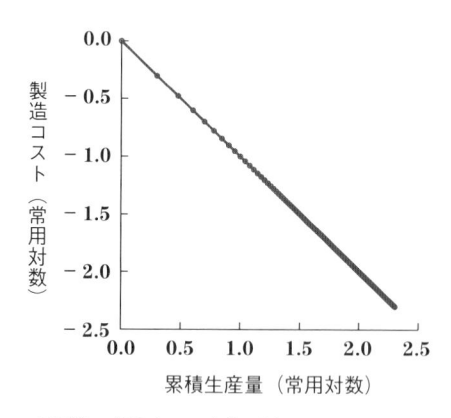

(出所) 高橋(2001b)第4図。

逓減するのである。ただし、効果がいつ現れるかで、二つのモデルを考えよう。

【基本モデル】次の期に効果を現し、コスト低減が達成される。

【ミュース・モデル】その期に効果を現し、コスト低減が達成される。

基本モデルは、ミュースが考えたミュース・モデルと対比するために高橋(2001b)が考えたモデルで、基本モデルでは、一様分布を仮定すると、両対数目盛では進歩率、学習率ともに50％の学習曲線を描くことになる(本章末付録)。実際、両対数目盛で製造コストの期待値をプロットすると、図9のように完全に直線上にのることになる。

このことを実際にシミュレーションで確かめてみよう。いま製品の製造プロセスを初期コストで100等分するような100の作業に分割したと仮定しよう。各作業では独立に改善作業が行われる。このとき、ある一つの作業を抜き出して、その進歩関数を見てみると、図10のように階段状のものになる。しかし、100の作業を組み合わせた製造プロセス全体の総製造コストで見ると、図11のように、変化はより滑らかになり、進歩関数はほぼ直線になる。

それに対し、ミュースが考えたミュース・モデルでは、両対数目盛で製造開始の初期の頃に下向きに凹になる傾向、すなわち初期凹性 (initial con-

図10 階段状になる個々の作業レベルの学習曲線【基本モデル】

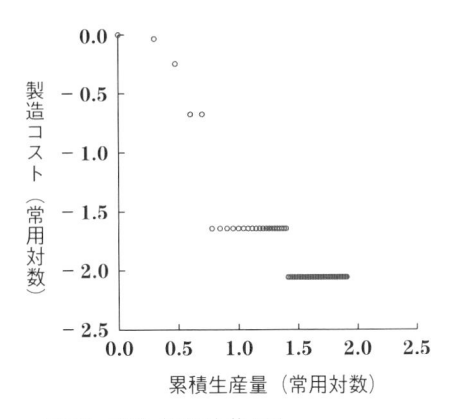

(出所) 高橋 (2001b) 第5図。

図11 両対数目盛で直線状の学習曲線【基本モデル】(作業数100のシミュレーション)

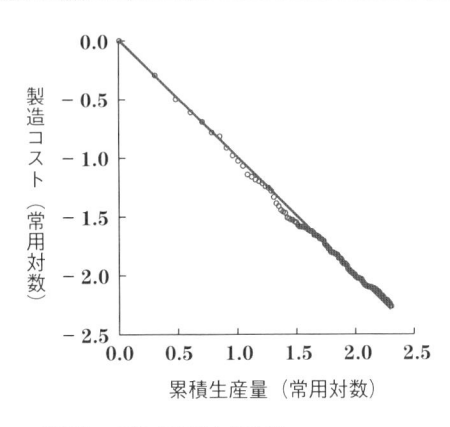

(出所) 高橋 (2001b) 第6図。

cavity) のある曲線となる（本章末付録を参照のこと）。実際，両対数目盛で製造コストの期待値をプロットすると，図12のように初期凹性が見られる。このことを実際にシミュレーションで確かめてみよう。さきほどと同様に，製品の製造プロセスを初期コストで100等分するような100の作業に分割したと仮定すると，100の作業を組み合わせた製造プロセス全体の総製造コ

ストは，図13のようになり，初期凹性が見られるが，基本モデルの図11同様に，ミュース・モデルでも，累積生産量が増えてくると，進歩関数は直線に近づくようになる。

このように，ミュースが初期凹性のあるモデルを考えたのには理由がある。実は，既存研究では，経験曲線（Conley, 1970）も含めて，一般に，初期凹性が見られたからである。そう思ってT型フォードの図3をよく見れば，やはり初期凹性があることがわかる。この現象は，正確には，基本モデルのように $f(n) = an^b$ ではなく，ミュース・モデルのように $f(n) = a(n+k)^b$ となる現象だったということがわかる（$b<0$）。仮に，最初の製品を作る前に，すでに類似の製品での経験や事前計画という形で探索が始まっていることを許せば，この k（$k>0$）の部分は，その事前の探索を表していると説明することができる。

進歩過程を途中から観察することで初期凹性・製品固有の進歩率が生じる
以上のことから，次のことがいえる（高橋，2001b）。
① 製品の製造プロセスが多数の工程または作業に分割されていて，そのそれぞれで，より低コストで済む技術的代替案が探索されているときには，対数線形型の学習曲線を描いて生産コストが低減する。

ただし，これは，製品の製造技術が工程レベルあるいは部品レベルで考えても，既存のものがまったく使われていない「完全な新製品」の場合に限られる。通常はこのようなことはありえないので，その場合には，次の二つのことがいえる。
② 学習曲線は，累積生産量が増えてくると対数線形型で近似されるが，厳密には初期凹性が見られるはずである。
③ すべての部品，完成品について，進歩率が同じであることは，論理的にありえないし，実証データでも否定されている。言い換えれば，進歩率はそれぞれの製品に固有のものである。

実は②③どちらの現象も，進歩の過程を最初からではなく，途中から観察しているために見られる現象なのである。

いずれにせよ，①のように，各工程・作業で，より低コストで済む技術的代替案を探索し続けることが，学習曲線出現の条件なのである。そのことは，

図12　ミュース・モデルの期待製造コスト

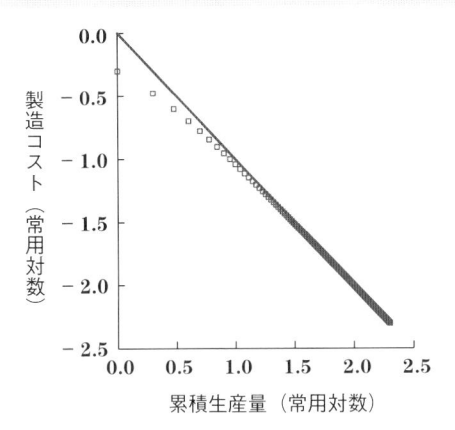

(出所)　高橋（2001b）第7図。

図13　初期凹性のある学習曲線【ミュース・モデル】(作業数100のシミュレーション)

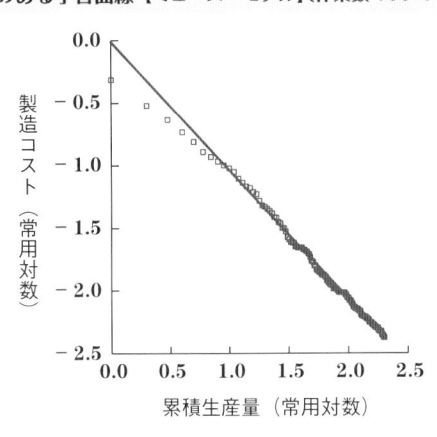

(出所)　高橋（2001b）第8図。

トヨタが長期間にわたって強い企業であり続けた理由とも合致する。

　　何が起こるか全然分からない状況のなかで，何かよく分からないものが目の前にいっぱい降ってくるわけです。そうすると，降ってきたものを見たときに，「これは競争力に使えるだろうか？」とか，「これはお客

> さんのためになるのだろうか?」ということを,何万人の従業員がみんな考えているとしたら,これは本当に単純な心構えなのだけれども,ひょっとしたら,そういうことの積み重ねが20年30年するうちに,追いつけないような企業の差になって表れるんじゃないかという気がするわけです。
>
> (藤本, 2002, 442頁)

　日々一生懸命働く人々や組織は,そうやって降ってくるもの(技術的代替案の無作為探索)を手掛かりにしながら,進歩を繰り返し,発展してきたのだろう。T型フォードのケースでは,フォード社は,アイデアを思いついた作業者は,どんなアイデアでも伝え,実行に移せるような非公式の提案制度(informal suggestion system)を持っていたとされ(Ford, 1922, p.100, 邦訳113頁ただし意訳しすぎていて不正確),その改善の実例もいくつもあげられている(Ford, 1922, chs.5-6)。その後,ドイツの国民車フォルクスワーゲンを設計し,その量産を始めるにあたって,ポルシェ親子は1937年に米国を視察旅行し,米国の自動車産業で働いている有能なドイツ系移民と会って引き抜きをしていた。そのうちの一人は,誘いをきっぱり断り,「私がこの申し出(offer)に気乗りしないのは,物の考え方(mentality)の違いにあるんですよ。たとえば,ヨーロッパでは,もし私が改善のために八つの提案をし,そのうち二つが却下されたならば,私はクビですよ。アメリカでは,これと同じ状況でも,誉められたうえにボーナスまでもらうのです!」と答え,大いに考えさせられたと息子のフェリー・ポルシェ(Ferry Porsche; 1909-1998)は自伝に記している(Porsche, 1989, p.70, 邦訳63-64頁,より原典に忠実に訳し直している)。

　まさしく,目の前にいっぱい降ってくる技術的代替案を一つひとつ手にしながら,「これでもっとコスト・ダウンできるだろうか?」と何万人もの従業員がみんなで考えているときに,対数線形型の学習曲線は出現するのである。こうして,アバナシーら(Abernathy, Clark, & Kantrow, 1983, p.19, 邦訳41頁)が提示していた経験曲線に関する疑問,たとえば,

(ⅰ) すべての競争状況の組み合わせや,すべての産業,さらに,ある産業に属するすべての企業に妥当するのか,

(ⅱ) 経営者が精力的に働かない場合にも妥当するのか,

については，すでに学習曲線の基礎研究が答えを出していたことになる。(ii)については，さらに次のような心理的効果も影響する。

高原状態と天井心理

筆者は 1999 年に，会計検査院内部のセミナーで，職員向けに学習曲線の話をしたことがある。当時，筆者は会計検査院の特別研究官も兼任していて，会計検査上の何らかの参考になればと思ったからであった。もともと学習曲線の研究は第二次世界大戦のときの米軍の軍用機製造のデータを元にしていた（Alchian, 1963）こともあり，ほどなく会計検査院のアレンジで，特別に防衛関係の工場の視察に行かせてもらえることになった。ワクワクしながら訪れた工場で，私は意外な光景を目にする。工場は薄暗く，ごく一部を除いて，工場内には人がいなかった。がらんとしていて，ほぼ開店休業状態だったのである。訊けば，生産ラインが動いているのは 1 年の半分程度らしい。もちろん，これは量産品の工場である。しかし，フル操業しているのは開発直後の大量発注時だけで，その後は，補充用の生産を細々と続けるのが防衛関係の調達品の常だという。こうした製品は防衛庁（当時）以外には売れないし，日本の場合，武器輸出も禁止されているから仕方がないという。

気を取り直して，工場の現場の人に学習曲線の話をしてみたが，案の定，笑われてしまった。それはそうだろう。むしろ年間生産量が半減した後は，累積生産量自体は毎年順調に増えているはずなのに，生産コストが上昇してしまうし，品質を維持するために，工具の熟練を維持することこそ至難の技といったところらしい。学習曲線にとって必要な何かが決定的に欠けているのである。

実は，既存の基礎研究の中にも，生産が追加されても，改善がまったく見られなくなる現象を指摘するものがある。一番有名なものは，高原状態（plateauing）あるいは高原効果（plateau effect）と呼ばれる現象である。軍用機のような学習曲線に則った国防契約手続きをしていない，民需の産業を選んで分析を行うと，高原状態が頻繁に観察されたのである（Conway & Schultz, 1959; Baloff, 1966; 1971）。

学習曲線の応用の普及で功績のあったハーシュマン（Winfred B. Hirschmann）は，機械集約型の産業であっても学習曲線効果が観察されるとし，石

油精製，さらに電力，鉄鋼産業でも同様に産業全体で学習曲線を示唆する関係が見られるとした（Hirschmann, 1964）。ところが，実は，電力に関しては明らかな高原状態を観察することができる（Hirschmann, 1964, Exhibit 11）。

どうやら機械集約型産業では高原効果が現れやすいらしく，機械集約型製造業で，鉄鋼2社24ケース，硝子1社2ケース，電気製品1社1ケース，製紙1社1ケースの4業種5社から28の新製品・新プロセス立ち上げのケースを両対数グラフで描いた研究でも，そのうち実に20のケースで高原状態を観察している（Baloff, 1966）。

機械集約型産業に比べれば，労働集約型産業では，労働者の学習効果が期待できる。実際，三つの労働集約型製造業：大型楽器製造，服飾，自動車組立を選んで，両対数グラフで描いた場合には，高原状態が観察される頻度は，それぞれ1/6, 0/3, 3/4で，全体では13ケース中4ケースとかなり減る（Baloff, 1971）。

このように，労働集約型産業よりも機械集約型産業で，高原状態が起こりやすい理由には，次のようなものが考えられる（Yelle, 1979）。(i)機械ペースの労働の割合が高い。(ii)技術的改善のため，より資本を投資することに対して経営側が気が進まない。(iii)前もって目標をいったん決めてしまうと，それが達成されたとしても新たな目標を設定しないという経営側の懐疑主義がある。つまり，機械集約型産業で高原状態を打破し，学習曲線効果が続くためには，経営者の果たす役割が大きいと考えられるわけである。

このうち理由(iii)は，ハーシュマンが「天井心理」（ceiling psychology）と呼んでいたものである。天井心理を打破するために，学習曲線を提示することは効果的である。学習曲線を見れば，進歩には終わりのないこと，すなわち高原状態に陥らないことを期待させる効果があるからである（Hirschmann, 1964）。進歩は可能だと信じることではじめて可能になるのであり，たとえば，航空機産業におけるコスト・プラス型の下請け契約の場合には，学習曲線を説明して結果の出し方を示せば，「自己成就予言」的に，契約者が当初期待していた学習曲線に沿ってコストが下がっていったというのである。実際，アルキアンの軍用機製造の分析では，高原状態が出現することはなく，「低減傾向が止まる形跡はなかった」と結論している（Alchian, 1963, p.683）。

ハーシュマンによれば，学習曲線の実践にとって最も重要な要素はビジョ

ンとリーダーシップであり，改善の継続は，進歩が可能であるという信念から始まる影響の連鎖である。この連鎖が経営の実践の一部をなしているのであり，それゆえに，学習曲線を「経営の基本的なツール」だとまで主張したのである（Hirschmann, 1964）。

経営的スケール観と見通し

　こうした観点から，さきほどの防衛関係の工場の事例をもう一度見直してみよう。この事例は，本質的なことを示唆しているように思える。フル操業しているのは開発直後の大量発注時だけで，その後は，補充用の生産を細々と続け，生産ラインが動いているのは1年の半分程度という状況では，累積生産量自体は順調に増えているはずなのに生産コストは上昇してしまうのである。従来の累積生産量と生産コストという2変数からは抜け落ちてしまっている学習曲線にとって決定的に必要な何かがあるのだ。

　原点に帰って，ライト（Wright, 1936）の技師らしい現場感覚に溢れた分析を取り上げておこう。ここに学習曲線の秘密が隠されている。ライトはコスト全体が低下する要因として，飛行機の製造方法（type of construction）の変化をあげていた。これには3段階の発展がある。

(1) 棒と針金組立（stick-and-wire-and-fabric）製造法：初期の頃は，木の梁(はり)と支柱を金属製の継ぎ手で取り付け，針金で束ねる製造法がとられていた。この方法はプロトタイプを速くかつ安く製造するには優れていた。しかし，もともと安上がりな方法にもかかわらず，この方法では，あれほどの急速なコスト低減が維持できたかどうかは疑わしい。

(2) 鋼溶接組立（welded-steel-fabric）製造法：次に(1)の方法に代わって，胴体部分を中心に鋼鉄製の管類を溶接する製造法が普及したが，まだ布がカバーに使われ，木製の梁の使用も規則だった。時間節約の点で溶接作業の進歩には限界があったが，この製造法がとられたことで，ジグ（使用工作機械の刃物に加工物を正しく当てるために用いる道具）のような道具と設備の使用が可能になり，そのことでかなり安く作れるようになった。

(3) モノコック（monocoque）製造法：薄板を成形して，リベットで繋ぎ合わせる製造法。この方法は特殊な工具や設備を必要とするために，プロトタイプや少量生産では50％から100％も高くつくが，大量生産で

はコストが大幅に低減する。この製造法での原材料費は旧来に比べてわずかに高いが，労賃は大幅に低下したのである。

飛行機の生産では，労働はその大部分が部品の接合に関係している。大量生産が始まっても，(2)での溶接はとくに経済的な方法ではなかった。(3)でのリベットも当時はまだコスト的に非常に高かったが，機械器具を設備して量産態勢をとるのに向いており，大量生産のための自動リベット打ち機の開発がうまくいけば，生産コスト的には大きな効果が見込まれた。もちろん，航空機にモノコック製造法を用いることは，構造的にも重量的にも空気力学的にも効率的なのだが，大量生産をすると決めたのであれば，コスト的な観点からもモノコック製造法を採用すべきだったのである。そして，生産規模が大きくなることを期待して生産技術を変えること，すなわち機械器具を設備して量産態勢をとること，あるいは大量生産に合った製品デザインを採用することが，コスト低減の大前提だったのである。言い換えれば，経営者が大量に生産をすると決断することが，学習曲線実現の第一歩だったのである。

プロトタイプにはプロトタイプの製作の仕方があり，10台作るのなら10台作る作り方がある。100台には100台なりの，そして1万台生産するのであれば1万台を効率的に生産する量産方法がある。ものづくりの現場には，前提となるスケール観があってしかるべきなのだ。根性論や精神論だけ説いて，ものづくり現場の奮闘努力を求めても，学習曲線は実現しない。結果的に累積1万台作っても，学習曲線は実現しないのである。最初から，いつまでに月産1000台作る量産体勢を整えるというような見通しがあればこそ，それなりのやり方を現場は考えるのであり，その結果として，累積1万台のときまでにはコスト・ダウンが実現されているという性格のものなのである。「ものづくり経営」のスケール観や経営者としての確信に満ちた見通しがあってこそ，はじめて学習曲線は現れてくる。技術的選択の前提としての経営的スケール観と見通し。ここに学習曲線の秘密がある (Takahashi, 2013b)。

実際，集積回路でも，大量に生産することが最初からわかっていれば，開発期間が長くかかってもフルカスタム製品にして，より高性能（より高い集積度），低価格にするのが向いている。事実，ファミコンなどのゲーム機用のCPUチップは，最初から大量に発注することで，急激なコスト・ダウンが可能になり，そうやって劇的にコスト・パフォーマンスを向上させることに

成功してきた。しかし，もし少量生産品だとわかっている場合や開発期間の制約が厳しい製品の場合には，たとえ性能や生産コストを犠牲にしても，開発期間が短くて済む別の新しいアーキテクチャを選んだ方が良いはずで，そのことを示すデータもある（von Hippel, 1998, p.635, Table 1）。つまり，最初からどのくらいの量を作るのかに関するスケール観と見通しが生産コストを決める重要な要因になっているのだ。

大量生産は低価格の原因ではなく結果である

そうした意味で，T型フォードが20年間もコスト・ダウンし続けることを支えたのは，経営者フォードの桁違いのスケール観と見通しだった。それはT型フォードを売り出す前からそうだったらしい。フォード社の1日の生産台数が100台に達したとき，フォード社のある株主は，会社を潰さないようにフォードをなんとか止めようと警告してきたという。それに対して，フォードは，1日100台では少なすぎる，ほどなく1日1000台となることを希望していると返したという（Ford, 1922, p.65, 邦訳94頁）。

しかも，一般的には，まずコストを計算してから，それに基づいて価格を決める……と思われがちであるが，フォードはそうは考えなかった。コストに基づいて価格を決めていたら，その価格では売れないこともあるだろう。それにコストは固定的なものではない。そこでフォードは，「まず，販売が増えるまで値引きする。そして，それを価格にしようとする。コストにはかまわず。その新しい価格がコスト・ダウンを余儀なくするのである」（Ford, 1922, p.146. 邦訳184頁の該当部分は文章が抜けていたりして訳文が異なる）と，現代の原価企画的な考え方を記している。

フォード社では，1906年発売のN型のとき，その年の初頭のニューヨークの自動車ショーで，完成が間に合わずに，エンジンを搭載しないまま，N型に500ドルの正札をつけて発表したという。しかし，その価格の安さは，たちまち話題となり，これが，低価格車にはものすごい需要があるはずだというフォードの頑固な理論を裏づけたと言われる。そして，N型は，発表してしまってから，その金額以下に製造コストを下げるために，車体メーカーと交渉を始めたという（Sorensen, 1956, pp.80-83, 邦訳106-109頁）。マーケティングで有名なレビット（Theodore Levitt; 1925-2006）は，T型フォードの大

量生産は，低価格の原因ではなく結果であり，実は，「1台500ドルなら何百万台も車が売れると結論したので，組立ラインを発明したのだ」(Levitt, 1960, p.51) と指摘しているが，おそらく，このN型のときのことを指していると思われる。現実の生産現場で起きていることは，生産性向上と生産量拡大の同時進行であり，生産性と生産量の間の関係は疑似相関である可能性が高い (Yamada, 2014)。つまり，ただたんに大量に作ったから価格が下がったのではないのである。ではどうやったのか。それについては次の章で見ることにしよう。

付　録　　基本モデル，ミュース・モデルの進歩関数

労働時間または製造コスト x が n とどのような関係にあるのかを考えてみよう。いま，i 番目の技術的代替案の抽出は第 i 期に行われたものとし，ある作業について，第 i 期に探索された技術的代替案による製造コストを独立同分布の確率変数 $X_{(i)}$ で表すことにしよう。確率変数 $X_{(i)}, i=1, \cdots, n-1$ の分布関数は，$F(x)$ で表す。このとき第 n 期に可能となる最小製造コストを確率変数 X_n で表し，X_n の分布関数を $G_n(x)$ とすると，以下のようになる。

【基本モデル】では，X_n は，直前の第 $n-1$ 期までに探索された $n-1$ 個の確率変数 $X_{(i)}, i=1, \cdots, n-1$ のうちの最小値で表されるので，

$$G_n(x) = \Pr\{X_n \leq x\} = 1 - \Pr\{X_n > x\}$$
$$= 1 - \Pr\{X_{(1)} > x, X_{(2)} > x, \cdots, X_{(n-1)} > x\}$$
$$= 1 - (1 - F(x))^{n-1}$$

もし確率分布が区間 $[0, 1]$ の一様分布ならば，$F(x) = x$ で

$$G_n(x) = 1 - (1-x)^{n-1}$$

したがって，

$$E(X_n) = \int_0^1 x G_n'(x) dx = [x G_n(x)]_0^1 - \int_0^1 G_n(x) dx = \frac{1}{n} = n^{-1}$$

【ミュース・モデル】では，X_n は，第 n 期までに探索された n 個の確率変数 $X_{(i)}, i=1, \cdots, n$ のうちの最小値で表されるので

$$G_n(x) = \Pr\{X_n \leq x\} = 1 - \Pr\{X_n > x\}$$
$$= 1 - \Pr\{X_{(1)} > x, X_{(2)} > x, \cdots, X_{(n)} > x\}$$
$$= 1 - (1 - F(x))^n$$

もし確率分布が区間 [0, 1] の一様分布 $F(x) = x$ ならば
$$G_n(x) = 1 - (1-x)^n$$
したがって，
$$E(X_n) = 1/(n+1) = (n+1)^{-1}$$

このように，$F(x)$ が一様分布の場合は，どちらのモデルでも進歩関数は冪関数の形になるが，実は，一様分布だけではなく，$F(x) = cx^k$ のタイプの分布関数のとき（$k=1$ のときは一様分布になる），進歩関数は冪関数の形になる（Muth, 1986）。

第3章

じり貧になる理由

　経験曲線の典型例として第2章の図3で示したT型フォードの例では，1909年から1923年までの間，価格が85％の経験曲線を描いて低下したといわれる。では，フォード社は，どうやってコスト・ダウンしたのだろうか。この問いに経営学はどう答えてきたのだろうか。まずは，そのことから始めたい。

製品イノベーション

ガソリン自動車にたどり着く

　T型フォードという製品デザインは，どのようにして生まれたのであろうか。

　ドイツでは，発明家オットー（Nikolaus August Otto; 1832-1891）が，4サイクル・エンジン「オットー・エンジン」（Otto engine）を発明し，オットーのドイツ・ガスモーター社の工場長だったダイムラー（Gottlieb Wilhelm Daimler; 1834-1900）やマイバッハ（Wilhelm Maybach; 1846-1929）らの協力を得て改良し，1876年に理論と実動モデルを完成させた（高島，1979, 10頁）。

　ところが，1884年に「オットー・サイクル」特許無効の訴えがあり，1886年には特許が無効となってしまう。ベンツ（Carl Friedrich Benz; 1844-1929）は，それまでオットーの特許を避けて2サイクル・エンジンを作っていたが，オットーの特許が無効になりそうだと知ると，4サイクル・エンジンに切り換えて開発を始めた（高島，1979, 26頁）。そして数人を同時に運び，

電気点火，水冷式，差動装置（ディファレンシャル・ギア）で，内燃機関駆動の最初の乗り物を 1884 年から 1885 年にかけて作った。当時は三輪車だったが，実際に公の前で走りまわり，1886 年 1 月 29 日付で「1～4 人を運ぶガス・エンジン駆動の乗り物」に関する特許を取得する（Benz, 1925, pp.74-77, 邦訳 92-96 頁；p.136, 邦訳 169 頁）。ダイムラー・ベンツ社は，この日をベンツ車の誕生日としている。この年がまさにオットーの特許が無効になった年でもあった。

　実は，その頃，「馬なし馬車」（horseless carriage）つまり自動車には，動力として，ガソリン・エンジン以外にもさまざまな選択肢が存在していた。米国では，フォード（Henry Ford; 1863-1947）が，そのさまざまな選択肢を探索・試行していた。フォードは，1879 年にウェスチングハウス社の販売会社で蒸気車の組立・修理工として働き始めたが，蒸気機関は軽量の乗り物には適さないと判断して 1 年でそこを辞めた。1885 年，イーグル鉄工所で働いていたとき，オットー・エンジンの修理をして原理を理解し，1887 年にガソリンで動く 1 気筒の 4 サイクル・エンジンを作る。そして，1890 年からデトロイトのエジソン電灯社に技師兼機械工として勤めながら，ベンツの自動車特許に遅れること 10 年，1896 年に最初のガソリン・エンジンの試作車を完成させた。しかし，勤務先の社長からは，これからは電気だと言われ，技師長にしてやる代わりにガソリン・エンジンの開発を止めるようにと言われたという。しかし，電気自動車はトロリーなしでは走れないし，当時の蓄電池も重すぎて実用的ではなかった（Ford, 1922, p.34）。

　フォードは，1899 年にエジソン電灯社を辞めた。蒸気機関，ガソリン・エンジン，電気モーターといった選択肢の中から，ガソリン・エンジンを選んだのである（Ford, 1922, ch.2）。1900 年代の米国では蒸気自動車 50％，電気自動車 30％，ガソリン自動車 20％だったといわれるので（樋口，2011, 18 頁），フォードは，むしろ少数派だったガソリン・エンジンを自動車用の動力として選んだことになる。

フォード社の設立

　もっとも，当時は「馬なし馬車」に対し，多くの識者が「それがオモチャ（toy）以上のものにはなりえない理由を詳細に説明していた」という（Ford,

1922, p.35)。実は，ベンツも，最初の自動車を試作して乗り回していた1884～85年頃，車が故障して止まると，「まるで子供のオモチャ（Spielerei）じゃないか。これじゃあいつになったって何の役にも立たんさ」と言われたと自伝に書いている（Benz, 1925, p.75, 邦訳94頁）。新しい製品が登場したとき，最初は「オモチャ」扱いされるのが世の常。しかし，既存顧客がオモチャ扱いして見向きもしなかったはずの製品（＝馬なし馬車）でも，使われているうちにどんどん性能を向上させ，やがては既存の製品（＝馬車）を駆逐する存在となる。これが20世紀末の経営学の世界で「イノベーターのジレンマ（＝板挟み）」と呼ばれることになる現象で（Christensen, 1997），20世紀初頭，まさに自動車がこうして一大産業として興隆していく。

　フォードは，エジソン電灯社を辞めた1899年に，デトロイト自動車会社の設立に主任技師として参加する。しかしこの会社は，トラックと乗用車を20台ほど作ると，1年余りで解散してしまった。それでもフォードは，個人的に自動車の開発を続け，自動車レースで優勝すると，元のデトロイト自動車会社の持ち主が，もう一度会社を作ろうと言い出し，1901年にヘンリー・フォード自動車会社が設立された。しかし，この会社も経営に対する不満から，翌1902年には辞めてしまう。会社を辞めたフォードは，自分で自動車を作って，自らレーサーとしてその自動車に乗り，自動車レースで優勝して評判になる（Ford, 1922, pp.33-37）。つまりフォードは，先駆的な自動車ユーザーであったとともに，開発者でもあったわけだ。こうしてフォードは，1903年に，フォード自動車会社（Ford Motor Company；以下，フォード社）を設立した（Ford, 1922, p.51）。

　だが，当時の米国には，やっかいな自動車特許の問題があった。ニューヨーク州ロチェスターの特許弁護士セルデン（George B. Selden; 1846-1922）が出願し，実際に自動車を製作できたわけでもないのに，1895年に取得した自動車の基本特許である。この特許のせいで，当時の米国では，自動車の発展がきわめて低調だったといわれる。なにしろ，そのセルデン特許に対して使用料を支払っている会社からなる特許自動車製造業者協会が，他の自動車メーカーを特許権侵害で訴えていたからである。フォード社も設立した途端，1903年にセルデン特許を侵害しているとして訴えられた。しかし，フォードはこれに敢然として立ち向かう。判決が下ったのは，T型の量産も始まっ

た後の1911年のことだが，判決は，セルデン特許を支持するものの，それは2サイクル・エンジンの自動車しか対象にならないとし，4サイクル・エンジンを使っていたフォード社はじめその他の自動車製造業者には適用されないというものだった。この詭弁のような判決のおかげで，フォード社は特許使用料を支払う必要がなくなったのである（Sorensen, 1956, pp.119-121, 邦訳144-146頁，以下邦訳の引用ページは福島訳の角川文庫版による）。

ドミナント・デザインの登場

こうして，当時むしろ少数派だったガソリン・エンジンを自動車用の動力として選んだフォードは，それ以外の要素についても，フォード社設立以降，A型から始まって，B型，C型，F型，K型，N型，R型，S型まで八つのモデルの自動車を設計，製造，販売することで，さらに試行錯誤を続け，「5年間の実験期間を終える」(Ford, 1922, p.59)。表1を見ると一目瞭然だが，「実際には，T型には，前のどのモデルにも含まれていなかった特色というものはない」(Ford, 1922, p.70) というほどに，すべては前のモデルで十分にテスト済みだった (Ford, 1922, pp.69-70)。

このような経緯をたどり，T型フォードは，単一鋳造ブロックの4気筒20馬力の，(1)マグネト（magneto; 磁石発電機）点火式エンジンを，(2)前方に搭載し，(3)フット・ペダルで操作する前進2速・後進1速の遊星歯車式変速機，(4)ディスク・クラッチ，(5)シャフトを装着する自動車となった (Hounshell, 1984, p.218, 邦訳278頁)。

ここで，(3)の遊星歯車式の変速機は，それ自体は目新しいものではないが，T型フォードがユニークなのは，その前進2速・後進1速の変速機には面倒な変速レバーがなく，前進・後進の切り換えもペダル操作だけで済む，楽なセミ・オートマチック・トランスミッションとでもいうべき形に仕上がっていたという点にあった。変速機またはトランスミッション（transmission）とは，動力であるエンジンの回転速度を変換して伝達する装置のことで，遊星歯車式というのは，太陽系で太陽の周りを惑星（遊星ともいう）が自転しながら公転しているように，中心にあるサン・ギヤ（sun gear; 太陽歯車）の周りを複数のプラネタリ・ギヤ（planetary gear; 遊星歯車）が自転しながら公転し，その外側に内歯歯車のリング・ギヤを組み合わせて減速する変速機の方式の

表1　T型にたどり着くまでのフォード社の八つのモデルとT型

モデル (発売年)	(1)点火方式	(2)エンジン 搭載位置	(3)変速機	(4)クラッチ	(5)駆動方式
A (1903)	乾電池	後方	遊星歯車式	コーン	チェーン
B (1905)	蓄電池	前方	遊星歯車式	コーン	シャフト
C (1904)	乾電池	前方	遊星歯車式	コーン	チェーン
F (1905)	乾電池	前方	遊星歯車式	コーン	チェーン
K (1906)	電池とマグネト	前方	遊星歯車式	ディスク	シャフト
N (1906)	乾電池	前方	遊星歯車式	ディスク	シャフト
R (1907)	乾電池	前方	遊星歯車式	ディスク	シャフト
S (1908)	乾電池	前方	遊星歯車式	ディスク	シャフト
T (1908)	マグネト	前方	遊星歯車式	ディスク	シャフト

(出所)　高橋（2013）36頁，表1を加工したもの。(1)点火方式は，Stern（1955, pp. 46-47）の表から加筆修正した。

ことである。T型フォードでは，リング・ギアを省略し，プラネタリ・ギヤとサン・ギヤの組み合わせをそれぞれ3枚ずつとして，サン・ギヤの回転をクラッチで切ることと，ローとリバースの2個のペダルで操作する組み合わせで前進2速・後進1速の変速をしていた（五十嵐，1970, 41-42頁；樋口，2011, 239頁）。

また，フォード社設立当初から，フォードの実験は主に軽量化に向けられていたといわれる（Ford, 1922, p.53, 邦訳79頁）。なぜなら，当時の悪路や道のない所でも，軽量化されれば走ることができるし，燃費も良くなるからである（Ford, 1922, p.68, 邦訳97-99頁）。その軽量化の実現は，フォード社が自ら作り始めた強靭なバナジウム鋼をふんだんに使用することで可能になった（その経緯については，高橋（2013）第2章に詳しい）。

こうして，当時としては画期的な，軽量かつ使いやすく低価格の自動車として，1908年3月19日にT型フォードは発表された（生産開始は1908年12月，出荷開始は翌1909年2月）（Sorensen, 1956, p.119, 邦訳143頁）。そして，発表が行われるや，まだ1台も生産していないうちから1万5000台もの注文が殺到する（Hounshell, 1984, p.219, 邦訳278頁）。前年1907年の全米の自動車生産台数は4万台強だった。

このT型フォードのような製品デザインは，経営学では「ドミナント・

デザイン」(dominant design) と呼ばれる。ドミナントとは「支配的な」「最も有力な」という意味で，ドミナント・デザインとは，たとえばT型フォードのように，その時代の人なら誰でも知っているような支配的な製品デザイン（外形のデザインだけではない）のことである。T型フォードのような優れたデザインは，通常は，それまでの色々な製品に別個に導入されてきた要素技術を良いとこ取りで一つの製品にまとめ上げたものであり，機能的な性能競争の技術的基準（bench mark）となるような製品デザインだということになる（Abernathy, 1978, p.75）。要するに，T型フォードを一般化した理念型がドミナント・デザインなのである。

A-U モデル

ここで注目すべきは，T型フォードという製品デザインが確立したことで，フォード社の生産システムに変化がもたらされたという点である。フォードは，自分たちが経験したこととして次のように語っている。

> もし製品デザインが十分に研究されていれば，デザインの変化は非常にゆっくりと現れる。しかし，製造工程（manufacturing processes）の変化は，非常に急速にかつまったく自然に現れる。
> （Ford, 1922, pp.49-50, 邦訳76頁：ただしより原典に忠実に訳し直している）

まさに，この現象が起こったのである。それはあまりにも見事な事例であり，そのことは，いわゆる「A-U モデル」(Abernathy-Utterback model) でより一般的に説明される（Utterback, 1994, p.xix）。ここで A-U モデルとは，
 (i) 製品イノベーション（product innovation）と工程イノベーション（process innovation）に分けるアイデア（Utterback & Abernathy, 1975）
 (ii) ドミナント製品デザイン（dominant product design）のアイデア（Abernathy & Utterback, 1978, p.44）
 (iii) 流動パターン→移行パターン→特化パターン に分けるアイデア（Abernathy & Utterback, 1978, p.40 の図表）
からなるが，文献により用語法や概念が異なるので（Akiike, 2013），ここで

は一般に普及し，完成形と考えられる Abernathy（1978）の用語法で「A-U モデル」を，表 2 を使って説明することにしよう。

　まず，「特定の製品を生産する工場」のような生産の単位（productive unit）を適切に設定すると，その生産の単位のイノベーションは，①流動状態（fluid state）と，②特化状態（specific state）の二つの状態パターンに分類される。その上で，①流動状態から②特化状態へと移行（transition）するというのである。表 2 の(a)製品デザインでいえば，①それまで急激に変化して流動的であった製品デザインが，ドミナント・デザインの登場で，②標準化され，変化が漸進的な製品デザインになるというのである。たとえば自動車産業の場合には，当初は①流動状態だったが，T 型フォードのようなドミナント・デザインの登場をきっかけにして，②特化状態へと移行したというわけである。

　すると，表 2 の(b)イノベーションに関しても，①流動状態では，製品イノベーションが中心になり，コスト低減よりも性能の向上が強調されるのに対し，②特化状態では，工程イノベーションが中心になり，イノベーションは漸進的でコストや生産性への累積的効果を持ったものに移行する。より正確に表現すれば，図 1 のように，イノベーションの中心が，製品イノベーションから工程イノベーションへと移っていく。

　この整理の仕方からすると，ドミナント・デザイン T 型フォード登場までのこれまでの説明は，製品イノベーションの良い事例だったことになる。たとえば，①流動状態の製品イノベーションでは，ユーザーが重要な役割を果たし，しばしばユーザー自身によって開発が行われるとされる。これはユーザー・イノベーションと呼ばれる現象で（von Hippel, 1976; Abernathy, 1978, p.70 では同題目の 1975 年のワーキング・ペーパーが引用されている），実際，自動車産業の場合には，自ら自動車に乗り，時にはレーサーとして自動車レースで活躍したフォードが，自ら自動車を開発して作っていた（Ford, 1922, pp.33-37）。こうした現象は一般化できるもので，現代でも，イノベーションを商業生産に適用可能な状態にまで最初に推進した特定の個人または企業を「イノベーター」として定義すると，ガス・クロマトグラフ，核磁気共鳴分光器といった科学機器では，111 のイノベーションの 77 ％，半導体製造装置，プリント基板の組立装置といったエレクトロニクス製品の製造装置でも 49

表2　流動状態と特化状態の比較

		①　流動状態	②　特化状態
(a)	製品デザイン	急激に変化し，流動的	標準化され，変化は漸進的
(b)	イノベーション	製品イノベーションが中心 コスト低減よりも性能向上を強調 ユーザー・イノベーション	工程イノベーションが中心コストや生産性への累積的効果
(c)	競争の争点	価格よりも性能で従来品と競争	価格競争
(d)	生産システム	《柔軟だが非効率的》 (flexible (fluid) but inefficient)	《硬直的だが効率的》 (rigid (secific) but efficient)

のイノベーションの67％でユーザーがイノベーターであったという（von Hippel, 1988）。

　そして，経営的に重要になるのが，表2の(c)競争の争点である。①流動状態で，革新的製品は，安いというよりも性能がいかに優れているかで従来品と競争するとされているが，実は，T型の価格は，最初の売り出し時は決して安くはなかったのである。T型で一番安いツーリング・カー（開閉可能な幌が屋根代わりに付けられているオープン・カー）でも，最初は850ドルで発売されたのだが，この価格は，それ以前にフォード社で売られていたN型の500ドル，さらにT型と並行して売られていた時期もあったR型やS型の700ドル，750ドルといった価格よりもずっと高かった。それでも，価格的に高いT型の方がはるかによく売れたという（Ford, 1922, p.71, 邦訳101-102頁；pp.73-74, 邦訳104-105頁）。まさに，T型は，安いというよりも性能がいかに優れているかで，自社・他社の従来製品と競争していたのである。

　しかし，T型フォードがドミナント・デザインとして確立し，②特化状態に移行すると，今度は価格競争が始まる。実際，T型フォードの価格はどんどん値下げされていき，第2章の図3に示されていたように，累積生産台数が2倍になるごとに，価格がほぼ0.85倍（＝85％）になるという関係が現れる（Abernathy & Wayne, 1974）。では特化状態では，具体的にどんな工程イノベーションがあったというのだろうか。そして(d)生産システムは，どのよ

図1 製品イノベーションと工程イノベーション

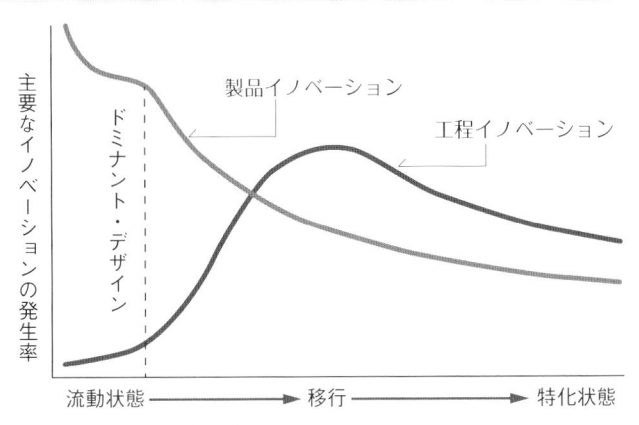

(縦軸）主要なイノベーションの発生率

製品イノベーション
工程イノベーション
ドミナント・デザイン

流動状態　→　移行　→　特化状態

（出典）Abernathy (1978) p.72, Figure 4.1.

うに変化していったのであろうか。そのことを次に見ていくことにしよう。

工程イノベーション

部品加工精度の向上

1909年，フォードは，今後はＴ型のみを生産すると発表した。そして1910年，フォード社は，Ｔ型フォードのみを生産する主力工場ハイランド・パーク工場（Highland Park Factory）を開所する。この工場は，米国ミシガン州デトロイト市の北のはずれに，60エーカー（約24万㎡；東京ドーム5個分）の工場用地を取得して開所したもので，それから6年間，敷地が一杯になるまで，工場を建設し続けた（Hounshell, 1984, pp.225-227, 邦訳286-288頁）。

後に，このハイランド・パーク工場で，有名なコンベアー・システムが導入されることになるわけだが，導入以前から生産量の拡大は著しく，導入以前の1913年4～6月（繁忙期）には，すでに月産2万台を達成していた。ちなみに，日本でトヨタと日産が，月産ではなく年産で2万台を達成したのはそれぞれ1954年と55年であり（和田, 2009, 19-21頁），まさに桁違いであった。これは，部品製造の加工精度が向上したのが主な理由だった。それまでは，部品を組み付けるのに，フィッターと呼ばれる熟練した仕上げ工が，や

すりをもって部品のすり合わせをする作業をしていた。しかし，部品製造の加工精度が向上し，部品の互換性が大きく向上したことで，このすり合わせ作業が不要になり，生産性も大いに向上したのである（藤本，2001, 63 頁；和田，2009, 22-23 頁）。

移動式組立ラインの登場

コンベアー・システム導入以前のハイランド・パーク工場の最終のシャシー組立工程では，静止式組立（stationary assembling）方式が採用されていた。自動車のシャシーとは，フレームにエンジン，変速機，ブレーキ，車輪，ラジエーターなどを組み付けたもので，ボディ（車体）はついていない（Abernathy, 1978, p.13 脚注）。実は，当時の自動車メーカーは，シャシーだけでも最終出荷製品として販売しており，T型フォードの生産台数も，シャシーで数えていた。T型フォードを200万台以上生産したピーク時の1923年でさえ，シャシー販売が15％を占めており，シャシーを買った消費者は，自分で気に入ったボディを架装して乗っていたといわれる（和田，2009, 70-72 頁）。

当時のシャシーの静止式組立方式では，組立作業室に数十台分の組立場所があり，各組立場所で，最初に前車軸と後車軸が床に置かれ，それをシャシー・フレームに組み付ける。次に，車軸に車輪が取り付けられ，それから残りの部品が次々と組み付けられていくことでシャシーが完成する（Arnold & Faurote, 1915, pp.135-136）。シャシーはそれぞれの組立場所に静止したままで，その間を部品運搬人が組立場所まで部品を手で運び込み，組立工のグループが次々とシャシーの組立場所を移動しながら作業を行っていた。この静止式組立方式で，シャシー1台当たりにかかった労働時間で見たときの最良の月間記録は，閑散期だった1913年8月に記録されたもので，組立工250人と部品運搬担当者80人の計330人が，1日9時間労働で26日間働き，6182台を生産したので，シャシー1台当たりにかかった労働時間の合計は平均12時間28分であった（和田，2009, 12-14 頁；Arnold & Faurote, 1915, p.136）。

それに対して，移動式組立ラインでは，組立工側は移動せず，コンベアーで加工対象物の方を移動させながら組立を行う。この方式は部品にも適用可能で，実際，ハイランド・パーク工場では，シャシーより先に，部品で移動

式組立ラインが使われ始めた。その成功を受けて，1913年8月に，閑散期であることを利用して，シャシーの移動式組立ラインの実験が始まった（Hounshell, 1984, p.249, 邦訳314-315頁）。徐々にシャシーの移動式組立ラインを延ばしていって300フィート（約91.4m）にまでし，作業スペースの余裕を作ってやると，12月1日には，177人の組立工で606台のシャシーを組み立てることができ，記録は2時間38分にまで短縮された（Arnold & Faurote, 1915, p.136）。

さらに，人があまり動かなくてもいいように作業を細分化したり，シャシー組立ラインの1本は背の高い人，2本は背の低い人に合わせて高さを設定して，腰の高さで作業できるようにしたりした（Arnold & Faurote, 1915, p.139; Ford, 1922, p.82, 邦訳114頁）。さらに，スピードを速くしたり遅くしたり，人員を増やしたり減らしたり，部品の流れと組立ラインのスピード，間隔が完全に同期化するまで，忍耐強くタイミング合わせと再調整を繰り返した。こうして，1914年4月30日には，3本のラインを使って，1日8時間労働で1212台のシャシーを組み立てることができた。シャシー1台の組立に要した労働時間は1時間33分にまで短縮できたのである（Hounshell, 1984, pp.253-255, 邦訳318-320頁；Arnold & Faurote, 1915, p.139）。つまり，静止式組立方式での最良の記録12時間28分の実に8分の1になったことになる。

同時にこの裏側では，離職率を下げるための取り組みも行われていた。なにしろ1913年のフォードの工場の離職率は380％にもなったといわれる。このため会社側は1913年10月1日に平均13％の一律賃上げを発表し，全従業員の最低日給を2ドル34セント（和田, 2009, 9頁では2ドル39セント）に引き上げたが，それでも効果はなく，ついに1914年1月5日に，日給5ドル制（the five-dollar day）を宣言し，12日より導入することで，労働者をつなぎとめようとした（Hounshell, 1984, pp.257-258, 邦訳325頁；和田, 2009, 9, 29頁）。同時に1日の労働時間も9時間から8時間に引き下げられ，全工程に時間給制度が導入された。日給5ドル制の適用は，6カ月以上デトロイト在住で，かつ入社して6カ月の見習い期間を完了した者に限定された。その結果，実施から6カ月後には69％，1年後には87％，2年後には90％の労働者が日給5ドル制の適用を受け，1913年10月から始まった事業年度の離職率は23％に低下したとされる（塩見, 1978, 269-271頁）。

親工場と組立分工場

　部品ごとに取り付け作業を行う場所を固定できれば，少なくとも組立工は移動する必要がなくなるし，工夫すれば，部品運搬人もずっと減らすことができる。たとえば，ハイランド・パーク工場で1913年5月に建設が始められたW棟とX棟は，ともに6階建で幅60フィート（約18.3m）×長さ840フィート（約256m）の細長い建物だった。並んで建てられた2棟の間は，ガラス天井のクレーン用通路になっていて，そこに鉄道の引き込み線が敷設されていた。クレーン用通路に面した2棟の側面には壁がなく開放され，引き込み線に入ってきた貨車から，材料などをクレーンで各階に運び上げた。そして，最上階を出発した未加工部品は，各階で加工され，床に開けられた穴を通したシュート，コンベアー，チューブを通って自らの重みで下の階へと降ろしていき，最後は完成部品となって1階に出てきて，1階の最終組立工程のラインでシャシーに取り付けられた（和田，2009, 27-28頁；pp.46-49; Chandler, 1964, p.31, 邦訳39-40頁）。つまり，シャシー組立工程は，6階建工場の1階部分だけに相当していたのである。

　実際，ハイランド・パーク工場には，コンベアー・システム導入当時，7000人以上の直接労働者がいたといわれるが，そのうちシャシーの最終組立工程の移動式組立ラインで働いていたのは1割強にすぎない（和田，2009, 34頁）。直接労働者の多くは部品の製造に携わっていたのである。そして，やがて，このシャシーの最終組立工程については，ハイランド・パーク工場だけではなく，全米・全世界の各地に置かれた（販売機能を併せ持った）組立分工場が担うことになる。そして，ハイランド・パーク工場は，組立分工場に対して部品のほぼ全量を供給する親工場（home factory）となっていくのである（和田，2009, 60頁）。

　なぜなら，親工場から部品を供給して，各地の組立分工場でノックダウン生産すれば，輸送費を大幅に節約できるからである。たとえば，貨車1両に積めるT型フォードの完成車は特別な梱包をしても5〜6台（Ford, 1922, p.150, 邦訳187頁），ツーリング・カーのボディだけだと7台分だが，ボディを分解されたまま出荷すれば130台分ものボディを運べる（Ford, 1926, p.113）。しかも，部品であれば普通の貨車を利用でき，料金も安かった（Chandler, 1964, p.32, 邦訳41頁）。

また，各地の組立分工場に部品の在庫を置くことができるようになると，ハイランド・パーク工場の在庫スペースが節約できるだけでなく，閑散期でも部品の生産を維持でき，部品生産の平準化が可能になった（Chandler, 1964, p.32, 邦訳41頁）。さらに，組立分工場は，各地のディーラーに対しての修理用部品の供給基地としての役割も果たすようになり，ディーラーは鉄道で修理用部品を配送してもらうのではなく，自ら自動車を運転して修理用部品を組立分工場に取りに行くようになった（Chandler, 1964, p.32, 邦訳41頁）。

こうして，T型フォードが年産200万台とピークを迎えた1923年，ハイランド・パーク工場はデトロイト近郊の需要に見合う12万台（6％）のみを自身が組み立てたにすぎなくなる。ハイランド・パーク工場は，親工場として，全米29，全世界で37の組立分工場に対し，部品のほぼ全量を供給していたのである（和田，2009, 58, 60頁）。

内製化をきわめる

こうしたフォード社の姿は，部品メーカーに外注した部品を組み立てている今の日本の自動車メーカーの姿とは真逆である。フォード自身は，部品を外注せずに内製するメリットとして，その方が，コストが安いことと，部品の供給が安定することを挙げていた。そして，第一次世界大戦中にガラスの価格が高騰した事例を引き合いに出す（Ford, 1922, p.18, 邦訳38頁）。ガラスだけではなく鋼鉄もそうだったといわれる（Sorensen, 1956, pp.172-173, 邦訳208-210頁）。ただし，内製した方が，本当にコストが安いのかは疑問である。当時すでに，フォード社のエンジニアリング部門は，特定の部品や組立品（たとえばボディ）については，外注した方が，利益が出ることに気がついていたという（Hounshell, 1984, p.272, 邦訳342頁）。

しかし，T型フォードの生産規模が大きくなればなるほど，その増産ペースについてこられる材料や部品の供給業者を見つけることが難しくなってきた。それでフォード社は，内製化を推し進める（Sorensen, 1956, pp.171-172, 邦訳207頁）。その内製化（後方統合）の象徴が，1916年から建設が始まったリバー・ルージュ工場（River Rouge Factory）であった。リバー・ルージュ工場には，発電所も製鉄所も製材所もガラス工場もあった。その原材料も，フォード社の所有する三つの炭田から産出された石炭が，フォード社が買収し

た鉄道で運び込まれ,フォード社が所有する森林から切り出され木材と鉄鉱石はフォード社の船舶でフォード社が開いた運河を通って,リバー・ルージュ工場にどんどん運び込まれた（塩見，1978, 199-200頁；Ford, 1922, ch.16）。こうして，生産量の拡大と生産性の向上が同時に実現する。かつては，原材料が鉱山を出てから，完成品として貨車で工場から出荷するまで14日かかっていたものが，約81時間（3日と約9時間）で出荷できるようになったといわれる（Ford, 1926, p.115, 邦訳452頁）。

硬直化した生産システム？

生産性のジレンマ

ここで，A-Uモデルに立ち戻り，表2の(d)生産システムについて考察してみよう。生産システムは，

　　　　流動状態では《柔軟だが非効率的》
　　　　特化状態では《硬直的だが効率的》

とされている。このA-Uモデルの主張が正しければ，生産システムの柔軟性と効率性の間にはトレードオフの関係があるように見える。もっと強い言い方をすれば，生産システムにおいては，効率性と柔軟性は両立しないということになる（藤本，2001, 61頁）。これがアバナシーの本（Abernathy, 1978）のタイトルにもなっている「生産性のジレンマ」なのである。

その典型例としてよく挙げられるのが，T型フォードからA型フォードに切り替えた際のフォード社の惨状である。フォード社は，1927年5月26日，1500万台目のT型フォードをもって，ハイランド・パーク工場でのT型フォードの生産を中止した（Hounshell, 1984, p.279, 邦訳352頁）。そして，A型（1903年発売のA型とはまったく違うモデル）にモデル・チェンジを行うのだが，その間，なんと半年にもわたって工場が閉鎖され，完全操業の再開までに1年以上も要したのである（Hounshell, 1984, p.266, 邦訳335頁）。こうして，T型フォードを大量生産していた頃のフォード社の生産システムは《硬直的だが効率的》なものの典型とされ，「生産性のジレンマ」の例として，T型フォードはよく取り上げられるのである。

アバナシーは，特化状態の生産システムを，生産設備の専門化と自動化，

部品・原材料の専用化と内製化が進んでいると特徴づけている（Abernathy, 1978, p.72 Figure 4.1）。実際，Ｔ型フォード最盛期のフォード社の工場では，工作機械はＴ型専用になっていた。そのせいで，次のＡ型の生産を始める際には，工作機械の半分は廃棄・放置するしかなく，新たに大量の工作機械を調達しなくてはならなかった（Hounshell, 1984, p.288, 邦訳 365 頁）。

　それとは対照的だとされるのが，毎年モデル・チェンジを行っていた GM のシボレー（Chevrolet）だった。シボレーは，Ｔ型フォードが圧倒的優位を誇っていた低価格車市場に挑戦した。GM では，1924 年に，元フォード社生産部長だったヌードセン（William Signius Knudsen; 1879-1948）が，シボレー事業部長となり，毎年シボレーのモデル・チェンジを行って，デザインと性能を向上させたのである（Sloan, 1964, p.83, 邦訳 110-111 頁）。シボレーの生産は 1924 年に 28 万台だったが，1928 年には 100 万台を超え，さらに 1929 年にはエンジンを 4 気筒から 6 気筒へと大型化するモデル・チェンジをわずか 3 週間で成し遂げて，生産台数をほぼ 150 万台へと急成長させた（Hounshell, 1984, pp.264-265, 邦訳 332-333 頁）。ヌードセンは，1937～40 年には，GM の社長になる。

「不変のＴ型」のモデル・チェンジ

　では，Ｔ型フォードは，本当に 20 年間もモデル・チェンジを行ってこなかったのだろうか。たしかに，フォードは，1909 年に，これからはＴ型だけを生産し，すべての自動車のシャシーをまったく同じにすると発表した際，こう言ったという。

　「顧客は誰でも，欲しい色を塗った自動車を入手することができる。それが黒である限りは。」（Ford, 1922, p.72）

　そして，単一車種Ｔ型のみを，しかも黒色ばかりを 1500 万台余りも生産した。こうして新型車崇拝が強く，モデル・チェンジをすることが当たり前に思われていた米国の自動車市場の中で，「不変のＴ型」伝説が生まれる。

　しかし，実は，Ｔ型は頻繁にモデル・チェンジをしていたのである。たとえば，1915 年にはそれまでの直線と平面で構成された古風なスタイルから，曲線と曲面のスタイルへと変わり，さらに 1916 年秋に導入された 1917 年型は流線型になった（Hounshell, 1984, pp.273-274, 邦訳 343-344 頁）。シャシー

だけに限定して考えても，ラジエーターマスクのデザインの違いで，1908～12年，1912～17年，1917～23年，1923～27年の4期に大別されるという（五十嵐，1970, 30頁）。さらに，ヘッドライトもアセチレン灯だったものが，1915年型からは電灯になった（五十嵐，1970, 45頁；藤本，2001, 72頁）。始動の仕方も，初期はクランク・ハンドル式だったが，1917年型からはセルフ・スターター・モーターを取り付け，始動の場合のみバッテリーに切り換えてイグニッション・コイルを通じて点火し，始動後マグネトに切り換える方式に変わっている（五十嵐，1970, 38頁）。こうした「モデル・チェンジ」を重ねたために，T型フォードは1～3年ごとに，どんどん重量が増え，ツーリング・カーで比べると，1909年には1250ポンド（567 kg）だったものが，1926年には1728ポンド（748 kg）と38％も重量が増えたのである（五十嵐，1970, 32頁）。最後の1927年のスポーツ・ツーリングなどは，次のA型と見間違えそうな外見になっていた（五十嵐，1970, 52-53頁）。

　フォードがモデル・チェンジを口にすることを頑なに拒否したのは，T型フォードが，「大衆のための不変の自動車」という理念そのものでもあったからだといわれる。それゆえ，フォード社は，モデル・チェンジや改良をセールス・ポイントにすることができなかったのである（Hounshell, 1984, p.275, 邦訳347頁）。それが「不変のT型車のモデル・チェンジ」（"change in the changeless Model T"）というパラドックス（Hounshell, 1984, p.273, 邦訳343頁）の正体であった。フォードは「不変のT型」にしがみついたのである。

硬直化していたのは生産システムより経営者

　このように，フォード社はT型フォードの実質的なモデル・チェンジをかなり頻繁にかつ上手にこなしてきており，フォードの腹心ソレンセン（Charles E. Sorensen; 1881-1968）は，「通常，モデル・チェンジは最小の操業停止期間で計画できる」と述べた上で，実際，惨状をきわめたA型の場合でも，A型の設計を仕上げてからA型の生産に入るまでは90日しかかからなかったと述べている。にもかかわらず，あんなに時間がかかったのは，フォードが「最後のT型がラインから出てくるまで，新しい車に取り組むことを考えようとすらしなかった」ためであり，彼が仕事にとりかかるまでに6カ月もかかったからだという。ソレンセンにいわせれば，T型を生産停止

したときも，フォードは，本当にT型が売れないのか，状況を知ろうとしたのだという（Sorensen, 1956, pp.219-220, 邦訳266-267頁）。

つまり，決定的な原因は，フォードがT型フォードにしがみつきすぎたことで，T型を生産打ち切りにしたとき，A型の設計が，まだ完成に程遠い状態だったということなのである（Hounshell, 1984, p.279, 邦訳353-354頁）。A型の設計が完了する前にT型の生産を打ち切ってしまったので，工場は閉鎖するしかなかったわけだが，この閉鎖している間も，A型の設計は変更に次ぐ変更で，生産システム側が身動きのとれない状態が続いていた。その上，部品の製造方法も，たとえば，フォードのプレス品嫌いで，鍛造品(たんぞうひん)を模索して徒労に終わったり（Hounshell, 1984, pp.280-281, 邦訳355-356頁），また難しい形状のボディ部品がプレスで製造できるようになるまでに何カ月もかかったりした（Hounshell, 1984, pp.283-285, 邦訳359-361頁）。

さらに，熟練した技術者を大量に解雇したことが，その混乱に輪をかけた。実は，自動車生産でも，組立以外の工具製作者，試作者，機械工，鋳型製作者には熟練が必要となる（Ford, 1922, pp.78-79, 邦訳111頁）。にもかかわらず，A型生産に向けてリバー・ルージュ工場に組立ラインを移した際に，リバー・ルージュ工場を任されていたソレンセンは，ハイランド・パーク工場でT型の移動式組立ラインを作り上げた経験豊かな技術者たちを大量に解雇してしまった（Hounshell, 1984, pp.289-292, 邦訳367-370頁）。これはもはや，生産性のジレンマや生産システムの硬直化とは，まったく別次元の問題である。ハウンシェルは「A型車生産（設計ではなく）の遅延の責の多くを，チャールズ・ソレンセンに帰さずにすませるのは不可能である」とまで結論づけている（Hounshell, 1984, p.292, 邦訳370頁）。

要するに，T型からA型へのモデル・チェンジの際にフォード社が経験したことは，生産性のジレンマではなかったのである。あえていえば，柔軟性を失っていたのは生産システムの方ではなく，経営者の方だった。「不変のT型」にしがみついていたフォードに加えて，逆の意味でT型にこだわったソレンセンの行いも，火に油を注ぐ結果となったのである。こうしたことが，現場をいたずらに混乱させた。

凍りついたイノベーション？

なぜT型フォードは売れなくなったのか

では，なぜT型フォードは売れなくなったのであろうか。実は，論理的に考えれば，経営の実践上，ドミナント・デザインになってしまった製品デザインほど無価値なデザインは存在しない。なぜなら，

> ドミナント・デザインは，製品が満たさなければならない要求性能の数を，その多くをデザインそのものに内在（implicit）させることによって，劇的に減少させた。このようにして，今日では，車が電動スターターやフロントガラスに電動ワイパーを装備しているか尋ねる人はほとんどいないし，タイプライターが大文字，小文字を打てるかどうか，パソコンがディスク・ドライブを内蔵しているかどうか尋ねる人はほとんどいない。以上のものがドミナント・デザインより前のモデルではユニークな特徴であったにもかかわらずである。
>
> （Utterback, 1994, pp.25-26, 邦訳49-50頁，
> 翻訳よりも原典に多少忠実に訳し直している）

たしかに，今，われわれがパソコンを買うときに，ディスプレイがカラーかどうかなんて誰も訊かないし，USBのコネクターが付いているかどうかも気にしていないだろう。今のパソコンは，そうなっているのが当たり前だからである。ということは，裏を返せば，ドミナント・デザインを体現した「新製品」には，些細な違いを除けば，新しいものが何もないということである。それがドミナント・デザインなのである。

つまり，驚くべきことは，新しいものが何もないドミナント・デザインたるT型フォードを，それでもフォードは売って会社を成長させたという点なのである。むしろ「不変のT型」「モデル・チェンジなしの単一車種生産」を売りにすらして，徹底的な生産性向上とコスト・ダウンに邁進した。それを可能にしたのは，20年にもわたり絶えまなく続いた工程イノベーションであった。逆説的だが，フォードが20年にもわたってしがみついて大量生

産したことで，T型フォードは正真正銘のドミナント・デザインとなったのである。

しかし，そんなT型フォードにも，とうとう終焉が訪れる。ライバルGMの経営者スローン（Alfred P. Sloan, Jr.; 1875-1966）は，フォードとの「この競争における最後の決定的要素は，閉鎖型ボディであったと信ずる」と書いた（Sloan, 1964, p.160, 邦訳207頁）。実は，1920年に米国の1000ドル以下の価格帯の自動車市場をほぼ独占していたT型フォードは，基本的にツーリング・カーすなわち幌付きのオープン・カーだった（和田，2009, 63-66頁）。閉鎖型ボディのT型も生産されていたが，フォード社の閉鎖型ボディ製作は，木製フレームを鋼板で覆って成形するという手間のかかるものだった（Hounshell, 1984, p.274, 邦訳345頁；和田，2009, 73-74頁）。それに対して，金属プレスを使って全金属製の閉鎖型ボディを成型すれば，木材と違って全金属製は高温にさらせるので，エナメル加工や塗装の乾燥も短時間でできるようになり，ボディの大量生産が行えるようになる。こうして，1910年代後半に全金属製閉鎖型ボディの大量生産が始まり，閉鎖型ボディ車のシェアは，1924年に43％となり，さらに3年間で急伸し，1927年には85％にもなるのである（Sloan, 1964, pp.161-162, 邦訳209-210頁；和田，2009, 68, 74-75頁）。

フォード社も，T型用に，全金属製閉鎖型ボディの開発を行い，1925年には，木製のフレームを廃して，T型フォードのボディを全金属製ボディ（all-metal body）に変更した（Hounshell, 1984, p.274, 邦訳345頁）。ところが，T型フォードはシャシーが軽く，重い全金属製閉鎖型ボディを架装すると，格好が悪いだけではなく，トップヘビーになってしまう（Sloan, 1964, p.162, 邦訳210頁）。しかも，実質的な「モデル・チェンジ」で電装部品や内外装が追加されて重量が増えていたところに，全金属製ボディの重量まで加わって，もはや軽量を前提とした20馬力のエンジンでは，ノロノロとしか走れなくなっていた。20世紀初頭のように，悪路や道のない所を走らなくてはならないのであれば，軽量化が必要だったのだろうが，当時，すでにそのような時代は終わりを告げようとしていたのである。次第に道路が整備され，舗装道路では，より大きな，かつスピードの出る車が求められるようになっていた（Sorensen, 1956, p.218, 邦訳264頁）。

しかもGMのシボレーは，1926年にT型フォードとの価格差を30％以内

にするまでに価格を下げ，この間，米国の消費者は豊かになり，1人当たりの所得は，1921年には551ドルだったものが，1926年には610ドルになっていた。それ以前から，GMは1919年に販売金融会社を設立し，それを通じて，消費者が自動車を割賦販売で買うことができるようにしていた（Sloan, 1964, ch.17; Hounshell, 1984, pp.276-277, 邦訳348-349頁）。さらに，GMは，早くから中古車の下取りも行っていたが，GMではシボレーよりずっと上のクラスに位置づけられるビュイックのような車種のあまり旧式ではない中古車までが，T型の新車の底値以下で買えるようになってしまった（Sorensen, 1956, p.218, 邦訳265頁；Sloan, 1964, p.163, 邦訳212頁）。つまり，GMのずっと高級な全金属製閉鎖型ボディの中古車が，T型フォードの新車と同じかあるいはそれ以下の価格で売られているという状況が生まれたのだ（Hounshell, 1984, pp.276-277, 邦訳348-349頁）。

こうして，1921年には55％もあったフォード社の市場シェアは，1926年には30％にまで落ち込んだ。1927年上半期には25％も下回り（Hounshell, 1984, pp.263-264, 邦訳331頁），フォード社はT型の大量在庫を抱え，ついに1927年5月26日，1500万台目をもってハイランド・パーク工場でのT型フォードの生産を中止した。この1500万台目もツーリング・カーであった（Hounshell, 1984, p.279, 邦訳352-353頁）。（ただし，ハイランド・パーク工場での1500万台目以降も，組立分工場では作られたので，T型は最終的には1500万7033台生産された〔五十嵐，1970, 30頁〕。）

イノベーションは凍りつかなかった

そもそもA-Uモデルでは，特化状態の後がどうなるのかは考えていない。そこで，製品のライフ・サイクルを持ち出して，脱成熟化（de-maturity）を唱えたりするのである（Abernathy, Clark, & Kantrow, 1983, ch.9）。しかし，脱成熟化は主に製品イノベーションの話なので，これと結びつけて議論する際は，「生産性のジレンマ」は，生産性・効率性対「柔軟性」ではなく，生産性・効率性対「イノベーション」のジレンマに読み替える必要がある（新宅, 1994, 第1章）。ちなみに，アバナシーの『生産性のジレンマ』（Abernathy, 1978）の第1章のタイトルは「イノベーション対生産性」（Innovation versus productivity）だった。

そして，本来の生産システムの柔軟性をイノベーションにすり替えた途端，話はどんどん拡大解釈に向かっていく。たとえば，製品改良からコスト削減にフェーズが移ると，「コスト削減の探索によって，最初は，大きなイノベーションが駆逐され，やがて最小なものを除いてすべてのイノベーションが駆逐されれば，『生産性のジレンマ』が起こるだろう。このように，ある企業がより効率的になるときには，『必然的に』より硬直的（rigid）で，柔軟でない（inflexible）ものになるとアバナシーは論じている」と拡大解釈し，これをどんな実質的なイノベーションも不可能な「凍りついた状態（frozen state）」とまで呼んでしまう（Baldwin & Clark, 2000, p.57, 邦訳66-67頁）ことになる。

明らかにA-Uモデルではそんなことまではいっていない。あくまでも，生産システムの柔軟性と効率性の間にはトレードオフの関係がありそうだといっているだけである。しかし，その控え目な生産システムの柔軟性／効率性トレードオフ関係ですら，T型フォードの顛末とは嚙み合わない。そもそも，特化状態で製品イノベーションが抑制されてしまったわけではないからである。実は，フォード社では，1925～26年には，エンジンのシリンダーがクランクシャフトの周囲にX字状に配列されたXカー（X-car）の開発を行っていた。結果，1926年8月には，Xカーのエンジンは絶望的となり，開発に失敗したのだが（Hounshell, 1984, p.278, 邦訳352頁），製品イノベーション自体は行われていたのである。

注目すべきは，このXカーの位置づけの方で，T型の後継車種ではなかったのだ。実は，フォード社は1923年に，高級車メーカーであるリンカーン社を吸収合併しており，T型だけの会社ではなくなっていた。このリンカーン社を率いていたリーランド（Henry Martyn Leland; 1843-1932）は，フォードより20歳年長の精密作業の達人で，フォードと因縁深い人だった。リーランドは，かつてデトロイト自動車会社の技術顧問をしていたとき，フォードにブロックゲージ（Jo-blocks）や限界ゲージ（"go" and "no-go" gauge）の手ほどきをし，そのことが部品の加工精度を高め，T型フォードの量産の基礎となったともいわれる（五十嵐, 1971, 5-7頁）。フォードが辞めた後のヘンリー・フォード自動車会社を引き継ぎ，1902年にキャデラック自動車会社と改名して立て直したのもリーランドである（Sorensen, 1956, 邦訳角川文庫版プ

ロローグ20頁)。キャデラックは，後に高級車ブランドとして有名になるが，1909〜10年前半にGM傘下に入り (Chandler, 1962, p.119, 邦訳128頁)，リーランドは1917年まではキャデラック社の経営者としてとどまった。そして，リーランドは1919年に高級車を作るリンカーン社を設立するのだが，フォード社は，このリンカーン社を1922年に傘下に入れ，1923年にはフォード社の一部門として吸収してしまう (五十嵐, 1971, 5-9頁；樋口, 2011, 389頁)。このとき，辞めさせられたリーランドは訴訟を起こし，リーランドが亡くなる1932年まで裁判が続いたといわれる (Sorensen, 1956, 邦訳角川文庫版付説218頁)。

こうして高級車リンカーンを手に入れたフォード社にとって，Xカーは，リンカーンとT型の間の車種として位置づけられるもので，T型の後継車種ではなく，T型の上位車種だったのである (Hounshell, 1984, p.278, 邦訳351頁)。T型の後継車種は，T型が生産中止になるまでは，開発されていなかったが，新型車の開発自体は行われていた。要するに，イノベーションが凍りついたわけではなく，ただたんにフォードは，T型を捨て，後継車種に乗り換える気がなかったのである。

> いまや，フォード社のセールスマンたちは，増産を叫ぶかわりに，新製品を要求していた。こういう事態に対して，ヘンリー・フォードはまったく注意を払わなかった。「フォード車についての唯一の心配は，われわれがそれを十分速くつくれないことである」と彼は言った。もちろん，現実の心配は，ディーラーがそれを十分速く売ることができないことであった。(中略) ただ，うぬぼれだけのために，彼はT型が時代遅れになっていることを認められなかった。3年間というもの，ヘンリー・フォードはそれを捨てる気になどなれなかった。われわれも誰もが，彼は決して捨てたりしないに違いないと思っていた。
>
> (Sorensen, 1956, pp.218-219, 邦訳265-266頁，原典により忠実に訳し直している)

実際，1926年1月に経営幹部がT型に代わる最新型をすぐに導入することがぜひとも必要だと説いた上申書をフォードに提出して，6カ月以内に解

雇されてしまっている（Hounshell, 1984, p.277, 邦訳350頁）。つまり，イノベーションが凍りついたわけではなく，経営者フォードが「不変のT型フォード」に護符か何かのようにしがみついたことで，やがて「じり貧」に陥ったのだった。その護符は「殻」と呼ぶのがふさわしい。

「じり貧」現象と「殻」概念

鉄の檻再訪

　米国の社会学者ディマージオとパウエルが書いた「鉄の檻再訪」"The iron cage revisited"（DiMaggio & Powell, 1983）は，組織の「同型化（isomorphism）」について論じた論文である（安田・高橋, 2007）。彼らの論文は，あの有名なマックス・ウェーバー（Max Weber; 1864-1920）の『プロテスタンティズムの倫理と資本主義の精神』（Weber, 1920）の最後の部分の紹介から始まる。

> 　この秩序界は現在，圧倒的な力をもって，その機構の中に入りこんでくる一切の諸個人──直接経済的営利にたずさわる人々だけではなく──の生活のスタイルを決定しているし，おそらく将来も，化石化した燃料の最後の一片が燃えつきるまで決定しつづけるだろう。バックスターの見解によると，外物についての配慮は，ただ「いつでも脱ぐことのできる薄い外衣」のように聖徒の肩にかけられていなければならなかった。それなのに，運命は不幸にもこの外衣を鋼鉄のように堅い檻としてしまった。（中略）今日では，禁欲の精神は──最終的にか否か，誰が知ろう──この鉄の檻から抜け出してしまった。
>
> （Weber, 1920, pp.203-204, 邦訳365頁）

　このように「鉄の檻」というキー・ワードは，ウェーバー（これは英語読みで，ドイツ語読みでは「ヴェーバー」になる）に由来していたのだ。

　日本でも1970年代には，「鉄の檻」はウェーバーによる官僚制の比喩として使われるようになった。この傾向は近年でも変わらず，たとえば，代表的なウェーバーの解説本である山之内（1997）でも，「ヴェーバーが『鉄の檻』と呼んだ近代の官僚制的秩序」（95頁），「近代官僚制という『鉄の檻』」（96

頁），「官僚制の『鉄の檻』」(98頁) と連呼される。

そして《鉄の檻＝官僚制》というイメージを前提にして，官僚制批判の出発点としたり，ウェーバー批判のシンボルとしたりすることが行われてきた（荒川，2007）。たとえば，「鉄の檻」（官僚制）によって現代人を無気力な歯車と化す……といったステレオタイプな説明の仕方である。ディマージオ＝パウエルの論文「鉄の檻再訪」でも同様であり，論文の最初のページには「官僚化のテンポが速まるにつれて，社会を研究する者は，鉄の檻のイメージに悩まされてきた」(DiMaggio & Powell, 1983, p.147) とある。

ところが，意外なことに，「鉄の檻」などという用語は，ウェーバーの『プロテスタンティズムの倫理と資本主義の精神』の原典には存在しなかったのである。原典にはなかった「鉄の檻」つまり英訳語アイアン・ケイジ（iron cage）は，実は，1930年のパーソンズ（Talcott Parsons; 1902-1979）による英訳（Parsons訳, Weber, 1920/1930）での英訳語 "iron cage" に由来するものだったのだ。ウェーバーが使っていたドイツ語の原語はゲホイゼ（Gehäuse）であり，辞書を見ても「檻」などという意味はない。

原典（Weber, 1920）でゲホイゼが登場するのは，たった4カ所，p.37, p.203の各1カ所，p.204の2カ所だけである。それに対するパーソンズ訳(1930) は，手元にある2刷 (1948) によれば，p.54では "order of things"，p.181では "iron cage" と "cage"，p.182では "cage" となる。そして，それに対応する邦訳語は，それぞれ大塚訳 (1991) のp.51では「鉄の檻」，p.365では「鋼鉄のように堅い檻」と「鉄の檻」，p.366では「鉄の檻」になっている。すなわち，原典（Weber, 1920）では「ゲホイゼ」(Gehäuse) が4カ所に登場するが，パーソンズ訳 (1930) で「アイアン・ケイジ」(iron cage) となっているのは原典の2カ所目に対応した1カ所 (p.181) だけであり，大塚訳(1991) では，逆に原典2カ所目を除いた3カ所が「鉄の檻」になっている（最初の邦訳（梶山訳, 1920/1938）では，「鉄の檻」と訳されていなかったゲホイゼがどのような経緯で「鉄の檻」になったのかについては，高橋 (2013) 第1章に詳しい）。

そんな「鉄の檻」が飛躍的に有名になったのは，ウェーバーの伝記『鉄の檻』(Mitzman, 1969) によってであった（荒川，2007）。ただし，その著者ミッツマン（Arthur Mitzman; 1931-）自身は，パーソンズの訳語アイアン・ケイジを書名にまで使っておきながら，自著の本文中ではアイアン・ケイジを採用

しなかった。「鉄の檻」ではなく,「鋼鉄のように堅固な家」と訳し,注で「この文章末尾の句を私はドイツ語の語義にしたがって変更した。原語はパーソンズの訳語『アイアン・ケイジ』を遥かに超えた意味をもっている」(Mitzman, 1970, p.172, 邦訳 160 頁) とパーソンズ訳を批判したのである。

それ以降,英語圏の研究者によって,アイアン・ケイジという訳語は批判的に検討されてきた。たとえば,「おそらくお荷物ではあるが,それなくしては生きることが不可能なものという両義的な意味において」鉄の檻よりも「かたつむりの背中の殻」の方が適切なアナロジーだとされるように (Sayer, 1991, p.144)。もともとドイツ語のゲホイゼには「かたつむりの殻」という意味があるので,より素直に「殻」"shell" と訳される例も多くなっているという (荒川, 2007)。実はドイツの哲学者ヤスパース (Karl Jaspers; 1883-1969) も「殻」(Gehäuse) 概念を使っていたのに,ウェーバーの方の「殻」が「鉄の檻」と訳されてしまったために,ヤスパースの殻概念との重なりを覆い隠してきたという指摘もある (横田, 2011, 377 頁, 注 81)。

殻の意味

では,そもそもウェーバーは,殻で何を言いたかったのだろうか。ウェーバーによれば,中世では,世俗を離れ,修道院にこもって神に仕える世俗外的禁欲の倫理なるものが生まれた。そこに宗教改革が起きて,それ以降は,世俗を離れて修道院にこもって信仰するのではなく,世俗の中で普通に生活しながら,キリスト教を信仰するという「ピュウリタニズムの世俗内的禁欲倫理」が広まっていった。この信仰のスタイルが,当時興隆しつつあった中産的生産者層の人々に受け入れられていった。つまり,世俗から切り離された修道院の生活が特別に聖意にかなうのではなく,むしろ「世俗そのもののただ中における聖潔な職業生活」(Weber, 1920, 大塚訳「訳者解説」401 頁) こそが聖意にかなう大切な営みであり,われわれの世俗の職業そのものが神からの召命,天職 (ドイツ語で Beruf) ということになる。そして「鉄の檻」が登場するさきほどの引用場面となる。

肩にかけられている「薄い外衣」が堅くなったのだから,「鉄の檻」より「殻」の方がずっと自然である。つまり,最初,信仰心から一生懸命に働いていた人々がいたために,その勤労意欲旺盛な人々を前提とした新しい社会

——資本主義社会——が成立した。すると，信仰心とは無関係に，天職義務の行動様式が確立して殻となり，その殻さえ身に付ければ，信仰心なしでも資本主義社会の中で生きていくことができるようになる。

　折原（1969, 292-296頁）によれば，このテーマそのものは，ウェーバー自身の体験を昇華させたものでもあるという。実は，ウェーバーが，職業人として順風満帆の上昇線をたどり，30代も半ばを過ぎた少壮教授として円熟期に入ろうとする矢先，重い神経疾患をわずらってしまった。そして，最小限の職業義務すら果たせずに，各地を転々として療養と苦悩の日々を過ごすことになった。そんな日々の中でアイデアがはらまれていったのである。当時のウェーバーを一番苦しめていたものは，「職業人」（ドイツ語でBerufsmensch）だけを「完全な人間」とみなし，そうではない者を人間として低く見る人間観，感情であったという。ウェーバーは，それまでは，「それが何から自分を守るのかもわからずに，何かの護符にしがみつくように，学問的な仕事にひきつるようにしがみついてきた」と告白していたという。

　つまり，天職義務の行動様式という殻は，それを盾にして，まるで「かたつむり」のように身を守り，信仰も精神も持たずに，資本主義の世界で生きていくことを可能にしているのである。正確に言えば，人間の側が一方的に，護符としての殻の陰で「しがみついている」だけで，殻が拘束しているわけではない。むしろ，「それをやむなく引き受けるのではなく，みずから意欲する」姿がそこにあるのであり，それこそが，「禁欲的職業労働に没頭したピューリタンの，はるかなる末裔の姿に他ならない」のである（折原，1969, 294頁）。言い換えれば，人々はまさに「保護を求め，自ら進んで（あるいはいやいやながらも）『鋼鉄の殻』の中に入っていく」（荒川，2001）のである。

殻の裏にしがみついて硬直している人々

　殻は表裏で別の顔をもっている。ただしそれは，殻には表／裏で別の機能があるという意味ではない。より正確に表現すれば，表からは護符として見えている殻をひっくり返して裏を見てみると，殻の裏には，しがみついたまま硬直している人間がいる，という意味である。

　似たようなことは，近年，経営学の世界でも言われ始めている。たとえば，組織の表面のコア能力（core capability）に対して，その裏面として指摘され

るコア硬直性（core rigidity）である（Leonard-Barton, 1992）。実際，現実の企業では，業績の好不調に関係なく，「これこそが自分たちのコアだ」とみんなが殻に護符のごとくしがみついたまま硬直している光景をよく目にする。実は，その硬直性が，殻が実際に競争優位につながっているかどうかには関係がない。たとえ殻が競争優位を失いつつあっても，あるいはすでに失っていても，裏面ではそれにしがみつき続けている。それが「じり貧」状態である。

　もちろん，殻に競争優位があれば，硬直性は言い訳が立ち，問題視されない。この場合，硬直していても「じり貧」とは呼ばない。この言い訳と硬直性の組み合わせは，組織の個体群生態学（population ecology）の議論でも登場する。【A】説明責任（accountability）を果たすことができ，かつ【B】パフォーマンスの分散が小さい（それを信頼性〔reliability〕と呼んでいる）組織——すなわち【言い訳の立つ A 面】と【硬直した B 面】をもった組織——が淘汰に生き残り，その結果として，構造的慣性（structural inertia）の高い組織が淘汰に生き残ると考えていた（Hannan & Freeman, 1984, Assumptions 1–3 and Theorem 1）。

　たとえば，ハードウェアの優秀さでコンピュータを売ってきたコンピュータ会社はアプリケーション・ソフトウェア開発にあまり注意を払わない（Leonard-Barton, 1992, p.119）……とかいった話は，たしかに硬直しているのだが，それ自体が，良いとか悪いとかいう話ではない。優秀なハードウェアで売上げも利益も伸びているようなときには，ハードウェアの研究開発にしがみつくことが，さらに優秀なハードウェアを生み出す力になっているわけだから，会社にとってプラスに働いているといってもいいだろう。しかし，豊富なアプリケーション・ソフトウェアで勝負する時代になってしまったら，いかに優秀なハードウェアでも売れなくなることは目に見えている。そして，優秀なハードウェアにしがみついている硬直性が問題視されるようになるのである。

製品デザインの化石化

　このハードウェアの例のように，経営学では，製品デザインが色々な理論・モデルの事例として頻繁に取り上げられるが，それはしばしば殻である

ことが多い。T型フォードは，まさにその典型である。フォードが，T型フォードという殻に，護符のごとくしがみつくことで，フォード社は驚異的な急成長を遂げ，そして化石化した製品デザインT型フォードとともに，やがてフォード社も「じり貧」に陥っていく（高橋，2013）。

T型フォードと並んで，ドミナント・デザインの好例として挙げられることが多いのが，1964年に発表されたIBMのコンピュータ「システム/360」(System/360;「しすてむさんろくまる」と読んでいた）である（たとえばTeece, 1986）。システム/360も非常によく売れ，IBMの地位を不動のものにしたが，同時に，その改良型後継機システム/370（1970年に発表）で，メインフレーム・コンピュータは完全に成熟し，化石化した。現在でも，世界のメインフレーム・コンピュータの製品デザインはすべてその頃のままである。半導体部品がどんどん進歩を続けているというのに，それらは「化石化したコンピュータ・デザイン」(fossilized computer design) を作るのに使われているのにすぎない（Campbell-Kelly & Aspray, 1996, p.150）。その化石化したコンピュータ・デザインとともに，IBMは「じり貧」に陥っていく（Takahashi, 2015a）。

T型フォードもシステム/360も，それを錦の御旗として掲げ，護符のごとくしがみつくことで，T型フォードの場合にはフォード社が，システム/360の場合にはIBMが，大きく立ち上がったのである。そして，やがて「じり貧」になる。

製品デザイン以外の殻の例

成長期と成熟期を経験した（経験している）会社を観察すれば，製品デザイン以外の殻も容易に見つけることができる。それにしがみつくことで急成長し，やがて「じり貧」に陥るというのが，殻の一般的な機能だからである。たとえば，次の事例のように。

販売店網

A社のa事業部は，A社の主力製品aのみを扱っている。かつてA社は，製品aの導入期・成長期に，競合他社との間で代理店獲得競争を繰り広げ，なんとか販売店網の確立に成功，競争に生き残ったという歴史があった。それ以来，今日に至るまで，a事業部はA社の収益の柱であ

り続けてきた。

　ところが，a事業部が特化している製品aの属する市場は，すでに成熟期，衰退期に入り，市場は縮小傾向にある。おまけに成長期に急拡大させた代理店の店主たちも，いまや老齢化が進み，そのほとんどには後継者もいないので，近年，代理店数は自然減を続けている。市場全体が縮小傾向の中で，なんとかマーケット・シェアは維持しているものの，売上高は緩やかに減少を続けていた。しかし，何か手を打とうにも，a事業部は「事業部」とは名ばかりで，実際には，支店に配置した人員で各地の代理店の管理をしているだけ。経営効率化のためにと，とっくの昔に製造部門を手放し，いまや製品aの製造はおろか，商品企画をする人員すらいなかった。それでも販売店網さえ管理していれば，少ない人員で安定的に利益を稼ぎ出すa事業部は，収益が不安定な他の事業部に比べれば，「じり貧」とはいえA社にとって依然として重要な事業部には違いなかった。それに，製品aの品質に対する，根拠のない絶対的な自信……。

親会社本体の営業力

　β社は，傘下のβグループが拡大をし始めた頃，どんどん増えていく子会社群に共通する経営サービスbを，各社がそれぞれもつのは非効率だと考えた。そこで，経営サービスbを担当するβ社内の部隊をβ社から分社化してB社を設立し，βグループ各社の経営サービスbをB社に担当させることにした。この経営サービスb自体はβグループ内に限らず，βグループ外の企業にも提供可能なもので，実際，設立当初には引き合いもあった。しかしB社の営業はいまだにβ社本体に丸投げの状態である。たしかに，β社本体に丸投げしていた方が，営業費もかからないし，これまでは，それで安定的な売上と利益率を維持できていた。

　しかしB社がβ社より分離してから時間がたち，かつてβ社から移ってきた優秀な人材も，いまやみんな定年退職していなくなってしまっていた。分社後に入社してきたB社のプロパー社員は，優秀ではないとはいわないが，βグループ各社から見れば，どうしても小粒に見えて

しまうのだった。また，β社本体に営業を丸投げして頼り切っているので，Ｂ社内は仕事が降ってくる先に合わせて，つまりはβ社の各事業部に対応させて，典型的な縦割りの部門構成になっており，大きな会社でもないのに，Ｂ社の部門間には横の連携というものがほとんどなかった。その行過ぎた縦割りのせいで，Ｂ社内部での相互牽制が効かない状況が常態化し，内部統制上の問題が表面化してしまった。このことをきっかけに，Ｂ社から他へ委託先を変える会社も現れ始め，そのせいでＢ社はさらにβ社本体にしがみつくという悪循環に陥っていた。近年，βグループの成長に，かげりが見え始め，業績は「じり貧」傾向にあるが，β社本体に営業を丸投げしている限り，つぶれる心配はない……のだが。

好立地の不動産

　Ｃ社は，たまたま隣接地に大手の大型ショッピング・センターが進出してきたことをきっかけに，地主の息子が社長となって起業し，そこに店舗を建てて営業を始めた会社である。社長には，とくに経験やノウハウがあったわけではないが，人が集まる場所での商売は，売上高も利益も安定していた。おかげで，社長は，経営の苦労を知ることもなく，趣味に打ち込めるほどの時間的な余裕もあった。

　ところが，少し離れた場所に別の大手の大型ショッピング・センターが進出してくると，さすがに客足が落ち始めた。社長が店舗を増やすことを考え始めた矢先，同業他社が経営危機に陥っていることを知り，そこの店舗を買い取ることにした。社員さえやる気になればなんとかなるという知人の経営コンサルタントの助言を信じ，にわかに熱血社長と化して，社員を鼓舞し続けた。しかし，立地条件以外に，これといって何の強味もなかったＣ社が，立地条件の悪いところにも店舗をもってしまったことで，業績はさらに悪化した。もともとＣ社の土地・建物は父親の所有で，Ｃ社は賃借料を支払って借りていた。今回も，土地・建物は，父親が資金を出して買ってくれていた。そこで社長は父親に泣きついて，地代家賃を安くしてもらい，Ｃ社はなんとか黒字を確保できることになった。しかし，そもそも父親は大家として，立地条件の悪い店舗のリニューアルに金をかけることには反対で，ますます店舗の老朽化

が進む中，さらに客足が遠のきつつあった。

特　許

　D社は，社長が技術者出身で，特許をとったユニークな装置で，その分野では世界的に有名になった会社である。ニッチ市場ではあったが，あまり宣伝などしなくても，顧客側から問い合わせがきた。ただし，より高機能の装置を作るには，どうしても他社の特許を使用する必要があり，そうなると，当然のことながら，他社との間で特許のクロス・ライセンス契約（互いに特許の使用を認め合う契約）を結ばなくてはならなかった。ところが，そんな契約を結んで特許の使用を許諾してしまっては，せっかく今，特許で参入を防いで独占しているのに，他社の参入を招いてしまうことになる。そこでD社は，特許による独占を維持するために，高機能化路線はとらず，その代わり，納入先のニーズに合わせて徹底的にカスタマイズすることで対応することにした。そのおかげで，D社は顧客満足度の高い会社としても有名になり，新規の顧客も増えた。特許による独占のおかげで高利益率も維持することができた。

　こうなると，いつしか社長は，ニッチ市場でソリューション・ビジネスを展開していることこそがD社の強みだと考えるようになってしまった。そして，研究開発そっちのけで，これからは，お客さんを待っているだけではだめだと，顧客第一主義を掲げ，ソリューション・ビジネスを積極的に売り込んだのである。しかし，競争相手の会社も指をくわえて眺めていたわけではない。D社の特許を回避する国内他社製の類似装置が，市場の一部に食い込んできた。それだけではない。欧米製のより高機能の装置が，国内市場にも投入され始めたのである。こうして，D社のシェアと売上は「じり貧」に陥っていった。

フランチャイズ契約

　E社は，ある地域に限定して，あるフランチャイズ・チェーンの店舗を展開していた。出店当時は目新しい業態で，一般の消費者にはなじみの薄い分野だったが，比較的狭い地域に集中的に出店することで，広告宣伝費を節約し，スキルを必要とする人材も節約し，経営効率は良かっ

た。パート，アルバイトも含めて店員の士気も高く，その行き届いたサービスが評判になり，業績は好調だった。

　ただし，フランチャイズ本部との契約により，同じ商号，商標を使って他地域に出店することはできないことになっていた。この契約のおかげで，Ｅ社自身も，その地域の中では守られ，利益も十分に出していたのだが，この地域の中では，もはや飽和状態で，これ以上成長することは望めなかった。そんな中，近年になって，Ｅ社だけでも飽和状態の同地域に，別系統のチェーンやＥ社を辞めて独立した人が，安さを売りにして出店を始めた。こうしてＥ社の業績は，「じり貧」傾向に陥ることになる。

(高橋，2013, i–v 頁)

　秘匿性のために，実例を脚色しているが，いずれの事例でも，殻にしがみつくことで殻に守られ，企業は急成長を遂げるのだが，やがて「じり貧」に陥る。このＡ社〜Ｅ社の話をセミナー等で紹介すると，多くの人が，自分の会社のことではないか，あるいは，自分が知っている会社のことではないか，と質問する。つまり，日本中が「じり貧」の会社で溢れているのである。

　面白いことに，似たようなことは，1980年代前半，米国の鉄鋼，自動車などの産業が苦境に立たされたときにも指摘されていた（Tichy & Devanna, 1986）。その指摘は，まずは「ゆでガエル現象」（boiled frog phenomenon）の解説から始まる。この現象は，もともとカエルが主役の古典的な生理学的反応実験のアナロジーで，カエルを突然熱湯に入れると，カエルはびっくりしてすぐに飛び出すが，カエルを冷水の鍋の中に入れて，ゆっくりと熱を加えていけば，温度の変化がゆっくりなので，カエルは熱湯になっていっていることに気づかず，飛び出すことなく，鍋の中でゆで上がって死んでしまうという現象を指している。その上で，当時，「じり貧」状態に陥っていた米国の鉄鋼，自動車などの産業は，まさにこの現象の犠牲者であり，この現象は「文化の繭」（cultural cocoon）ができるために温度変化に気がつきにくくなることで起こるのだと説明したのである。「じり貧」状態に陥る会社を観察してみると，何やら繭のようなものがありそうだ，という指摘は，殻に通じるものがあって実に興味深い。ただし，ゆでガエル現象自体は，「文化の繭」

よりも，体感温度仮説で説明した方が自然である。それは「じり貧」ともからめて，本章最終節で詳述したい。

ただし，ここで強調しておかねばならないのは，A社〜E社のような「じり貧」の会社でも，赤字ですぐに倒産，というような状態にはなっていないことである。なぜそうなるのか。読者の中には，C社の不動産やD社の特許などから，第1章の資源ベース理論のところでも登場したレント（rent）を連想した人も多いだろう。レントは土地利用者が土地所有者に対して支払う利用料のことであるが，国民経済計算の所得支出勘定における賃貸料（rent）には，土地の純賃貸料だけではなく，特許権・著作権等の使用料も含まれていて，C社やD社のケースは，まさにレントそのものなのである。さらに資源ベース理論では，レントの概念はもっと広く，簡単に言ってしまえば標準以上の利益率のことなので，不動産や特許に限らず，販売店網，親会社の営業力，フランチャイズ契約などもレントの源泉であり，そのおかげで「赤字ですぐに倒産」という事態が回避されているのである。

つまり経営戦略論的な言い方をすれば，殻はレントの源泉となっている。だから，企業の幼弱期には殻にしがみつく。時間が経ち，そのありがたいご利益（りやく）が薄れてきたとはいえ，殻は今でも会社の収益の役に立ち，細々ながらでも黒字を生み出し続けている。だからこそ現状から抜け出せないのだが，しかし，その殻にしがみついている限り，これ以上，成長の見込みがないことは，経営者も従業員もわかりきっており，じりじりと少しずつ貧乏の状態になっていくことも目に見えている。それゆえの「じり貧」の多発なのである。

自然淘汰から人為選択へ

自己概念を脅かすものは拒絶される

では，殻にしがみついて「じり貧」に陥った会社はどうすればいいのだろうか。環境や周囲が大きく変わろうとするとき，人はますます殻に閉じこもろうとするので，悪循環なのである。それを「自己概念」（self-concept）や「自己アイデンティティ」（self-identity）を用いて説明しようとする学者も多くいる（Weick, 1995, ch.2）。たとえば，自動車ディーラーの経営者がプロセス重

視を宣言して，色々な仕組みの導入を図ったとしても，「結果がすべて」の営業の世界で個人業績をあげてきた現場の営業スタッフたちにとっては，「自己概念」「自己アイデンティティ」を脅かすような仕組みなので，結局は拒絶されてうまくいかない……と。

　実際，そのような事例（小菅，2011）では，結局，プロセス重視の仕組みを導入したのは全店舗数のわずか5％程度の3店舗のみで，しかも，従来の個人主義的営業スタイルの店舗の方が高業績だったという。であれば，プロセス重視の仕組みは淘汰されそうなものだが，現実は意外な展開をすることになる。経営者は，3店舗が，プロセス重視の仕組みを入れたから業績が悪化したのではなく，もともと業績が悪かったために，起死回生策としてプロセス重視の仕組みを導入したことを知っていたので，そのまま温存したのである。すると，それまでは一匹狼の個人主義的営業マンの集まりにすぎなかった店が，一つの組織として機能するようになる。そして，それが徐々に店全体の数字の向上につながっていく。

　考えてみれば当たり前である。たとえば，店長がプロセスを軽視して，営業スタッフのノルマ達成だけを見ていれば，営業スタッフは，その月の月次ノルマさえ達成してしまえば，翌月のノルマ達成のために，その月に本来営業をかけるべき顧客を温存しておこうとする。現実に，車検や法定点検が必要な顧客まで翌月回しにして，車検切れを起こしてしまったケースまであったらしい。あるいは，一匹狼の営業スタッフが互いに縄張り争いをしていて，顧客来店時にたまたま担当営業スタッフがいないとき，

　「担当のAはいませんので対応できません」
　（＝「そんなことを私が勝手にしたら，後でAさんに怒られてしまいます」）
では商機を失ってしまう。そうではなくて，
　「Aはおりませんが，私が承ります」
とその場にいるスタッフがチームとして対応してくれなくては，顧客を失うのである。

　こうして，それまで最下位を争っていた店まで含めてこの3店は営業数字的にも上位店の常連となった。そして，たった5％の成功店の店長たちは，やがて本社の部長兼務に取り立てられて，他の店舗の指導まで任せられるようになったのである。

競争的同型化だけではなく，制度的同型化も

　さて，こうして，わずか5％とはいえ生き残った成功店のやり方が他店にも普及して，会社の中で店舗間の同型化が進むのには，経営者の果たしている役割が欠かせないことがわかる。自然淘汰とは別の力が働いているともいえる。そのことは，社会学では論じられてきた。すでに登場したディマージオ＝パウエルの論文「鉄の檻再訪」（DiMaggio & Powell, 1983）は，もともとは，なぜ組織の形態や行動はこれほど同質的なのかという問いを掲げ，同型化について論じ，同型化のメカニズムとしての同型的組織変化の源泉を挙げていた論文なのである。これらは表3のように整理されるが，同型化はまず

　①　環境との機能的適合に対応した「競争的同型化」(competitive isomorphism)

　②　文化・社会的適合に対応した「制度的同型化」(institutional isomorphism)

の二つに大別される。

　実は，多くの人が暗黙のうちに前提としているのは，競争的同型化の方で，生存競争をして適者生存で生き残ったものは似てくると思っている。しかし，本当に自然淘汰で生き残ったものは，優れていたものなのだろうか。実は，競争的同型化では，優れた形質で同型化が進まないこともある。さきほどの自動車ディーラーの事例でも，自然淘汰に任せていたら，プロセス重視の3店舗は，業績不振で早期に淘汰されていただろう。生物学の世界でも，①のような自然淘汰（natural selection）だけではなく，②のような人為選択（artificial selection）による同型化もある。

　たとえば，もともと野生のバナナの実には種があったのに，今われわれが食べるバナナには種がない。もし自然淘汰であれば，種のないバナナなど増えようがなく，すぐに絶えるはずである。ところが，現実にはそうならなかった。大昔に突然変異でできた種なしバナナを，人間が，根の脇から出てくる新芽を利用して，どんどん株分けして増やしていったからである。今日，種なしバナナが種ありバナナをほぼ駆逐してしまったのは，人為選択なのである。

　自然淘汰に任せていたら，今われわれはおいしいバナナを食べられなかった。同じことは，組織の中でも起こる。企業や組織においても重要なのは，「育種家」の存在なのである。先ほどの自動車ディーラーの事例では，この

表3 同型的組織変化のメカニズム

		メカニズム＝同型的組織変化の源泉
競争的同型化		環境の淘汰圧力のようなメカニズム。
制度的同型化	強制的同型化	依存している組織からの圧力，社会の中での文化的期待，たとえば，法的な規制。
	模倣的同型化	組織はより正統的あるいは，より成功していると認識している類似の組織を後追いしてモデル化する。不確実性は模倣を助長する。
	規範的同型化	主に職業的専門化に起因するもので，①大学の専門家による公式の教育と正統化，②職業的ネットワークの成長と洗練が重要。人員の選別も重要なメカニズム。

（出所）　髙橋（2010b）表4, 128頁。

まさに育種家の役割を経営者が果たしていた。たまたま経営者の目的にかなった成功例・様式が見つかったときには，経営者は，どんなに稀な成功例・様式であったとしても，それを選んで残し，他へと普及させることに努めるべきなのである。自然淘汰では，組織内に優れた形質は広がらず，殻を破れない。殻を破るのは人間なのである。

　実は先ほどのA社〜E社のケースでも，殻を必要としない選択肢が隠されていた。たとえば，A社のa事業部には，目先の利益を犠牲にしてでも「メーカー」として踏みとどまる選択肢があった。B社は，勢いのあった設立当初に，βグループ外の顧客を開拓する努力をしてもよかった。C社の社長は，趣味に打ち込む暇があったら，もっと向上心をもって商いに打ち込み，経験を積んでおくべきだった。D社は，たとえ当該特許でクロス・ライセンス契約を結ぼうとも，次々と新たな特許を取得する覚悟を決めて，高機能化路線を選ぶべきだった。E社には，フランチャイズのブランドを捨てて，独自ブランドに切り替えて他地域への事業展開を目指す道があった。どの会社も，殻など必要としない生き方を選択することは可能だったのである。もちろん殻に頼らない分，さらに苦労の連続にはなっただろうが，今のような「じり貧」状態に陥らずに済んだはずである。

殻になりそうなものを肩に担ぎ，それを盾にして身を守ることは，賢い生き方の一つであろう。それは従来の経営戦略論の教えとも通じている。しかしそれでは，担いだ「殻の大きさ」に合わせて「未来の大きさ」まで萎縮してしまう。それが「じり貧」の正体なのである。

「じり貧」とぬるま湯感

ぬるま湯だと感じますか

「ぬるまゆにつかる」を国語辞典で引くと，『広辞苑』（岩波書店）では「現在の境遇に甘んじてぬくぬくとくらす」，『国語大辞典』（小学館）では「安楽な現状に甘んじて呑気に過ごす」と書かれている。「じり貧」と，ほとんど同じ状況を指している用語といえる。それゆえ，一般に，「ぬるま湯的体質」は悪い印象を持たれている用語であり，なんとか改善しなくてはならない問題だと思われている。しかし，社員が「うちの会社はぬるま湯的体質だ」と感じるのは，客観的な体質の問題というよりも，実は，そう言うご本人とその会社との相対的な問題であるということがわかっている。ここでは「ぬるま湯感」に関する研究成果を整理したうえで，「じり貧」との関係を明らかにし，「じり貧」打破のヒントとしよう。

ここで取り上げる研究は，主にJPC調査と呼ばれる調査をもとにしている。JPC調査は，日本生産性本部（Japan Productivity Center; JPC）経営アカデミー『人間能力と組織開発』コース（1993年度からは『組織革新』コースと改称）の参加者の所属企業を対象に，年1回のペースで行ってきた「組織活性化のための従業員意識調査」の総称である。毎年のJPC調査は，質問票調査前のヒアリング調査，質問票調査，フォローアップのヒアリング調査の3段階に分けて行われたが，第2段階の質問票調査では，第1段階のヒアリング対象者の所属する，もしくはそれに比較的近いホワイトカラーの部門を選び，さらにその中において，一つまたは複数の組織単位を選び，選ばれた組織単位の構成員に対する全数調査が行われた。質問票調査は，毎年8月25日から9月8日までの間のある水曜日に各社一斉に質問調査票が配布され，記入してもらった上で，翌週の月曜日までに回収するという留置法で行われた。1986〜2000年に1万3724人分の質問調査票が回収され，全体の回収率は

表4 ぬるま湯感と充実感（JPC1987調査）

Q2. 自分の仕事に充実感を感じている	Q1. 職場の雰囲気を「ぬるま湯」だと感じることがある		
	Yes	No	計
Yes	175	176	351
No	138	77	215
計	313	253	566

$r = -0.140$　$\chi^2 = 11.074$　$p < 0.001$.

（出所）　高橋（1989）表1。

88.6％であった。対象企業は、ほとんどが東京に本社のある大企業62社で、そのうち21社は複数年にわたって調査されている。

そんなJPC調査で最初に「ぬるま湯感」を調べたのは1987年で、

Q1. 職場の雰囲気を「ぬるま湯」だと感じることがある。

という質問に対して、「Yes」「No」で答えてもらったところ、55.4％の人が「Yes」と答えてくれた。興味深いのは、

Q2. 自分の仕事に充実感を感じている。

という質問との間のクロス表、表4であった。

一般のネガティブな印象どおり、「ぬるま湯感」は「仕事の充実感」との間に負の相関があった。ところが、「仕事に充実感」を感じている351人中、「ぬるま湯感」を感じる人は175人、感じない人は176人で、ほぼ同数なのである。つまり、「仕事の充実感」と「ぬるま湯感」は明らかに共存している。さらに、各社で質問Q1, Q2に「Yes」と答えた人の比率をそれぞれ「ぬるま湯比率」「充実比率」と呼んで、散布図に会社をプロットしてみると、図2のようになり、C社のように、「仕事の充実感」が72.9％と一番高く、「ぬ

図2　会社別ぬるま湯比率・充実比率散布図（JPC1987調査）

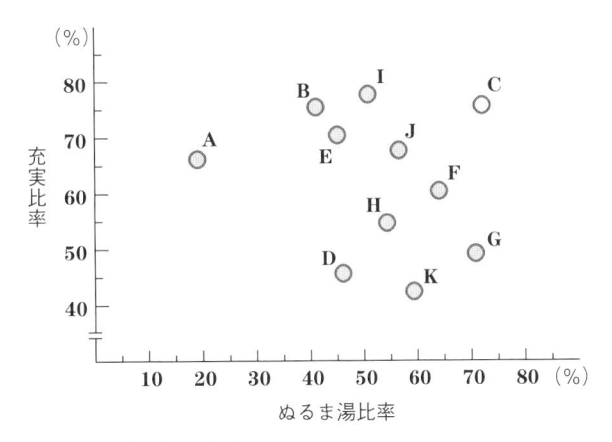

(出所)　高橋（1989）図1。

るま湯感」も71.7％と3番目に高くて，明らかに両者が共存している会社が存在する。実は，会社別データを職場別データにばらして散布図にしてみると，他の会社でもぬるま湯感と充実感が共存している職場がたくさん見つかった。

体感温度仮説

そこで「現状に甘んじることなく変化を求める傾向」あるいは「現状を打破して変化しようとする傾向」を「変化性向」(propensity to change) と呼んで，変化性向でお湯の温度を測ってみることにした。まずは，組織のシステムとしての変化性向，つまり「組織のシステムがメンバーの変化を受け止め，あるいは促す仕組み，制度にどの程度なっているかを表す指数」を「システム温」と呼び，これを測定することを考えた（最初これを「湯温」と呼んでいたが，湯温では，周りの人間の温度を想像する人が多かったので，これは周りの人間の温度ではなくて，あくまでもシステムの温度であるということを強調するために今では「システム温」と呼ぶことにしている）。そこでシステム温の概念に合致するような質問を五つ選んだ。

① 仕事上の個人の業績，貢献の高い人は，昇進，昇格あるいは昇給などを確実に果たしている。
② 仕事上の前向きの失敗は問わないという雰囲気がある。
③ 職場の上司は，その上の上司を動かす力があると思う。
④ 今までの仕事の進め方は，今後，変わりそうにない。
⑤ 年次さえ来れば，ある程度まで昇進できると皆思っている。

このうち①②③に関しては「Yes」と答えた方がシステム温が高く，④と⑤に関しては「No」と答えた方がシステム温が高いと考えて，①②③に関してはそれぞれ「Yes」と答えれば1点，「No」と答えれば0点，④⑤に関しては逆に「Yes」と答えれば0点，「No」と答えれば1点として，この5問の点数を単純に足してみた。システム温はそれぞれ0か1しか値を取らない五つの質問の点数を足し合わせているので，0点から5点までの整数値を取るような指数になっている。

ところが，このシステム温だけでは，ぬるま湯感を説明しきれなかった。たしかに，質問Q1で「Yes」と答えた人のグループを「ぬるま湯」群，「No」と答えた人のグループを「非ぬるま湯」群とすると，「ぬるま湯」群のシステム温の平均は2.72，「非ぬるま湯」群の平均が3.46で，ぬるま湯だと感じている人の方がシステム温が低いという0.1％水準で統計的に有意な結果が得られた。しかし，会社別のシステム温の平均は表5のようになり，困ったことに，先ほどのC社の平均2.73がとくに低いわけではないのである。これでは，なぜC社のぬるま湯比率が7割を超えて一番高かったのかを説明できない。

そこで，個人の変化性向，すなわち組織人としての体温は人によって違うのではないかと考えた。たしかに，ぬるま湯比率が一番高かったC社は，仕事に充実感を感じているという比率もトップ・クラスの会社だった。体温が高そうだ。つまり，お湯の温度を熱いと感じるか，ぬるいと感じるかは，絶対的なお湯の温度というよりも，体温ベースで相対的な体感温度の問題だと考えたのである。仮に，「体温」として，組織のメンバーが現状を打破して変化をもたらそうとする意欲がどの程度あるかを測定することができれば，単純化して，

表5 会社別のシステム温・体温・体感温度（JPC1987調査）

会　社	N	システム温	体　温	体感温度
A	19	4.00	4.05	−0.05
B	27	3.19	3.52	−0.33
C	55	2.73	4.04	−1.31
D	18	2.50	3.44	−0.94
E	96	3.72	3.68	0.04
F	78	2.36	3.23	−0.87
G	65	2.86	3.45	−0.58
H	53	2.92	3.26	−0.34
I	26	3.92	4.54	−0.62
J	40	3.15	3.98	−0.83
K	48	2.81	3.25	−0.44
全　体	525	3.05	3.60	−0.55

（注）　いずれもF検定を行うと会社別の平均には0.1％水準で有意な差があった。
（出所）　高橋（1989）表2と表3を加工したもの。

　　　　体感温度＝システム温−体温

で「体感温度」を定義し，これでぬるま湯感を説明できるのではないかと考えた。そして，体温測定のために，次の5問を選び出してみた。

① 自分の仕事については，人並の仕事のやり方では満足せずに，常に問題意識をもって取り組み，改善するように心がけている。
② 今の職場では，業績を残すよりも，大きな問題やミスを起こさないようにしたい。
③ 自分の仕事に関する業務知識，専門知識を修得しようと常日頃から心がけている。
④ 新しい仕事をどんどんやりたい。
⑤ できれば人よりも早く昇進したいと思っている。

このうち②以外の質問に関しては「Yes」と答えた方が体温が高く，②に

図3 相対度数折れ線（JPC1987調査）

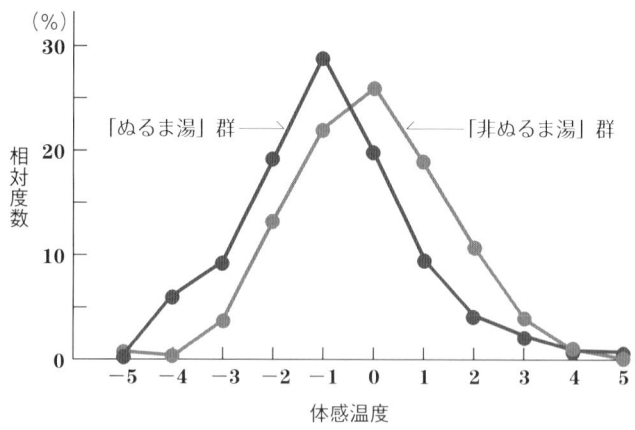

（出所）　高橋（1989）図4。

関しては「No」と答えた方が体温が高いと考え，システム温のときと同様に，①③④⑤に関してはそれぞれ「Yes」と答えれば1点，「No」と答えれば0点，②に関しては逆に「Yes」と答えれば0点，「No」と答えれば1点として，この5問の点数を単純に足し合わせてみた。システム温同様に，それぞれ0か1しか値をとらない五つの質問の点数を足し合わせているので，体温も0点から5点までの整数値をとるような指数になっている。

　そこでさっそく「ぬるま湯」群の平均体感温度を計算すると−0.91で，「非ぬるま湯」群の平均体感温度−0.09と比べて1度近く差のあることがわかった。相対度数折れ線は図3のようになり，「ぬるま湯」群は体感温度−1，「非ぬるま湯」群は体感温度0でピークとなる二つの分布にきれいに分かれて分布していた。この温度差は0.1％水準で統計的に有意であった。会社別に計算した体温は表5に示してあるが，C社の体温が高いことは一目瞭然である。そしてC社の体感温度は−1.31とずば抜けて低い。実際，縦軸を体温，横軸をシステム温にとったグラフに各社をプロットしてみると，図4が得られた。この図は「湯かげん図」と呼ばれているが，平均値を破線で示して四つの領域に分けると，C社だけが低システム温・高体温の「ぬるま湯」領域にプロットされる。

図 4　湯かげん図（JPC1987調査；破線は平均値）

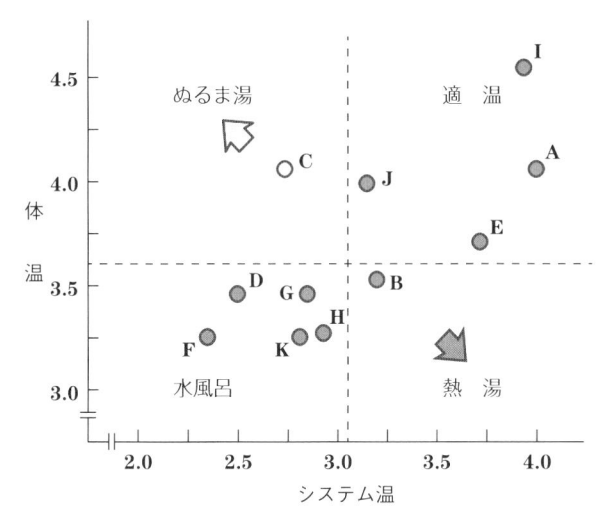

(出所) 髙橋 (1989) 図5を加工したもの。

体感温度測定尺度の改善

以上の結果から，ぬるま湯比率に関して

　　　　　体感温度仮説：体感温度が高くなるほどぬるま湯比率は低下する。

を立て，それまでの暫定的質問項目を洗い直し，質問項目の収集・整理と予備調査を行い，もっと良い質問項目へと入れ替えをしていくという作業を行った。その結果，改良版体感温度測定尺度として，次の10問が選ばれた（髙橋，1993a，第3章）。

システム温

S1. 仕事上の個人の業績，貢献の高い人は，昇進，昇格あるいは昇給などを確実に果たしている。　　（はい＝1；いいえ＝0）

S2. 失敗をしながらでも業績をあげていくよりは，失敗をしないで過ごした方が評価されると思う。　　（はい＝0；いいえ＝1）

S3. 新しい仕事にチャレンジしていこうという雰囲気がある。　　（はい

表6 体感温度（改良版）とぬるま湯比率（JPC1990～2000調査；$N=10,536$）

ぬるま湯感	体感温度											全体
	−5	−4	−3	−2	−1	0	1	2	3	4	5	
はい	278	676	1,113	1,388	1,389	1,112	657	281	106	32	1	7,033
いいえ	23	112	267	473	675	775	607	370	131	62	8	3,503
全体	301	788	1,380	1,861	2,064	1,887	1,264	651	237	94	9	10,536
ぬるま湯比率	92%	86%	81%	75%	67%	59%	52%	43%	45%	34%	11%	67%

（出所）　高橋（2003）表3を加工したもの。

　　　　＝1；いいえ＝0）
S4. 個性を発揮するよりも，組織風土に染まることを求められる。（はい＝0；いいえ＝1）
S5. 目標達成に向けて競争的雰囲気がある。　　　（はい＝1；いいえ＝0）

体　温

B1. 自分の仕事については，人並の仕事のやり方では満足せずに，常に問題意識をもって取り組み，改善するように心がけている。　（はい＝1；いいえ＝0）
B2. 従来のやり方・先例にこだわらずに仕事をしている。　（はい＝1；いいえ＝0）
B3. 必要な仕事はセクションにとらわれずに積極的に行っている。（はい＝1；いいえ＝0）
B4. 自分の実力は他の会社でも充分通用すると思う。　（はい＝1；いいえ＝0）
B5. 上司がこうだと言えば，自分に反対意見があっても素直に従う。（はい＝0；いいえ＝1）

結果的に，システム温のS1，体温のB1を除いて他の8問は質問項目を入

図5 体感温度(改良版)とぬるま湯比率(JPC1990〜2000調査;$N=10,536$)

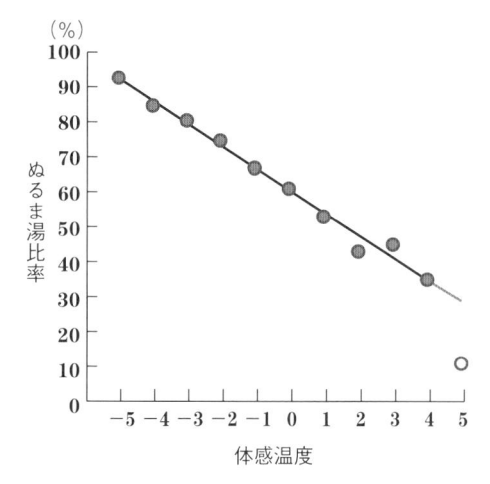

（注）図示されている回帰直線は体感温度-5〜4についてのもの。体感温度5は9人（全体の0.1%）しか該当者がいなかったので，回帰分析から除いた。
（出所）髙橋(2003)図6。

れ替えている。これらの10質問項目のうち，システム温の質問S2, S4, 体温の質問B5については，「はい」ならば0点，「いいえ」ならば1点，他の七つの質問項目については，「はい」ならば1点，「いいえ」ならば0点を与えて，それぞれ点数を足し合わせて，改めてシステム温，体温と定義することにしたのである。また，それと同時に，ぬるま湯についての質問Q1の回答も「Yes/No」から「はい／いいえ」に切り替えることにした。

この改良版体感温度測定尺度を用いて，1990〜2000年の11年間に，のべ1万536人のデータが集められたが，その結果は，表6，図5のようになった。体感温度が-5のときに92%の人がぬるま湯だと答えて，体感温度が0のときに59%の人がぬるま湯だと答えている。体感温度仮説どおり，体感温度が上がるとぬるま湯比率が下がるという驚くほどきれいな直線的な関係が現れていることがわかる。体感温度5を除いた回帰直線は

$$ぬるま湯比率 = -0.0652 \times 体感温度 + 0.6009$$

で，決定係数は $R^2 = 0.9886$ となっている。この体感温度仮説については，JPC 調査以外にも追試が行われている。たとえば，第6章でもその一部を紹介するX社の10年分以上のデータ (Takahashi et al., 2014c) でも，図5と同様の線形の関係が得られている。

人は熱湯に耐えられるか

ただし，この回帰直線，決定係数を計算するに当たっては，体感温度5の人を計算に入れていない。それは，明らかにこの点が直線から乖離しているという理由からだけではない。実は，ほぼ1万人も調べているのに，体感温度が5の人（多分，熱いと感じているはず）はたったの9人，わずか0.1％しかいなかったのである。体感温度4の人も94人しかいない。体感温度4と体感温度5の人を足しても103人にしかならず，全体の1.0％しかいなかったことになる。回帰直線からややふらついている体感温度2以上の人は，全部合計しても991人，9.4％しかいない。体感温度が高い人は非常に少ないことになる。これは測定尺度の問題ではなく，体感温度が高いと，熱くて入っていられない熱湯状態だということが，JPC 調査以外の調査からも次第にわかってきた。

たとえば図6は，1992年に実施した産業機器メーカーI社の全従業員調査のデータから作成した年齢別湯かげん図である。システム温，体温ともに偏差値表示になっているが，システム温と体温の平均は他の会社と比べても平均的な値であった。ぬるま湯比率が約6割というのも標準的な値である。ところが図6から一見してわかることは，年齢が上がるに従って不思議な動き方をしているということである。図4ではシステム温の高い会社は体温も高いという大雑把な関係が見られた。同じような傾向は図6でも，20代後半以降ではたしかに見られる。ところが，10代と20代前半になるとこの傾向は逆になり，両方とも熱湯の領域に入っているのである。

実は，I社の場合，10代・20代前半の離職率がかなり高い。I社では「I学校」と自ら呼んでいるくらい，最初の5年くらいは学歴に関係なく高卒であろうと高専卒であろうと大卒であろうと徹底的に仕込んでいる。5年も経つと一人前になるかなという感じがするそうだが，その間，その厳しさに耐えられない若者がどんどん抜けていく。新卒で同期入社した者は5年でほぼ

図6 産業機器メーカーIの全従業員（2,128人）の年齢別湯かげん図（1992年）

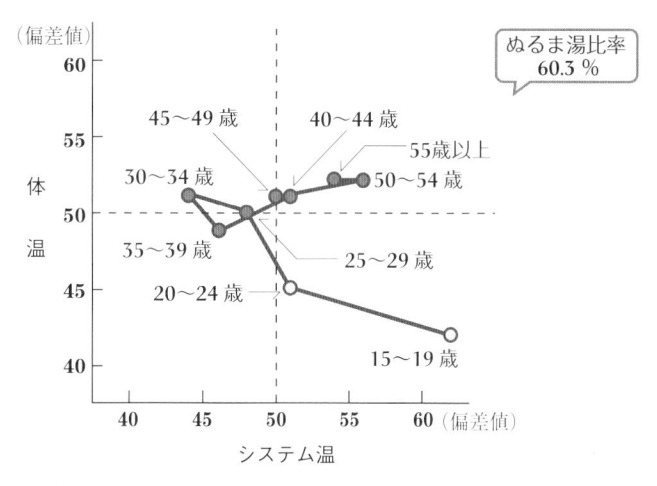

（出所）　高橋（1997b）167頁，図11．

半減するといわれる（入社後5年の推定年間離職率は12〜13％ということになる）。つまり，I社の熱湯領域では，その熱さに耐え切れなくなった10代・20代前半の人が辞めていたのである。そして，高システム温に耐えられない低体温の人が脱落していくことで，体温の平均が上昇していくという現象が見られたことになる。

　人は熱湯には耐えられないという調査データがもう一つある。それは1992年に実施した金融機関Pの全27営業店従業員の調査である。図7に示すように，P社はぬるま湯比率が48.0％しかなく，しかも，このP社の体温の平均は他の会社とほとんど変わらない水準にある。体温が高いわけでもないのに，システム温だけが高いために，分布全体が中心から右にずれた形になっており，体感温度が上がってしまっていた。従業員の「熱い」「早く出たい」という悲鳴が聞こえてきそうな散布図である。それを裏づけるように，「現在の職務に満足感を感じる」と答えた人は33.3％しかおらず，「チャンスがあれば転職または独立したいと思う」人が78.6％もいたのである。

　実際，この結果を見せてP社の人事部でインタビューしたところ，驚くべきことがわかった。このP社は本店も入れると1000人弱くらいの人が働

図7　金融機関Pの全27営業店従業員（402人）の営業店別湯かげん図（1992年）

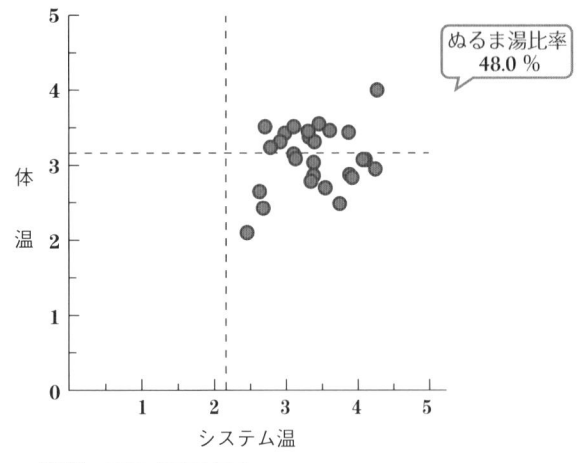

ぬるま湯比率 48.0％

（出所）　高橋（2003）図8。

いているが，毎年100人以上も新規に採用しているのに，この10年間ほとんど人数が変わっていないというのである。つまり，ほぼ同じ数だけ辞めてしまうのである。調査をした1992年当時はバブルの終わり頃で，P社に限らず，まだどの会社も活気に溢れ，いくらでも仕事が舞い込んでくるような状況だった。P社も猛烈に忙しく，そんな中，会社を辞めていく連中はだめなヤツで，新陳代謝が速いことは良いことだと思われていた。ところが最近，こいつはこの会社を背負っていくのではないかと思っていたような中堅どころが辞めていくようになったので，さすがに経営者側も不安になり，調査してもらうことになったという。実際，当時，飛ぶ鳥を落とす勢いだったP社も，人材流失が止まらず，2000年には経営破綻している。

ゆでガエル現象

これまで「湯かげん図」の中のぬるま湯領域と熱湯領域について説明してきた。それではその両者に挟まれた領域はどうなっているのだろうか。「適温」と言ってしまっていいのだろうか。たとえば，図8の「湯かげん図」の右上隅の点は，体温もシステム温も5であることを意味している。システ

図8 体感温度仮説と「ゆでガエル現象」

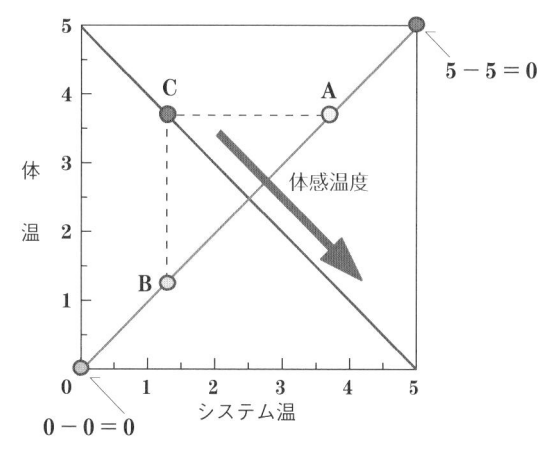

(出所) 高橋 (2001a) 図8。

温5から体温5を引いて体感温度は0ということになる。ところが左下隅の原点のところもシステム温0，体温0であるから引き算をするとやはり体感温度0になる。実は，図8の中で左下隅と右上隅を結んだ45度の傾きをもった直線上の点は全部体感温度0となっているのである。もし体感温度仮説が正しければ，この直線上にのった人はみな適温と感じていることになる。しかし，右上隅はたしかにシステム温も体温も高くて，システムも人も変化性向が大きく，システム・人が一体となって変化することを指向した組織であるのに対して，左下隅は組織のシステムも人も変化性向が小さく，組織のシステムが現状に甘んじることを肯定しているだけではなく，そのメンバーも現状に甘んじることが体に染み着いているために，そうしたシステムの状況に気がついていないという危険な状態にあると考えられる。

このことは，組織や職場の状態を，その中にいるメンバーの「感じ」だけで判断してしまうことの危険性を示唆しているわけだが，さらに想像をたくましくすることもできる。たとえて言えば，適温だ，いい湯だと思って風呂に長々と浸かっていると，湯の温度（システム温）は自然に下がっていってしまう。ところが，本人の体温もそれにつれて低下していると，そのことに気づかず，いつしか平気で水風呂の中につかり，そのうち風邪をひいてしま

うということが十分に考えられるのである。それで誤解を避けるために，図4では右上の領域は「適温」としているが，左下の領域は「水風呂」としているのである。すでに触れたように，これと類似のことが「ゆでガエル現象」として指摘されている。ゆでガエル現象はもともとがカエルが主役の古典的な生理学的反応実験のアナロジーなので，水風呂のケースとは温度の高低の設定は逆になっているが，同じ現象である。

ぬるま湯感は体質の問題ではない

さらに「湯かげん図」から，体感温度仮説が正しければ，「ぬるま湯」と感じることは必ずしも悪いことではないこともわかる。先ほどの図8で左下隅と右上隅を結んだ45度の傾きの体感温度0の直線上に点Aと点Bがある。どちらも「適温」と感じているはずである。それに対して「ぬるま湯」領域に点Cがあり，体感温度がマイナスになっているこの点では「ぬるま湯」と感じているはずである。点Aは点Cと比べると，体温は同じだがシステム温が高いので，点Aの方がより望ましい状態であるといっていい。しかし同じ体感温度0の点でも点Bと比べれば，点Cの方がシステム温は同じでも，体温がより高いので望ましいのではないだろうか。点Cでは人の側で現状を打破したいという意欲が高いがために「ぬるま湯」と感じているわけだから，同じシステム温でも低体温ゆえに何も感じない点Bに比べればずっとましだということになる。

それでは，「ぬるま湯」には，どうして悪い印象があるのだろうか。それは，成長性が高い会社はぬるま湯感が低く，逆に，成長性が低くなるとぬるま湯感が高くなるという関係があるためである。実際，成長期の会社4社・安定期の会社4社・低迷期の会社2社を調べてみたときには明らかにその傾向が見られた。成長期の会社はぬるま湯比率が低く，低迷期の会社はぬるま湯比率が高かったのである（高橋，1990）。

そのことを別の角度から示しているのが図9である。この図では，棒グラフがぬるま湯比率，折れ線グラフは体感温度を表している。ただし，体感温度の軸は上下が逆にしてあって，上にいくほど体感温度が低くなるようにしている。一目で見てわかるように，体感温度の上下とぬるま湯比率の上下は大体リンクしている。これを見ると1992年，1995年，2000年のぬるま湯

図9 ぬるま湯比率の推移と体感温度（JPC1990～2000調査）

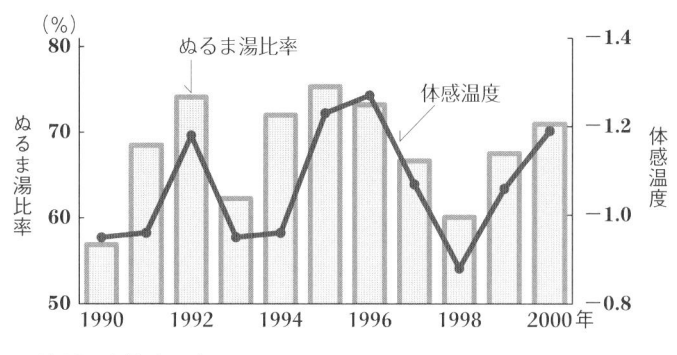

(出所) 高橋（2003）図10。

比率が高いことは一目瞭然である。1992年はいわゆるバブル崩壊の年で、ぬるま湯比率は74.1％にまで達する。ちなみに、当時「バブル」という言葉はあったものの、バブルが崩壊するということは学者も評論家もいっていなかった。事後的、回顧的に1992年頃にバブルが崩壊したと判断しているだけである。1995年は消費税が上がって景気が失速し、デフレになってがたがたと崩れたときである。このときも75.3％まで、ぬるま湯比率は上昇している。そして2000年にはITバブルがはじけて、71.0％までぬるま湯比率が上昇するが、このときも、まだそのような雰囲気は漂っていなかったし、誰も景気が後退局面に入るという趣旨の発言をしていなかった。証拠となる記録もある（高橋、2003; Takahashi, 2013c）。

では、どうしてぬるま湯比率は景気の先行指標的に反応するのだろうか。これは、たとえていえば、われわれが車を運転しているとき、アクセルを踏むと加速がつくので体が後ろにもっていかれるが、逆に、ブレーキを踏むと体が前のめりになるという現象と似た現象なのである。このとき人間の体は、そのまま等速直線運動しようとしているので、急に加速したり急に減速したりすると、慣性の法則に従って体が後ろにもっていかれたり、前につんのめったりする。実は、システム温が変化しても、体温は安定しており、あまり変化しないことがわかっている。だから、ブレーキを踏んだときの感覚、体が急に前のめりになる感じのときは、ぬるま湯と感じるのである。

変化性向という言い方はその点言い得て妙である。実際，ブレーキを踏むと，会社は本当に変化しなくなってしまうからである。たとえば人事異動が減る。転勤が減る。新しい仕事が減る。昇進もしなくなる。新人も入ってこなくなる。組織編成も変わらないし，要するに身の回りの世界に変化がなくなる。こうなるとシステムの変化性向であるシステム温は下がる。バブル景気のときと比較してみれば雲泥の差である。あの頃は，とにかく忙しかった。毎日のように新しい仕事が飛び込んできて，組織替えや人事異動も年中行事。どこに行ってもホテルはビジネス客で満室というくらい皆出張ばかりしていた。新しい部署がどんどんできて，新人もどんどん入ってくる。それでも足りなくて中途採用も頻繁に行われていた。つまり，ぬるま湯感が上がるのは，その企業がブレーキを踏んでいるときであり，多くの大企業がブレーキを踏んでいると，やがて国全体の景気が後退していくのである。

より正確に言えば，会社がブレーキを踏んで，成長率を落としているときに，ぬるま湯だと感じることになる。だから，「じり貧」の会社で，社員がぬるま湯感を感じるのは道理なわけだが，それは「体質」の問題ではない。ぬるま湯感は経営側のアクセル／ブレーキの踏み具合の問題なのである。「体質」的には，むしろ社員の体温が高く維持されたままだから「ぬるま湯」と感じているわけで，ぬるま湯だと感じている高体温の社員が多いうちに，経営側はブレーキをアクセルに踏み替えなくてはタイミングを失うことになる。低体温の社員ばかりになってしまった後でアクセルをいっぱいに踏み込めば，社員の大量離職で出血が止まらない事態に陥るだろう。アクセルもブレーキも踏みっ放しでは，やがて組織が滅亡する。第6章でも触れるが，日本の会社でも，従業員は設定された標準に基づいて働いており，そうした標準の「維持」と，標準自体を向上させる「現状打破」という二つの要素から仕事が成り立っていると考えられている（今井，1991, 48-50頁）。つまり，考えようによっては，会社は景気変動という外圧を利用して，全社的な「維持」と「現状打破」を繰り返すことで，「じり貧」に陥ることを回避してきたのかもしれない。

第4章

意思決定の理由

　意思決定は，経営学，とくに組織論においては重要な概念・分析単位である。もともとはゲーム理論や統計的決定理論の強い影響を受けて組織論に導入されたが，組織現象として研究されてきた組織の中の意思決定の姿は，ゲーム理論や統計的決定理論の枠組みを飛び超え，実に面白い。

近代組織論的組織観

ゲーム理論の影響

　もともと軍事用語であった戦略（strategy）をゲームの各プレイヤーのとる手を意味する学術用語として使用したのは，ゲーム理論を体系化したフォン・ノイマン（John von Neumann; 1903-1957）とモルゲンシュテルン（Oskar Morgenstern; 1902-1977）の有名な『ゲームの理論と経済行動』（von Neumann & Morgenstern, 1944）である。将棋，チェス，トランプなどのさまざまなゲームだけではなく，戦争であろうと政治やビジネスであろうと，ゲーム理論は争いごとの存在するゲーム的状況に対する統一的な分析枠組みを提供している。以来，ゲーム理論は，第二次世界大戦後に続々と誕生する社会科学のさまざまな研究領域に，アイデアや概念体系の点で多大の影響を与えてきた。1950年代後半から，戦略という用語が経営学の分野で本格的に使われるようになったのもゲーム理論の影響だといわれる（Ansoff, 1965, p.94, 邦訳128頁；p.105, 邦訳147頁）。

　そしてゲーム理論からは統計的決定理論が派生して誕生する。統計的決定

理論（Wald, 1950）では,「統計家（statistician）」対「自然（nature）」のゼロ和2人ゲーム（zero-sum two-person game）として個人の決定問題を定式化する。統計家は意思決定者, 自然は環境と読み替えてもいい。近代組織論（とくにサイモン以降）もその生成過程において, ゲーム理論の強い影響を受けていたことは学説史的な事実である。こうして, ゲーム理論的アイデア, あるいは統計的決定理論的なアイデアが, 近代組織論の生成に大きな影響を与えた流れを全体として理解しておいてもらうために, まずは, 誰もが知っている簡単なゲーム, ジャンケンを素材にして簡単に説明しておこう（高橋, 1994）。

ジャンケンのゲーム理論

2人で行う最も基本的な1回限りのジャンケンでは, 2人の対戦相手（これを「プレイヤー〔player〕」と呼ぶ）が ｜グー, チョキ, パー｜ という3種類の手（これを「戦略〔strategy〕」と呼ぶ）の中から一つの手を選択し, その選択の結果を文字どおり「手」で表現して提示するという動作から成り立っている。そして, 手の組み合わせによって2人のプレイヤーの勝敗（これをゲーム理論では「利得〔payoff〕」で表現する）がどう定まるのかが事前に取り決められている。これがゲームのルール（rule）である。

いまA君, B君の2人がジャンケンする場面を想定してみる。2人の出す手はもちろん ｜グー, チョキ, パー｜ のうちのどれか一つで, 2人の出す手の組み合わせによって勝負がつくことは御存知のとおりである。A君の星取り表を作ってみれば, 表1（A）のようになる。一方, B君の星取り表は, ちょうどこれと裏返しになり, 表1（B）のようになる。

ところで, A君, B君の2人はただジャンケンしていてもつまらないというので, ジャンケンで勝った方が, 負けた方から100円もらえることにした。すると, もう星取り表は単なる勝敗ではなく, 表2のような金額を書き込んだ利得表になる。A君の利得表は表2（A）のようになり, B君の利得表はちょうどこれと裏返しの表2（B）のようになる。当然のことながらA君とB君の利得の合計（つまり和）は0になる（だからゼロ和ゲームという）。

もし仮にB君が, 純粋に「パーだけを出す」という戦略（これを純戦略〔pure strategy〕と呼ぶ）を立てたとしよう。これに対してA君はチョキを出す戦略で勝つことができる。B君の出す手がグーでもチョキでも同じこと,

表1　ジャンケンの星取り表

(A)　A君の星取り表

A君の手	B君の手		
	グー	チョキ	パー
グー	△	○	●
チョキ	●	△	○
パー	○	●	△

(B)　B君の星取り表

A君の手	B君の手		
	グー	チョキ	パー
グー	△	●	○
チョキ	○	△	●
パー	●	○	△

○勝ち　●負け　△あいこ（引き分け）

(出所)　高橋（1994）表1。

表2　利　得　表

(A)　A君の利得表

A君の手	B君の手		
	グー	チョキ	パー
グー	0	100	−100
チョキ	−100	0	100
パー	100	−100	0

(B)　B君の利得表

A君の手	B君の手		
	グー	チョキ	パー
グー	0	−100	100
チョキ	100	0	−100
パー	−100	100	0

(出所)　高橋（1994）表2。

純戦略である限り，A君にはそれに対抗する戦略が立てられる。一体B君はどうしたら良いのだろうか。

それでは，パーだけを出すというのではなく，10回に1回はグーを出す戦略に変更しようか。しかし，それでもA君のチョキを出す戦略に対して，B君は1勝9敗ペースの大敗を喫することになる。つまり，B君がグー，チョキ，パーのどれか一つの手にこだわりをもち続ける限り，A君はB君に勝ち越すことができるのである。そこで考えつくのが，B君はグーもチョキもパーも同じ比率つまり1/3ずつ混ぜ合わせて出していくという戦略である

（これを混合戦略〔mixed strategy〕と呼ぶ）。こうなってしまうと，A君もB君となんとか勝敗を分けるために，やはりグーもチョキもパーも同じ比率1/3ずつで出していくしかない。

もちろん自分の出す手を相手に教えてからジャンケンをすることはないのだが，ここまでくると，たとえ互いに相手の混合比率を知っていたとしても，A君B君ともこの混合比率を変えることはないだろう。つまりこの状態でゲームは均衡しているのである。実は，この均衡は単なる戦略のレベルの均衡にとどまらず，その戦略を決める意思決定原理のレベルでも「均衡」することになるのだが，こうしたことを厳密に議論するためにゲーム理論が登場することになる。

こうなってしまうと，A君もB君も，自分の壺の中にグー，チョキ，パーの印のついている玉をそれぞれ同数入れておいて，審判役の人がA君の壺とB君の壺からそれぞれ1個ずつ玉を取り出して，勝敗を判定しても同じことになる。つまり，くじを引くのと同じである。このように結果として得られる利得が確率を伴っている場合，利得はどのように評価すべきなのだろうか。たとえば，均衡しているときは，A君もB君もどちらが有利ということはなかった。ということはA君もB君も損得なしということになっているはずだ。そうでなければ，ジャンケンはこれほど広くは普及しなかったであろう。しかし，そのことをどうやって確かめるのだろうか。実際このことは，厳密には，くじの期待効用として期待効用理論の中で研究される。

ゲーム理論から統計的決定理論へ

ところで，仮にB君が「パーだけを出す」と確固たる信念を持って行動するとして，A君はどうやってそれを知ることになるのだろう。実際には，B君がパーをよく出すということはA君も知っていることが多い。つまり，このときA君は，B君の混合戦略の混合比率が1/3ずつではなく，パーにやや重きを置いたもの，たとえば確率分布（1/4, 1/4, 1/2）であることを知っていることになる。こうした確率が存在することは主観確率の理論で取り扱われる。

しかし，これだけでは心許ないときには，A君はB君についての情報収集を行う。一番いいのは，実際に勝負に入る前に何回か試しジャンケン（こ

れを試行または実験という）をしてみて，B君の手の出し方の頻度を見るのである。これは統計学でデータを取ること，あるいはサンプリングすることと同じである。ただし，統計的状況では，試しジャンケンによってB君の出す手がA君の出す手に影響されてしまっては困る。そこで，B君は泰然として「統計家」A君のスパイ行為を黙認する懐の深い「自然」だと考えるのである。こうして，統計的状況は，統計家対自然というゼロ和2人ゲームとして定式化され，図1の（B）のようになる。ここに統計的決定理論が誕生する。その際のデータの利用に際してはベイズの定理が活躍することになるので，その流れの統計学は，ベイズ統計学（Bayesian statistics）とも呼ばれる。

近代組織論へ

もっとも，本当にB君のことを知ろうと思ったら，A君は四六時中B君を徹底的にマークし，ジャンケンをしつこくせまり，記録を丹念に取り，詳細に分析し……などという行動をとらねばならない。しかしこれでは，A君は体がいくつあっても足りなくなる。多分それは不可能であろう。あるいは物理的には可能であっても，たかが100円賭けのジャンケンのためにでは，経済的には割に合わないことは目に見えている。A君が全知全能の人ならば心配はないが，人間の合理性には自ずと限界があるのである。

ところがA君は，B君のごく親しい友人のC君から耳よりな情報を入手した。B君はかつてC君に「僕はパーしか出さないことに決めているんだ」と話していたというのである。そこでC君は自分がB君とジャンケンをするわけにはいかないので，A君にこの情報を提供し，もうけた分は2人で山分けにしようと持ちかけたわけである。いわばB君についての権威であるC君からの情報なので，A君はそれを受け入れ（つまり権威あるものとして信用し），この情報を前提として，意思決定を行うことにしたのであった。つまり，「チョキを出す」ことにしたのである（ただし，実際の経済活動では，こうした取引はインサイダー取引と呼ばれ，禁じ手にされている）。そして図1の（C）のように，A君（というよりA君とC君の組織）はB君に対して確実に勝利することになったのである。たった2人の連携プレーとはいえ，これは組織の勝利であった。限定された合理性しかもたない人間が，組織的な意思決定過程の中でそれをある程度克服したささやかな事例である。ここに近代組織論

図1 ゲームから組織へ

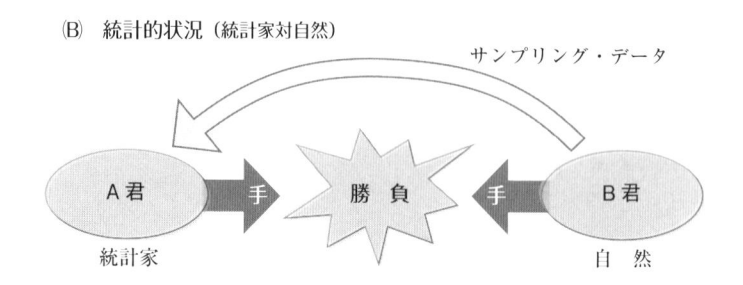

(A) 2人ゲーム

A君 →手→ 勝負 ←手← B君

(B) 統計的状況（統計家対自然）

サンプリング・データ

A君 →手→ 勝負 ←手← B君
統計家　　　　　　　　　自然

(C) 組織的状況（組織対環境）

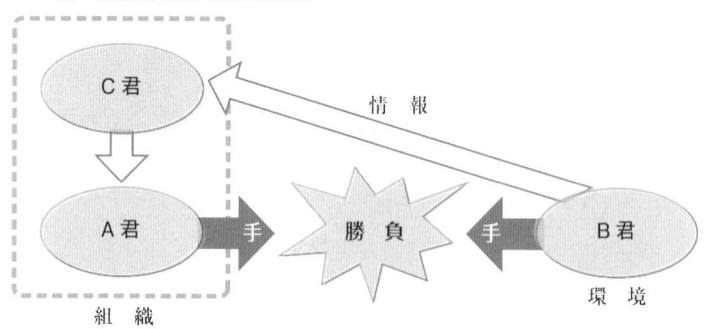

C君
↓
A君 →手→ 勝負 ←手← B君
　　　　　　　　　　　　　情報
組織　　　　　　　　　　　環境

(出所) 髙橋（1994）図1を加工したもの。

が誕生することになる。

組織の中の意思決定

　近代組織論の代表的な論者で，1978年にノーベル経済学賞を受賞したサイモン（Herbert A. Simon; 1916-2001）は，その代表作『経営行動』の「第2

版への序文」の中で，次のような秀逸な「架空の会話」を提示している（ただし残念ながら，1997年に第4版に改訂された際に削除されてしまった）。

> **販売部長，生産計画部長，工場長，製品デザイン担当技師の間の架空の会話**
> ① 販売部長は，顧客が低価格，短い納期，製品の品質を希望していることを代弁し，
> ② 生産計画部長は，販売の予測可能性を望み，
> ③ 工場長は，もっと長いリードタイム（時間的余裕）を望み，あまり顧客に無謀な約束をしないことを希望し，
> ④ 製品デザイン技師は，デザイン改良に対して工場側の融通がきかないことに不平を言う。
> （Simon, 1957, pp.xvii-xviii, 邦訳13-14頁）

世事に疎いことで有名なサイモンだったが，サイモンが経営者に対して，この架空の会話を聞かせると，彼らはサイモンが自分の会社のことをよく知った上で話しているのではないかと疑ったという。つまり，どこの会社でも，こうした会話が交わされていたのである。しかし，そうだとするとこれまた不思議な話である。なぜなら，さまざまなパーソナリティーを持った人が，さまざまな組織の中で，たとえば販売部長なら販売部長のポストにつくにもかかわらず，いざ販売部長になってしまうと，みんなが揃いも揃って同じような「販売部長」行動をとるようになるということだからである。

この面白い現象が生じる理由についての一つの推測は，販売部長は「販売部長」という役あるいは役割を与えられて，演じているのではないかというものである。しかし，通常の演劇などとは異なり，もともと台本で「販売部長」に①のようなせりふが与えられ，それを覚えて話しているわけではない。あえて言えば，状況設定だけが行われていて，そこで「販売部長」の役割を演じていると言うべきだろう。実際サイモンも，この「架空の会話」の登場人物について，「彼が受け取るコミュニケーションの量と強さに比例して，特定の問題に敏感になる」（Simon, 1957, pp.xvii-xviii, 邦訳「第2版への序文」13-14頁）と仮定しただけで，こうした会話が予想できるとしている。

そのことを図示すると図2のようになる。ここで意思決定者が受け取るコ

図2 意思決定前提と意思決定

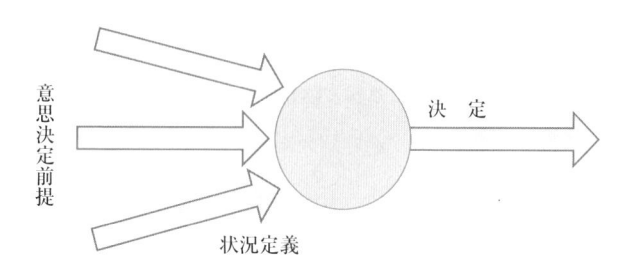

意思決定前提

決定

状況定義

ミュニケーションの内容は「意思決定前提」と呼ばれる（Simon, 1957, pp.xxx-xxxi, 邦訳「第2版への序文」28頁）。意思決定前提を意味する premise は（推理の）前提を意味しているが，複数形 premises になると建物，構内を意味するようになる。それと同様に，この意思決定前提によって意思決定者が置かれたモデル「状況定義」が形成される。このように，近代組織論では，(1)選択は常に，現実状況の限定的で近似的で単純化された「モデル」である選択者の「状況定義」について行われ，(2)状況定義の諸要素は「所与」ではなく，それ自体が心理学的・社会学的過程の結果であり，その過程には選択者自身の活動とその環境内の他者の活動が含まれると考えられている（March & Simon, 1993, p.160, 邦訳177頁）。

つまり，たとえば販売部長が直面している状況，問題は，販売部長特有の類似した組織的プロセスを経て形成されるので，どこの会社でも「①販売部長は，顧客が低価格，短い納期，製品の品質を希望していることを代弁」することになるのである。さまざまな組織の中で，さまざまなパーソナリティーを持った人が販売部長のポストについていながら，直面している問題が似ているために，そこから導き出される行動もまた似てくることが予想されるというわけだ。販売部長としての「せりふ」は与えられていないが，販売部長としての「状況」「問題」は与えられているので，どこの会社でも同じような会話が交わされることになる。つまり，組織がそうさせているのである。

サイモンは「決定」と「選択」は同義語だと明言している（Simon, 1997, p.3, 邦訳4頁）。つまり，さきほどの「架空の会話」の例でいえば，販売部長のせりふは「台本」で決まっているわけではないが，考えうる数多くのせり

ふの中から一つを選択して，それを販売部長が実演してみせていると考えるのである。このように，「数多くの代替案が実際に実演される一つへとしぼられる」過程を「選択」(choice) とか「決定」(decision) と呼ぶ。それがサイモンの考える意思決定だった。

すでにお気づきのように，サイモンは，「意思決定」＝「問題解決」であると考えている。つまり，意思決定とは「問題を解く」ことだというのである。「問題解決」という用語自体は，サイモンがこうした議論を展開した『経営行動』では活躍しなかったが，後にサイモンが気に入って多用する用語となった。

ただし，ここで想定されている「問題」とは，一番基本的で簡単な「問題」，すなわち複数の選択肢の中から正解（あるいは，一番もっともらしい選択肢）を一つ選ぶ「択一式問題」に限られている。複数選択問題でもなく，論述問題でもない。もとより「択一式問題の解決」を「問題解決」だと考えることは，あまりにも単純化のし過ぎではあるが，これは，『経営行動』が執筆された当時，ゲーム理論が登場し，サイモンがゲーム理論から強い影響を受けたことに起因している（詳しくは，Takahashi（2015b）を参照のこと）。

組織の合理性

> 人生は，勢いでしか決められない「重大な意思決定」と
> 熟慮に基づいた「つまらない意思決定」とで彩られている。
>
> （高橋，2010a，12 頁）

組織内の意思決定をこのように大きく二つに分けて考えておくと，組織の機能を理解しやすくなる（高橋，2010a）。

組織の機能①：解答可能な問題にブレークダウン

大学の科目「意思決定論」で試験問題を作るとすれば，どの選択肢を選んだら効用が一番大きくなるかとか，コストやリスクが一番小さくなるかとか，そんなことを計算させる試験問題になるのが一般的であろう。たとえて言え

ば，インターネット・ショッピングで100円でも10円でも少しでも安く売っているサイトを一生懸命探しなさい……といった，与えられた選択肢それぞれの効用やコストやリスクを勘案，計算して，その中から最善のものを選ぶような問題である。実際，「意思決定論」の教科書には，そういった類の例題，問題しか出てこない。

　もっと大きな，いわゆる一大決心を要する人生の大問題みたいなもの——たとえば，どこの会社に就職したらいいかとか，今付き合っている彼氏・彼女と結婚すべきかどうかとか——に対して，答えを出しなさいと出題されることは，まずない。「意思決定論」では，もっと些細な問題が「解きなさい」と出題されるのである。たしかに，熟慮を要する問題には違いないが，内容的には，実につまらない意思決定問題である。そもそも，出題者側からすると，60分とか1時間半とか，試験時間内に解ける問題を作らなければいけない。そして，当たり前のことだが，勉強した学生なら誰でも解けるレベルの，しかも正解が1個しかない問題を作る必要がある。

　逆に言えば，出題者がその程度の問題を作ってくれたから，受験者も時間内に合理的に解けるのだが，実は，企業や組織でも，その出題者と同じことを自分よりも知識も経験も豊富な上司が（上手下手はあっても）やってくれているはずなのである。実際，本来は，組織とか会社の抱えている問題自体はすごく大きいはずであり，とても一人の人間では解けないような大問題を抱えていると想像される。しかし，その大きな問題も，組織の中で下っ端になればなるほど，より小さな問題へとブレークダウンされていき，末端の担当者まで行くと，目の前にある問題は比較的簡単で，多分，誰がやっても努力さえすれば，同じ答え（つまり正解）を出せる程度の問題になる。このようにお膳立てをしてくれるのが組織の機能というわけである。それゆえに近代組織論では，それを可能にするために，組織を形成するのだという議論が展開されるのである（詳しくは高橋（1993b））。

　この組織の機能がうまく発揮されていさえすれば，解決可能な小さな決定問題は組織が用意してくれることになる。そこまでブレークダウンされたちっぽけな決定問題だったら，まるで試験問題を解くときみたいに，合理的に一つの正解を求めることができる。もし時間内に解けなかったら，「問題が悪い」と出題者たる上司に，不平不満をいう人が出てくるほどだから。こう

して，歯車みたいに働いていればいいというのは，ある意味，組織がきちんと機能している証拠なのである．にもかかわらず，誰が解答しても同じ答えしか出てこないような問題の解決は，ある意味「ルーチン・ワーク」なので，そればかりやらされていると，不遜にも己の小ささと組織のありがたみを忘れ，自分は「組織の歯車」にすぎないのかと不平不満を言う人が現れる．中には両方の不満を同時に口にしている人までいて，人間とは面倒くさい生き物である．

組織の機能②：集団で勢いをつける

それでは，人生の一大事，たとえば就職するとか結婚するとか，あるいは社会人であれば，数千万円の借金をしてマンションを買うとか，こうした一大決心を要するような大問題についてはどうだろう．私が知る限り，こうした「重大な意思決定」は，ほとんど「勢い」で決めているとしか言いようがない．だから，人によっては，それを「運命」とも呼ぶのだろう．

似たように，組織階層の上の方では，決定問題も大きくなり，「つまらない意思決定」などとは言ってはいられないレベルになる．そんな，とても一人では抱えきれないような「重大な意思決定」に直面してしまった人のために，組織にはもう一つ別の機能がある．それが「勢いをつける」という機能である．この機能は，大きな問題を小さな問題に分解するのではなく，逆に，人間の方が集団を形成することで「勢いをつける」という機能である．

もっとも，これは「赤信号，みんなで渡れば怖くない」みたいな現象を引き起こすので，一般に「集団思考」(groupthink) ＝集団浅慮，などと批判されることが多く (Janis, 1972; 1982)，必ずしも良い「機能」ではないのかもしれない．しかも，この種の集団心理はかなり不安定で，いつもリスキーに（つまり「勢いをつける」方向に）ばかりシフトするわけでもなく，時には逆に慎重にシフトすることまであると言われている (長瀬，1999)．とはいえ，そうした「勢いをつける」機能が組織になければ，人一人ではそもそも決められないような決定問題が確実に存在するのである．現実には，「決められない」経営者は，いつの世にも存在し，そんな経営者の下で働くことほど，働きにくいことはない．

そして注目すべきは，現実には勢いでしか決められないようなこうした

「重大な意思決定」を，「非合理的」で片付けてしまわないで，事後的であれ何であれ，なんとか合理的に説明できないかと，研究者が努力をしてきたという事実である。2002年にノーベル経済学賞を受賞したカーネマン（Daniel Kahneman; 1934-）とトベルスキー（Amos Tversky; 1937-1996）らの研究も，従来の経済学理論では説明できない現実の人間の経済行動を，なんとか理屈をつけて説明ができないかと試みたものだった。そうした研究者たちの蓄積の中から見えてくる「組織の合理性」の本当の意味をこれから考えていくことにしよう。

決定のプロセスが大切

実は，熟慮に基づいた「つまらない意思決定」であっても，組織がからんでくると，そう単純には済まなくなってくる。たとえば，アルバイト学生から見えた次のようなお話である。

> 私のバイト先での話です。私自身はバイトなので，書類のコピーや整理，パソコンでのデータ整理をしているだけで，あまり意思決定らしきものにはかかわったことはないのですが，実は，1カ月くらい前に，データを整理してグラフを作っておいてと頼まれて，一生懸命データを整理していたことがありました。でもそのデータ，何のデータなのか分かんないんですよ。何かの売り上げのようでもあり，でもパーセントが出てきたり，何かと何かを比較しているのですが，それも分からない。不思議に思って，「グラフのタイトルは何にしますか？ これって一体何のデータなんですか？」って聞いたら，「君がそんなこと知る必要はない！」と怒られて，まあ確かに，私はバイトだし……。そしたら，それは，仕入先を変えたら，こんなにコストダウンできますよってことを示すためのデータだったらしいんですよ。でも，結局，そのお話は，土壇場でひっくり返されてダメになったとか。なんでも，あんまり秘密裏に話を進め過ぎたせいで，社内の会議で説明したら，ある部長さんが「俺はそんな話聞いてない」と怒ってしまって，もう最悪の雰囲気だったそうですよ。その人，あの勢いはどこへやらで「俺，もうしばらく立ち直れないよ」って，すっかりしょげてて，なんだかすごーくかわいそうで

した。

(高橋, 2010a, 18-19頁)

　これが現実の組織の中の意思決定プロセスなのである。現実の意思決定では，ただ「最適な選択肢を選ぶ」ことだけを考えたような幼稚な意思決定は少ない。ふつうは，決めた後のことまで考えて，意思決定プロセスを進めるのである。とくに組織の中の意思決定であればなおさらである。決定後，スムーズに実行するためには，決定内容自体よりは，みんなの合意・賛同・納得を得られるような決め方の方が重要になる。最適な選択肢であることで，みんなの合意・賛同・納得を得やすくなる可能性はあっても，最適性は必須条件ではない。

たとえば稟議制度

　実際，経営学の世界でも，日本企業でよく見られる「稟議制度」について，歴史的に同様の発見があった。稟議制度とは，一般に，組織階層下部で起草された「稟議書」を関係者の間でハンコを押しながら承認・回覧していき，最終的に組織階層上部の決定権者に提出する制度である。押されるハンコの数は一様ではなく，会社によっては，重要案件であれば50個くらいハンコが押されるケースもある。その間，下から上がってきた稟議書を上司が一部修正したり，差し戻したりしながら，多くの人の目を通してチェックしているので，どうしても時間がかかってしまう。

　1960年代の日本の経営学界では，1950～60年代の日本経済の高度成長を目の当たりにしてもなお，「日本的経営」＝「欧米に比べて遅れている」という固定観念が支配的だった。当時の多くの日本企業では，稟議書の立案者と決裁者・承認者を明らかにした稟議規定が，職位の権限に関する唯一の規定で，職能分化は不十分で，スタッフも未発達だった。そのため，欧米企業がお手本の「先進的」な日本の経営学者は，当然のごとく「稟議制度」を批判したのである。「日本的経営」をタイトルに入れた日本で最初の書物といわれる『日本的経営と稟議制度』(小野, 1960)では，稟議制度を「業務の執行にあたって広く上長または上部機関の決裁または承認を受けることを定めている場合」(小野, 1960, 28頁)と広くとらえることで，日本の企業経営を「稟

議的経営」とまで呼び，批判した。

　当時，欧米化こそ近代化と考える多くの経営学者は，日本企業が近代化すると，稟議制度はやがて発展解消し，廃止される運命にあると考えていた。たとえば，ハーバード・ビジネス・スクールの吉野洋太郎は，日本の驚異的な経済成長を非常な成功とするものの，しかし日本の社会に基本的変化が生じつつあるために，稟議制度を含めた日本の伝統的な経営慣行には当時すでにいくつかの変化が生じ，さらに次の10年間には日本の経営慣行の中に大きな革新が生ずるであろうとしていた（Yoshino, 1968）。

　ところが実際には，半世紀経った21世紀でも，日本企業の稟議制度は健在である。それどころか，いまや稟議書を電子化した企業まで現れ，稟議書がコンピュータ時代にも生き残ることは確実な情勢になっている。経営学の世界でも，1970年代になると風向きが変わる。日本的経営のブームが始まり，欧米の経営学者が，日本企業の経営スタイルにも積極的に評価すべきところがあると絶賛し始めたからである。有名なのはドラッカー（Peter Ferdinand Drucker; 1909-2005）で，稟議制度についても，日本企業ではコンセンサス（合意）に基づく決定が行われ，決定までには時間がかかるかもしれないが，決まってしまえば，すでに合意が成立しているので実行は速いと，この制度を肯定的に評価したのである。米国流の意思決定に比べると，たしかに日本企業では決定までには時間がかかる。しかし，いったん決定されてしまうと，すでに決定までの過程で合意が取れているので，その分，日本企業では組織としての実行がスムーズで速くなる。ドラッカーは，それを優れているとほめたのである（Drucker, 1971）。

　まさに，このドラッカーの視点こそが，組織の中の意思決定プロセスを評価する際には重要なのである。意思決定論や経営戦略論では，個々の意思決定の合理性や最適性を問題にしがちだが，本来，組織の中で求められている優れた意思決定プロセスがそのようなものではないことは明らかである。なぜなら，これは個人の問題ではなく，組織の問題だからである。しかも意思決定は速ければいいというものでもない。実際，ワンマン経営で有名な某社では，稟議書は存在するものの，ワンマン社長が最初にハンコを押してしまうので，稟議書が通常とは逆に上から下に回覧されていた。こうなると下の人間は黙ってハンコを押さざるをえないので，たしかに「稟議」は速いが，

誰も修正できず，誰も異議を唱えられず，意思決定の質はかなり低いものになる。個々の意思決定の合理性，最適性，迅速性を能天気に追求することは，むしろ，経営の現場では，優れた経営や優れた意思決定の妨げにしかならない。

能率の原則

能率の原則

組織の中で，熟慮に基づいた「つまらない意思決定」を担当している者は，おそらく，次のような感じで意思決定を行っているだろう。

> 管理の一つの基本的な原則は，「よい」管理の合理的性格からほとんど直ちに出てくるのであるが，それは，(A)同じ支出を伴ういくつかの代替案の中からは，管理目的に照らして最大の成果（accomplishment）を挙げる一つがつねに選択されるべきであること，また，(B)同じ成果をもたらすいくつかの代替案の中からは，支出が最小の一つが選択されるべきであること，である。
>
> （Simon, 1997, p.45, 邦訳 65 頁；(A)(B)は筆者）

30歳そこそこの若き日のサイモンは，これを「能率の原則」（principle of efficiency）と呼んだ（Simon, 1947, p.39）。その背景として，当時，米国経営学の世界には「管理の原則」（principles of administration）が横行していたことが挙げられる。管理の原則は，もともとは経営管理論の始祖ファヨール（Henri Fayol; 1841-1925）が唱えたものだが（Fayol, 1917），フランスでファヨールがチェック・ポイント的に使っていた原則は，米国に渡ると，文字どおりの原則に変質していた（高橋，1995, 第6章）。しかも，管理の原則は，それぞれに「正しい」選択を説いていたが，サイモンは，こうした多くの管理の原則が相互に矛盾すると指摘し，相互に矛盾する複数の「管理の原則」に代わって，一つの「能率の原則」を唱え，これによって「正しい」意思決定を定義しようとしたのである。

しかし，組織の中で，何が「正しい」意思決定なのかは，それほど単純明

快なことではない。なぜなら，組織は生きており，目的は日々変化して，目的・手段連鎖も錯綜しているのが常態だからである。錯綜，変化する目的に照らして成果を測定・評価すること自体が難しい。事実，サイモンの『経営行動』の初版 (1947) の第 9 章「能率の基準」(The criterion of efficiency) では，営利組織への適用は容易だからと横に置いておいて，非営利組織，とくに公的組織で成果 (results) を測定することの困難さを強調していた。しかしその 50 年後，第 4 版 (1997) になると，サイモンは「第 9 章のコメンタリー」を追加して，営利組織でも成果を測定することは困難だとして，その難点を列挙することになる。

「能率の原則」が引き起こす悲喜劇

実際，「能率の基準」を現場で適用し，コストだとか成果の客観評価だとかにこだわればこだわるほど，副作用と障害がすぐに発生する。たとえば，次のような光景は，21 世紀初頭，成果主義（詳しくは第 7 章を参照のこと）を導入した日本企業ではどこでも日常的に観察された出来事だった（高橋，2005a, 24 頁；2010a, 47-49 頁；2010b, 283-284 頁）。

① 毎年査定すると明言されれば，誰だって，1 年以内に「成果」の出せるような仕事ばかりをやるようになる。長期的視野に立った仕事やチャレンジングなテーマには誰も挑戦しなくなる。それどころか，年度初めの評価項目に書いていなかったような新しい仕事やビジネス・チャンスが年度途中に転がりこんできても，誰も挑戦しなくなってしまうのだ。

② 各人に目標を立てさせて，その達成度を見るなどと書けば，低めの目標を掲げるのが賢い人間というものであろう。高めの目標を掲げるのは馬鹿である。

③ 客観指標，たとえば成約件数を基準に挙げれば，それだけをピンポイントで狙って件数を稼ごうとして採算度外視で契約をとってくる愚か者が必ず出てくる。

④ 会社にとってクレーム処理は，それで会社の評判が決まってしまうほど重要な仕事だが，部署間の「三遊間ゴロ」的なクレームをもう誰も拾わなくなる。野球でいえば，見送れば「ヒット」と記録されるのに，わざわざ手を出して，自分の「エラー」として記録してもらう馬鹿はいな

⑤ いくら客観指標を使ったって，目標の設定に客観的根拠がなければ，その目標値を使った評価が客観評価であるわけがない。

こんなことをしていたら，会社が本当におかしくなる。たとえば②については，1〜2年であれば，現場では数字をいかようにでも作れるものである。売上を今年度に入れる，来年度回しにする，新規投資を控える，減価償却を抑える，アルバイトやパートの数を減らす，残業しても手当を出さない（＝サービス残業を強いる）。しかし，こんなことを何年も続けていたら，会社はだめになってしまう。しかも，数字を操作した人間は，危ないと思っているので，さっさと願いを出してどこかに異動してしまい，やがて，何をどう操作したのかもわからなくなる。

③については，たとえばバブル期の1989年当時，某生命保険会社は，高利回り商品を次々と繰り出し，業界内での保有契約高ランキングを競っていた。ただし，市場金利が低下すれば逆ざやが発生し，収益性で大きな問題が生じるリスクを無視してである。そして案の定，バブル経済は崩壊。低金利政策，株式市場の低迷，不動産向け融資の不良債権化等によって，運用利回りが下がり，バブル期に販売した高利回り商品の予定利率（生命保険の契約時に約束したもの）よりも運用利回りが下回る「逆ざや」となった。期間数十年の超長期金融商品を確定高利回りで販売するというのは狂気の沙汰であり，2000年に同社はあっけなく経営破綻した。このように，客観的成果指標のインパクトが強すぎるので，そこだけをピンポイントで狙った行動を必ず誘発する。

また⑤については，KPI（Key Performance Indicators; 重要業績評価指標）などの客観指標を使っていれば客観評価だと思っている人がいるが誤解である。そもそも，目標設定自体に客観的根拠がないのであれば，目標管理が客観的評価のわけがない。だから，20世紀初頭の科学的管理法では，その目標設定を「科学的に」行うことを提唱したのである（詳しくは本書第6章）。それでも失敗したわけで，成果主義は，科学的管理法以前の19世紀的なお粗末さの評価方式だったといえる。

「組織の合理性」は事後的な言い訳

事後的に見出す合理性

かくして,「能率の原則」を実際に生きた組織の中で意思決定に用いることには無理がある。サイモン自身が『経営行動』第4版 (1997)「第9章のコメンタリー」で列挙している難点を逆手に取れば,要するに,ごく短期の限りなく独立した決定問題にまでブレークダウンされていないと「能率の原則」は使えそうにない。では,一般に「能率の原則」は無意味なのか。実は,能率の原則には,本来の使い道がある。能率の原則は,意思決定の際に,事前に用いられるものではなく,(意思決定の)事後に用いられるものなのである。生きている組織を観察してみれば,生きている組織の中での「合理性」というものは,自らの行動を説明するのにもっともらしい歴史を事後的に作っては変える回顧的なものだということが見えてくる (Weick, 1979, p.5, 邦訳7頁)。

たとえば,小さい子供がいたずらをすると,よく親や先生からこう叱られるものである。

「どうしてこんなことしたの！」

すると子供の方では,

「○○ちゃんが最初にこうやったから,僕はこうするしかなかったんだ。」

要するに,他に選択肢はなかったと言い訳をするか,あるいは

「もし僕がこうしなかったら,きっと××××みたいになって,もっと大変なことになると思ったんだ。」

などと,たとえありそうもない空想の選択肢であっても,××××を考え出して,××××よりはまだマシな選択肢だったと主張しないと言い訳にはならない。それが「合理的」なのだと子供は理解しているのである。子供は合理性の本質的な部分を的確に見抜いているのだ。

だから,成長して大人になると,より周到に,より説得的に同じことをするようなる。たとえば,勢いでしか決められない重大な意思決定の一つ,就職を考えてみよう (高橋, 2010a, 55頁)。とくに,一人の学生が何社かから内定をもらって,その内から1社に決めなくてはならないようなケースである。

筆者も長年，大学生の就職活動を身近で見ているが，これが意外と，会社訪問をしたり，インターンをしたり，OB・OG に会ったりしたときの第一印象で，ほぼ就職先の会社を決めてしまっていることが多いように見受けられる。しかも不思議なことに，本命の会社の内定が出てしまった後でも，まだ就職活動を続けていたりする。そして，本命の会社と比べて「雰囲気が悪い」とか，「若い人が少ない」とか，「女子社員が少ない」とか，あるいは「何かちょっと最近，売上げが落ちている」とか，とにかく，本命の会社と比べて，他の会社のどこが劣っているのか，どこが自分に合わないのか，どこが将来性に欠けるのか……みたいなことをずっと確認する作業を続けていたりするのである。要するに，本命ではない会社の悪いところを一生懸命探し，それと比較して，自分の本命の会社の良いところを確認しているわけだ。これは，本命の会社がいかに正しい選択肢なのかということを事後的に合理化するための作業であり，自分の会社選択の理由・論理を回顧的に整理して，「未来の自分」も含めた他人にも合理的に説明できるようなもっともらしい理屈を考えるためのプロセスなのである。

　高い買い物，たとえば自動車を買うときも似たようなものだ。多くの人は，購入する契約をしてしまってから，納車までの間に必死になってカタログを読み比べたりする。要するに，「勢いで決めてしまった重大な意思決定」ほど，先に決めてしまってから，後づけでその理由を考えるという傾向が強くなる。そのとき，自分の意思決定を事後的に正当化，合理化する際に用いられる定義が，まさに，さきほどから登場している「能率の原則」だったのである。「こっちの方が安い」あるいは「こっちの方がパフォーマンスがいい」という言い方をするときに「能率の原則」は，実にわかりやすい理屈を提供してくれる。つまり，サイモンが下に言っていたように，である。

> 　実際には，能率の「原則」は，原則というよりはむしろ定義と考えられるべきである。すなわち，それは「よい」あるいは「正しい」管理行動が意味することの定義である。
> 　　　　　　　　　　　　　　　　　（Simon, 1997, p.45, 邦訳 65 頁）

まさしく，それ以上でもなく，それ以下でもない。意思決定論では，事前

に与えられた複数の代替案から最適・最善のものを選択することを教えるが，現実の組織では，そのようなケースは皆無に近いはずだ。そもそもドンピシャの正答の選択肢のない択一問題で，最適な選択肢を選ぶことにどんな意味があるというのだ。現実の多くの意思決定では，「これはいい！」という案が一つ見つかってから，会議等の意思決定機会を設定し，それから，あくまでも比較対象として複数の明らかに見劣りするような代替案を用意することが多い。なぜなら，皆で納得して一つの案を選ぶには，複数の代替案を比較検討した結果，それが最善だと皆で確認する手続き，すなわち合理化のプロセスが必要だからである。その際に，「能率の原則」が活躍する。

したがって，ワンマン経営者の会社では，こんな回りくどい手続きは必要がないかもしれない。文字どおり社長の鶴の一声で「これはいい！」と言ってくれれば，それで十分なので，無駄な代替案を用意する必要もない。実際，日本企業に関しては，合議制をとる企業の方が事前に複数代替案を用意する方式をとる傾向があり，しかもその方式の方が，結果的に検討した代替案の数が多くなる傾向があることが調査データから明らかにされている (Takahashi & Takayanagi, 1985)。要するに，「合理的な意思決定」とか「合理的な行動」とかは，事後的に説明がつけられるもの，あるいは言い訳ができるもののことなのであり，複数の明らかに見劣りするような選択肢を用意しておくことは，たとえそれが事後的であっても，納得性と後々の説明責任を考えると重要な手続きなのである。

テイストを身につける

ところで，意外かもしれないが，事後的に見出される合理性のアイデアは，経営戦略論の分野でも，ドミナント・ロジックや創発的戦略として登場する。ちなみに，ドミナント・ロジック (dominant logic) とは，組織行動の基盤となる考え方・物の見方となるロジックの中から，経営トップや企業の中核グループが長年の経験・知識の蓄積の中で成功のロジックだけを選び抜き，トップ集団の間に共有されるようになったその組織専用の成功のロジックを指している (Prahalad & Bettis, 1986)。また，明確な意図なしに，あるいは意図にかかわらず，現れてくるような戦略は創発的戦略 (emergent strategy) と呼ばれる (Mintzberg, 1989)。

そんなおおげさに考えなくても、同じような現象は身の回りにいくらでも観察できる。たとえば、ある大学生が語ってくれた、次のようなインターンシップ体験談には、組織において事後的に合理性を見出すことの大切さが垣間見えている。

> 　インターンシップ先で、ある企画を決めなくてはならない会議がありました。四つの企画案が出され、それぞれの担当者がプレゼンをして、まあそれぞれ一長一短があり、私みたいなインターンには甲乙つけがたいなぁ……と思って見ていましたが、三番目のC案のプレゼンが終わったときに、室長が「この企画、面白いねぇ」とボソッと言ったんですよ。そしたら、全部の企画案の説明が終わって、さあこれから比較検討をというときになったら、ヒラの室員みんなが、次々と「C案がいい」と発言するじゃないですか。ていうか、なぜC案がいいのかという理由をみんなで考えている感じなんですよね。いや、もちろん私には、なぜC案がいいのかは、はっきりとは分かりませんよ。ただ、室員が「C案がいい」という理由を挙げているときに、ときどき室長がうなずくことがあって、私も自分の意見を言ったら、室長がうなずいてくれて、「やったぁ！　正解だぁ！」なんてホッとしちゃったりして。
>
> 　　　　　　　　　　　　　　　　　　　　　（高橋，2010a，16-17頁）

　これは、会社ではよく見られる光景である。たとえば、役員クラスの会議でも、プレゼンテーションが終わった後、シーンとして、みんなで社長が最初に一言何を言うのか待つのである。社長が「いいね」と言ったら、「ですよねえ」と、みんなで良い理由を挙げていくが、逆に社長が「う〜ん……」とネガティブな反応をすると、「誰だ、こんな案を持ってきたやつは」とみんなでダメな理由を挙げていく。
　つまり、「合理性」というものは、行動を説明するのにもっともらしい歴史を事後的に作っては変える回顧的なものなのである。それは会社に限らず、研究者の世界でも、実は、そうなのである（高橋，2010a，59-61頁）。たとえば、大学の研究者になるためには、標準的には、修士課程2年＋博士課程3年の計5年間、大学院で勉強、研究をするのだが、実はもっと大切なことがあ

る。それは，その学問分野特有の味覚とか好み——私は「テイスト（taste）」と呼んでいる——を身につけることである。そのためには，その学問分野の「まともな研究者」を師匠と決めて，講義，ゼミ，研究会から飲み会まで，とにかくあらゆる機会を生かして追い掛け回すしか手がない。

とはいえ，個々の動きには多義性があるので，最初の頃は，何か一つの意味を見出すことは難しく，往々にして「テキトーだなぁ」とか「いい加減だなぁ」とか感想をもってしまうものである。しかし，そうやってさまざまな状況，局面で，その師匠が，何を「面白い」と言い，何を「つまらない」と言っているのか。どんなときに「良い」と言い，どんなときに「悪い」と言っているのか。そんなことを何度も何度も見て聞いて経験していくうちに，何か一貫してぶれていない不変の芯のようなものが見えてくるのである。師匠の行動を説明するのにもっともらしい理屈を事後的に作っては変え，作っては変えを繰り返すことで，師匠の「合理性」が回顧的にわかってくるのである。つまり，その師匠のテイストのようなものがわかってくるのだ。

このテイストこそが，研究者として生きていく上で，一生の財産になる。その学問分野のまともな研究者が持っているテイストとは，まさにその学問分野の持つ「合理性」そのものだからである。これさえ体得すれば，その学問分野では研究者として生きていくことができる。より具体的に言えば，その学問分野の他の研究者が「面白い」と思ってくれるような研究テーマを自分で選ぶことができるし，他の研究者が「良い」と思ってくれる研究をして論文を書くこともできる。

このプロセスは，正統的周辺参加（legitimate peripheral participation; LPP）とも呼ばれる（Lave & Wenger, 1991）。新参者は正統的に周辺から実践の共同体に参加していくのだが，自分自身がこれまでにない何者かに少しでも近づくことで自分の熟練のアイデンティティが自覚され，より一層深くものごとにコミットするようになる。つまり，学習とはアイデンティティの形成過程であり，自分が「何者かになっていく」という自分づくりなのである（Lave & Wenger, 1991, 邦訳「訳者あとがき——LPPと教育の間で」）。

これは会社に勤める企業人であっても，まったく同じである。たとえば，優れた創業者（あるいは中興の祖）によって大企業にまで成長した会社では，その創業者が亡くなってしまった後でも，その創業者のテイストが息づいて

いる。実際，会社の将来，命運を決めるような重大な決断を迫られたとき，後継者たちが構成する役員会議では，誰もが迷い，誰もが躊躇し，誰もが理屈と計算で割り切ることに限界を感じる。そんなとき，出席者の一人がこうつぶやく。

「おやじが生きていたら，きっと，やってみろと言うと思うよ。」
「私も，おやじだったら，きっとそう言うと思う。」

次々とそう発言する出席者たち。生前，創業者と苦楽を共にし，愛着を込めて創業者を「おやじ」と呼ぶ彼ら。彼らこそが，創業者のテイストを引き継いだ真の後継者たちであり，創業者の魂，精神は，創業者の死後も彼らの心の中に宿っているのである（高橋，2010a, 62 頁）。

そして，あまりにも重大すぎて意思決定ができないとき，ある種の思考停止状態に陥って，もうそれ以上は考えられないという状況になったとき，それまで思考の底に埋もれて隠れていたテイストが姿を現す。つまり，勢いでしか決められないような「重大な意思決定」であればあるほど，このテイストが決定的に重要な役割を果たすことになるのである。

これは日本企業だけに限る話ではない。企業文化論で有名なディール (Terrence E. Deal; 1939-) = ケネディ（Allan A. Kennedy）は「もう何年も前に死んでいるのに，いまだにその霊魂が会社の廊下を歩き回っている」として，IBM のワトソン（Thomas John Watson, Sr.; 1874-1956）や GE のスタインメッツ（Charles Proteus Steinmetz; 1865-1923）などの逸話を紹介している（Deal & Kennedy, 1982）。そして，それはやがて，彼らとは一面識もない若手社員にも引き継がれていく。つまり，その会社にとっては，時間と世代を超えた不変の精神なのである。これこそが，外部から見たときの IBM らしさや GE らしさといった，その会社らしさの正体なのである。

確認するまでもないが，ここでいう外部から見た「〇〇らしさ」とは，行動パターンのことではない。具体的な行動パターンの裏側・背景にある〇〇の意思・精神のようなものである。つまり，〇〇の行動や反応を合理的に説明できる何か，それは事後的・回顧的に見出される合理性，テイストのことなのである。それを「組織文化」と呼ぶこともある。たとえば，シャイン（Edgar H. Schein; 1928-）が『組織文化とリーダーシップ』の中で定義した「文化」も，実は，観察できるような行動のパターンのことではなく，ある組織

の基礎をなしている諸仮定の織り成すパターンだとされていた（Schein, 1985）。

　いずれにせよ，「組織の合理性」とは，自分たちの行動を説明するのにもっともらしい歴史を事後的に作っては変える回顧的なものなのである。

問題解決だけが意思決定ではない

ゴミ箱モデル

　ところで，「意思決定」＝「問題解決」とするサイモンのアイデアは，現実の組織の姿を分析するには割り切りすぎだろう。これだと，多くの意思決定が分析の対象から抜け落ちてしまう。

　たとえば，組織の中では，実際には何も問題がないのに，定期的に意思決定機会が設けられていることも多い。とくに議題もないのに定期的に開催される会議。唯一の実質的議題が，次回の開催日時の決定ということもある。これは今に始まったことではなく，大正時代の三井銀行の取締役会（財閥本社である三井合名からの派遣役員もメンバーになっていた）では，1913（大正2）年下期から1915（大正4）年まで，週2回ペースで開かれていた取締役会のほぼ2割が「議案ナシ」だったということを明らかにした経営史の研究もある（粕谷, 1990）。

　そして，毎年決まった時期に決まって捺印することになる稟議書・決裁書。あるいは，毎年判で押したように「検討中」と書いては，継続案件として処理される書類の山。実際，現在の組織論では，サイモンのように「意思決定」＝「問題解決」（あるいは「決定」＝「選択」）と単純化してしまう考え方は一般的ではない。たとえば，近代組織論の古典である『オーガニゼーションズ』（March & Simon, 1958; 1993）をサイモンと共著で書いたマーチ（James G. March; 1928-）は，その後，1970年代に入って，素朴な意思決定論には馴染まない現実の意思決定状況を説明するための分析枠組みとしてゴミ箱モデル（garbage can model）を提唱する（Cohen, March & Olsen, 1972）。ゴミ箱モデルでは，問題解決は三つの意思決定タイプのうちの一つにすぎないという扱いに格下げになる。

　ここで，ゴミ箱モデルで「ゴミ箱」にたとえられているのは選択機会であ

る。そして，まるでゴミ箱にゴミを投げ入れるように，参加者によってさまざまな種類の問題と解が勝手に作り出されては「選択機会」に投げ入れられる。こうして，その選択機会に投げ込まれた問題に対して，その解決に必要な量のエネルギーがたまったとき，あたかも満杯になったゴミ箱が片付けられるように，当該選択機会も完結し，片付けられる。このとき「決定」が行われたものとして考えようというのである。

　ゴミ箱モデルは，学説史の中では，統計的決定理論の影響を強く受けている初期の理論の延長線上にあるものとして位置づけられている（March & Olsen, 1986）。現実の意思決定は，合理性に限界のある人間にはとうてい処理できないほど過大に，時間と能力を要求する。そこで，近代組織論では，組織メンバーの限定された合理性が，組織の意思決定過程の中でどのように克服されていくのかを解明してみせたわけだが，しかし，それでもまだ理論と現実との乖離が埋められたわけではなかった。いつも数学の試験問題を解くようにして問題解決が行われるとは限らないのである（Cohen, March & Olsen, 1972）。言い換えれば，熟慮に基づいた「つまらない意思決定」ばかりではないのだ。

　たとえば，問題のある選好，不明確な技術，そして流動的参加によって特徴づけられた「組織化された無政府状態」（organized anarchy）と呼ばれる状態を考えてみるといい。実際，人間の選択，行動が，効用関数のようなものの存在と矛盾することがあることも従来から指摘されているし，また，ある選択肢が，ある特定の結果をもたらすという比較的もっともらしい前提も，技術が不確実であいまいなままの状況下では非常に疑わしい。とくに技術革新著しい現代においては，選択肢がどのような結果をもたらすか，やってみるまで，あるいは，やってみて改良，改善努力を行うまでわからないという状況の方がむしろ常態なのかもしれない。そして，意思決定，とくにルーチンではない非定型の意思決定に，誰が参加するのか，あるいは結果として誰の意見が入ってくるのか，という点に関しても，参加者は確定的な組織メンバーにとどまらないし，かなり流動的な側面が強いのも事実である。

LD転炉の導入過程

　組織化された無政府状態の例としては，たとえば，日本の鉄鋼業界におけ

るLD 転炉（Linz-Donawitz converter）の導入過程が挙げられる。日本の鉄鋼業の国際競争力が飛躍的に伸びたのは，1960 年代に LD 転炉を速やかに導入したためだといわれる。そして，その新しい製鋼技術である LD 転炉が日米両国の鉄鋼産業に導入された過程は，ゴミ箱モデル的だったといわれている（Lynn, 1982）。

　銑鉄やクズ鉄から炭素その他の成分を取り除くプロセスを製鋼というが，LD 転炉の出現までは，転炉の底から溶融した銑鉄に空気を吹き込み，銑鉄に含まれる珪素（ベッセマー法）や燐（トーマス法）に反応させることで，銑鉄の温度を高め，銑鉄中の炭素を酸化させて精錬していた。それに対して，LD 転炉は酸素上吹き転炉（BOF; basic oxygen furnace）とも呼ばれ，空気の代わりに純酸素を炉の上部から吹き込むことで，珪素や燐が含まれていなくても十分な熱が得られる。LD 転炉は 1949 年にスイスの小さな製鋼会社の研究チームが実験に成功し，オーストリアのフェースト（Voest）社のリンツ（Linz）工場とアルピネ（Alpine）社のドナヴィッツ（Donawitz）工場がそれぞれ 1952 年，1953 年に実用 LD 転炉の稼働を始めたものである。日本では，先発する八幡製鉄（1970 年に富士製鉄と合併して新日本製鉄となり，さらに 2012 年に住友金属工業を吸収合併して新日鉄住金に社名変更し，2019 年に日本製鉄に商号変更した）と日本鋼管（2003 年に川崎製鉄と経営統合して JFE スチールとなった）が，1957 年，1958 年にそれぞれ LD 転炉を導入したのが始まりだった。

　ところが，この LD 転炉の先発組 2 社では，LD 転炉導入の決定はゴミ箱モデル的な様相を呈していた。まず決定への参加者は流動的で，日本鋼管では，技師や研究所の研究員，役員が，平炉派・転炉派入り乱れるようにして決定にかかわっていった。企業の外部からも，総合商社や通産省（当時）が LD 転炉という解を折にふれて紹介・宣伝して投げ込んでいた。LD 転炉という解自体も，プロモーターによる積極的な売り込みで，各社での提案者を積極的に探していたのである。そのため，八幡製鉄では生産能力拡充の問題が発生する前に，すでに LD 転炉という解を見出していた。日本鋼管ではさらに早く，なんとすでに 1950 年には LD 転炉が具体的な解として挙げられていた。

　当時，製鋼法の主流は平炉で，日本でも製鋼の 8 割は平炉によるものだった。予熱したガスと空気で熱する平炉と比べると，転炉は建設費も生産コス

トもはるかに安くすんだが，鉄鋼の品質が良くなかった。日本では転炉に適した珪素や燐の含有量の高い銑鉄が得られなかったからである。そこで鉄鋼メーカーは，生産コストを下げるために，銑鉄に対するクズ鉄の割合を多くして，平炉で生産していた。ところが，戦後直後のクズ鉄が潤沢だった時期が過ぎ，日本でも戦後の復興で平炉が次々と新設されると，クズ鉄の不足と高騰が進んだ。

　こうした中で，問題がはっきりする前に，LD 転炉という解だけは投げ込まれていたのである。転炉の一種で建設コストも生産コストも安く，しかも銑鉄の質にかかわらず高品質の鉄鋼を生産することができるようになる LD 転炉は，その後顕在化することになる問題も含めて鉄鋼業界が抱える多くの問題に対して解となっていくのだが，1950 年代初めには誰もそのことを見通していなかった。八幡製鉄も日本鋼管も LD 転炉の存在を知りながら，他の転炉の改良や実験をしていたのである。先発組 2 社が LD 転炉の採用を決定したのは，むしろ両社の先陣争いのタイミングだったかもしれない。こうして，先発組の意思決定過程はゴミ箱モデル的に進行していったのであった。

　それに対して，従来の近代組織論の枠組みで考えれば，鉄鋼メーカーの意思決定過程は次のようになるはずだった。製鋼設備の新設・更新という問題に直面したときに，意思決定者は利用可能な技術の代替案を探索し，発見した平炉，従来型の転炉という代替案の結果を検討する。しかし，いずれも満足基準を満たさないことがわかったので，さらに次の代替案を探索して……，というようにして発見した LD 転炉という代替案が満足基準を満たすことがわかったので，LD 転炉に決定した。

　実際，先発組に遅れて導入した後発組の意思決定過程はこの近代組織論的な意思決定モデルに符合したといわれる。こうした分析枠組みとしての利用を意識して，

　① 目的，技術あるいは経験が不明確で，
　② 解と問題とは，一時的秩序によって，同時に利用可能なために互いに結び付き，
　③ そのとき同時に複数の要求が存在することで，意思決定者の注意が薄められる，

というような 3 要件の揃った状況での意思決定は，あいまい性下の意思決定

(decision making under ambiguity) と呼ばれている (March & Weissinger-Baylon, 1986, p.1)。

ゴミ箱モデルの概要

そこで，最初の論文 Cohen, March & Olsen (1972) にしたがって，ゴミ箱モデルを定式化してみよう。より正確には，次のような四つの基本的な概念の再検討に基づいて，コンピュータ・シミュレーション・モデルが定式化されている（高橋，1997）。

(a) 選択機会 (choice opportunities) は，組織が「決定」と呼べるような行動を生み出すことを期待されている機会のことである。たとえば，老朽化した設備の更新，契約の締結，従業員の雇用・昇進・解雇，金銭の支出といった機会である。

(b) 問題 (problems) の解決と決定とは別物である。決定が行われたときでも，問題は解決されないこともある。たとえ解決すべき問題がなくても，選択機会である以上は，それが完結する際には「決定」が行われたことになる。

(c) 参加者 (participants) は，色々な選択機会に入ったり出たりするものである。ここで，ある数の参加者が存在し，各参加者は問題解決に利用可能なある量の潜在的エネルギーを各期ただ一つの選択機会に投入することを仮定すると，参加者がある選択機会に入るということは，他の選択機会から出るということでもあり，ある選択機会に対しての参加者の減少は，参加者の時間が他の選択機会に奪われていることを意味している。

(d) 解 (solutions) は，ほとんど問題とは無関係に，誰かが生み出したものである。従来，問題をうまく定式化するまでは，解は見出せないといわれていたが，実際の問題解決においては，解がわかって，はじめて問題が何であるかがわかることがしばしばある。しかも参加者はエネルギーを選択機会に投入するとはいっても，ただ一生懸命で熱意があるというだけでは，決定には至らないのであり，良い解，説得力のある解を伴ってこそ，努力も積み重なり，熱意も実ろうというものである。そのことをより単純化するために，シミュレーション・モデルでは，0〜1の

値をとる解係数（solution coefficient）を考え，この解係数によって参加者の供給した潜在的エネルギーが毎期，割り引かれ，効果的エネルギーとして問題解決に貢献するという仮定が置かれている。

これら四つの要素は，互いに比較的独立して，かつ外生的に組織というシステムに対して，流れ込むように設定されている。そして，選択機会が決定に至る条件については，次の仮定が置かれる。

エネルギー加法性の仮定：選択機会が決定に至るためには，各選択機会は，それに投入されている問題のエネルギー必要量の総計と同量の効果的エネルギーを必要とする。つまり，ある時点で，一つの選択機会に属している効果的エネルギーの総量が，エネルギー必要量の総量と等しいか，またはそれを超えると決定がなされる。

ゴミ箱モデルが提示した三つの意思決定タイプ

このように，ゴミ箱モデルでは，問題，解，参加者，選択機会の独立で外生的な流れを仮定している。したがって，決定の多くが，選択機会，問題，解，参加者のタイミングの産物である。問題，解，参加者は論理的必然性よりも，むしろ一時的な同時性（simultaneity）によって結び付けられると仮定される（March & Olsen, 1986, p.11, 邦訳13頁）。そうした組織では，参加者によって，さまざまな種類の問題と解が勝手に作り出されては，「選択機会」に投げ入れられている。自らが示されるべき選択機会を捜し求めている「問題」，自らがその答えになるかも知れない問題を捜し求めている「解」，そして，仕事を捜し求めている意思決定者たるべき「参加者」，こういったものの単なる集まりとして組織を見た方が良いというのである（Cohen, March & Olsen, 1972）。

ここで特筆すべきことは，先ほどの(b)で，問題の解決（つまり選択）と決定とは別物であると考えた点である。選択機会の存在は問題の存在を必ずしも意味せず，単なる選択機会にすぎない。その結果，従来のゲーム理論的な暗黙の前提「意思決定＝問題解決」から解放され，ゴミ箱モデルでは，次の3タイプの決定が起こりうると考えた（高橋，1997b）。

① 問題解決による決定 (decision making by resolution)……選択機会は、ある期間、問題を抱えており、その間、参加者によってエネルギーが投入される (すなわち、問題を解く作業が行われる)。問題解決に必要なエネルギー量が投入されたところで、問題は解決され、決定が行われる。これは従来の決定理論型の議論においても暗黙のうちに仮定されていたお馴染みの決定である。

② やり過ごしによる決定 (decision making by flight)……問題のエネルギー必要量が大きいと、選択機会に問題が投入されたままで、解決されずにいることになる。しかし、もし問題がその選択機会から出ていってしまえば、エネルギー必要量が減り、決定が可能になるかもしれない。もっとも、このときの決定ではその出ていった問題は解決されたわけではなく、ただ他の選択機会に飛び移っただけである。つまり、問題をやり過ごしているうちに、問題の方が選択機会から出ていってしまい、決定に至るのである (ただし、いくつかの問題が出ていくことで、その分エネルギー必要量が減り、残った問題が解決されるような場合、Cohen, March & Olsen (1972) では、これを「問題解決による決定」に分類しているが、「やり過ごしによる決定」と分類すべきである)。

③ 見過ごしによる決定 (decision making by oversight)……新しく選択機会が出現したときに、その選択機会に問題が投入されないうちに、すぐに参加者によってエネルギーが投入されると決定が行われる。つまり他の選択機会に存在しているかもしれない問題を見過ごし、当該選択機会に問題が投入されないうちに行ってしまう決定である。

要するに、従来は「決定」を①「問題解決」だけしかないと単純化しすぎていたので、②「やり過ごし」と③「見過ごし」と意思決定タイプも増やして拡張したのである。たとえば、次のような例が挙げられる。

> 会社と同様、大学であっても、本来、会議というものは、そこで問題が議論され、その解決が図られるものである (「**問題解決**」)。
> しかし、某大学では大学改革の時期、会議がとにかく長かった。朝の10時から始めて夜まで。会議室に昼食の弁当を持ち込むのは当たり前、

ときには夕食まで出前を取って，休むことなく会議を続けたなんてこともあった。

なぜこんなに会議が長くなってしまうのかというと，別に先生方の話すスピードが遅いからというわけではない（確かに中にはそんな，ゆっくりと優雅に話をされている先生もいないことはないのだが……）。実は，問題があまりにも大きすぎたので，議論しているうちに，どんどん根本的で本質的な話に向かっていってしまって，なかなか現実の目の前の選択の話に戻ってこれなくなってしまっていたのだ。

そもそも大学教育の本質とは何か？　大学における研究の在り方はどうあるべきか？　というテーマに入ってしまうと，それぞれの先生に一家言あり，傾聴に値する貴重な体験談あり，アメリカはこうだった，ドイツはああだった，フランスは全然違ってた，メキシコでは（？）……って，そもそもここは日本だろ。だったら，明治時代の日本では……いやいや，ひとつここは原点に立ち返って，みんなでフンボルトの大学論（！）を原語のドイツ語で（！！）きちんと読もうじゃないか（？？？）……みたいな話で，どんどん盛り上がっていってしまうのである。

一つ一つはそれなりに面白く，ためにはなるのだが，何しろこの会議時間の長さである。しかも困ったことに，堂々と正論を掲げられ，大きな問題点を指摘されてしまうと，大学の先生方の体質（学究肌？）として，それを追究して解決せずして先に進むことなど，学者のすべきことではないというような雰囲気になってしまう。

そんな会議を毎週のように繰り返していたある日の夕方，本質的な大問題を真正面に据えて論陣を張っていた長老格の教授が，突然すっくと立ち上がり，こう発言した。

「私は，大阪で講演の仕事があって，今日これから大阪に行かなくてはならないので，新幹線の時間もあるし，このへんで失礼します。」

そして，そそくさと退席。一同唖然である。一瞬，会議室がシーンと静まりかえった。そして，ふと我に返る面々。

それまで，あまりにも本質的かつ深刻すぎて，発言するきっかけさえつかめず，口角泡を飛ばす勢いで白熱する眼前の大激論を遠〜い目線で「やり過ごし」て見ていた若い先生方も，ふと我に返った（目が覚めた？）。

誰かが，おそるおそる

「あの〜。期日も迫っているので，取り敢えず決められるところから決めていきませんか？」

と提案する。当たり前のことだが，この世のほとんどのことには締め切りがあり，会議の結論も，ある期日までには出さなくてはならないことに一応はなっている。それに，会議はいかにも根本的で本質的な大問題を扱うためだけにあるのではない。些細で，つまらなくて，日常的で，すぐに結論の出せる，しかもそれでいて，今決めなければ，明日からでも組織の活動がロックしてしまい動きがとれなくなってしまうような目先の小さな決定をこなしていかなくてはならないのだ。

こうして，実は根本的で本質的な大問題は何一つ解決されていないのに，そうした大問題がどこかに飛んで行ってしまったのを幸いに，会議はめでたく決定に至ることとなった（「やり過ごし」）。

さて，一つ学習すると，人はどんどん知恵（悪知恵？）が付いてくるものである。

根本的で本質的な大問題を真正面に据えて議論するような立派な先生に限って，会議の開始時刻に20〜30分遅刻してきたりする。これまでは，そんな長老格の教授陣に合わせて，会議も定刻から20〜30分遅れて始めるのが半ば慣例のようになってしまっていたが，知恵の付いた若い先生方は，定刻に会議室に集合して，定足数を満たしたら，さっさと定刻に会議を始めることにしたのである。そして根本的で本質的な大問題が投げ込まれる前に，粛々と決定をこなしていくようになった。いつも通り遅刻して会議室に現れた長老格の教授が

「○○君，今日は何か重要な議論がありましたか？」

と耳元でささやく頃には，決定すべきことはすっかり片付いていて，

「いえ，今日は特に問題になることもなく，順調に進んでいますが……。」

と若い先生は申し訳なさそうに答えることになる。なぜ申し訳なさそうかというと，その長老格の教授が好きそうな根本的で本質的な大問題が，この大学のどこかに存在していることはわかっているのだが，この会議には投げ込まれなかったことをいいことに，それを「見過ごし」て決定

図3 問題の負荷と決定のタイプの構成比率（解係数＝1.00）

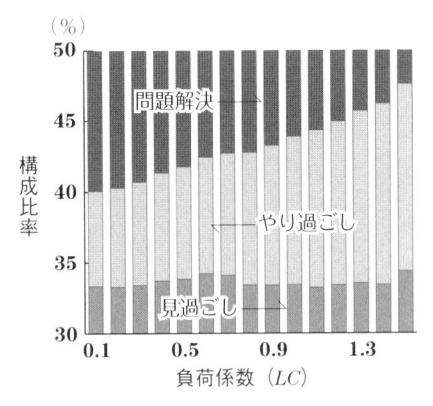

(出所) Takahashi (1997) Figure 2.

に至っていることを自覚しているからなのである（「見過ごし」）。

かくして，「やり過ごし」ていた場合と同様，根本的で本質的な大問題は何一つ解決されていないのに，「見過ごし」で会議はめでたく決定に至り，「大学改革」は軌道に乗ったのであった。

(高橋, 2010a, 30-34頁)

そこで，実際に，三つの意思決定タイプがどのくらいの割合で出現するのかをゴミ箱モデルのコンピュータ・シミュレーションで調べてみよう。実はオリジナルのゴミ箱モデルのFORTRANプログラム (Cohen, March & Olsen, 1972) では，三つの意思決定タイプを分けて検出するようになっておらず，「問題解決」とそれ以外（「やり過ごし」と「見過ごし」）という分け方でしか把握できないプログラムになっている (Inamizu, 2015a)。そこで，ここでは，おそらく，ゴミ箱モデルの中では最も単純な Single Garbage Can Program (SGCP) と呼ばれるプログラムを用いる。SGCPのプログラムは，BASIC版は高橋 (1993b, pp.136-137)，Excel版は桑嶋・高橋 (2001, 68-70頁) に公開されているが，このプログラムは，次のように定式化される。

(ⅰ) 選択機会は一つ（したがって single garbage can）。
(ⅱ) 各期における参加者の出現，退出を参加者からのそれぞれ正，負の潜

在的エネルギー（−0.5以上0.5未満の一様乱数）で表す。
(iii) 各期における問題の出現，退出をそれぞれ正，負のエネルギー必要量（−0.5以上0.5未満の一様乱数）で表す。

このSGCPを使って，決定回数1万回，解係数1.00でコンピュータ・シミュレーションを行うと，負荷係数による決定タイプの構成比率の変化は，図3のようになる。負荷係数が大きくなって問題の負荷が大きくなるほど，①「問題解決」による決定が減り，その分，②「やり過ごし」による決定が増えるが，③「見過ごし」の発生頻度はほぼ一定（SGCPの場合，「見過ごし」はモデル上，負荷係数とは無関係に一定の確率——この場合は1/3——で発生するようになっている〔高橋, 1997b, 192-193頁〕）であることがわかる。現実にもそうであることが調査データからも明らかにされている。つまり，参加者のエネルギーに比べて問題の負荷量が大きくなると，結局，問題の去就によって意思決定が左右されるようになり，①「問題解決」の割合が減って，②「やり過ごし」の割合が増えるのである（Takahashi, 1997）。

「やり過ごし」の効能

「やり過ごし」の理由

1980年代，まだ駆け出しの研究者だった私が，ゴミ箱モデルの存在を知って，企業の部課長クラスを対象としたセミナーの後の雑談で，
「上司の指示命令を部下がやり過ごしてしまうこともあるのでは？」
と水を向けてみたことがある。その途端，ある大企業の部長からお叱りを受けた。いわく
「組織の中にあって，上司から出された命令や指示をやり過ごしてしまうなどということはあってはならないことである。」
その強い口調に，一瞬その場はシーンとなって，私も話題を変えてしまったが，しかし後になって，もっと話を聞きたいという人がやってきた。そして驚いたことに，調べてみると，やり過ごしのできない部下は無能であるとまで言い切る人・会社さえ現れたのである。

このように，上司の指示を部下がやり過ごしてしまうという「やり過ごし」現象に対する評価は，実際の企業でも分かれている。しかし企業で質問

票調査をしてみると

> Q3. 指示が出されても，やり過ごしているうちに，立ち消えになることがある．

に「はい」と答える人は，JPC1991～2000調査の40社約8500人のホワイトカラーのデータでは，その53％にものぼる．過半数の人が経験しているのだ．現象自体はたしかに存在する（JPC調査については，第3章参照のこと）．

それでは，具体的にどのような状況下でやり過ごしが発生するのであろうか．JPC1991調査では，やり過ごし比率が81.1％と高かったA社で，調査の窓口になってくれた能力開発部の担当者は，次のような自らが直面した事例を挙げてくれた．

ある時，部長が新しい能力開発プログラムを作りなさいと指示してきたので，それでは人を付けてほしいとお願いした．ところが部長は，人は付けられないから自分一人で新しい能力開発プログラムを作れという．しかし，これは土台無理な話で，自分にはルーチンの仕事があって，これだけでも残業に追われて精一杯なのだ．もしこのルーチンの手を抜けば，途端に会社の能力開発業務は停滞するだろう．それだけは避けなければならない．もし能力開発プログラムを作ることがそれほど重要で緊急を要することならば，自分に人を何人か付けるのが当たり前ではないか．だから自分は能力開発プログラムの仕事を「やり過ごし」ているのだ．それに自分の読みでは，たぶん部長は，このことをしばらくしたら忘れると思う．現にその後は，今までのところ，部長は何も言ってこない．

実は，この会社については，フォローアップの調査を行っている．窓口になってくれた人が，面白がって，実際に何人もの従業員に面接して話を聞いて，やり過ごしの発生原因を挙げてもらったのである．それらは，企業内におけるやり過ごしの実態を描写していて興味深い．私はこれを「やり過ごし」の発生原因として，次のように「上司のあいまい性」「仕事のあいまい性」に一応整理してみた（高橋, 1992）．

① 上司のあいまい性
・知識不足（無能）であるため，間違った内容や判断が多く，また人間性

を無視した対応が多い。
・上司から目標が明示されていない。
・思い付きや独り言で言われているようだ。
・指示の出しっぱなしで，打ち上げ花火と同じように，指示がいつか立ち消えになってしまう。
・指示命令されたことを実施してもしなくても評価に影響がない。
・指示を実施しなくても，他もやっていないと言えば済むような雰囲気がある。
・自分が実行すると摩擦が発生するということで，自分の仕事を下に回している。

② 仕事のあいまい性
・複数系統からの指示が多く，人によって指示がまちまちである。
・直接の命令系統以外からの指示や，自分の担当外と思われる指示に対しては，当事者意識も薄く，メモもとらずに忘れてしまう。
・与えられた指示命令が，内容からみて優先順位が低いと判断した。
・期日が指示されないことや，無理な期限で要求されることが多い。
・実施に当たっての趣旨や目的が不明確である。
・課題が大きく，どこまでやるか処理の基準が不明確である。
・与えられた課題が大きく，内容が難しいことから，それを実施するスタッフがいない等，処理ができないと事前に判断してしまう。
・現在抱えている業務（課題）量が多すぎることから，指示が出されても，処理手続き等に時間がない。

よく考えてみると，自分の会社の能力開発部の人間に，面と向かってこれだけのことを話せるなんて，なかなか開けた自由な雰囲気の会社ではないか。私はこの会社に大いに興味をもった。それで，調査直後にこの会社の課長研修の講演依頼があったので，引き受け，その時ついでに，会場にいた20人ほどの課長さんに，会社名を伏せた6社のやり過ごし比率を提示して，どの会社が自分の会社かわかりますかと聞いてみた。全員が一致して，このやり過ごし比率約8割の会社だと正解したので，何人かに理由を聞いてみると，やり過ごしの多いことを実感しているという返事が返ってきた。やはり話は本当だったのだ。

(a) オーバーロード状況におけるスクリーニング機能

 ところで，こうした話は，このA社だけではない．電気通信関係のB社におけるヒアリング調査を行った結果，やり過ごしの発生原因とその機能に関して，次のような興味深い結果が得られた（高橋，1992）．

 たとえば，B社の本社のソフト開発部門は，業務量と要員のバランスを欠いていて，慢性的にオーバーロード（過重負荷）の状態で仕事をしていた．あまりの人手不足に，2〜3年でいいからと断わった上で，地方の支社から優秀な開発要員をかき集めてきて仕事をさせているような状態だった．ちなみに，東京の本社の人間の感覚からすると，地方の支社や子会社の人間を東京の本社勤務にすることは「栄転」以外の何物でもなく，皆尻尾を振って喜んでついてくると思っていた時期もあったのだが，今ではほぼどの会社でも，こうした東京の本社中心の発想が間違いであったことに気づかされている．なにしろこの「栄転」話がよく断わられてしまうのである．地元には親も親戚もいるし，友人も多く，住宅も持っている．他にも色々な理由があるのだろうが，とにかく地元を離れたがらない．そこで，2〜3年でもいいからという年限付きでの東京本社への「異動」話となるのだ．

 話はそれたが，とにかくB社の調査対象部門は業務量と要員のバランスを欠いていて，このような慢性的なオーバーロード状況では，部下が上司の指示命令のすべてに応えることは不可能である．それでは部下はどうしているのだろうか．実は，部下は，自ら優先順位をつけ，優先順位の低い上司の指示命令を上手にやり過ごすことで，時間と労力を節約し業務をこなしているのだ．それができない部下は「言われたことをやるだけで，自分の仕事を管理する能力がない」「上からの指示の優先順位づけができない」という評価をされることになる．B社の中には，次のような評価基準を明かしてくれた管理者もいた．

A評価：やり過ごしも含めて上司のオーダーを自ら優先順位をつけて遂行し，必要に応じて指示されないことまで自主的に行って，常に時機に応じた解を提示する部下．

B評価：上司から言われた順に仕事に着手し，上司が指示した範囲で確実に仕事を遂行するが，上司の指示が多すぎたような場合には，時機を逃すこともある部下．

C評価：やり過ごしも含めて間違った優先順位を勝手に行い，その結果やらなくてもいいことを先にやり，やるべきことを後手にして時機を逃す部下。

D評価：自分で優先順位をつける能力もなく，かといって，上司から言われたことも遂行できない部下。

(b) バカ殿状況におけるフィルター機能

　B社の調査対象はいわゆる本社の部門であったが，人事異動が頻繁に行われるB社では，支店・支社で自分の所掌業務に関しての専門知識を十分持ち合わせていない管理者も多い。こうした場合，その業務に長年従事し，「職人」としての専門知識を持つ部下にとっては，反論するのもばかばかしい指示がときとしてなされる。といって，面と向かって上司の指示がいかにナンセンスなものであるかを部下が立証しても，それを受け入れるだけの度量の広さを上司が持ち合わせていない場合，職場の人間関係はぎくしゃくするだけである。「殿様が白といったらカラスも白いんだ」とわめいた上司もいたそうだ。こうして，的外れな指示は部下のやり過ごしによって濾過され，上司に恥をかかせずに，正当な指示に対する業務だけがラインに流れることになる。そして，その様子を見て，上司も己の誤りに気がつくというのである。管理者の気まぐれ的なわずかの変更も，支社・支店の現場を振り回すことになるので，そうした指示を出したがる上司に仕える部下は，指示をやり過ごすことで，リーダーの異質性・低信頼性の表出を抑え，組織行動の安定化をもたらしているともいえる。つまり，B社においては，部下の意見に耳を貸そうとしないという上司の体質があるときに，それに対抗するための部下のとりうる手段として，やり過ごしを発生させているというのである。

　このように，B社ではとくに，問題の負荷が重すぎて，オーバーロード状況に陥っている組織を，仕事のあいまい性の下で，できるだけ有効に機能させるという側面，さらにそれだけではなく，上司の信頼性・安定性の低さを上手に回避することで組織行動を安定化させるという側面も持っていることが明らかになった。このことは，やり過ごしが部下の側の能力を発揮する場としての側面を持っていることを示唆している。

　こうした機能は，リーダーに信頼が置かれている場合でも発揮されることがある。アイデア豊富で有名だった某県の知事の場合，あまりにもたくさん

の思いつきが，雨あられのごとく側近に降り注ぐことになり，いちいち取り合っていては，とても対処しきれない状況に追い込まれてしまった。そこで知事の側近の間では，ある簡単かつ有効な「やり過ごしルール」が確立された。すなわち「同じことを二度言われたら検討に入る」。

やり過ごしはコンピュータ・シミュレーション上では，人的条件を一定にしておいても，高いあいまい性下では自然に発生する現象なのだが，実際に発生する際には，仕事の過重負荷や上司の低信頼性・不安定性が引き金となって発生している。やり過ごし自体には，こういった組織的破綻を回避するという評価すべき機能がありながら，その引き金となる仕事の過重負荷や上司の態度に大きな問題があるために，やり過ごしの現象に対する評価が分かれるのである。

(c) トレーニング機能／選別機能

そして，やり過ごしには，さらに重要な機能が存在していることを強調しておきたい。経済学的な発想からすると，やり過ごしは単なるコントロール・ロス（統制上の損失）(Williamson, 1967) やコストに過ぎないことになる。たしかに優秀な上司の指示にすべてきちんと従った方が，短期的には効率的だろう。しかし，この発想には決定的な見落としがある。今日の部下は10年後には何らかの形で上司をやらなくてはいけないという点である。今，上司の指示をただ忠実に，やり過ごすこともなく黙々とこなすだけの部下が，果たして10年後に良い上司となりえるだろうか。短期的なコストや効率で考えた場合と，長期的なコスト，効率を考えた場合とでは，当然，結論は異なってくるのである。

たとえば，ある大手のスーパーでは，4年制大学を卒業した男子従業員に，7年間も同じ売り場で単調な食品加工の仕事をさせていた例があった（高橋, 1997b, 217頁）。この場合，店長が短期的な人件費，コスト削減圧力の中で，「熟練した職人」である彼を担当からはずす決心がつかないままに，店長が入れ替わっても，ずるずると7年間が経過してしまったらしい。その事実に気がついたスーパー本部の人事部では一騒動になったという。その間，7年間も続けさせたくらいであるから，たしかにその食品加工の生産性は高かったのだろう。しかし，そうした環境に置かれ続けた者が，果たして幹部として成長しうるであろうか。彼の将来は一体どうなるのか。そして幹部候補と

して採用したがために，大卒男子に高い給料を支払い続ける会社はどうなるのだろうか。そう考えるならば，短期的には多少非効率なことが発生しても，ローテーションを行ってさまざまな経験を積ませるべきだった。これと同じ論理がやり過ごしにも通じる。

実際，日本企業では，トレーニング的な意味合いでわざと上司が部下のやり過ごしを誘発させている側面もある。そんなとき部下は，自分で仕事に優先順位を付け，優先順位の低い仕事をやり過ごしながら，自分で仕事を管理することを期待されている。うまくやり過ごしができなければ優秀な上司にはなれない。これは一種のトレーニングの機会なのである。ある大手のコンピュータ・メーカーの部長は，女子従業員の戦力化に絡んで，次のような話をしていた。

> 若いSE（システム・エンジニア）を見ていると，男の子が割といい加減なのに比べると，女の子は真面目で，与えられた仕事をきちんと全部こなして仕上げようとするんです。最初はそれでいいし，助かるのですが，しばらくすると，それではこちらが不安になってくるんですよねぇ。そこで女子のSEには，仕事に慣れてくる頃を見計らって，とてもこなしきれないほどの仕事をどっと与えてみるんですよ。こうなると，与えられた通り，ただ黙々とこなしていたのでは，納期に間に合わなくなってしまう。当然，仕事に優先順位をつけて，取捨選択をしなくてはいけなくなるはずなんです。それでもまだ，仕事の来た順番通りに，頭から順にやっていって，納期までに重要な仕事をいくつかやり残してしまうようだと見込みがない。どうでもいいような仕事まで全部やる必要なんてないんですよ。それこそ，やり過ごしてくれればいいんです。もし，自分で優先順位を付けて，大事な仕事から順にやっていくようだったら，そしてその優先順位が，私の考えていたものと同じだったら，これは見込みがある。こっちも鍛え甲斐があります。

(高橋，1996b，31頁)

要するに，部下のやり過ごしをわざと誘発させているのである。そんなとき部下は，自分で仕事に優先順位を付け，優先順位の低い仕事をやり過ご

ながら，自分で仕事を管理することを期待されている。やり過ごしの発生する状況をわざと与え，部下に実際にやり過ごしをさせることで，個々の仕事に対する優先順位の付け方や，やり過ごしの判断の仕方をチェックして部下の力量を推し量っているのである。いずれ管理者になれば，自分の責任で仕事に優先順位を付け，自分の責任でやり過ごさなければならない。こうして，やり過ごしを選別に利用し，女子のSEの中からも将来の幹部候補が選ばれて，「鍛えられて」いくと言う。うまくやり過ごしができるようにならなければ優秀な上司にはなれないのだ。

上司の指示をやり過ごしてしまうことはたしかにコストには違いない。しかしそれは正確に言えば，単なる無駄ではなく，将来の管理者や経営者を育てるためのトレーニング・コストあるいは選別コストなのである。そのために，長期雇用を前提としている日本企業においては，やり過ごしの現象を必ずしも「悪い」現象として決めつけないという現実がある。

ここまでくると，やり過ごしの効用の一つが見えてきたのではないだろうか。もし，やり過ごしが禁止されていたら，仕事の量がやたらに多かったり，上司の指示・命令が現場の実情に合わなかったりしたときには，組織は完全にロックしてしまう。つまり，まったく動かなくなってしまうのだ。とてつもなく大きな課題や，無理難題が一つ詰まっただけでも，組織の動きは止まってしまうはずだ。

それでは，なぜわれわれの組織は動いているのだろうか。われわれの組織が巨大な課題や無理難題にさらされていないわけではない。それでも組織がロックしないで済んでいるのは，部下の「やり過ごし」によって，このロック状態が回避され，最低レベルの日常業務が保障されているからにほかならない。いまや常識の自動車のABS（Antilock Brake System）と同じ原理である。自動車は，雪道などで急ブレーキをかけて車輪がロックすると滑り始め，車は不安定になりステアリングが効かなくなる。これを防ぐために，ブレーキを踏み込んで滑り始めたら少し緩め，再び踏み込む……と繰り返すポンピング・ブレーキ動作があるが，これを自動化したものがABSである。ABSであれば，急ブレーキをかけても車輪のロックが続かないので，ブレーキをかけながら，衝突回避のためのハンドル操作ができる。同様に，われわれは，知らずしらずのうちに「やり過ごし」を行使し，組織の機能的な破綻を回避

することに成功してきたのだ。

尻ぬぐい

ところで，部下のやり過ごしを許容したとして，それが不首尾に終わったときにはいったいどうしたらよいのだろうか。これについての妙案はない。はっきりしているのは，誰かが尻ぬぐいをしなければならないということである。実際，企業を調べてみると，尻ぬぐい的な仕事に従事している中心は，「係長」に相当する職場リーダーたちであった（高橋，1996b，第2章）。係長クラスが上司と職場・現場に挟まれて尻ぬぐいに追われている姿は，まさに多忙そのものである。やり過ごしのように意思決定を部下に任せてみるという場面だけではない。自分で片づけた方が速くて正確であるようなルーチンに近い仕事についても，とりあえずは部下に任せてやらせてみて，仕事を覚えてもらう。それで結果的にうまくいかなかった場合には，覚悟を決めて自分が尻ぬぐいに回るのである。こうした尻ぬぐい的行動のおかげで，組織的行動やシステムが破綻をきたさずにすんでいる。

しかし他方で，この方式のOJT（on-the-job training）は，教育する側の係長にもストレスを引き起こし，そのストレスは自らの選別プロセスの中で加圧される。こうしたストレスに耐えられることも良い管理職になるための必須条件とされていて，はっきり「ストレス耐性」を資格要件とする企業まである。とはいえ，こうしたストレスに半永久的にさらされるのでは，とても身がもたないので，一般的には，係長クラスにはある程度限定された滞留期間が設定されている。その滞留期間を経て，課長などに抜けていくという見通しがあってこそ，はじめて，人はストレスに耐えていられるのである。

見通しがあってこそストレスに耐えられる。既存の研究には現れていなかったこの「見通し」という変数で，少なくとも日本企業では，職務満足も転職願望も，ほぼ説明ができる。そして，次の第5章で見るように，協調行動の進化モデルによると，見通しがあれば，敵対する者同士の間でも協調行動が自然発生することがわかっている。

第5章 協調する理由

かつて人間は自然状態では互いに戦争状態に陥ると考えられていた。しかし実際には，たとえ敵対する者同士でも，条件さえ揃えば協調行動をとることがわかってきた。その条件の中でも特筆すべきは未来係数である。未来係数が高ければ，組織内でも，組織間でも，対組織でも協調行動が生まれる。

協調・裏切りゲームとしての囚人のジレンマ

囚人のジレンマ

第4章の話は，基本的にゼロ和2人ゲームの話だった。ゼロ和の制約がはずれて非ゼロ和2人ゲームになった途端，個々のケースではどうもすっきりとは納得のできない場合も出てくる。とくに有名なのが囚人のジレンマ (prisoner's dilemma) のケースである。

ここでいう「囚人のジレンマ」とはもともと米国で考えられたものなので，日本では馴染みの薄い次のような司法取引の場面を想定して着想されている。いま重犯罪を犯した2人組の容疑者が逮捕されたとしよう。2人は分離された上で，別々の部屋で尋問を受けることになった。2人の囚人（正確には，まだ容疑者）の置かれた状況は，次のようになる。

(a) もし2人とも自白した場合，2人は懲役8年の刑になるはずの重犯罪である。

(b) しかし，2人とも自白しなければ，検察側も現在の手持ちの証拠だけでは些細な犯罪しか立証できないので，懲役1年の刑で済むことになっ

表1 囚人のジレンマ

囚人1	囚人2 自白しない	囚人2 自白する
自白しない	(−1, −1)	(−10, 0)
自白する	(0, −10)	(−8, −8)

凡例：（囚人1の利得，囚人2の利得）
　　　はナッシュ均衡点

てしまう。

(c) そこで検察側は，2人の容疑者の自白を促すために，司法取引を持ち出すことにした。つまり，「どちらか1人だけが自白した場合には，その自白した1人には，検察側に協力したということで執行猶予をつけて，懲役はなしにしてやろう。しかし，自白しなかった1人はこうはいかない。この罪での最高刑の懲役10年を求刑することになる。」

さて，囚人1と囚人2はどのような行動をとるだろうか。この場合，刑期は負の利得なので，刑期にマイナスをつけて利得表を作成すると，表1のようになる。

この利得表では（自白する，自白する）という戦略の組で均衡し，ゲームの値は（−8, −8）ということになる。つまり共倒れで均衡する。なぜなら，

① 相手が自白しなかった場合，自分だけが裏切って自白すれば，自分には執行猶予が付く。

② 相手が裏切って自白してしまった場合でも，自分が自白しなかったら懲役10年にもなるので，自分も自白して懲役8年にした方がましだ。

つまり，共犯の相手がどう出ようと，自分の方は協調するよりも裏切った方が必ず得なのである。囚人1にとっても囚人2にとっても，相手が自白しようがしまいが，自分は自白した方が常に刑期は短くて済む。このように，どちらのプレイヤーも今の戦略から自ら逸脱するインセンティブを持たない自己拘束的（self-enforcing）な点をナッシュ均衡点（Nash equilibrium point）と呼ぶ。

この「囚人のジレンマ」状況は，今では，もう少し一般化して考えられて

表2　協調・裏切りゲームとしての囚人のジレンマ

プレイヤー1	プレイヤー2	
	協調(C)	裏切り(D)
協調(C)	(R, R)	(S, T)
裏切り(D)	(T, S)	(P, P)

T: 裏切りへの誘惑（temptation）
R: 協調し合うことへの報酬（reward）
P: 裏切り合いへの罰（punishment）
S: お人好し（sucker）の顛末

いる。まず2人のプレイヤーの戦略についてだが，より一般化して「自白しない」は「協調」を意味し，「自白する」は「裏切り」を意味していると考えると，囚人のジレンマ状況のイメージはぐっとふくらむ。この状況を表の形で表すと，表1は表2のようになる。

つまり，ここで考える「囚人のジレンマ」ゲームは次のような「協調・裏切り」ゲームなのである。

①　各プレイヤーは「協調」（cooperation; Cと省略する）または「裏切り」（defection; Dと省略する）のどちらかを選ぶ。

②　各プレイヤーは互いに相手が次に選ぶ行動を知らないままに，自分の次の行動を選ばなくてはならない。

③　相手の行動にかかわらず，協調するよりは裏切った方が得である。しかし，両方とも裏切った場合は，両方が協調するよりは損になる。

この③がジレンマというわけである。この③を仮定として数式で表現してみると，

仮定1　$T > R > P > S$

となる。つまり，一方的な裏切りに成功したときの誘惑Tが一番大きく，逆に，お人好しにも相手に一方的に裏切られてしまうSが一番小さい。そして，協調し合った時の報酬Rよりも裏切り合った時のPは小さく，罰に

なっている。囚人のジレンマとは，このように裏切り合うよりも協調し合う方が利得が大きいにもかかわらず，一方的な裏切りで相手を出し抜く誘惑に負けてしまい，結局は裏切り合いの共倒れに終わるという状況を指しているのである。

本当に「共倒れ」に終わるのか

このようにゲーム「理論」では，たしかに共倒れ状態（自白する，自白する）で均衡になるが，実際にゲームをした場合でも，本当に，共倒れになるのだろうか。理論的には，（自白する，自白する）が均衡点だとしても，もし2人が協調して互いに自白せず，（自白しない，自白しない）をとることができれば，利得は（−1，−1）となって，2人の囚人にとっては，はるかに望ましいはずなのである。なぜ協調して「共存共栄」あるいは「共生」の道を選ばないのだ。「共存共栄」の道の存在を知っているのに，それでもなお共倒れで均衡するというのは，なんとも愚かしい。本当に「共倒れ」になるほど人間とは愚かな存在なのか。

そう疑問に思うのは研究者も同じで，実際，ゲームの理論によって「共倒れ」の論理が支持されているにもかかわらず，多くの心理学者がその研究意欲をかきたてられ，囚人のジレンマに関する膨大な数の論文，著書が発表された。1959年の囚人のジレンマに関する最初の実験結果（Scodel et al., 1959）が発表されてから，20年間に，約1000点もの論文，著書が発表されたという（Pruitt & Kimmel, 1977; 佐伯，1980）。そして，そのおかげで，ただの囚人のジレンマではなく，「反復」囚人のジレンマだったら，必ずしも共倒れの裏切り合いにはならないということがわかってきたのである。むしろ協調はかなりの頻度で出現する。

ここで，反復囚人のジレンマ・ゲームというのは，同じ相手との間で囚人のジレンマ・ゲームを何回も反復して行うだけのことなのだが，それだけで，一体何が変わったというのだろうか。実際，理論的には，反復囚人のジレンマ・ゲームとはいっても，有限回数の反復囚人のジレンマ・ゲームで，しかもその回数をプレイヤーが知っている場合には，たとえ反復囚人のジレンマ・ゲームになったとしても，結局は1回限りの囚人のジレンマ・ゲームと同じで，それより以降の回のゲームの存在もむなしく，協調行動を引き出す

ことはできないというのがゲーム理論の結論である。なぜなら，いま最終回を考えてみると，もはや後々のことを考えて行動する必要がないので，1回限りのゲームと同じ理由で裏切り合うことになる。するとその前の回でも，最終的に相手が裏切るのを見越しているために，どちらも協調せず，裏切り合いになる。こうして，その前の回も，そのまた前の回も……，と裏切り合うことになり，どんなに回数が多くとも有限回である限り（つまり最終回がわかっている限り），この論法で最終回から逆に遡っていくと，最初の回でも裏切り合うことになるからである（Luce & Raiffa, 1957, pp.98-99; Axelrod, 1984, p.10, 邦訳9-10頁）。つまり，有限回の反復囚人のジレンマ・ゲームでは，回数がどんなに多くとも，裏切り合いの共倒れで均衡するというのが，ゲーム理論の結論なのである。

このような考え方は，後方帰納法（backward induction）と呼ばれ，もともとは統計的決定理論の逐次分析（sequential analysis）の分野で使われ始めたものである（たとえば，Blackwell & Girshick, 1954, ch.9）。その後，動的計画法（dynamic programming）で，ベルマン（Richard E. Bellman）によって後方帰納法の考え方が最適性の原理（principle of optimality）に一般化された。すなわち，最適政策とは，最初の状態や決定がどうであっても，ある時点以後の決定は，その時点における状態から新しく始めた場合の最適政策となるように構成しなければならないということである（Bellman, 1957, ch.3）。1960年代以降は，この原理を数学的に翻訳することで関数方程式が導出されるが，動的計画法では，広範囲の逐次決定問題がこの関数方程式の形に定式化されて解かれることになる（Howard, 1960）。経営組織論の分野でも，組織設計問題にそうした分析方法が用いられることがある（Takahashi, 1987; 1988）。

実験に見る共生の条件

ただし，実際に実験してみると，理論どおりにはならなかった。反復囚人のジレンマ・ゲームでは，各回，それまでの試合経過を利用して，相手の選択パターンを研究しながら，次回，協調するか裏切るかを選択することになる。そのときは，「これから先の未来の付き合いの長さ」が効いてくるのである。もし一度きりの対戦だったら，裏切ってうまく相手を出し抜いて，利益をあげることができるかもしれない。しかし，これから先の未来の付き合

いが長くなるのであれば，その一度の裏切りが，相手の裏切りを誘発する可能性がある。実際の実験でも，前回，相手が「協調」をとった場合には「協調」で応えるが，前回，相手が「裏切り」をとった場合には「裏切り」で報復するという行動をとる人が多かったこともわかっている。たとえば代表的な研究としては，ラパポート（Anatol Rapoport; 1911-2007）らの実験結果（Rapoport & Chammah, 1965）がある。

彼らは，ミシガン大学の男子学生ペア，70組を実験対象として，囚人のジレンマ・ゲームを300回続けてプレイさせた。つまり有限回の反復囚人のジレンマ・ゲームである。ゲームには，7タイプの利得表が用意され，各タイプのゲームに10組ずつのペアが割り当てられ，ゲームの結果は各プレイの後に知らされた。ごくまれな例外を除いて，各ペアの2人は互いに知り合いではなかった。

この実験では，「協調」がとられる頻度を見るわけだが，この実験で注目されているのは各プレイヤーが，CCCCCC……と協調し続けるタイプの協調行動である。実は，反復囚人のジレンマ・ゲームでは，たとえば一方のプレイヤーがCDCDCD……，もう一方のプレイヤーがDCDCDC……というように，2人のプレイヤーがしめし合わせて，交互に裏切りに成功し合うような別のタイプの協調行動も存在するが，それを排除するために，次の仮定が置かれた（Rapoport & Chammah, 1965, pp.34-35, 邦訳29-30頁）。

仮定2　　$R > \dfrac{T+S}{2}$

こう仮定することで，2人のプレイヤーが交互に裏切りに成功し合っても（たとえば1回ずつ交互に裏切りに成功し合ったときの利得は $T, S, T, S, T, S, ……$ あるいは $S, T, S, T, S, T, ……$ となる），その平均利得は協調し合ったときの利得 R を下回るようにしておくのである。これで2人のプレイヤーが交互に裏切りに成功し合うような協調行動を考えることを排除できる。この条件を満たす囚人のジレンマ・ゲームは，反復かどうかにかかわらず，標準的囚人のジレンマ・ゲームとも呼ばれる（鈴木，1994, 6頁）。

実験の結果，反復囚人のジレンマ・ゲームでは，「協調」はかなりの頻度で出現し，実験結果は次のように整理された（Rapoport & Chammah, 1965, p.38, 邦訳32頁）。もし他の利得が一定に保たれるならば，

表3 互いの行動を真似る傾向を表す相関係数

	r_0	r_1	r_2	r_3	r_4	r_5	r_6
相関係数	0.46	0.51	0.46	0.42	0.40	0.38	0.36

(出所) Rapoport & Chammah (1965) Table 5 の一部。

(a) R（＝協調し合うことへの報酬）が増加するならば，「協調」の頻度は増加する。

(b) T（＝裏切りへの誘惑）が増加するならば（すなわち，S が減少するならば），「協調」の頻度は減少する。

(c) P が増加するならば（＝裏切り合いへの罰が減少するならば），「協調」の頻度は減少する。

これらの結果はもっともなことであろう。そして注目されるのは，各ペアでは相互作用が強くて，2人のプレイヤーが互いに相手の行動を真似るという傾向が見出されたことである。いまある回で，2人のプレイヤーがとる行動の間の相関係数を r_0 とする。さらに，ある回で，各プレイヤーの行動と，その1回前に相手のとった行動との相関係数を r_1 とする。同様に，ある回で，各プレイヤーの行動と，その i 回前に相手のとった行動との相関係数を r_i とする（$i=1, 2, \cdots$）。こうして定義した相関係数を求めると，表3のようになったというのである。

これからわかるように，r_1 が 0.51 と一番大きく，各ペアではプレイヤーは前回の相手の行動を真似る傾向がある。つまり，前回，相手が「協調」をとった場合には「協調」で恩返しするが，前回，相手が「裏切り」をとった場合には「裏切り」でし返しをするのである。ちなみに，ここで扱っているデータは「協調」(C)と「裏切り」(D)の二つの値しかとらない質的データであるので，ここで言っている相関係数は正確にはクロス表の相関係数である。もっともこれは，C に1，D に0の値を形式的に与えて計算した通常の相関係数（正確にはピアソンの積率相関係数）の値と一致する。量的データで計算する相関係数と比べると，0.51 という相関係数はあまり大きくないように感じられるかもしれないが，クロス表では一般的に相関係数は低めになる傾

向があるので注意がいる（高橋，2015, 第 7 章）。たとえば，前回，相手が「協調」をとった場合には 75％の確率で「協調」で恩返しするが，前回，相手が「裏切り」をとった場合には 75％の確率で「裏切り」でし返しをするような場合，相関係数は 0.5 になるのである。

またこのようにプレイヤー間での相互作用が強いことから，(C, C)（プレイヤー 1 もプレイヤー 2 も「協調」(C)を選択している意味）で協調し合っている期間が長くなるか，(D, D) で裏切り合っている期間が長くなるという傾向も見られた。しかし，とくに，各ペア 300 回のプレイのうち最後の 25 回に注目し，そのうち 23 回以上 (C, C) 反応がある場合を「(C, C) 封じ込め (lock-in)」，23 回以上 (D, D) 反応がある場合を「(D, D) 封じ込め」と呼ぶと，(D, D) 封じ込めは 17％で，これは共倒れ状態の (D, D) で安定してしまって終わるが，(C, C) 封じ込めは 53％にのぼり，半数以上は協調し合う共生状態で安定してゲームを終了していたのである（Rapoport & Chammah, 1965, Table 6）。

これは驚くべき結果であった。なぜなら，この実験のように，有限回数の反復囚人のジレンマ・ゲームで，しかもその回数が 300 回であることをプレイヤーが知っている場合には，たとえ反復囚人のジレンマ・ゲームになったとしても，結局は 1 回限りの囚人のジレンマ・ゲームと同じで，それより以降の回のゲームの存在もなしく，協調行動を引き出すことはできないというのがゲーム理論の結論だったからである。それなのに，「協調」が見られるというだけではなく，最終回が近づいてきてもなお半数以上は協調し合う共生状態で安定してゲームを終了していたのである。

こうして，ゲーム理論の理論的結論に反して，囚人のジレンマ状況でも必ずしも共倒れ均衡に終わるわけではなく，協調行動はとられること。そして，前回，相手が「協調」をとった場合には「協調」でお返しをするが，前回，相手が「裏切り」をとった場合には「裏切り」でお返しをするという行動をとるプレイヤーが多かったこともわかったのである。もっとも，日本企業の場合，実際には，反復囚人のジレンマ・ゲームのような逐次的な意思決定プロセスによらないことも多いことが調査結果からわかっているので (Takahashi & Takayanagi, 1985)，そうなると常に後方帰納法を考えることは，それ自体が現実的ではない可能性もある。

戦争でも敵同士が協調

協調行動がとられるのは，実験室の中だけではなかった。実は，血なまぐさい戦場ですら，協調行動は普通に観察されたのである。戦士たちの日記や手紙，回想から浮かび上がる第一次世界大戦のときの塹壕戦の戦士たちの様子 (Ashworth, 1980) は，アクセルロッド (Robert Axelrod; 1943–) も1章を割いて詳細に紹介するほどで (Axelrod, 1984, ch.4)，驚くべきものであった。

第一次世界大戦は1914年8月に始まった。フランスとベルギーにまたがる800キロの西部戦線では，最初の頃は，ドイツ軍とフランス軍・イギリス軍との間で激しい戦闘が行われていたが，まもなく膠着状態に陥る。そして，その年のクリスマスの頃までには，敵同士が親しくなってしまっていたという。もちろん，これは軍規違反であり，軍の司令部は軍法会議にかけて，戦闘をさせようとした。それでも，悪天候が続いたときには「ひどい雨のときには，大規模な攻撃行動をとることはほとんど不可能なのだから，そんなときには互いに撃ち合いはしない」と，雨天停戦がしばしば行われ，この停戦状態は天候が回復してもそのまま継続されることが時々見られるようになったという。

つまり，この膠着した塹壕戦においては，敵同士の間でさえ協調関係が生まれたのだ。前線で向かい合う兵士たちは互恵主義的に，射程距離内であっても，相手を狙撃するのをしばしば控えたという。またドイツ軍の標的の選び方，砲撃する時刻，回数はあまりにも規則的で，イギリス軍側には十分予測可能だったという（つまりイギリス軍には被害もほとんど出ない）。そんな中で，あるイギリス軍将校が歩兵中隊と一緒に紅茶を飲んでいると，大勢の叫び声が聞こえてきた。外に出ると，砲弾が着弾し，被害はなかったものの，イギリス軍兵士がドイツ軍兵士を罵り始めた。そのとき，すぐに一人の勇敢なドイツ軍兵士がこう叫んだという。

「本当にすまない。あんた方誰も怪我しなかっただろうね。これは俺達のせいじゃないんだ。あの忌まわしいプロシアの砲兵隊のせいなんだ。」

それでは，どうしてこんなことが起こったのだろうか。実は，イギリス軍とドイツ軍は囚人のジレンマ状況にあったのだ (Axelrod, 1984, p.75, 邦訳76–77頁)。そして，第一次世界大戦での膠着した塹壕戦では，これから先も敵との長い付き合いが予想される中で，兵士たちは，報復の応酬になることを

避け，生かし生かされることを選択したのである。

コンピュータ選手権での「お返し」の優勝

コンピュータ選手権

　反復囚人のジレンマ・ゲームで「協調」が頻発するというのは，何も心理学的な実験に限ったことではない。アクセルロッドは，コンピュータ・シミュレーションの中でも「協調」が頻発することを示した。

　アクセルロッドは，コンピュータ選手権によって反復囚人のジレンマを研究することを考えついた（Axelrod, 1980a）。これは，各回に「協調」か「裏切り」のどちらかを選択するコンピュータ・プログラムを競技に参加する人に作ってもらい，そのプログラム同士でコンピュータ上で総当たりのリーグ戦をやってもらおうというものである。アクセルロッドは，反復囚人のジレンマ・ゲームのコンピュータ選手権に，心理学，経済学，政治学，数学，社会学の五つの分野に属するゲーム理論の専門家14人を競技参加者として招待した。そのうちの一人として，前述のラパポートが，"tit for tat" プログラムで競技に参加することになる。このプログラムは，最初は「協調」，その後は，前回相手がとったものと同じ行動をとるというもので，参加プログラム中最短のFortran言語でわずか4行のプログラムだったといわれる。ここで，"tit for tat" は，報復を連想させる「しっぺ返し」と訳されることが多いが，tit for tat はたしかに「裏切り」に対しては「裏切り」でお返しし，報復するのだが，「協調」に対しては「協調」でお返しして，恩返しするように設計されたプログラムなので，本書では，中立的に「お返し」と呼ぶことにする。

　アクセルロッドのコンピュータ選手権では，こうして集まった14のプログラムに，「協調」と「裏切り」を同じ確率で，でたらめに（＝ランダムに）選択する「ランダム」というプログラムを加えて，15のプログラムが，それぞれ自分自身との対戦も含めて総当たりで対戦することになった。各対戦組み合わせ，5試合ずつの対戦で，各試合は200回の反復プレイからなっており，ゲームの利得表は表4のようになっていた。その結果，なんとラパポートの「お返し」プログラムが優勝したのである。

表4　コンピュータ選手権で用いられた利得表

プレイヤー1	プレイヤー2	
	協調(C)	裏切り(D)
協調(C)	(3, 3)	(0, 5)
裏切り(D)	(5, 0)	(1, 1)

(出所)　Axelrod (1980a) Table 1.

1試合で200回プレイするのであるから，理屈の上では最低点は0点，最高点は1000点になる。毎回協調し合って，3点ずつ得点すると600点になり，毎回裏切り合って，1点ずつ得点すると200点ということになる。優勝した「お返し」プログラムの平均点は504点であった。

生態学的シミュレーション

アクセルロッド（Axelrod, 1980b）はこうしたコンピュータ選手権の結果とその分析をフィードバックした上で，第2回のコンピュータ選手権を企画した。第1回のコンピュータ選手権への参加者が再招待されたのに加え，パソコン・ユーザー向けの雑誌に案内を出して一般からも参加者を募集した。その結果，6ヵ国から62人がコンピュータ選手権に参加することになった。そんな中で，ラパポートは今度もまた同じ「お返し」プログラムで参加してきたのである。そして「お返し」プログラムは連続優勝を遂げることになる。

第2回選手権も第1回選手権とほぼ同じ方式で行われたが，ただし第1回選手権では各試合を200回の反復プレイと決めていたものを，第2回の選手権では，図1のように，ある回が終わるごとに，次の回もやるかそれともその回で試合を終了するかを確率で決めることにし，次回も続ける確率 w を0.99654とした。これは1試合の反復プレイ回数の中央値が200回になるように設定されたものである（ちなみに，1試合の平均回数を200回にするのであれば，確率は $w = 0.995$ にしなくてはならない）。

ここで，次回の対戦が行われる確率 w は，統計的決定理論の分野では，停止ルール（stopping rule）と呼ばれるものの一種である。ここでは「未来係

図1 未来係数

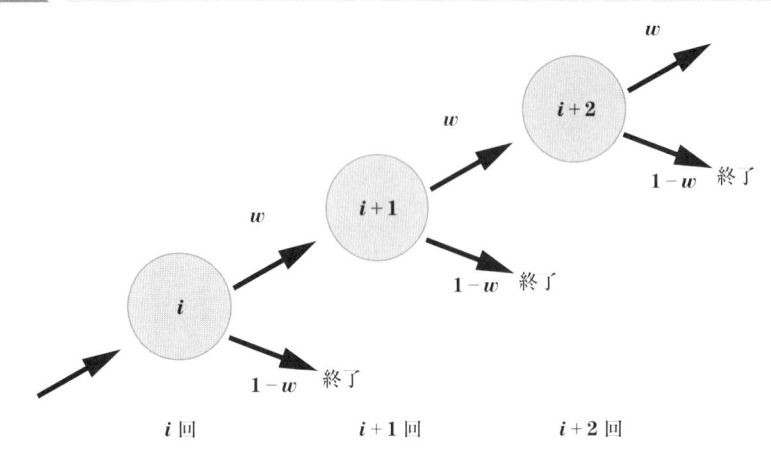

(出所) 高橋（1997b）27 頁，図 2。

数」(future parameter) と呼ぼう (Takahashi, 2013d)。停止ルールは，通常は決定ルール (decision rule) と対で使われ，逐次決定過程が定式化される (Ferguson, 1967, ch.7; DeGroot, 1970, ch.12)。アクセルロッド (Axelrod, 1984) は w を割引率 (discount parameter) と呼んでいる（確率過程モデルでは，停止ルールと割引率を別のパラメーターとして設定することもある〔Ross, 1970, ch.6〕）。

　アクセルロッド (Axelrod, 1980b) は，この大会をさらに第 3 回，第 4 回，……と続けていくとどうなるかと考えた。あまりに成績の悪かったプログラムは挑戦をやめ，成績の良かったプログラムはさらに挑戦を続けるに違いない。そこでアクセルロッドは，第 2 回選手権の結果を使って，大会を続けたとき，各プログラムのシェアがどのように変わっていくのかをコンピュータ・シミュレーションすることにしたのである。あまりに成績の悪かったプログラムはシェアを失って淘汰され，成績の良かったプログラムはシェアを伸ばしていくと考えたのである。

　そこでまず，第 2 回選手権への参加プログラムは，それぞれがいわば均等なシェアを持って対戦していたわけだが，これを第 0 世代とする。次に，各プログラムが第 j 世代同士の試合で挙げた総得点に比例して，第 $j+1$ 世代のシェアが決まると設定したのである。つまり，たとえば第 0 世代での試合

でプログラム A がプログラム B の 2 倍の総得点を挙げたのならば，第 1 世代では，プログラム A はプログラム B の 2 倍のシェアを持つようにしたのである。同様にして，第 2 世代は第 1 世代での各プログラムの総得点に比例して，参加プログラムのシェアを決める。このように順々に第 3 世代，第 4 世代，……と世代を重ねていくようにしてシミュレーションが行われた。

このシミュレーションの結果，50 世代を経過すると下位 3 分の 1 のプログラムはほぼ消滅し，中位 3 分の 1 のプログラムは衰退を始めていたが，上位 3 分の 1 のプログラムは増殖していた。上手な裏切りによって相手から搾取するようなプログラムは，しばらくは調子が良いように見えていても，そのうち自らが食い物にしてきたプログラムが絶滅してくると自らも絶滅していったのである。そして，シミュレーションを続けた 1000 世代の間，「お返し」プログラムはずっと 1 番の成績を挙げ続け，シェア 1 位を守り，最後まで最大の増加率を示してシェアを伸ばし続けていたのである。

ところで，あるプログラムが別のプログラムによって置き換えられるとき，それが模倣（学習）によるものなのか，それとも淘汰によるものなのかは，シミュレーション・モデル上は違いはなく，形式的にはまったく同じものとして扱っていることになる。しかし，両者の間には本質的な違いがある。それはプログラムが持っている慣性力 (inertia) の大きさの違いである。慣性力が弱いときには，プログラムは変化しやすく，学習も容易である。しかし，慣性力が強いときには，プログラムが学習によって変化することはなく，別のプログラムによってそっくり置き換えられる以外に変化の方法はない。つまり淘汰以外に変化の方法はないのである。

しかし淘汰によるものでも，厳密には 2 種類の淘汰がある。ここで取り上げられているシミュレーションは，世代進行に伴って新しいプログラムが加わってくるわけではないので，厳密に言えば，突然変異を考慮した進化論的なシミュレーションというよりも，生態学的シミュレーションということになる。したがって正確に言えば，ここでの結果は，生態学的シミュレーションの結果ということになる。

突然変異と集団安定性

それでは，突然変異を考慮した進化論的な状況の下では，どうなるのであ

ろうか．アクセルロッド（Axelrod, 1984, ch.3）に従い，理論的に考えてみることにしよう．それには集団安定性という概念が用いられる．いま，ただ1種類の同じプログラムを持った個体からなる集団があるとする．そこに突然変異によって1個体だけが別のプログラムを持つに至ったと考えてみよう．もし，この突然変異個体が集団内の他の個体よりも高い得点を挙げることができれば，この突然変異プログラムは集団に侵入できるといわれる．いかなるプログラムも侵入可能でないならば，その集団が持っていたただ一つのプログラムは集団安定（collectively stable）であるという．

集団安定はメイナードスミス（John Maynard Smith; 1920–2004）によって提唱された「進化的に安定な戦略」(evolutionarily stable strategy; ESS) をもとにして考えられたものである．ESS は（詳しくは Kandori（1997）を参照のこと），もし集団の全員がその戦略を採用していれば，自然淘汰により，どんな突然変異戦略もその集団に侵入できないような戦略を指していた（Maynard Smith, 1982, p.10, 邦訳 11 頁）．ただし，集団安定と ESS は似て非なるものである．

アクセルロッドは，「全面裏切り」プログラムはいつも集団安定であるという定理を証明している（Axelrod, 1981, Theorem 6）．アクセルロッドの証明は手が込んでいるが，考え方としては，ある一つのプログラム以外は「全面裏切り」プログラムただ1種類からなる集団の中では，そのプログラムが「裏切り」をとっている間は，「全面裏切り」プログラムと同じ利得 P を挙げていられる．そんな状況下で「協調」をとれば，「協調」をとる度に，自分の利得は S に減少し，「全面裏切り」プログラムの利得は T に増加することになるので，「協調」を一度でも選択するプログラムは，侵入することができないと考えるのである．

この定理から，均衡の代わりに集団安定性という概念を用いても，やはり均衡のときと同様に，裏切り合いの共倒れが集団安定だったことがわかる．しかし，ここで注目しておかねばならないことは，集団安定という概念自体，実際上，一体どれほどの説得力を持っているのか疑わしいということである．つまり理論的には「全面裏切り」プログラム 100 ％の集団には「協調」は入り込めないことになるのだが，それでは，一体，何％くらいまで「全面裏切り」プログラムのシェアが低下したら他のプログラムの侵入を許すようになるのか．

そこで試しに,「お返し」対「全面裏切り」の場合を考えてみよう。この場合,清水 (1996) によると,最終的には, (i)「お返し」一色, (ii)「全面裏切り」一色,または, (iii)初期状態からまったく構成比率が変化しない,の3通りのケースのうちのどれか一つになるのだが,それは未来係数の大きさと,初期状態の構成比率によって決まる。アクセルロッドがコンピュータ選手権で用いた利得表(表4),未来係数 $w=0.99654$ の場合で計算してみると,その境界は「お返し」の構成比率わずか 0.17 %(つまり「全面裏切り」の構成比率は 99.83 %)になるという。これよりも「お返し」が多ければ「お返し」一色に,少なければ「全面裏切り」一色に最終的にはなってしまう。0.17 %ちょうどであれば,この初期状態からまったく構成比率が変化しないことになる(清水, 1996, 40-45 頁)。

たったの 0.17 %である。つまり「全面裏切り」が理論的には集団安定だとはいっても,「お返し」プログラムの侵入を防ぐことは「全面裏切り」の構成比率が 99.83 %を超える時でなければ実現しない話なのである。0.17 %をわずかでも超えて「お返し」プログラムが混じっていれば,「お返し」プログラムは「全面裏切り」に侵入できることになる。そして,いずれは「お返し」一色になってしまうのである。

この 0.17 %という境界比率は決して特殊な数字ではない。いまこの境界比率を c とし,表2の一般の利得表の場合で求めてみると,

$$c = \frac{P-S}{(R-P)/(1-w)-(S+T-2P)} \tag{1}$$

となる。つまり「お返し」の構成比率が,この c の値よりも大きくなると,最終的には「お返し」一色になるのである。この(1)式から,未来係数 w の値が十分に1に近ければ,境界比率 c の値は十分に小さくなることがわかる。したがって,未来係数がほとんど1であれば,「全面裏切り」プログラムの集団安定性は無意味になるのである。事実,次の定理が証明できる(Axelrod, 1981 ; 1984)。

「お返し」が集団安定 $\Leftrightarrow w \geq \max\{(T-R)/(T-P);\ (T-R)/(R-S)\}$

ただし,アクセルロッドによる十分条件の証明は不完全で,完全な証明は, Shimizu & Takahashi (2003) によって行われている。

未来傾斜原理

協調することの意義

第1回コンピュータ選手権の際にアクセルロッドが行った分析は、実に示唆に富んでいる。アクセルロッドによると、好成績をもたらしたプログラムの特徴を分析すると、おおむね次のような2点に整理されるという（Axelrod, 1984, ch.2）。まず驚いたことに、高得点のプログラムと低得点のプログラムを分けていたのは、たった一つの性質であった。それが

(A) 紳士的（nice）であること＝姑息でないこと……自分からは決して裏切らないこと

である。15プログラム中成績上位8位までのプログラムはどれもが紳士的なプログラムであった。その他のプログラムはどれも紳士的ではなかった。紳士的なプログラムは472点から504点までの平均得点を挙げていたのに対して、紳士的でないプログラムの最高得点は平均401点どまりで、得点上のギャップがあった。つまり、相手を試したり、時折つまみ食いをしたりして一時の利益を求めると、それから後の協調関係が崩れてしまい、結局は長期間協調関係を維持し続けていたよりも得点が低くなってしまったのである。

それに対して紳士的なプログラム同士は、相手が裏切らない限りは協調し続けるので、互いの平均得点を高め合った。そして裏切られたときの対応の仕方によって、それぞれの紳士的なプログラムの全体的な平均点が決まった。好成績を挙げた紳士的なプログラムが持っていた性質とは、

(B) 容赦すること（forgiveness）＝根に持たないこと……相手が裏切った後でも、再び協調すること

である。教訓風にいえば、過去の裏切りをいつまでも根に持たずに水に流し、将来の協調関係を選択すべし。さもなくば、相手の一度の裏切りが果てしない報復合戦を呼び起こしてしまい、長期間その泥沼から抜け出せなくなって共倒れになってしまうということである。

つまり、(A)(B)が示唆していることは、「(A)現在の目先の利益や(B)過去の裏切りへの復讐を選択してはいけない」ということである。現在でも過去でも

ないとすると，残っているのは未来である。未来についてはどうしろと言っているのだろうか。結論から言ってしまえば，「(C)これからの将来の協調関係をこそ選択すべきである」ということになる。

コンピュータ選手権でも，長期的な協調関係を維持し続けることに成功したプログラムが，結果的に地道に協調の得点を積み上げ，好成績を挙げて勝ち残って繁栄していった。その最もシンプルな代表例が「お返し」プログラムだったのである。

アリとキリギリス

「現在の目先の利益や過去の裏切りへの復讐を選択してはいけない。これからの将来の協調関係をこそ選択すべきである。」

こうした理論的エッセンスを「協調・裏切り」ゲームの文脈にとどまらず，広く「未来傾斜原理」(leaning on future principle) と呼んでいる (高橋，1996b; 1996c; Takahashi, 2013d)。日本企業では，多くの経営現象をこの未来傾斜原理で説明することができると考えられる。前章に出てきた「やり過ごし」を容認する傾向もその一例である。未来傾斜原理とは，わかりやすく言えば，過去の実績や現在の損得勘定よりも，未来を残すことを選択し，その実現への期待に寄り掛かり傾斜した格好で現在を凌いで行こうという意思決定を行う原理である。未来係数が非常に大きければ，その未来への期待に寄り掛かり傾斜した格好で現在を凌いで行こうという行動につながることは容易に想像がつくが，これこそが未来傾斜原理に則った行動である。

しかし，よく考えてみると，この意思決定原理が生き残って繁栄していくのはあまりにも当たり前のことである。シミュレーションなどやってみるまでもない。今もし，

① 刹那主義的に，その場限りの「今」の充実感，快楽（復讐を果たすこともこれに該当する）を求める「刹那主義型システム」と

② 10年後，20年後，あるいはもっと先を考えて，いまは多少我慢してでも凌いで，未来を残すことを考えた「未来傾斜型システム」

とが競争すれば，短期的には「①刹那主義型システム」が羽振りをきかせる時期があったとしても，結局，何十年後かを見てみると，生き残っているのは「②未来傾斜型システム」に違いないからである。それはまさに，古代ギ

リシャのイソップの「アリとキリギリス」の寓話そのものである。未来係数が高ければ、この当たり前のことが実感できる。

かつて、ペンローズ (Edith E. T. Penrose; 1914-1996) も、専門経営者は企業内で資金を留保・再投資できれば得るところが大きいし、オーナー経営者ですら、企業から引き出される所得よりも企業の成長にもっと関心を持っていると指摘した上で (Penrose, 1959, p.28, 邦訳37頁)、こうした企業の全体的な長期利益を増加させようとする傾向を仮定すれば、企業内での再投資のために、できるだけ多くの利益を漠然と留保しておくという際立った傾向が期待できると考えていた (Penrose, 1959, p.29, 邦訳38-39頁)。

それに対して、もともと個々の企業の長期的な健全性や成長に興味のない機関投資家は、こうした日本企業の行動に対して、株主に還元されるべき利益が企業や系列の成長のために温存されていると批判するが、いかにも刹那主義を絵に描いたような主張でわかりやすい。

そして、このような刹那主義型システムが1960年代後半以降の米国の多くの資本集約型産業に一体どれだけのダメージを与え続けたのかを思い起こす必要がある (Chandler, 1990; 高橋, 1995)。たとえそれが均衡や安定そして経済学的な合理性を盾にして擁護されていたとしても、企業の長期的な健全性や成長よりも短期的な株主の利益を優先させるようなシステムが生き残ることは、まったく現実的ではない。こうした事例は実にたくさん存在しており、高橋 (1996c) にもそのいくつかが挙げられている。

ゼロ和状況からの脱出

数学的には、ゼロ和ゲームは非ゼロ和ゲームの条件が厳しくなった特殊な場合と考えられる。ところが、ゲーム理論を体系化したことで有名なフォン・ノイマン=モルゲンシュテルンは、非常に重要な指摘をしている。実は、非ゼロ和2人ゲームとは、ゼロ和3人ゲームの第三のプレイヤーがゲームの構造上に現れていないゲームと考えられるというのである。この「仮想プレイヤー」(fictitious player) と呼ばれる第三のプレイヤーの存在と特性が、そのゲームの理解にとっては決定的に重要となる (von Neumann & Morgenstern, 1944, ch.11)。

そもそも囚人のジレンマ・ゲームとは、共犯の2人の容疑者、囚人1と

囚人 2 を分離した上で，検察側が司法取引をちらつかせながら，別々に尋問をしている状況を想定している．つまり，このゲームの状況を文章で記述する際には，必ず「検察側」が登場し，「検察側」との司法取引の存在を説明していたのである．ところが，表 1 のように記述する際には，「検察側」の存在はすっかり抜け落ちてしまい，囚人 2 人だけの非ゼロ和ゲームへと化けてしまっていたのだ．このゲームは，たしかに 2 人の囚人にとっては望ましくない結果に終わるのだが，しかし，隠されてしまった第三のプレイヤー「検察側」にとっては最良の結果に終わっているのである．検察側からすれば，囚人 2 人の刑期の合計を最大化することはそれなりに意味のあることであり，囚人 2 人ともが自白をし，犯した罪相当の刑罰を受けることは，まことに適正なる結末というほかない．だからこそ司法取引なるものが社会的に許容されているし，そもそも検察も存在する意義があるわけである．

仮に，目の前の状況が，一つのパイを互いに食い合うゼロ和状況で，協調行動が生まれる余地のある囚人のジレンマ状況にはないとしよう．それでも，経営的な観点からすると，ゼロ和 2 人ゲームの状況に第三のプレイヤーを投入し，非ゼロ和 2 人ゲームの状況を作り出すことは，日常的に行われている経営手法なのである．実際の経営の現場では，ゼロ和状況だからとあきらめているわけではなく，ゼロ和状況からの脱出が図られているのだ．そして「反復囚人のジレンマ」状況に持ち込むことで，協調行動が生まれる条件整備をするのである．

たとえば，1985 年 4 月に日本電信電話公社（電電公社）から日本電信電話株式会社（NTT）へと民営化（正確には特殊会社化）した際のケースは，ゼロ和状況からの脱出という点では，実に印象的な事例である（高橋・清水, 2000）．

今でこそ日本国内にもたくさんの電話会社が存在している．しかし，戦後間もない 1949 年に逓信省が二つに分離して電気通信省が設置され，さらに 1952 年に電電公社という公共事業体に移行して以来，1985 年の NTT 民営化前までは，国内の電気通信市場は電電公社の独占だった．民営化の際に制定された日本の電気通信事業法では，電気通信事業者を，自らネットワーク設備を所有して電気通信サービスを提供する第一種事業者と，他人の設備を借りてサービスを提供する第二種事業者とに分類している．しかし民営化前

には，第一種事業者と呼べるのは電電公社と国際電話専門の KDD しかなかったのである。

そこに，NTT 民営化後，電気通信事業法の施行により新たに第一種事業者が参入する。これらの会社は新電電あるいはニュー・コモン・キャリア (NCC: new common carrier) と呼ばれていた。NCC はサービス内容により，中継系，衛星系，地域系，国際系に分類されるが，NTT との競争の中核となる中継系には，当時一番利益率の高かった長距離電話の分野で第二電電 (DDI)，日本テレコム，日本高速通信が参入してきた。

このように書いてくると，ほとんどの人は，市場が自由化され，規制緩和されたことによって，新規参入が相次いだと単純に理解することだろう。しかし，実際にはそうではなかったのだ。驚くなかれ，民営化が本決まりになると，当時の電電公社の幹部がめぼしい財界人の間を回り，電気通信産業の将来性と長距離回線の利益率の高さを説いた上で，NCC を設立して長距離電話の分野に参入することを積極的に勧めて回っていたのである。そうは言われても，それまで電気通信事業は電電公社の独占で，電気通信技術のノウハウがないと財界人たちは尻込みをしていた。そこで NTT 側は，その電電公社にしかない電気通信技術のノウハウを提供するために，民営化直後に関連会社を設立し，そこを経由して NTT の技術者を NCC に派遣し，NCC の技術的な立ち上げにまで手を貸すことになるのである。

なぜそんなことをしたのだろうか。民営化の目的は競争原理が有効に働くようにすることだから，国益を考えれば，それは旧公社の当然の義務であるという発想も成り立つだろう。たしかに，当時の電電公社にはそのような雰囲気が漂っていたことは事実である。会社というよりは官庁に限りなく近かった。民営化は日本の電気通信産業の将来を考えて決断されたという側面がたしかにある。

しかし，NTT にはもっと現実的な理由が存在していた。当時の電電公社には「電電公社の歴史は合理化の歴史」という使命感にすら近いような感覚で経営効率化に取り組んできた姿があった。そして，電気通信分野で加速度的に技術革新が進んでいく中で，当時の電電公社の幹部の間には，これ以上の合理化，経営効率化を進めるためには，労働組合との間での労使協調が欠かせないという共通の認識が生まれていたのである。

ところが，民営化前の電電公社の労働組合，全国電気通信労働組合（全電通）は非常に手ごわい存在であった。なにしろ民営化前は，いわば「国営」の独占企業であり，競争相手もいなければ，つぶれる心配もない。全電通にとっては，まさに「怖いものなし」の状態だったのである。言い換えると，電電公社の経営側と組合側は，両者の間だけでのゼロ和状況（ゼロ和2人ゲーム状況）にはまり込んでしまっていたのである。これでは両者の間に協調関係の生まれる余地はない。そこで，当時の電電公社の幹部は，民営化を機に，このゼロ和2人ゲーム状況に第三のプレイヤーを投入することに活路を見出す。それがNCCだったのである。そして実際，NTTの外に共通の「敵」を作り出すことで，NTT内部の経営側と組合側との間に協調行動をとるというオプションが生まれ，両者の置かれた状況はゼロ和2人ゲームから非ゼロ和2人ゲームへと変化していったのであった。

　もちろん，いきなり協調関係が築けるわけもない。実際には「互いに協力し合う方が，反目しあって共倒れになるよりは良いことはわかっているのだが，できれば相手方が譲歩してほしいと，互いに思っている」状態，つまり囚人のジレンマ状況にようやくたどり着いたにすぎない。しかし1985年4月，NTT民営化に伴って，新生・全電通がスタートし，「労使関係に関する基本協定」が調印され，両者の関係は労使協調へと大きく転換する。その後，NTTの再編成に対応するために，1998年12月1日，全電通は抜本的な組織改革を行い，NTTグループ企業の労働者で構成する労働組合としてNTT労働組合が新たにスタートするが，電電公社時代と比べれば，はるかに良好な労使関係が続いており，それがNTTの競争力の基盤となっているのである。

高い未来係数と終身コミットメント

終身コミットメントの発見

　日本企業とその従業員の持つ未来係数の高さは，未来係数という用語こそ用いられなかったが，実は，従来より日本的経営論の中で繰り返し，かつ一貫して主張されてきているものである。終身コミットメントの指摘は，その典型であろう。

アベグレン（James C. Abegglen; 1926-2007）は，非欧米国でしかも一貫してアジア的なものを残していながら，当時すでに工業国といえるようになっていた日本で，1955年から1956年にかけて19の大工場と34の小工場を訪問調査し，その結果をもとにして，1958年に『日本の経営』（*The Japanese Factory*）（Abegglen, 1958）を著した。これは，日本的経営に関する海外の文献でこの本を引用しないものはほとんどないというほどの記念碑的業績である。その中でアベグレンは「米国式の組織および管理の制度は，工業化に対する数個の可能な方式の一つをなすにすぎない」（「日本語版への序」）と考え，当時，日本の工場では組織等が欧米とは著しく異なっているということにほとんど何の注意も払われないままに，欧米の生産において有益だった方法や機械がそのまま導入されていることに疑問を呈した。そして，日本の工業化の研究を通じて，欧米的な生産組織の方式の限界とその適応の限界を調べようとしたのである（Abegglen, 1958, ch.1）。

アベグレンは，米国の工場との決定的な違いとして，日本で見られる終身コミットメント（lifetime commitment）に着目する。これは，日本の工場では，雇い主は従業員の解雇や一時解雇をしようとしないし，また従業員も辞めようとしないということを指している。実態から考えても，終身雇用というよりもこちらの方が正確だと思われるが，それ以上に，終身コミットメントの定義は未来係数の高い状態を直接的に指し示していて注目される。それに対して米国の会社では，アベグレンによれば，逆に高い移動率は望ましいものと考えられていたというのである。

そして，終身コミットメントがあるために，そのままでは日本の工場では，景気変動や需要変動に適応できなくなってしまうので，環境の経済的・技術的変化に対するバッファーとして，日本の工場では，現在でも広く観察される次の二つの方法がすでにとられていたという。

① 終身的な正規の従業員の他に臨時工員を利用する。
② 大工場に結合した形で，かなりの子会社，関係会社をもち，下請けが行われている。下請けは時には親会社の工場内で行われている。

超企業・組織

どちらも現在でも使われている方法である。①については，工場に限らず，

いまや日本企業では，どこでも当たり前に見られる。たとえば，本社ビルの受付に座っている女性，外部の人間からすると，その会社の顔ともいえるこうした女性は，多くの場合，人材派遣会社からの派遣社員である。セキュリティー管理の厳しいコンピュータ・ルームで，忙しそうに働いているシステム・エンジニアやオペレーターなどのコンピュータ技術者集団の多くも，実はコンピュータ会社の人間である。銀行によっては，支店の窓口できびきび働く女性「行員」もほとんどが正社員ではない。また大型量販店によっては，電器売り場の店員の多くが，メーカーから派遣されてきた人である。

また②の方は，「親会社」の周辺にさまざまな雇用条件（就業規則・賃金体系）の会社を配置する方法で，1970年代以降の電機メーカーなどで「生産子会社」「分身会社」として流行したものも同様なシステムである。また，工場をちょっと見ただけではわからないが，②の後半部分，すなわち親会社の工場内での下請けもよく用いられる方法である。たとえば，某社の工場では，従業員数50人なのに対して，昼夜2交代制で150人近くの人が働いており，正社員以外の人は，その会社の下請企業数社から働きに来ている人たちだった。正確には「外注」というべきだろうが，その会社では，これを「内注」と呼んでいて，雰囲気がよく出ている。実は，1990年前後のバブル期に日本国内の工場が極端な労働者不足になって，外国人労働者を雇い入れた際も，多くの日本企業ではこの方式がとられていた。つまり，正確には外国人労働者は現地の下請企業の従業員として雇われており，いわば下請企業が丸ごと工場に働きに来ていたのである。こうした現象の背景に，終身コミットメント――より一般化すれば，高い未来係数――があるというのである。

しかし，どのケースでも，第三者から見れば一つの組織である。見かけだけではなく，実態としても一つの組織として動いている。しかし，本当は，いくつもの企業に分かれているのだ。「組織」は実態として機能しているネットワークやシステムの概念なのだが，「企業」はもともと制度であり，境界，あるいは仕切りの概念なのである。

組織，あるいは組織的活動は，有史以前，それどころか，おそらく人類が誕生する以前から存在していたはずだが，会社という制度は，「発明」されてから，せいぜい1000年程度の歴史しかない。組織と企業が同じ概念であるはずもないのである。いまや，複数の企業が一つの組織として機能してい

るという光景は，まったく当たり前の光景なのだ。これを組織のネットワークが企業の境界を超えて活動の範囲を広げていると見ることもできるし，あるいは，いくつもの企業を束ねるネットワークとして組織を見ることもできる。しかし，どちらにしても重要なのは，私たちの関心が，企業の内部外部にかかわらず，本来は，組織としての活動にあるということなのである。つまり，私たちの関心は，常に組織としてのパフォーマンスにあるのだ。こうした組織を「超企業・組織」と呼んでいる（高橋, 2000）。これは造語だが，「超企業」とは英語で言えば"transfirm"——これも造語だが——つまり「企業の境界を超えた」「多企業の」という意味で，最近の多くの経営学のトピックスが「超企業・組織」的な世界観に支えられている（高橋, 2000; Takahashi, 2014a）。

　言い換えれば，「企業の境界を超えた組織」を経営しているのだという明確な視点と理解に，いまや当たり前となった「超企業・組織」経営の成功の鍵がある。そして，アベグレンの発見は，戦後の日本企業が，終身コミットメントへの対応として，超企業・組織を有効に利用し，経営してきたということなのである。

終身コミットメントを基本にした制度

　いずれにせよ，アベグレンは，終身コミットメントは，求人や採用の制度，動機づけと報酬の制度との間に相互に密接な関係を持っており，まさに日本の工場組織全体の基本的な部分をなしていると指摘する（Abegglen, 1958, ch.2）。そのことをアベグレンの著書に従って，順に整理しておこう。

(a) 採用時の選考……終身的であれば，採用時の選考の失敗はなかなか正せないし犠牲も伴うので，注意深く選考が行われる（Abegglen, 1958, ch.3）。

(b) 給与制度と動機づけ……いくつかの工場での例を挙げて，職員と工員では賃金体系が違うものの，工員に対する生産性手当は，通常は生産高が標準生産高基準を超えているために，実質的には恒常的かつ安定的に支払われていることを指摘する。つまり制度ではなく，実際の運用で，給与は主として年齢と教育程度の関数である基本給によって決まるというのである。いわゆる年功賃金のことである。そして，賞与もそれを当

てにして従業員が生活水準を考えられるほどに定期的な賃金制度となっているが，この賞与のおかげで，経営者は基本的な賃金制度を改めることなしに，報酬に対する組合の要求に応えることができることも指摘している。福利厚生費は直接労務費総額に対して 20％の付加分をなしている工場もあったという。米国では，現金支払賃金は報酬のはるかに大部分を占めていて，従業員が会社に対する自分の価値や自分の職務に対する成功度を評価するのに用いられ，生活水準や健康水準は個人の責任の問題となっているが，それと対比される（Abegglen, 1958, ch.4）。

(c) 階層・キャリア・組織……日本の工場の管理組織は公式的には精巧であるが，機能的には不明瞭で，粗雑にしか定義されていない。決定に際して，直接にその個人的責任を負う危険にあえて一個人をさらすことをせず，能率を犠牲にしてでも会社内の人間関係を維持しようとする。また，通常，共通の大学の経験と背景を基礎にして，大会社にははっきりとした閥が作られており，それは昇進と成功に対して非公式にではあるが，非常に重要な役割を果たす。訓練は主として OJT（on-the-job training）であり，先輩や上司から学ぶことを意味している。こうして従業員と上司との密接な関係を促進することで，本質的に家父長的関係で従業員を会社に結び付けるきずなを強めているとされる（Abegglen, 1958, ch.5）。

(d) 従業員にとっての工場……実際，「良い職長は，父親が自分の子供を見るように，自分の工員を見る」という所見にすべてのグループから強い同意が得られた。米国の大企業の比較的非人格的かつ合理化された生産方式・組織的制度と比較すると，日本の工場は家族的であるように思われる（Abegglen, 1958, ch.6）。

しかし，こうした日本の工場に対するアベグレンの評価は，とくに生産性に関しては否定的であった。第 7 章「日本の工場における生産性」（Abegglen, 1958, ch.7）では，生産性に関連して，終身雇用や年功賃金に対する否定的な見解が述べられていた。すなわち，日本の工場の生産性は，それと同等の米国の工場の 50％もなく，多くは 20％程度しかない。それは日本企業が終身的であるために，規模と費用の点で固定した非常に大きな労働力を維持しなければならないためである。非能率的な従業員を会社から除くことは非常

に困難で，管理階層または現場で不適当と証明された人たちのために害のない地位を見つけ出すことになる。少なくとも欧米流の着実かつ効果的な生産に対するおもなインセンティブは取り去られている。また，生産における誤りや失敗の責任を特定の個人に帰することを習慣的に回避するために，米国では考えられないような品質管理上の問題が発生しているというのである。

こうした主張は，40年を経た1990年代のバブル崩壊後の日本で声高に主張されたこととまったく同じで驚かされる。しかし，こうした生産性に関する見解は，後で触れるように，15年後の1973年に出版された新版（Abegglen, 1973）では，章ごと完全に削除されることになる。そして評価は180度転換するのである。

終身コミットメントの形成

ところで，こうした終身コミットメントを核とするシステムは大昔から日本全体にあったものではなく，各社の企業努力の結果として形成されてきたものである。戦前からある日本を代表する企業として，日立製作所を例に，その形成経緯を，菅山（1995）をもとにして見てみよう。

1920年に久原鉱業から独立した株式会社日立製作所は，1939年に至るまで，「社員」の規則と「職工」の規則がまったく別立てであった。社員は新規学卒者の定期採用により採用され，すべて年給，月給の定額給で定期昇給する制度になっていた。1930年代の離職率は年平均3％程度と，ほとんどの者が永年勤続する現象が見られた。まさに「社員」は年功賃金で終身雇用だったのである。

しかし，職工は定額の日給をもらっている者も少数派で，多くは出来高払制度が適用されていた。定期昇給は期待できず，職長や現場の係員の恣意的な査定で昇給，昇進が決められることに対して，不平不満が強かったという。1930年代半ばに採用された「定傭工」のうち定期採用者は7％程度で，ほとんどは定期採用者ではなく，最初は「日雇工」として入所して，1年以内に定傭工となった者だった。日雇工の数は定傭工の約半数にのぼっていたという。しかし，1939年，日立工場では「職工」という呼称が「工員」に改められ，戦争経済の破綻が進む中で，生活程度を考慮しない出来高払制の不合理が指摘され，1940年には，標準的労働者のライフ・サイクルと能力曲

線に基づき，単価請負から時間請負への切り換えが行われた。1943年には，固定給部分が設定され，日給の半額に相当する額が事実上の固定給部分となった。こうして，第二次世界大戦末期には，ブルーカラー労働者の賃金のホワイトカラー化はかなりの進展を見せたのである。

　日本全体で見ると，労働組合は，終戦から1年半の間に約500万人，雇用労働者の4割を組織したが，1947年8月に実施された調査によれば，そのほとんどすべてが企業単位に組織されており，工員・職員一本の混合組合の比率が8割を超え，職長や係長にも，そして3分の1の組合では課長にまで組合員資格を与える「従業員組合」となっていた。日立工場でも，従業員の間では，工員層でも，優遇されている社員層でも，社員・工員の身分制度撤廃を望む声が強く，1946年5月には工員が組織する組合と社員が組織する組合が合併して「日立工場労働組合」が誕生する。1947年1月には，社工員の身分を撤廃し新たに所員とする協定が成立し，日立製作所の経営陣は身分制度の撤廃に同意する。

　1947年5月には，年齢を重視する生活給的色彩の強い新基本給が労使間で合意され，これによってかつての社員・工員間の賃金格差は一挙に消滅した。それでも，直接現業職については基本給に対する加給の比率が高かったが，実績においてあまり大幅には変動せず，能率給はインセンティブ・システムとしては有効に機能しなかった。

　このことは他の企業でも同様で，当時の日本経営者団体連盟（日経連）が能率給制度の宣伝に努めたにもかかわらず，製造業で能率給制度を適用されている労働者の比率は1950年の46％から，1965年には17％にまで大幅に低下する。こうして，ホワイトカラーとブルーカラーの間に，実質的にも同じ賃金制度が適用されるようになったのである。そして，1960年代に入ると，日本経済の高度成長に伴う深刻な労働力不足と高校進学率の急速な伸びで，企業はそれまで下級のホワイトカラー職として雇っていた高卒を現場労働者として採用するようになった。このことで，高卒者に対してとっていた定期採用方式が，ブルーカラー労働者に対しても見られるようになり，ブルーカラー労働者の雇用制度面でのホワイトカラー化はほぼ完成を見ることになる。こうして，生活費保障給型賃金が，ホワイトカラー，ブルーカラーを問わず，日本企業に定着するのである。

こうして，日本の大企業では，戦後直後の労働組合による「経営民主化」「身分制撤廃」運動の結果として，ホワイトカラーとブルーカラーの間に，基本的に同じ賃金制度が適用されるようになった。準戦時体制，戦時体制のもとで確立した大企業の賃金カーブは，戦後直後の生活給的賃金制度に受け継がれ，さらに春闘方式のもとで「年齢別生活費保障給型」の賃金カーブが定着する。その結果，日本のブルーカラー労働者とホワイトカラーのスタッフとは，年齢・賃金プロフィール，勤続年数別構成，企業福祉費の割合等において，マクロ・データのレベルで近似することになるのである（小池，1981）。

　こうした傾向は賃金だけにとどまらず，日立製作所の日立工場・多賀工場を研究対象に選んだ英国の社会学者ドーア（Ronald Philip Dore; 1925-）は，英国のイングリッシュ・エレクトリック社の2工場と比較して，日本の大企業では「英国ならばミドル・クラスの職員に限られている特権である年金や疾病手当のような付加給付，かなりの程度の雇用保障，家族生計費の出費増に応じた賃金の上昇などを，現場労働者にまで与えている」と日英間の雇用システムの違いを指摘している（Dore, 1973, p.264, 邦訳293頁）。

三種の神器

　ところでドーアは，日本的経営の集団主義的性格を，産業社会が向かいつつある発展傾向の最も先端的な姿として捉えていた。実は，1950～60年代の日本経済の高度成長期を経て，70年代になると，欧米の学者によって「日本的経営」の評価の見直しが行われるようになったのである。それまで，後進的だと批判されてきた日本的経営に関する評価が，否定的なものから肯定的なものに変わったのだ。そのターニング・ポイントともいえる論文が，前章第4章でも触れたドラッカーが1971年に発表した論文（Drucker, 1971）なのである。そこでは，当時の米国の経営者の直面する最重要課題として三つを挙げ，日本の経営者がこれらの問題に対して欧米とは異なる対処の仕方をしていることが，日本の経済成長の重要な要因だとした。すなわち，

① 効果的な意思決定……日本企業ではコンセンサス（合意）に基づく決定が行われ，決定に時間はかかるが実行は速いと，いわゆる稟議制度を肯定的に評価する。

② 雇用保障と生産性等との調和……日本企業では終身雇用と年功制度により，雇用を保障することで，従業員の心理的保障と生涯訓練による生産性向上がはかられ，これは米国における失業補償，先任権といった制度よりも優れている。
③ 若手管理者の育成……日本企業では大学の先輩・後輩からなる非公式なグループがあり，それに乗って教育と人事考課のシステムが機能するために，意思疎通に優れ，長期間の多面的な評価でトップ・マネジメントを選抜するのに効果的である。

このうち②と③は，アベグレンの主張とも重なり，終身雇用に年功賃金，果ては社内の派閥・学閥までが素晴らしいとほめられてしまう。

その翌年，1972年に出版されたOECD（Organization for Economic Cooperation and Development: 経済協力開発機構）の『OECD対日労働報告書』（1972）で，時の労働事務次官，松永正男が寄せた「序」には次のように書かれることになる。

> OECDが日本の労働力政策を検討するにあたっての中心的な関心と問題意識は，日本的風土のもとに形成された生涯雇用，年功賃金，企業別労働組合という雇用賃金慣行——報告書ではこれらを総称して「日本的雇用制度」（Japanese Employment System）といっている——が，いわゆる〈三種の神器〉として日本の経済成長にいかに貢献したか，それが現在どのように変貌しつつあり，労働力政策に対してどのような課題を投げかけているか，ということにあった。
>
> （『OECD対日労働報告書』1972）

こうして，終身雇用，年功賃金，企業別組合などが日本的労使関係の「三種の神器」と呼ばれるようになった。そして，翌1973年には，1958年に『日本の経営』を出したアベグレンが，その新版として『日本の経営から何を学ぶか』（*Management and Worker*）（Abegglen, 1973）を出版する。この新版は，旧版『日本の経営』を第2部とした3部構成になっている。その際，旧版で終身雇用や年功賃金に対して否定的な評価を与えていた第7章「日本の工場における生産性」については，これを章ごと完全に削除してしまった。

そして，新たに付加した第 1 部「70 年代における日本の終身雇用制」で，「日本の終身雇用制が非常に大きな強みをもっているにもかかわらず，それは非能率的であり，実際にはうまく働かないと西欧では一般的に見られている」ために西欧中心主義に陥りやすいのだとして，日本の終身雇用制の強みとして，次のような点を挙げたのである。

① まず年功賃金であるために，学卒者を多数採用する成長企業は人件費を引き下げると同時に最新の技術教育を受けた人材を確保できる。

② しかも終身雇用のため，学卒者は慎重に成長企業を選択するというように，成長企業には有利なシステムになっている。

③ さらに終身雇用と企業別組合のおかげで，日本企業は労使関係に破滅的なダメージを与えることなく，企業内の配置転換によって，急速に技術革新を導入できた。

日本的経営論から企業文化論への一般化

ところで，1970 年代は，日本企業の海外直接投資が本格化し始めた時期でもある。そんな中で，第 2 章のホンダの成功物語でも登場したパスカルとオオウチ（William G. Ouchi; 1943–）は，米国の日系企業と純粋な米国企業の比較研究を行い，1973〜74 年に 20 社以上の日本と米国の企業を訪問調査した。

パスカルによる米国の日系企業の研究によれば，ボトム・アップ・コミュニケーション，公式文書，協議による意思決定という点で，日本企業の特徴が指摘される（Pascale, 1978a）。さらに業種，組合組織化の程度，事業所の設立年，技術要因などをコントロールして，米国の現地企業と日系企業の各 11 社について，従業員に対する質問票調査，管理者へのインタビュー調査，文書調査を行った。その結果，日系企業は従業員の交流，レクリエーションに米国企業の 2 倍以上の額を支出しているし，第一線管理者 1 人当たりの作業員数は米国企業 29.1 人に対して日系企業 14.8 人，20 分間に同僚と話す頻度も米国企業 44 ％ に対して日系企業 66 ％，といったようにコミュニケーション面では違いが見出された。しかし，仕事の満足度については両者に差は見られず，また日系企業の方が欠勤，遅刻，離職が多いというように，必ずしも，日系企業のパフォーマンスが良かったわけではない（Pascale, 1978b）。

しかし，1980年代に入り，米国企業の生産性の伸びが低下し，そんな米国企業に取って代わって日本企業が躍進してくると，日本的経営の長所を見習って，それを取り入れようという動きにつながった。その代表的存在が，オオウチのベスト・セラー『セオリーZ』(Theory Z)(Ouchi, 1981)なのである。

そこではまず，日本企業の組織の理念型としてタイプJ，米国企業の組織の理念型としてタイプAを考える。タイプJの終身雇用，遅い人事考課と昇進，非専門的なキャリア・パス，非明示的な管理機構，集団による意思決定，集団責任，人に対する全面的なかかわりという特徴とは対照的なものとして，タイプAの短期雇用，早い人事考課と昇進，専門化されたキャリア・パス，明示的な管理機構，個人による意思決定，個人責任，人に対する部分的かかわりを挙げている。たとえば，米国では経営幹部ですら離職率が高い。管理職は3年間も重要な昇進がないと失敗したという気持ちになり，早期に昇進しないと企業をすぐに変えてしまうというヒステリックな症状を示す。その結果，短期雇用となり，早い人事考課と昇進が必要になると指摘する。1960年には4000人ほどしかいなかったMBA新規取得者が1980年には4万5000人にもなったことも，そうした短期志向に火に油を注ぐ結果となっていると指摘した。

1960年代の合併・買収ブーム以降，1970年代にかけて，米国企業で未来係数が急速に低下していく様子と，その一因としてのMBAの急速な進出が挙げられていて興味深い。当時，こうした受け止め方をしたのはオオウチだけではなかった。1980年代に唱えられた企業文化論，組織文化論も基本的に同じ認識をしていたようである。たとえば，1960年代はM&Aによるコングロマリットの時代で財務部門の人たちが昇進し，1970年代は戦略的計画の時代でMBA取得者たちが出世したが，その危険性は明白で，成功するためには，経営者は一時的流行につられて昇進させるのをやめ，その代わりに企業の中心的な価値を体現している人たちを昇進させなければならないとした（Deal & Kennedy, 1982, p.49, 邦訳84頁）。

ところが，オオウチは米国企業の中にもタイプJと類似した特徴をもっている企業があることに気がつく。IBM，ヒューレット・パッカード，インテルなどの企業である。これらの企業は日本の真似をしたわけではなく，米国で独自の発展をしてきた企業なのである。そこでオオウチはこれをタイプZ

と呼び，このタイプZによる経営が米国においても可能であり，このことで生産性が左右されると主張したのである。

　この『セオリーZ』の原型は，オオウチの共著論文（Ouchi & Johnson, 1978）に遡ることができるが，そこでは米国企業の組織の理念型としてタイプA，日本企業の組織の理念型の米国版としてタイプZを考えているのみで，タイプJは登場していない。そこで挙げられているタイプZの特徴のうち，個人責任を集団責任に置き換えたものが『セオリーZ』ではタイプJとされているので，明言はされていないが，正確にはタイプZはタイプJとタイプAの中間型と位置づけられることになる。

　こうしてオオウチの『セオリーZ』は，同じ 1981 年に発表されたパスカルの共著『ジャパニーズ・マネジメント』（Pascale & Athos, 1981），翌 1982 年の『エクセレント・カンパニー』（Peters & Waterman, 1982）と『企業文化』（Deal & Kennedy, 1982）といった日本企業を意識した一連の企業文化ものの先駆けとなったのである。雑誌も，1980 年に『ビジネス・ウィーク』誌（*Business Week*, October 27, 1980, pp.148-160）が，1983 年には『フォーチュン』誌（*Fortune*, October 17, 1983, pp.66-72）が企業文化の特集を組んだことで，「企業文化」（corporate culture）という用語が急速に普及した。学術誌でも 1983 年には『アドミニストレーティブ・サイエンス・クオータリー』誌（*Administrative Science Quarterly: ASQ*, Vol.28, No.3, 1983）が「組織文化」の特集を組んでいる。

　こうして，米国では文化という言葉がキー・ワードになり，「企業文化」「組織文化」がブームになったわけだが，そのことで，日本企業を見習えと直接的に主張して，米国民からの反発を招くことを避けたと見ることもできる。たとえば，『企業文化』（Deal & Kennedy, 1982）の主張は，米国企業は NCR, GE, IBM, P&G, 3M といった米国の偉大な会社を作り上げたオリジナルの概念やアイデアに帰る必要があるというもので，1960 年代後半からの M&A ブーム，コングロマリット・ブームが始まる前の米国の企業を見習えというものだった。ただし，そのかつての米国企業が，実は出版当時の日本企業と同じような企業文化を持っていたという点がポイントなのである。たとえば，次のように。

MIT（マサチューセッツ工科大学）を卒業して，初めて勤めたのはベネズエラのGEでした。ひどい目に会いましたよ。真新しい計算尺をもって，新調のスーツを着て，大学の指輪をはめて出社したのです。無愛想な年配の上役が私を迎えるなり，ほうきを渡して，床を掃けと言うじゃありませんか。もちろん，私は口をぽかんとあけて，しばらく突っ立ったままでした。

　工学技術の専門家として，新調のスーツでのりこんだ私に，まさかこの変人が本気で床を掃けと言っているとは思えなかったのです。しかし，新入りでしたから，言われたとおりにしました。あれはまたとないいい教訓でした。

（Deal & Kennedy, 1982, p.65, 邦訳新潮文庫版107-108頁）

ゴーイング・コンサーン

なぜ未来を割り引く？

　こうした，かつての米国企業を見習えという主張の背景には，米国企業の姿が，1960年代～70年代にかけて，すっかり一変してしまったことがある（Deal & Kennedy, 1982）。しかし対照的に日本では，20世紀半ばに描かれていた日本企業の姿が，半世紀以上もの間，あまり変わっていないのである。少なくとも終身コミットメントは一貫して見られ，未来係数は高かった。

　実際，1992年8～9月に実施された日本の非金融系上場企業632社と外資系35社の投資決定方式に関する調査では，回収期間法や収益性指標を用いる企業が63％を占めており，内部収益率法や正味現在価値法といった割引率を用いた方法で設備投資を決定している企業は17％しかない（『企業の財務活動に関するアンケート調査報告書』日本生産性本部，1993）。米国で1979年に『フォーチュン』誌上位1000社の内200社を調べた同種の調査で，割引率を用いた方法をとる企業が68％にもなるのとは対照的である（Kim & Farragher, 1981）。

　ただし，米国で割引率を用いた評価方法が急速に普及するのは1960年代に入ってからで，別の調査（184社）では，1959年段階で採用していた企業

は19％にしかすぎなかったのが，1970年には57％にも達する（Klammer, 1972）。MBAによる制度的同型化（規範的同型化）の結果なのか。そして，1960年代の合併・買収ブーム以降，米国では株主の短期的利益のために企業の長期的な能力・健全性や成長の維持が犠牲にされ，その結果，市場で競争する上で不可欠な組織能力は破壊され，米国の多くの資本集約型産業は，国内・国外市場でのシェアを急速に失うことになったが（Chandler, 1990, pp.621-627, 邦訳537-542頁），割引率を利用する方法の普及と同時進行していることは，単なる偶然ではなかろう（こうした事態の経営学的意味については，高橋（1996c）で論じている）。

現実に，日本企業では，割引率を入れてしまうと，10年後，20年後にようやく成果の出るような研究開発プロジェクトには投資できなくなってしまうではないかという疑問が，ずっと提示されてきた。つまり，近代経済学やファイナンスの理論を学んだ人は，ごく当たり前のように，未来の収益を割り引いて考える習慣が身についているが，実際の投資決定の際には，割引率をあまり重視しないという日本企業がたくさん存在するのである。未来係数が高ければ，ほとんど割り引かない。たとえば，いまここで2タイプの投資案件を考えてみよう。

① この1～2年に高い利益が見込めるが，それ以降は急速に収益性の低下する「早熟―じり貧」型プロジェクト。
② 最初はあまり利益は見込めないが，徐々に収益性が向上し，10年後，20年後には莫大な利益を上げる「晩成―末広がり」型プロジェクト。

もし，将来の収益をある程度の割引率で割り引いてしまうならば，10年後，20年後の収益がたとえ大きかろうと，割引後の収益は，かなり小さくなってしまう。つまり，遠い未来の利益は，大きかろうが小さかろうが，実質的には「長期利益」からは無視されるので，「長期」とはいうものの，実は近未来の利益だけが「長期利益」を決定づけることになるのである。そして，「早熟―じり貧」型の①が選択されることになるだろう。しかしこれでは，この企業は成長と生き残りの機会を失うことになる。「晩成―末広がり」型の②が選択されるためには，ほとんどあるいはまったく割り引かないことが必要になるのである。

未来永劫に続く

　日本企業の持つ強い成長志向，より正確に言えば，今は多少我慢してでも利益を上げ，賃金や株主への配当を抑え，何に使うかはっきりしていない場合でさえ，とりあえずこつこつと内部留保の形で，将来の拡大投資のために貯えることは，未来傾斜原理の典型的な発露である。少なくとも自分が定年退職を迎えるまで，自分の会社が存続しているかどうかわからない場合でさえ，こうして未来傾斜原理に則った意思決定が行われる。たとえば，次のエピソードは示唆に富む。

> 　防虫剤・芳香剤の大手メーカーの工場長を勤めていた方の話は印象的だった。このメーカーは，とある地方の田園地帯の中に新しく工場を構えた。従業員の大部分は地元で採用した人々だという。ある時，工場から出て来る産業廃棄物の処理を部下に指示したところ，しばらくすると，その従業員が工場の敷地の一部に穴を掘って埋めようとしているではないか。
> 　「おまえ何をしているんだ。」
> と聞くと，案の定，産業廃棄物の処理だという。工場長は血相を変えてこう言った。
> 　「そんなことしたら工場の敷地が産業廃棄物だらけになってしまうではないか。」
> すると地元採用のその従業員はこともなげに，こう平然と答えたという。
> 　「そうしたら，まわりの土地でも山でも買って，そこに埋めればいい。ここらへんには安い土地が余っているんだから。」
> 　あっけにとられる話ではあるが，感心するのはそれから先である。その工場長はその従業員に説教を始めるのである。
> 　「会社というのはゴーイング・コンサーンというくらいで，未来永劫に続くものなんだ……。」
>
> （高橋, 1996b, 194-195 頁）

　ここで，この工場長が言っている「ゴーイング・コンサーン」（going concern）とは，「継続企業」とも訳され，企業とは永続的なものであり，解

散とか清算はあくまでも例外的なことにすぎないということを意味する概念である。未来係数の高い会社を概念化したものといってもいい。

高未来係数→終身コミットメント

この章の最後に,未来係数を指標化したものとして,見通し指数を紹介し,未来係数と終身コミットメントの関係について確認しておこう。まず,従業員側の終身コミットメントは,

Q4. チャンスがあれば転職または独立したいと思う。　（はい＝1; いいえ＝0）

で調べることにし,この質問の「はい」比率を「退出願望比率」と定義する。他方,未来係数を指標化した「見通し指数」(perspective index) は,見通しに関係していると思われる次のような五つの質問項目から作られる（高橋, 1996a）。

P1. 21世紀の自分の会社のあるべき姿を認識している。　（はい＝1; いいえ＝0）
P2. 日々の仕事を消化するだけになっている。　（はい＝0; いいえ＝1）
P3. 上司から仕事上の目標をはっきり示されている。　（はい＝1; いいえ＝0）
P4. 長期的展望に立った仕事というより,短期的な数字合わせになりがちである。　（はい＝0; いいえ＝1）
P5. この会社にいて,自分の10年後の未来の姿にある程度期待がもてる。（はい＝1; いいえ＝0）

どの質問も,終身コミットメントに関するものではなく,むしろゴーイング・コンサーンとして考えて行動しているかどうかを問うた質問だということがわかる。

これらの質問項目に対する回答は「はい」または「いいえ」のどちらかを選択する形で行われる。このうち,P1, P3, P5については「はい」と答え

図2　見通し指数と退出願望比率（JPC1992〜2000調査；$N=8,886$）

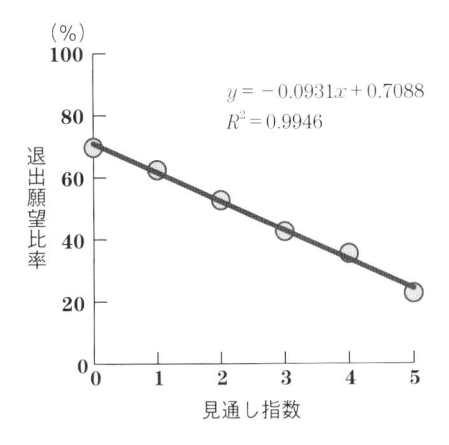

$$y = -0.0931x + 0.7088$$
$$R^2 = 0.9946$$

（出所）　Takahashi（2014b）Table 1.

た方が見通しが良いと考えられ，P2, P4については「いいえ」と答えた方が見通しが良いと考えられる。そこで，各質問について，P1, P3, P5については「はい」ならば1点，「いいえ」ならば0点を与え，P2, P4ついては「はい」ならば0点，「いいえ」ならば1点を与えることにし，これらの5問の合計点を「見通し指数」と定義することにした。これによって，各回答者の見通し指数を計算することができる。定義から，見通し指数は0から5までの整数値をとることになる。

そこで，まず，この見通し指数を使って，回答者を「見通し指数が0の人のグループ」「見通し指数が1の人のグループ」……「見通し指数が5の人のグループ」の六つのグループに分けておく。その上で，その各グループについて，退出願望比率を求め，見通し指数との関係を調べよう。そこで，第3章のぬるま湯感の調査と同じJPC調査のJPC1992〜2000調査のデータを使って検証してみる。すると，図2のように，見通し指数が高くなるほど，退出願望比率が低下するほぼ線形のきれいな関係（決定係数は0.9946）があることがわかる。退出願望比率は，見通し指数が0のとき71％，1上がるごとに，9％ポイントずつ下がっていく。要するに，見通し指数が高くなるほど，退出願望は弱まり，終身コミットメントが見られることになる。

表5 職務満足と退出願望 (JPC1992〜2000調査；$N=9,059$)

Q5. 現在職務に満足感	Q4. 機会があれば転職 はい	Q4. 機会があれば転職 いいえ	計
はい	1,606 (36.6%)	2,777 (63.4%)	4,383 (100.0%)
いいえ	2,900 (62.0%)	1,776 (38.0%)	4,676 (100.0%)
計	4,506 (49.7%)	4,553 (50.3%)	9,059 (100.0%)

$r = -0.254$, $\chi^2 = 582.81$, $p < 0.001$
（出所）　Takahashi (2014b) Table 1.

将来の見通しさえ立てば今，満足する必要もない

　ところで，次の第6章でも出てくるが，学説史的な経緯もあり，退出願望は，一般的には職務満足で説明しようとされる。実際，職務満足を

Q5. 現在の職務に満足感を感じる。　　（はい＝1；いいえ＝0）

で調べることにすると，同じJPC1992〜2000調査の質問Q4とQ5の回答データを使ったクロス表は表5のようになり，職務に満足している人は転職しようとは考えていないが，職務に満足していない人は転職しようと考える統計的に有意な傾向があることがわかる。この職務満足と退出願望の関係は，次の第6章でも登場し，いまや定説とされている関係である。

　ところで，職務満足に関する質問Q5に対する「はい」比率を「満足比率」と定義して，先ほどと同様に，「見通し指数が0の人のグループ」「見通し指数が1の人のグループ」……「見通し指数が5の人のグループ」という6グループのそれぞれについて，満足比率を求めると，図3のように，見通し指数が高くなるほど，満足比率が上がるという，きれいな，ほぼ完全な線形の関係（決定係数は0.9992）がある。満足比率は，見通し指数が0のとき18％，1上がるごとに13％ポイントずつ上がっていく。つまり，見通し指数が高くなるほど，従業員の退出願望は弱まるのだが，同時に職務満足は向上する

図3　見通し指数と満足比率（JPC1992〜2000調査；$N=8,908$）

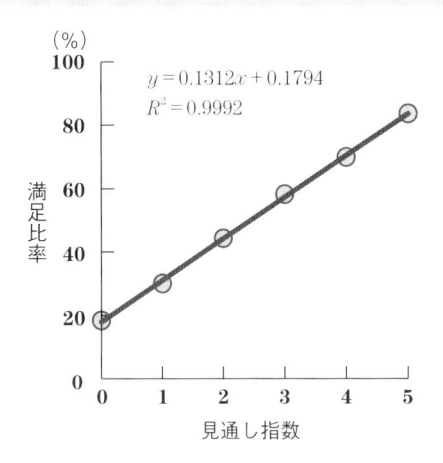

$y = 0.1312x + 0.1794$
$R^2 = 0.9992$

縦軸：満足比率（%）
横軸：見通し指数

（出所）　Takahashi (2014b) Figure 1.

という関係もあるのである。

　そこで，さきほどと同じJPC1992〜2000調査のデータを使って，「見通し指数が0の人のグループ」「見通し指数が1の人のグループ」……「見通し指数が5の人のグループ」という6グループのそれぞれについて，職務満足と退出願望のクロス表を作って比較してみると（いわゆる三重クロス表と呼ばれるもの），図4のように，見通し指数の値の小さいときの各クロス表は強い相関関係が認められるが，見通し指数の値が大きくなると，相関が弱まる傾向のあることがわかったのである。具体的には図4で示されるように，見通し指数0で相関係数$r=-0.24$だったものが，見通し指数4，5では相関係数$r=-0.08$とほぼ無相関になる。見通し指数が大きくなると，相関係数の絶対値はどんどん小さくなり，現在の職務満足は退出願望に影響しなくなるのである。近似的には，見通し指数が1上がるごとに，相関係数の絶対値が0.035ずつ小さくなる線形に近い関係があり，決定係数も0.9685であった。

　つまり，将来の見通しさえ立てば，言い換えれば未来係数が高ければ，もはや現在の職務への満足すら必要がなくなるのである。そして，見通し指数が4や5になると，満足している人と満足していない人の退出願望比率の差は縮まり，職務満足と退出願望との間の関係はほとんど消失する。参加の

図4 見通し指数の値ごとの職務満足と退出願望の相関と退出願望比率

(JPC1992〜2000 調査；$N=8,866$)

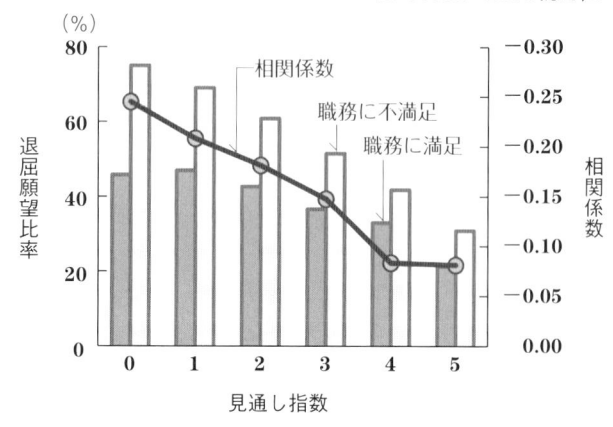

(出所) Takahashi (2014b) Figure 4.

決定について，これから第6章で述べるような職務満足との関係は，未来係数との関係に比べると本質的ではない可能性が高い。見通し指数に関しては，JPC 調査以外にも追試が行われている。たとえば，次の第6章でもその一部を紹介する X 社の 10 年分以上のデータ (Takahashi et al., 2014a)，水戸信用金庫の調査データ (Okada & Inamizu, 2014)，日本の電機産業 97 事業所の職場リーダー 354 名，製造作業者 3116 名の調査データ (Inamizu, 2015b) でも，図2，図3と同様の線形の関係が得られている。

第6章 働く理由

人は働くときに色々な理由をつけて働く。そして，ついつい何のために働いているのか，自問する。働き甲斐とはなんなのか。働くことにどんな意味があるのか。

働く人の言い訳

働くお父さん・お母さんに，「なぜ働いているのですか」とたずねれば，多分「家族を養うために働いています」と答えるだろう。それは嘘ではない。実際，お父さん・お母さんの収入がなくなれば，とたんに家族は食べていけなくなる。しかし，それだけなのだろうか。たとえば，夜遅くまで残業しているのはなぜだろう。残業手当がほしいからなのだろうか。

実際に，会社，とくにホワイトカラーの職場を観察してみると，すぐにわかることだが，昼間のオフィスは，騒然としている。あちこちで相談している声やミーティングの話し声が聞こえるし，訪問客も次々とやってきては応接スペースで話をしている。ひっきりなしにかかってくる電話とそれに応対している声，メールに答えてパソコンの画面を見ながら休みなくキーボードを叩く音，書類を印刷しているプリンターの音，コピー機の音。要するに，9時～5時は「対応」つまりレスポンスに忙しいのである。

ところが，そんなオフィスも夕方5時を過ぎると，外部からのアクセスが一段落し，だんだんと静かになってくる。そして，ようやくまとまった時間がとれるようになる。単なるレスポンスではなく，自分の頭でじっくり考え

られるようになる時間。企画を考える仕事や，自分で調べ物をしてから着手しなくてはいけないような仕事は，この5時以降に集中して行われていることが多い。だから，実は，この時間帯の仕事は，ちょっと創造的で，楽しいのである。それで，時間も忘れて仕事に没頭し，ふと気づくと，もう終電の時間で，あわてて退社してきたなんていう人も多い。

ひょっとすると，「家族を養うため」というのも，帰宅が遅れたことに対する言い訳なのかもしれない。まるで高校生が，帰宅が遅くなったときに「友達のうちで一緒に試験勉強をしていて遅くなってしまった」と言い訳するのと同じように。要するに「試験勉強」といえば言い訳になるように，「家族を養うため」といえば言い訳になるからだけなのかもしれない。人が働く理由を知りたければ，こうした言い訳を鵜呑みにせず，まずは素直に行動を観察することから始める必要がある。

そして，残業するのは，昼間の仕事の効率が悪いせいだと，現場も見ずに，頭ごなしにワンパターンの残業批判を繰り返す経営者も，まずは素直に現場を観察することから始めるべきだ。たしかに，昼間できなかった仕事を会社に残ってしていること（＝残業）には違いないのだが，夕方5時までの仕事と5時からの仕事は，明らかに仕事の質が異なっている。5時以降の仕事はもともと昼間にはできない質の仕事なので，そこをカットするのであれば，仕事の質も明らかに低下することを覚悟しておく必要がある。

そもそも，人間行動を金銭的報酬や経済性で説明しなくてはならないという先入観は，高校生の行動をすべて受験勉強に結び付けて説明しなくてはならないといっているのと同じくらい非科学的で根拠のない迷信なのである。誤解を恐れず明言すれば，単純な「賃金による動機づけ」は科学的根拠のない迷信である。働くお父さん・お母さんが，仕事に夢中になって帰りが遅くなったのであれば，それは高校生が友人との会話に夢中になって門限を過ぎてしまったのと同じように，仕事それ自体が楽しいのかもしれない。大切なことは，自分の目で見て，自分の耳で確かめて，自分の頭で，組織の中の人間行動を素直に理解しようとすることなのである。

たとえば，アルバイト経験のある学生ならば，自分の胸に手を当てて，アルバイトを始めた理由と辞めた理由を思い出してみよう。実は，広く「組織への参加」として考えたとき，

①　（最初に）参加を始める動機と，
②　参加を続ける動機，

は明らかに異なることが多い。だいたいのアルバイトは，①は，お金を稼ぐために参加を始めるのだが，②は実に多様なのである。実際，大学生に，「あなたはなぜアルバイトを辞めずに続けているのですか」ときくと，次のような答えが返ってきた。

「塾講師として，担当した生徒が受験を間近に控えていて，結果を見届けたいと責任を感じている。」

「夜間勤務のバイトなので，最初はつらいかなと思っていたが，もともと夜型人間だったし，慣れてきたら，昼に比べて夜のシフトの方が，仕事量が少なくて，全然楽なので。」

「うちのファースト・フード店では，その日の営業を終えた時点で残っている商品については，廃棄することになっていたので，欲しければバイトが持ち帰っていいことになっていて，これが毎回楽しみ。」

「喫茶店の店長が楽しい人で，長々とバイトをしていたら，最近になって，その店長からバイトの後輩の育成を任されるようになって，なんだか生活に張りが出てきた。」

お金目当てに始めたアルバイトですら，参加を続ける理由には，お金の話はあまり入ってこないのである。

金銭的報酬の理論：期待理論

期待理論の考え方

　金銭的な報酬を中心とする外的報酬によるモチベーション（動機づけ）の理論は，期待理論と呼ばれる理論を基礎にしている。これは，打算的で合理的な人間を仮定し，そうした人間に，ある特定の行為を行わせようとする動機づけを定式化している。わかりやすくいえば，馬の鼻先にニンジンをぶら下げて，食いたかったら走ってみろという理論である。

　その原型は1930年代の研究にまで遡るといわれるが，現在のようなワーク・モチベーション理論として比較的完成された形にまとめたのは，ブルーム（Victor Harold Vroom; 1932-）の『仕事とモチベーション』(Vroom, 1964) であ

る。ブルームは500以上にも上る先行実験・調査の結果を整合的に説明するための分析枠組みとして期待理論を考え出した。

　打算的で合理的な人間を、外的報酬によって、ある特定の行為を行わせようと動機づける話なので、経済学を多少なりともかじったことのある人には馴染みやすい話だろう。ミクロ経済学で習う期待効用理論と、途中まではほとんど同じだと思っていい。まずは、期待理論の考え方をできるだけ簡単に説明しよう。

① 　ある「行為」つまり仕事を行うことで「1次の結果」つまり成果のようなものが確率的に決まると考える。このとき両者をつなぐ確率は、期待理論では「期待」(expectancy) と呼ばれる。

② 　この「1次の結果」である成果にしたがって「2次の結果」である報酬が確率的に決まってくる。このとき両者をつなぐものを「手段性」(instrumentality) と呼んでいる。ただし逆に効く場合も考えていて、そのときは負の値をとると考えるので、手段性は−1以上1以下の値をとる。

③ 　正確にいうと、「2次の結果」である報酬は金額表示ではなく、効用で表示しなくてはいけない。この効用のことを「誘意性」(valence) と呼ぶ。

　これを簡単に図解すると、図1のようになる。つまり単純化すると「仕事→成果→報酬」である。ただし「成果」も「報酬」も一意には定まらず、いくつも想定されるので、「→」の部分は確率になる。

　そして今度は、③→②→①と逆算することで、

【③→②】 「2次の結果」(報酬)の誘意性と「手段性」から「1次の結果」の誘意性を計算する。

【②→①】 「1次の結果」(成果)の誘意性と「期待」から行為の誘意性を計算する。

と一種の期待効用が計算できることになる。このうち【③→②】は、結局、結果の誘意性を計算しているだけの話なので、【②→①】から、期待理論は「期待×誘意性」理論ともいわれる。つまり、ある人にとって、「ある行為を遂行するように作用する力」は、その行為がいくつかの結果をもたらすとの期待と、それぞれの結果が持っている誘意性との積の和（すなわち、誘意性の

図1 期待理論の考え方

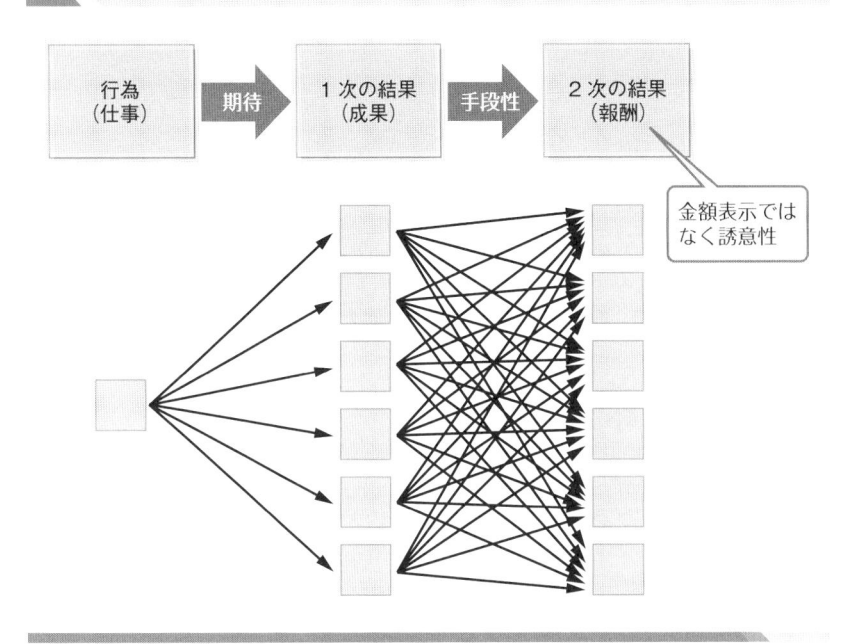

行為（仕事） →期待→ 1次の結果（成果） →手段性→ 2次の結果（報酬）

金額表示ではなく誘意性

期待値のことで，期待効用に相当する）が大きくなるほど大きくなる。要するに，ある職務を遂行するように作用する力は期待効用によって決まると考えるのである。

期待理論の定式化

以上の話を数式で，より正確に表現すると，次のようになる。

いま，結果 j の誘意性すなわち効用を V_j とし，$p_i(j)$ を行為 i が結果 j をもたらす主観確率とする。このとき，ある人に行為 i ($i=1, 2, \cdots, l$) を遂行するように作用する力（force）F_i は，

$$F_i = f_i\left[\sum_{j=1}^{m} p_i(j)V_j\right] \qquad i=1, 2, \cdots l \tag{1}$$

となる（Vroom, 1964, Proposition 2）。ただし，$f'_i > 0$ で f_i は単調増加関数である。

このモデルと期待効用理論との違いは，形式的には関数 f_i が存在していることであるが，f_i は単調増加関数であるから，結局，期待効用

図2 期待理論のモデル

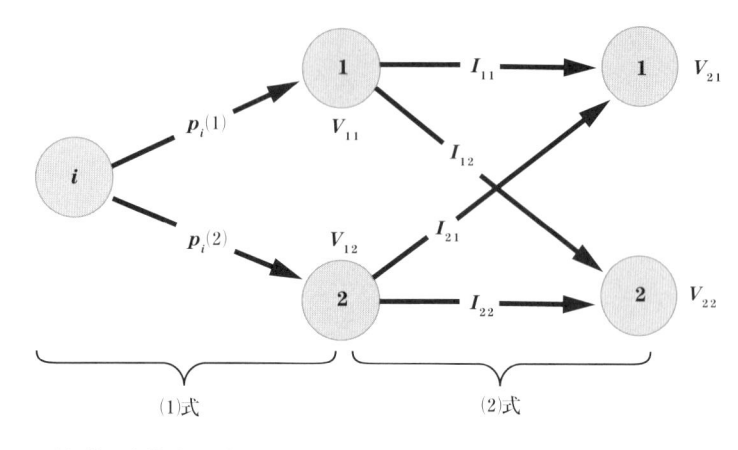

(出所) 高橋（1997b）, 116頁, 図1。

$$\sum_{j=1}^{m} p_i(j) V_j$$

が大きくなるほど,「行為 i を遂行するように作用する力」もまた大きくなる。

後述する達成動機づけモデルとの決定的な違いは, 結果の誘意性 V_j ($j=1$, $2, \cdots, m$) の値の決まり方である。ブルームは, 結果の誘意性はそれと結び付いた他の結果（外的報酬のようなもの）の誘意性から導き出されると考えていた (Vroom, 1964, Proposition 1)。たとえば図2のように,(1)式の中にある誘意性を1次の結果 j の誘意性 V_{1j} とすると, これは2次の結果 k の誘意性 V_{2k} とその結果 k の獲得に対する第1次の結果 j の手段性 (instrumentality) I_{jk} から, 次の(2)式のように求められると考えた。

$$V_{1j} = g_j \left(\sum_{k=1}^{n} I_{jk} V_{2k} \right) \qquad i = 1, 2, \cdots m \tag{2}$$

ここで, $-1 \leq I_{jk} \leq 1$。また $g_j' > 0$ で g_j は単調増加関数である。

ただし, 実は, ブルーム自身は1次の結果と2次の結果という区別をしていなかった。しかし, 両者を区別しておかないと, 誘意性の間にはこの(2)式が与えられているために, 誘意性はその連立方程式を代数的に解くことによって求められるべきものであるということになりかねない。そこで, いつ

の頃からか，1次の結果と2次の結果とは区別して考えられるようになってきた。1次の結果の複合体がいわゆる行為の目標に相当しており，2次の結果は外的報酬に相当したものである（Deci, 1975, p.119, 邦訳134頁）。ブルーム理論の解説や解釈も実質的におおむねこの区別を行っている。

期待理論は検証不可能

ところで，ブルームは，500以上にも上る先行実験・調査の結果を整合的に説明するための分析枠組みとして期待理論を考え出したわけだが，ブルーム自身は，期待理論を検証するような実験や調査を行っていない。もし期待理論を横断調査で検証しようとするならば，調査対象となった個々の人について，次の2ステップで調べることになるだろう。

《ステップ1》 報酬の誘意性，手段性，期待を何らかの方法で測定し，それをもとに行為の誘意性に対応すると思われるモチベーション・スコアを計算する。

《ステップ2》 モチベーションの強さと密接に関係していると思われる活動レベルや成績のような観察可能な指標を調べる。

こうして，モチベーション・スコアの高い人ほど，活動レベルが高いまたは好成績を上げていれば（モチベートされていれば），期待理論は実証されたことになる。

しかし，常識的に考えて，これは検証不可能である。経済学の期待効用理論では，一人の人間の前に，複数の選択肢があったときに，期待効用が一番大きなものを選ぶ。それに対して，この期待理論の検証では，個人間で期待効用を比較しなくてはならなくなる。たとえ《ステップ1》で，Aさんに色々と答えてもらって，そのモチベーション・スコアが80になり，同様に，Bさんにも色々と答えてもらって，そのモチベーション・スコアが70になったとしても，それはAさん，Bさんが，それぞれ固有の効用スケールをもとにして計算した期待効用の値であって，70のBさんに比べて，80のAさんの方が「職務を遂行するように作用する力」が強いとはいえないのである。つまり，期待理論を実際にデータで検証しようとした途端，期待理論が科学的には検証不能な代物であることがすぐにわかってしまう。

それでも検証しようとしたらどうなるか。事実，期待理論は，ブルームの

後，多くの研究者によって実証研究が行われたが，モチベーション・スコアと実際の行為との関係は，一般的に弱いといわれている（松井，1982）。相関係数でせいぜい0.2〜0.3程度，決定係数に直すとわずか0.04〜0.09にすぎない。つまりデータの変動を10％も説明できないのである。にもかかわらず，ローラー（Lawler, 1971）に代表される研究者たちは，ブルームの期待理論を核にして，さらに複雑なモデル化を行い，自分たちのモデルを理解するには複雑に絡み合った多数の要因全部に注目する必要があると主張する。これは実質的に検証不可能であることのカムフラージュを行っているにすぎない。そもそも期待理論は検証不可能なのである。

金銭的報酬の迷信

アトキンソンの達成動機づけモデル

実は，動機づけモデルには，外的報酬による動機づけを扱うブルームの系統とは別系統のモデルも存在する。たとえば，アトキンソン（John William Atkinson; 1923-2003）の達成動機づけモデル（Atkinson, 1957）である。

ブルームの言うところの誘意性つまり効用がどのように決められるかという点で，アトキンソンは別の考え方をしていた。ブルームの考えた効用は，期待効用理論で考えられていた「くじ」の賞金の効用のようなものであるが，アトキンソンはそうは考えなかったのである。ブルームのモデルでは，期待効用理論と同様に，外的報酬の効用のように，効用はそれをもたらす確率とは独立に決められていたのに対して，アトキンソンは，効用はそれをもたらす確率と連動して決まると考えたのである。

いま目標iについて，その成功の主観確率をp_iとすると，p_iは目標iの達成成功の容易性を表していることになるし，他方，$1-p_i$は目標iの達成成功の困難性を表していると考えられる。そこで，アトキンソンは，

(a) 目標達成に成功した場合の効用は，人がその目標を達成した際に感じるプライドで，その目標が達成困難なほど高くなるので，成功の困難性$1-p_i$に比例すると考えた。

(b) 目標達成に失敗した場合の効用は，失敗に伴う恥や困惑といった不快の情緒であり，負の値をとるが，その目標の達成が容易なものであった

図3 $S-F>0$ ならば，$p_i=0.5$ のときモチベーションは最大になる

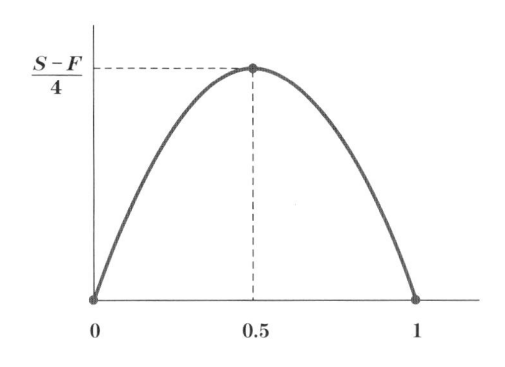

[図: 横軸 p_i (0, 0.5, 1)、縦軸の最大値 $\frac{S-F}{4}$ を $p_i=0.5$ でとる放物線]

ほど，失敗したときのダメージはひどくなるので，その絶対値は，成功の容易性 p_i に比例すると考えた。

　つまり，個人ごとに定まる定数 S, F を使えば，(a)目標達成に成功した場合の効用は，$S(1-p_i)$，(b)失敗した場合の効用は $-Fp_i$ と表せると考えたのである。ここで定数 S, F は，各個人について，状況にかかわらず比較的安定したパーソナリティ的特性で，それぞれ「成功接近動機」(motive to approach success)，「失敗回避動機」(motive to avoid failure) と呼んだ。

　すると，目標 i の達成状況に接近したり回避したりする合成的モチベーション（resultant motivation）R_i は

$$R_i = p_i S(1-p_i) + (1-p_i)F(-p_i) = (S-F)p_i(1-p_i) \qquad (3)$$

となり，成功接近動機 S と失敗回避動機 F という二つのパーソナリティ的特性を表す定数と目標 i の成功の確率 p_i によって，合成的モチベーション R_i が決まることになる。

困難にチャレンジするか，できるだけ容易な道を選ぶか

　この(3)式からも明らかなように，$S-F>0$ ならば，図3のように，$p_i=0.5$ のときにモチベーションは最大になる。つまり，目標の困難性が一定の最適水準に高まるまで増大するので，ある程度困難な目標にチャレンジすることになる。

　このモデルでは，目標達成以外には明白な報酬がまったくない。このこと

は，ブルームのモデルと比べて際立った特徴になっている。当該活動の他には明白な報酬がまったくないのに活動に従事するわけであり，期待効用理論で考えたように賞金目当てに「くじ」を引くわけではない。あえて言えば，「くじ」を引くこと自体が目的となっている。このように，アトキンソンのモデルでは後述する内発的動機づけだけが問題になっていることになる。そして，内発的動機づけは，目標の困難性が一定の最適水準に高まるまで増大すると主張するのである（Deci, 1975, p.117, 邦訳132頁）。

それとは対照的に，外的報酬による動機づけは，目標成功の困難性が低いほど大きくなる。外的報酬による動機づけを考えたブルームのモデルでは，もし同じ外的報酬kをもたらすパスに，容易なパスと困難なパスの二つのパスがあるときには，人は容易なパス，すなわち，(1)式，(2)式で言えば，確率$p_k(j)$と手段性I_{jk}の大きいパスを選ぶことになるだろう。なぜなら，外的報酬の期待値が高くなるからである。つまり，ブルームのモデルではできるだけ容易な道へと向かってしまうのに対して，アトキンソンのモデルでは，個人がある程度は困難なことにチャレンジするように動機づけられることになる。

その意味で，この(3)式の中の個人ごとに定まる定数である$S-F$は，チャレンジの際の成功接近動機から失敗回避動機を引いたものであり，この変化を求める傾向は，第3章の体感温度仮説で，個人の変化性向，すなわち体温と呼ばれていたものに相当する。

期待理論の創始者ブルームの卓見

研究者も含め，多くの人が見落としているか，あるいは意図的に無視しているが，実は当のブルーム自身が，職務満足と生産性の関係について，ある画期的な「予想」を提示していた。それはブルームの『仕事とモチベーション』の実質的な最終章である第8章で（最後の第9章は結論の章），広範な調査研究のサーベイの結果を次のように発見としてまとめていた部分である（Vroom, 1964, ch.8）。

① 遂行レベルは個人の達成欲求の強度に直接対応して変動する。とくに，タスクが困難で挑戦的であるときには，その度合は高い。

② 個人は自分が価値を置いている能力や，自分が保有していると信じる

能力がタスクには必要であると信じるよう誘導されるなら，より高いレベルで遂行を行う。
③　将来自分にかかわってくる意思決定に参加する機会が与えられている人は，そういった機会を与えられていない人よりもより高いレベルで遂行を行う。

そして，これらの発見は，職務遂行が目的達成の手段であるばかりでなく，目的そのものでもあることを示しており，個人は職務遂行に対する外的に媒介された結果とは無関係に，効率的遂行からは満足を引き出し，非効率的遂行からは不満足を引き出すことを示唆しているとしたのである（Vroom, 1964, pp.266-267, 邦訳304-305頁）。つまり，個人は外的報酬とは無関係に，高いパフォーマンスからは満足を引き出し，低いパフォーマンスからは不満足を引き出すことを示唆しているとしたのである。

この「ブルームの予想」は，言われてみれば，不思議な話でもなんでもない。たしかに，何か仕事を成し遂げることは，それ自体が精神的な高揚を伴うものなのだ。子供の頃を思い出してみればよい。誰だって，テストで100点をとれば，うれしかったはずである。100点をとったから，それで親から「報奨金」がもらえるなんていうことがなくっても。高いパフォーマンスをあげることは，それ自体が楽しい。

実は，そんな単純で自然なストーリーを邪魔していたのが金銭的報酬だったのである。「報奨金」型の金銭的報酬の設計がうまくできないので，生産性と職務満足との関係が見えなくなってしまうのである。実は，あれだけ給与こそが大事と主張していたローラー（Lawler, 1971, ch.15）自身でさえ，報酬には給与のような外的報酬だけではなく，達成感のような内的報酬も含めており，しかも外的報酬と動機づけレベルとの関係が一筋縄ではいかないのに対して，内的報酬の方は動機づけレベルに密接に結びついていることを認めていたのである（藤田, 2009）。

人は金のみのために働くにあらず

以上のような経緯を踏まえると，内発的動機づけ（intrinsic motivation）で有名な心理学者デシ（Edward L. Deci; 1942-）の実験（Deci, 1975, ch.5）は興味深い。デシは，実験室に実験者と被験者の大学生一人だけを入れてSomaと

呼ばれるパズルを解かせる実験を行った。このパズルは，一辺が1インチの立方体3〜4個がくっついているようなピース7個からなっていて，ピースはみな形が異なっていた。この7個のピースを組み合わせて，指定された形態を再現するのである。再現すべき形態は絵に描かれていて，学生は一枚紙のその絵を渡されると，制限時間13分で，ピースを組み合わせて絵のとおりに形を再現することを求められるというパズルであった。このパズルは大学生にとっても十分に面白いものだった。

実験は，1枚制限時間13分のパズル形態図を4枚与えて解かせるという1時間のセッションを3回行うというものだった。各セッションにおける中間点，第2パズルと第3パズルの間で8分間ほど時間をとり（これで，各セッションは，13分＋13分＋8分＋13分＋13分＝60分になる），この8分間は，実験者は実験の準備のためと称して部屋を離れた。実験室には灰皿や最新の雑誌等が用意されており，大学生には，好きなことをしていてもいいから実験室は出ないようにと言い残して部屋を離れるのである。

関心があるのは，この自由時間の8分間に，被験者である大学生が何をするのかである。それを気づかれないように観察する。その上で，一部の学生に対して，3回のセッションのちょうど真ん中，第2セッションの途中で，解いたパズルの個数に応じて1個当たり1ドルの報酬が支払われた。すると驚いたことに，無報酬のまま実験を続けた学生の方が，自由時間にパズルを解いていた時間が2倍近くも長かったのである。つまり，報酬をもらうと，自由時間を休憩するようになったのだ。実験はこの他のパターンでも行われたが，結果は同じだった。金銭的報酬をもらうと，本来面白いはずのパズルであっても，自由時間を休憩するようになるのである（Deci, Koestner, & Ryan, 1999）。

こうしてデシは内発的動機づけの理論を体系化することになる。「内発的に動機づけられた活動とは，当該の活動以外には明白な報酬がまったくないような活動のことである」（Deci, 1975, p. 23, 邦訳25頁）。見た目には，つまり外的には何も報酬がないのに，その人がその活動それ自体から喜びを引き出しているようなとき，そう呼ばれる。アトキンソンの達成動機づけもそうだった。実際，遊びでパズルを解くのは，それ自体が面白い作業だからであり，パズルが解けたときの達成感は誰にでも経験があるだろう。

金のインパクトの強さが仕事の喜びを奪う

 ただし，内発的動機づけの理論は，お金はモチベーションに効果がないと言っているのではない。逆にお金はインパクトが強すぎるのである。多くの場合，お金には，ある種の強い副作用と常習性がある。もらったときにはうれしい金銭的報酬だが，やがて麻薬中毒患者のように，金銭的報酬をもらい続けないと仕事に耐えられないほど，仕事を苦痛なものにしてしまう。そして，ますます金銭的報酬による動機づけにしがみつくことになる。それほどまでに，金銭的報酬のインパクトは強烈なのである。デシ（Deci, 1975, pp.157-158, 邦訳177-178頁）も引用している次の「ユダヤ人の洋服仕立屋」（原題は"Applied psychology"）の話は印象的だ。

> クー・クラックス・クラン（Ku Klux Klan; KKK 米国の白人至上主義団体）が再び支配しつつあった米国南部の小さな町で，一人のユダヤ人が目抜き通りに小さな洋服仕立屋を開いた。するとKKKの少年たちが店先に立って「ユダヤ人！　ユダヤ人！」と彼をやじるようになってしまった。困った彼は一計を案じて，ある日彼らに「私をユダヤ人と呼ぶ少年には1ダイム（＝10セント硬貨）を与えることにしよう」と言って，少年たち一人ずつに硬貨を与えた。戦利品に大喜びした少年たちは，次の日もやってきて「ユダヤ人！　ユダヤ人！」と叫び始めたので，彼は「今日は1ニッケル（＝5セント硬貨）しかあげられない」といって，再び少年たちに硬貨を与えた。その次の日も少年たちがやってきて，またやじったので，「これが精一杯だ」といって今度は1ペニー（＝1セント硬貨）を与えた。すると少年たちは，2日前の1/10の額であることに文句を言い，「それじゃあ，あんまりだ」と言ってもう二度と来なくなった。
>
> （Ausubel, 1948, pp.440-441。ただし短縮している）

 本来は，もともと仕事と満足はくっついているはずのものである。つまり「仕事それ自体が報酬」の状態なわけだ（学術用語としては「仕事」というより「職務遂行」〔job performance〕と言うべき）。それはパズル解きのときも最初はそうだった。ところが，そこに金銭的報酬が投げ込まれると，インパクトが強烈な金銭的報酬は仕事と満足の間に割り込んで両者を引き離してしまい，満

図4 金銭的報酬のインパクトの強さ

(a) 内発的動機づけの状態

職務遂行 | 職務満足

(b) 職務遂行と職務満足の間に金銭的報酬が割り込んだ状態

職務遂行 → 金銭的報酬 → 職務満足

(c) 金銭的報酬が絶たれた状態

職務遂行 →〔金銭的報酬〕→ 職務満足

(d) 金銭的報酬が連動しない状態

職務遂行 〜〜→ 金銭的報酬 → 職務満足

(出所) 高橋 (2004) 35頁, 図1に(d)を追加。

足を報酬の後に追いやってしまう。つまり「仕事→金→満足」と分離させてしまう効果があるのである。金銭的報酬を与えたことで、仕事(「ユダヤ人！ユダヤ人！」とやじること)と満足は分離してしまった。こうしてひとたび金銭的報酬のために、仕事をするようになってしまうと、もうおしまいなのだ。その状態で、金銭的報酬が与えられなくなると、満足も得られなくなり、仕事をする気もまたしなくなってしまう。

このことは図4(a)〜(c)のように図解するとわかりやすい。つまり、図4(a)のように、もともとは内発的動機づけだけの状態で、職務遂行(「ユダヤ人！　ユダヤ人！」とやじること)と職務満足はくっついていたのであるが、金銭的報酬を与えたことで、そのインパクトの強さから、職務遂行と職務満足の間に金銭的報酬が割り込んでしまい、図4(b)のように、両者は分離し

てしまったのである。これはワーク・モチベーション理論ではよく見かけるサイクルなのだが（たとえばLawler & Porter (1967)），こうなってしまうと，もうおしまいなのだ。こうして金銭的報酬を媒介して，職務遂行と職務満足が結びつくようになってしまった以上，図4(c)のように，金銭的報酬が与えられなくなると，職務満足も得られなくなり，さらに次の職務も遂行されなくなってしまったのである。

絵に描いたモチベーション

しかも，この図4(c)はもっと深刻なことも示唆している。「金銭的報酬がなくなる」は，「金銭的報酬が職務遂行と完全に連動していると認知されない」の特殊なケースにすぎないからである。正確に言えば，図4(c)のように「金銭的報酬」に×がつくケースは，「職務遂行」と「金銭的報酬」との間の→に×がつくケースの特殊なケースになっているのである。そして結局は同じ結果になる。つまり働く気がしなくなるのだ。たとえば，図4(b)のサイクルで，働いても働かなくても同じ給料だと思ったら（「職務遂行」と「金銭的報酬」との間の→に×がつく），働く気がしなくなるはずである。これは年功賃金を批判する人が当たり前のように口にする論法で，図4(b)のサイクルができ上がってしまっている人に対しては，たしかに正しい。

しかし，そうしたサイクルができ上がってしまった金銭中毒の人の末路は，あまりにも悲しい。なぜなら，結局，サイクルはきちんと機能しないからだ。事実，金銭的報酬を職務遂行に完全に連動させる報酬システムの開発に，人類史上，誰一人として成功していない。実際，モチベーションの論文などでは，図4(d)のように，職務遂行と金銭的報酬の間の連結をわざわざ波状線で表現し（Lawler & Porter, 1967），完全に連動していないことを示しているものがあるほどなのである。この図4(b)のサイクルは，要するに机上の空論なのであって，「絵に描いたモチベーション」と揶揄した人事担当者までいた。この図を示すコンサルタントに対しては，クライアントは「それなら金銭的報酬を職務遂行に完全に連動させる報酬システムを責任を持って提供してくれ」と要求するべきである。

論理的に考えても，金銭的報酬を職務遂行に完全に連動させる報酬システムが存在するわけがない。なぜなら，そもそも仕事というのは，非常に多面

的だからである。それを一つの尺度（「円」）しかない金銭的報酬で，つまり一元評価で表すことなどできないのである。

給料は不満足要因

さらに注意深く読んでみると，「ユダヤ人の洋服仕立屋」の例は，金銭的報酬が満足をもたらすというよりも，むしろ減ったときに不満の原因になりやすいことを示唆している。事実，ハーズバーグ（Frederick Herzberg; 1923-2000）らの動機づけ衛生理論（motivation-hygiene theory）は，そう主張している。

ハーズバーグら（Herzberg et al., 1959）は，米国ピッツバーグ市の企業9社の技術者と会計担当者，約200人を対象にした横断的調査を行い，その面接調査の結果得られた事実発見に基づいて，この理論を提唱した。この面接調査では，彼らの職務について，例外的に良い感じを持ったとき，あるいは例外的に悪い感じを持ったときを思い出してもらい，そのときにどんな事象が起こったのかを詳細に話してもらうという方法がとられた（Herzberg et al., 1959, ch.3, pp.141-142）。その結果は図5のようになり，次のような事実発見が得られた（Herzberg et al., 1959, p.80）。

① 職務満足事象には，達成，達成に対する承認，仕事そのもの，責任，昇進が要因として現れる頻度は顕著に高く，とくに，後の三つは態度変化の持続性の点でより重要である。しかし，これらの要因が，職務不満足感を述べるときに，事象として現れることは非常にまれであった。

② 職務不満足事象には，これとはまったく異なる要因が出てきた。つまり，会社の方針と管理，監督，給与，対人関係，作業条件である。これらは，今度は職務不満足をもたらすように作用するだけで，その逆はほとんどなかった。

ハーズバーグらは，これらの2組の要因は，二つの分離したテーマを有していると考えた（Herzberg et al., 1959, pp.113-114）。つまり，職務満足をもたらす①の満足要因は自分の行っている職務そのものと関係していると考えられるが，職務不満足をもたらす②の不満足要因は自分の職務ではなく，それを遂行する際の環境，条件と関係しているというのである。そして，①の満足要因を「動機づけ要因」と呼び，②の不満足要因は，もっぱら職務不満足

図5　満足要因と不満足要因の比較

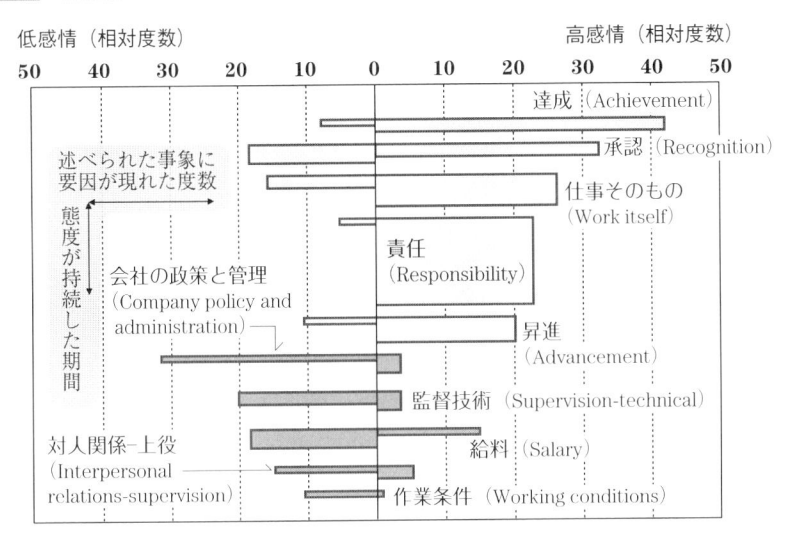

低感情（相対度数）　　　　　　　　　　高感情（相対度数）
50　40　30　20　10　0　10　20　30　40　50

述べられた事象に要因が現れた度数
態度が持続した期間

- 達成 (Achievement)
- 承認 (Recognition)
- 仕事そのもの (Work itself)
- 責任 (Responsibility)
- 会社の政策と管理 (Company policy and administration)
- 昇進 (Advancement)
- 監督技術 (Supervision-technical)
- 対人関係-上役 (Interpersonal relations-supervision)
- 給料 (Salary)
- 作業条件 (Working conditions)

（出所）Herzberg et al. (1959) p.81, Figure 1.

を予防する際の環境的要因なので、「衛生要因」と呼んだ。つまり、給料は満足をもたらす満足要因ではなく、衛生要因だったのである。より正確に言えば、給料で喜ぶのは一瞬で、不満が長々と続くというのである（図5）。

この動機づけ衛生理論に対しては、その研究方法に対する批判もあったが(Vroom, 1964, pp.127-129, 邦訳145-148頁)、その後、ハーズバーグ自身のものも含め、多くの追試が行われ、その結果は、ハーズバーグの代表作『仕事と人間性』(Herzberg, 1966, chs.7-8)の中でも多数紹介されている。そのうち、復元調査だけでも9研究が取り上げられており、もともとの調査も入れて、17母集団に対する10研究で、重複しているものも入れて100以上の要因が調べられ、そのうち、動機づけ衛生理論の予想と違う結果になったものは3％にも満たないことが紹介されている(Herzberg, 1966, p.125, 邦訳141頁)。

「満足→生産性」仮説の迷走と否定

満足は生産性に結び付かない

さまざま研究が繰り返された結果，実は，高い職務満足が高い職務遂行につながる（図4(b)(c)(d)の下側のループ）かどうかも疑わしいことがわかっている。より正確に言えば，職務に対する不満足は離職や欠勤という行動には結び付くようだが，他方，職務満足と生産性の間には関係がないということが，すでに1950年代後半には定説となっているのである（Brayfield & Crockett, 1955; Likert, 1961; Vroom, 1964）。たとえば，ブルームは，職務満足と職務遂行との関連の強さについて明示している20の研究をレビューして，欠勤，離職，生産性との関係について次のように結論づけた（Vroom, 1964, p.186, 邦訳215頁）。

① 職務満足と離職確率との間には一貫した負の関係がある。
② 職務満足と欠勤との間には，やや一貫性を欠くが，負の関係が見られる。
③ 職務満足と生産性の相関には非常に広範囲のバラツキがあり，両変数間には単純な関係は存在しないし，両者の関係の強度および方向に影響する条件は不明である。

このうち①については，本書第5章の表5でも確認できる。要するに，職務満足は，①離職や，②欠勤という行動には結び付くようだが，③生産性との間には関係がないというのである。こうした事実を背景に，マーチ゠サイモン（March & Simon, 1958; 1993）は，

(a) 組織に参加し続けるか，あるいは組織を離れるかという参加の決定
（より正確には「退出の決定」と呼ぶべき）

(b) 効率的に生産活動を行うかどうかという生産の決定

の2種類の決定に明確に区別すべきだとした。離職や欠勤は「参加の決定」，生産性は「生産の決定」になるわけだが，それを区別しなかったので混乱したというのである（March & Simon, 1993, p.67, 邦訳64頁）。たしかに，この2種類の決定を区別すれば，さきほどのブルームの結論①②③は，「参加の決定（欠勤・離職）と職務満足の間には関係があるが，生産の決定（生産性）と

図6　適応的で動機づけられた行動の一般モデル

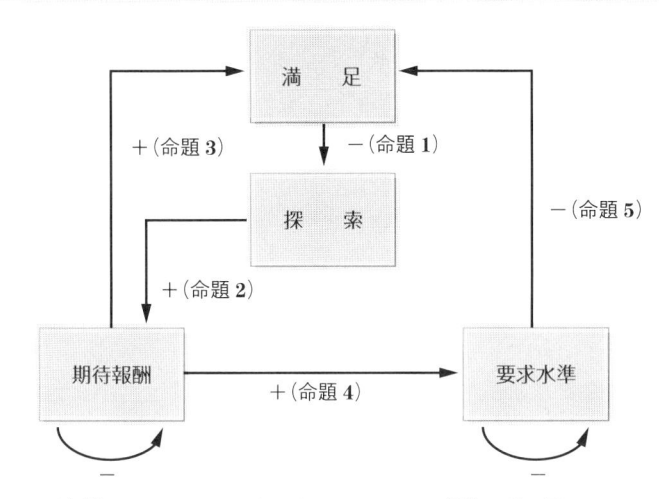

```
                    ┌─────────┐
         ┌─────────→│  満 足   │←─────────┐
         │          └─────────┘           │
         │    ＋(命題3)  │ －(命題1)       │
         │              ↓                 │－(命題5)
         │          ┌─────────┐           │
         │       ┌─→│  探 索   │          │
         │       │  └─────────┘           │
         │       │      │                 │
         │    ＋(命題2) │                  │
         │       │      ↓                 │
      ┌─────────┐              ┌─────────┐
      │ 期待報酬 │──────────────→│ 要求水準 │
      └─────────┘  ＋(命題4)    └─────────┘
         ↺                          ↺
         －                         －
```

（出所）　March & Simon（1993）p.68, Figure 3.5, 邦訳64頁，図3.5。

職務満足の間には関係がないことがわかった」ときれいに整理することができる。

　そして，期待理論の提唱者ブルームも，これに絡んで，期待理論についての冷静な見解を述べていた。すなわち，期待理論は，欠勤・離職と職務満足との間の関係を説明するには有効だが，生産性と職務満足の間の関係を説明できないと，ブルーム自身が明言していたのである（後で詳述する）。したがって，図4(b)(c)(d)の下側のループは，「職務遂行」が離職や欠勤の類であれば成立するが，生産性であれば成立しないのである。

　では，なぜ満足が生産性に結び付かないのか。マーチ＝サイモン（March & Simon, 1958; 1993, ch.3）は，その理由を，次のようなモデルを使って説明している。まずは，次の命題群で表されるような一般的なシステムを考える。

1. 生物の満足（satisfaction）が低いほど，生物は代替的プログラムの探索（search）をより試みる。
2. 探索をするほど，期待報酬（expected value of reward）はより高くなる。
3. 期待報酬が高くなるほど，満足はより高くなる。
4. 期待報酬が高くなるほど，生物の要求水準（level of aspiration）はより

高くなる。
 5.　要求水準が高くなるほど，満足はより低くなる。

　このシステムは図6に要約されるが，動的過程が均衡する仮定として，図6では，期待報酬の箱から出てすぐ箱に戻ってくる負のループ，要求水準の箱から出てすぐ箱に戻ってくる負のループも追加的に仮定している。

　この適応的で動機づけられた行動の一般モデルからは，堂々巡りや紋切型といった無効な探索は排除されている。さらに，神経症的反応も排除されている。要求水準はもともと心理学者レヴィン（Kurt Lewin; 1890-1947）が使い始めた概念だが（Lewin, 1935），そのレヴィンの指導を受けたこともある実験心理学者マイヤー（Norman Maier; 1900-1977）は，ネズミを使って，ラッシュレーの跳躍装置を使った神経症的反応の実験を行った（Maier, 1949）。この実験では，ネズミは自分の前に置かれた2枚のカードのうち，どちらか一方に向かって跳躍し，正しいカードにぶつかれば，そのカードが向こう側に倒れて餌にたどり着き，間違ったカードにぶつかれば，カードは固定されていて，ネズミは下の網に落ちてしまうようになっている（Maier, 1949, ch.2）。いわゆるT迷路実験——すなわちT字の形状をした迷路で，T字の下端からネズミが入り，分岐点からは見えないようにT字の左右の先端のどちらかに餌が置いてある——の一種である。このネズミを使った実験で，ネズミの異常行動である異常固着（abnormal fixation）を動機づけでは説明できないと考え，そこから行動を説明する動機づけと欲求不満（frustration）の2種類の異なった心理的メカニズムがあることを主張した（Maier, 1949, ch.5）。たとえば，子供が自分のものではないものをとる行動（盗み）は，魅力あるものを入手する動機づけられた行動の場合もあるかもしれないが，もし子供にとってほとんど満足をもたらさないようなものを盗んだとしたら，それは生活の中の欲求不満に原因があるのではないかと考えようというのである（Maier, 1949, ch.6）。つまり，欲求不満による行動と動機づけられた行動を明確に区別すべきだとマイヤーは主張するわけだが，前者の「神経症的」反応も，このモデルからは排除されている。

　にもかかわらず，この適応的で動機づけられた行動の単純モデルでさえも，満足は個人生産性を説明しないことがわかる。マーチ＝サイモン（March & Simon, 1958; 1993, ch.3）によれば，

1. 満足の場合：いわゆる T 迷路実験では，餌を報酬とするため，ネズミを空腹状態にして試験をする。したがって，「満足した」ネズミが T 迷路で最善を尽くすとは誰も予測しない。同様に，高い満足自体が個人を経営側の目的に従うように動機づけると予測する理由がない。
2. 不満足の場合：従業員は代替的行為を探索すると予測される。単純化のため，次の三つの代替案だけに注目しよう：(1)組織を辞める，(2)組織にとどまり生産する，(3)組織にとどまり生産しない，のどれかを選択する。組織にとどまる(2)(3)のうち，(2)では不満足でも生産するし，(3)では生産を上げずに満足できる機会を探すことになる。たとえば，組織の中で「策を弄して私利を図る」かもしれないし，もし従業員が下位集団規範に従って生産努力を制限し，その後その下位集団から報われる（そして組織から重い罰を受けない）ならば，生産量を制限するように動機づけられるかもしれない。

このことから，高い満足それ自体は，高い生産のとくに良い説明変数ではないし，生産を促進する因果関係もないと結論するのである。

ホーソン実験

実は，もともと「満足→生産性」仮説は，ホーソン実験（Hawthorne experiments）から生まれた人間関係論で唱えられたものだった。1924〜32 年に，AT&T の子会社ウェスタン・エレクトリック（Western Electric）社の米国シカゴ市にあるホーソン工場で，物理的環境条件と作業能率の関係を調べる一連の実験や調査が行われた。これがハーバード大学のグループによって公表されて有名になったいわゆる「ホーソン実験」である。ホーソン実験は，その成果をもとにして，人間関係論が展開されるきっかけとなり，経営学や産業心理学の研究展開に大きな影響を与えることになる。

ホーソン実験はいくつもの実験から成り立っているが，一連の実験は，後述する科学的管理法の影響を強く受けて計画されたものだった。ところが，実験は次々と意外な結果をもたらし続けた。科学的管理法からすると当然だと思われた仮説が，次々と見事なまでに裏切られ続けるのである。

たとえば，ホーソン実験は 1924 年の照明実験をもって開始されるが（Roethlisberger, 1941, pp.9-11, 邦訳 11-14 頁），これは科学的に，唯一最善の照

明のあり方を探るための実験であった。この実験では、作業者を

《試験群》　さまざまな照明度の下で作業させるグループ

《統制群》　できる限り一定の照明度の下で作業を続けさせるグループ

の2群に分け、この2群の作業能率を比較することで、照明の質と量が従業員の作業能率にどのような影響を及ぼすのかを調べようとしたのである。

　ところが、その結果は驚くべきものだった。たとえば、試験群の照明度を3段階で徐々に高めていったのだが、なんと、照明度が変化した試験群だけではなく、照明度が一定の統制群も、どちらも生産量はほぼ同量増加したのである。逆に、試験群の照明度を下げていっても、やはり両群とも生産率は上昇した。つまり、一連の照明実験で、両群の間には生産高で重要な相違はなく、同じように変化していたのである。しまいには、月明かり程度の明るさにしてみても、生産性は落ちなかったという。つまり、照明度と作業能率との間にはなんの相関関係もないということになる。とはいえ、この驚くべき結論を出す前に、作業者の生産能率に影響する他の変数をもっとよく統制した状態で、新たな実験を計画すべきだということになった。

人間関係論の誕生

　そこで、1927年4月から1932年半ばにかけて、継電器（リレー）組立作業実験が行われた。この実験では、まず、5人の女子作業者を他の作業者から隔離された作業室に移した。そして、適当な期間を置いて、彼女たちの作業条件にさまざまな変化を導入し、これらの変化が生産高にどのような影響を及ぼすのかが調べられたのである。この実験は5年間23期にわたって行われ、文書にして数トンという資料が集積されたという。しかし、物理的環境上の変化を生産高と関係づけようとするあらゆる試みは、統計的に意味のある関係を一つも見出すことができず、ものの見事に失敗に終ってしまった。この実験について、メイヨー（George Elton Mayo; 1880-1949）は、主要な事実発見を次のようにまとめている（Mayo, 1933, ch.3）。

　《作業条件を改善し続けた1年半》　実験の最初の1年半ぐらいの間、休憩時間のとり方や作業時間の短縮、特別の軽食の提供といった作業条件の改善を行った。この間、作業条件の改善につれて、生産能率が徐々に上昇していった。

《作業条件を振り出しに戻した12週間》　そこで，実験の第12期（1928年9月から12週間）に，これらの作業者にとって優遇的な条件を12週間廃止し，作業条件をすべて調査当初の第3期（第1～2期は作業実験室への移動前後のいわば準備期間だった）の状態に戻してみた。ところが，こうやって条件を悪化させたにもかかわらず，生産高は12週間の間依然としてきわめて高い水準を保ち続け，それまでのいかなる期間の生産高をも超えたのである。

《作業条件を復活させた31週間》　そして，その後，1929年6月末まで31週間継続された第13期に，休憩および茶菓を復活させると，生産量はこれまでのうち最高のものとなった。

このうち同じ労働時間，同じ労働条件だった第7期，第10期，第13期を比較してみても，これら3期の生産高は上昇傾向をとり続けたのであった。その間，女子作業者の満足感は注目に値するほど高まったし，女子作業者の欠勤率は実に約80％も減少した。満足感の中での生産性の向上と欠勤率の劇的な低下をどう説明するのか。

これに対するレスリスバーガー（Fritz Jules Roethlisberger; 1898-1974）の説明は，意外なものだった（Roethlisberger, 1941, pp.14-15, 邦訳17-18頁）。研究者たちが実験に対する被験者たちの完全な協力を得ようと努めた結果，工場で通常行われていた作業習慣はすべて変えられてしまったほどで，たとえば，

① 彼女たちは，導入されるべき変化についていちいち意見を求められ，そして，実験計画の中のいくつかは，彼女たちの同意を得られなかったがために，放棄されたことさえあった。

② 彼女たちは，加えられた変化に対する自分たちの考えについての質問を受けたが，それらの話し合いの場所としては，重役室が多く使用された。

③ 彼女たちは，監督者も置かれず，作業中のおしゃべりも許されていた。

今の日本の工場では，さほど不思議な光景ではないかもしれないが，当時の米国の工場では，斬新な試みであった。つまり，実験の名を借りて，監督方法を根本的に変えたことで，女子作業者の協力的態度や生産能率向上につながったと研究者たちは考えたのである。こうして人間関係論が誕生した。

生産性向上の種明かし

　人間関係論の影響は絶大であった。1939年に約600ページに及ぶ詳細な実験報告書（Roethlisberger & Dickson, 1939）が出版され，第二次世界大戦が終わると，日本でもカウンセリングや人間関係訓練，提案制度に職場懇談制度，さらには福利厚生施設，レクリエーション活動などの導入・充実が人間関係論の影響の下で行われた（黒川，1982）。人間関係論自体が，従業員の欲求の満足化による生産性増大運動（Vroom, 1964, p.181, 邦訳209頁）の様相を呈し始めたのである。

　ところが，実は，「幸福な労働者は能率的かつ生産的労働者である」という人間関係論的仮説自体が間違っていたのである。すでに述べたように，現在では，それは科学的に否定されている。では，なぜホーソン実験で生産性が向上したのだろうか。その答えは，実は，彼らの実験レポートの中に書いてあった。その理由はあまりにも単純明快で，実験の途中で，5人中2人の反抗的な作業者が解雇され，代わって経済的な問題で仕事を必要としていた生産的で経験のある2人の女性が入ってきたために，彼女らの努力と刺激が集団の生産性向上をもたらしたのだ（Carey, 1967）。驚くべきことに，5人の作業者が実験の全過程を通じて固定されていたものではないことは，初期の文献から次のように堂々と記述されていた（Mayo, 1933, ch.3）。

① 実験の最初の年である1927年で5人中作業者番号1番と2番の2人が脱落し，1928年1月に始まる第8期からは，その者たちと同程度ないしはそれ以上の技能をもつ他の2人の者が，同じ番号を引き継いで，これに代わって最後まで仕事を継続した。

② さらに，作業者番号5番のもう1人も，1929年の半ばにホーソン工場をやめたが，1年後，再びこのグループの職に復帰しており，その間は別の作業者が実験に参加していた。

　つまり正確には，一時5人中3人が入れ替わっていたのである。ただし第13期は1929年6月末までの31週間なので，さきほどの第7期，第10期，第13期の比較については，3人目の交替は実質的には影響しない。そして決定的なのは，作業者番号1番～5番の平均毎時生産量が，1927～32年にわたってグラフで示されているが，たしかに作業者番号1番と2番は交替直後から生産量がはね上がっていたという事実である。彼女たちは，最初か

ら生産性が高かったのである。同じ労働時間，労働条件の第7期，第10期，第13期について比較して，生産高が上昇傾向をとり続けているといっても，実際にはそのうちの第7期と第10期・第13期とでは被験者が5人中2人も，より生産的な作業者に交替していたのである。こうして，職務満足が高い生産性をもたらすという人間関係論的仮説は，1960年代には否定された。

イニシアチブの復権

科学的管理法

ホーソン実験は，もともと科学的管理法的なアイデアに基づいて企画されたものだった——結果的に否定的結論に至るのだが。では，科学的管理法とは何だったのか。

科学的管理法が生まれる前の19世紀末から20世紀初頭にかけて，米国，英国の工場では，工員が故意にゆっくり仕事をし，1日分の仕事量が増えないようにする怠業（soldiering）と呼ばれる現象が見られたという。この怠業を除去することができれば，労使の繁栄をもたらすことになるとテイラー（Frederick Winslow Taylor; 1856-1915）は考えた（Taylor, 1911, pp.13-15, 邦訳230-231頁）。

それでは，どうして人は怠業するのだろうか。テイラーは，怠業は二つの原因からきていると主張した。一つは，人間はその本能として楽をしたがるから怠業するのであって，テイラーは，これを自然的怠業（natural soldiering）と呼んだ。そして，もう一つの原因が組織的怠業（systematic soldiering）である（Taylor, 1903, p.1349）。

組織的怠業が起こる理由を単純化すると次のようになる。当時の工場では，あらかじめ工賃単価を決めておいて，出来高に応じて賃金が支払われる出来高払い制で賃金が支払われていた。当然のことながら，工員が習熟して精を出して働くと，出来高も賃金もどんどん増えることになる。それを嫌った経営者側が，人件費を抑えるために工賃単価の切り下げを何度かしてしまったらしいのだが，そんなことをされれば，「だったら，こんなにせっせと働かず，工賃単価を維持して，ゆっくりしたペースで働いた方がいい」と工員も考える。ただ，自分だけがゆっくり働いても，周りの工員が精を出して働い

てしまえば,結局は工賃単価は切り下げられてしまうので,工員たちは皆で一緒に怠業していたのである。それゆえ,これを組織的怠業と呼んだ。

テイラーはこの組織的怠業に対処するために,科学的管理法（scientific management）を提唱した。

① 「科学的に」目標となる課業を設定する。その際,目分量式の非能率な動作をやめて,科学をもってして,最も速くて最も良い方法へと代えていくことが目指される（Taylor, 1911, pp.23-25, 邦訳239-241頁）。

② この「科学的に」設定された課業を指図どおりの時間内に正しくなし終えたときには,普通の賃金より30％から100％の割増賃金をもらうようにして（Taylor, 1911, p.27, 邦訳252頁）,精を出して働いて出来高を増したばっかりに工賃単価が引き下げられたりするような事態を防ぐ。

このうち①の科学的に課業を設定する手法については,IEと略称されるインダストリアル・エンジニアリング（industrial engineering）に現在でも継承され,生き続けている（藤本,2001, 145頁）。たとえば,ギルブレス（Frank Bunker Gilbreth; 1868-1924）はレンガ積み職人の各動作について分析と研究を行い,不必要な動作は省き,遅い動作は速い動作と取り替え,分業の仕方,作業の内容に至るまで「動作研究」（motion study）を行い,1人毎時120個しか積めなかったものを1人毎時350個も積めるようになったという（Taylor, 1911, pp.77-81, 邦訳282-285頁）。現在でも使われている18の基本動作に要素化した記号,サーブリッグ（therblig）は,ギルブレス（Gilbreth）の綴りを逆から読んだものである。ギルブレスの妻（Lilian Moller Gilbreth; 1878-1972）も,動作研究の専門家だった。テイラー自身はこのような研究を「時間研究」（time study）と呼んでいたが,今でも工場などでは,作業者の横で観測者が要素作業ごとの所要時間をストップウォッチ（長針が1回転1分で,1分が100等分されているデシマル・ミニッツ〔decimal minites〕時計が使われる）で測定し,個々の要素作業の所要時間を具体的に測定し,平均値を計算して,さらにその値に熟練度や努力度,疲労度などを調整する係数をかけて,標準作業時間を算出している。

ところが対照的に,②のような賃金制度,すなわち定められた標準を達成した場合には高い工賃単価,標準を達成できなかった場合には低い工賃単価という賃金制度——差別的出来高給制度——はうまく機能しなかった。標準

の設定をいかに巧みに（＝科学的に）行ったとしても，標準を与えられた作業者の側としては，要は，「事前に設定された標準」ギリギリでも，それをクリアして働けばいいのであって，標準を大幅に越えて，作業者の潜在的可能性を発揮するようチャレンジする必要などどこにもないからである。このことをブルームは，期待理論の限界として次のように見事に整理していた（Vroom, 1964, pp.181-182, 邦訳210頁）。

(a) 期待理論では，ある作業者が現在の職務にとどまるように作用する力は，現在の職務の誘意性の単調増加関数であると仮定されている。

(b) 職務満足が生産性の向上に結びつくかどうかは明らかではない。なぜなら，期待理論では，職務の誘意性は，作業者がクビにならない程度に仕事をする確率とは関係するかもしれないが，多くの場合，作業者の可能性をはるかに下回る遂行レベルで十分に職務を維持できるし，実際，調査された作業者はそうだったと思われる。

このうち(a)の有名な例としては，第3章でも触れたフォード社の日給5ドル制は，離職率を下げるのに大いに効果があった。また(b)の実例としては，第5章でも触れたように，アベグレンは『日本の経営』の中で，当時，工員に対する生産性手当ては，通常は生産高が標準生産高基準を超えているために，実質的には恒常的かつ安定的に支払われていたと指摘していた。

人間のイニシアチブを信じられるか

しかし，テイラーが失敗したより本質的な理由は，その人間観にあった。そして，科学的管理法の登場から半世紀，20世紀の半ばにして，テイラーの人間観を否定する新しい人間観が育ち始める。簡単に言ってしまえば，人間の本能として楽をしたがるのだというテイラーの自然的怠業の仮定が間違っていたのである。

マグレガー（Douglas Murray McGregor; 1906-1964）は，経営者が決定を下し，措置をするからには，必ずその背後に人間の性質・行動に関してなんらかの考え方があると考え，1960年当時の組織に関するたいていの文献や経営施策で暗黙のうちに了解されているものとして，テイラー的な

① 普通の人間は生来仕事が嫌いで，できることなら仕事はしたくないものだ。

② 仕事が嫌いだというこの人間の特性があるために，企業目標の達成に向けて十分な努力をさせるためには，たいていの人間は強制されたり，統制されたり，命令されたり，処罰するぞと脅されたりしなければならない。
③ 普通の人間は命令される方が好きで，責任を回避することを望み，あまり野心をもたず，とくに安全を望んでいる。

を挙げ，こうした一連の考えに「X 理論」(Theory X) と名づけた (McGregor, 1960, pp.33-34, 邦訳 38-39 頁)。それに対して，人間行動に関して蓄積されてきた知識を「Y 理論」(Theory Y) と呼んだ。Y 理論が仮定する人間の特性は次のようになる (McGregor, 1960, pp.47-48, 邦訳 54-55 頁)。

① 仕事で心身を使うのは，娯楽や休息の場合と同じように自然なことである。普通の人間は生来仕事が嫌いというわけではない。条件次第で，仕事は満足の源にも，処罰の源にもなる。
② 外的な統制や処罰による脅しだけが，組織目的に向けて努力させる手段ではない。人は自らを委ねた目的に役立つためには自ら命令し，自ら統制するものである。
③ 目的に身を委ねるかどうかは，その目的の達成により得る報酬の関数である。最も重要な報酬は，たとえば自我の欲求や自己実現の欲求の満足といったもので，これらは組織目的に向かって努力すれば直接得られるものである。
④ 固有の条件下では，普通の人間は責任を引き受けるだけでなく，自らすすんで責任をとることも学習する。責任の回避や野心のなさ，安全の強調は，一般的に体験に基づくもので，生来の人間の特性というわけではない。
⑤ 組織的問題の解決に際して，比較的高度の想像力，工夫力，創造力を働かせる能力は多くの人に備わっているものであり，一部の人だけのものではない。
⑥ 現代の企業のような条件下では，普通の人間の知的潜在能力のほんの一部しか生かされていない。

マグレガーはテイラーに代表される X 理論から導かれた「階層原理」(scalar principle) に従った命令，統制による経営に反対し，Y 理論に基づいた経営

を主張する (McGregor, 1960, p.49, 邦訳 56 頁)。ところが，Y 理論自体は，X 理論と比べて，決して新しい人間観というわけではなかった。実は，テイラーが科学的管理法を唱える以前は，むしろ Y 理論的だったのである。事実，テイラーは，20 世紀初頭当時の通常の管理の中では最良のものとして，工員にできるだけ自発的に仕事をさせ，その代わり特別の誘因を与えるという，イニシアチブ (initiative: 自発性, 主導権) と誘因の管理を挙げていた。しかし，当時テイラーは，それでは，成功は工員のイニシアチブに依存しているのであり，成功するのはまれなケースだと断じてしまった (Taylor, 1911, pp.34-36, 邦訳 248-249 頁)。つまり，テイラーは人間のイニシアチブを信じられなかったのである。テイラーは，人間は，楽なゆっくりした歩調で仕事をしようとする傾向があることに疑いはないと言い切り，なみなみならぬエネルギーと活力と野心とを持ち，せっせと働く人は例外にすぎないと信じていたのである (Taylor, 1911, p.19, 邦訳 235 頁)。もっとも，テイラー自身が，科学的管理法の下では工員を単なる自動機械，でくのぼうにしてしまうという印象がある (Taylor, 1911, p.125, 邦訳 322 頁) とか，科学的管理では，工員が自分で新しいより良い作業方法を工夫する誘因が少ないようだ (Taylor, 1911, pp.127-128, 邦訳 323 頁) と認めている。

　それとは対照的に，テイラーと同時期に活躍していたフランスの専門経営者ファヨール (Jule Henri Fayol; 1841-1925) は，イニシアチブを重視していた。ファヨールは，1888 年から 1918 年まで，30 年にわたって当時のフランスの大企業コマンボール社 (La Société Comambault) の社長を勤め，危機に直面していた同社を立ち直らせ，社長在任中に『産業ならびに一般の管理』(Fayol, 1917) を発表し，経営管理論の始祖としての評価を確立する。その中で，ファヨールは自分が最もよく用いた管理の一般原則として 14 の原則を挙げ，その 13 番目の原則が「イニシアチブ」だったのである。すなわち，計画を立案し成功させることは最高の満足の一つなのだとした上で，だからこそ，計画を立案し，提案し，実行する可能性と自由は，すべての社会階層においても，担当者の熱意と活動を増大させると言っていたのである (Fayol, 1917, p.44, 邦訳 71-72 頁)。これが健全な経営者の感覚というものであろう。

改　善

　ところが，マグレガー以降も，米国では，テイラーのX理論はそのまま生き続けていた。実は，短期志向だと，X理論の誘惑に負けてしまうのである。たとえば，リッカート（Rensis Likert; 1903-1981）が，ミシガン研究の代表的な研究の一つとして紹介しているこんな実験がある（Likert, 1961, ch.5; Morse & Reimer, 1956）。一つの部の四つの課に所属した約200人の事務員に対して，そのうち二つの課については，意思決定を行う階層レベルを引き下げ，一般の事務員に意思決定をより行わせる監督方式をとる参加的プログラム（participative program）を実施した。対照的に，残りの二つの課については，意思決定を行う階層レベルを引き上げる階層統制的プログラム（hierarchically-controlled program）を実施した。すると，後者の階層統制的プログラムでは，実験した1年間は参加的プログラム以上に生産性が向上するのだが，実はその間に，態度の方は非好意的になり，自己実現感や上司・会社・職務に対する満足が低下した。それに対して，前者の参加的プログラムでは，生産性の向上と同時に，態度の方も好意的になり，自己実現感や上司・会社・職務に対する満足も向上してくる。その結果，たとえば監督者が不在のときは，参加的プログラムでは仕事を続けていたが，階層統制的プログラムでは仕事がストップしがちだった。そして結婚等以外の理由の離職者9人のうち8人は階層統制的プログラムの課の所属だったのである。

　つまり，短期的な生産性にこだわると，管理方式やリーダーシップのタイプの選択を誤ることになる。実際，米国では一般に，現場の作業者のイニシアチブなどは，ありえないものとして片付けられていた。そのために，現場軽視と極端な専門化を招き，20世紀後半，とくに1980年代以降，米国企業は不振に陥る。対照的に，20世紀末にもなると，トヨタに代表されるような，工員のイニシアチブを前提にした「改善」の成功が明白になる。その理論的根拠は第2章の学習曲線のところでも触れたとおりである。いまや「改善」は米国はじめ世界中の工場にも移植されている。テイラーがまれなケースだと切り捨ててしまったことが，条件さえ揃えてやれば，本当は頻繁に起こりうるものであったことが実証されたといってもいい。イニシアチブを信じても良かったのである。

　実は，テイラーの主張は，19世紀末から20世紀初頭の時代背景から出て

きていた。当時の工場では，生産管理，労務管理は職場の工員や経験工まかせだったのである。テイラーはそれを成行管理と呼んで批判した。つまり，テイラーは管理者が工員まかせにせずに，もっと責任分担をすべきであると主張したのである（Taylor, 1911, p.26, 邦訳241頁）。しかしそのせいで，今度は，現場の作業者が，目の前にあるはずの生産にかかわる技術的・管理的問題から隔離されていった。たとえば製品の開発・設計，製造方法，生産計画は言うに及ばず，本来は現場の方がはるかに詳しいはずの作業方法・作業手順の決定や改善・修正，さらには作業集団の編成や負荷の決定・配分までもが，現場の作業者から離れ，隔離されていく。要するに，現場の作業者は決められたとおりに働けばいいのであって，頭を使うようなこうした仕事は，経営者，管理者，技術者，コンサルタントなどの専門家の仕事とされてしまったのである（島田，1988, 97-98頁）。

　それとは対照的に，"kaizen"（＝改善）という経営用語が，1980年代以降，世界的に注目されるようになる（Imai, 1986）。自動車やエレクトロニクスなど，日本の加工組立メーカーの強い国際競争力の源泉の一つとして注目されるようになったのである。ここで面白いのは，「改善」が手法的にはテイラーの流れをくんでいるのに，Y理論に基づいて運用されていたという事実なのである。まさに和魂洋才の典型だったのだ。実際，「改善」の概念自体はIEの基本であり，「トヨタ生産方式」も「全社的IE」として特徴づけられてきている（藤本，2001, 150頁）。しかしテイラー流のX理論とは異なり，改善で重要なことは，自分の良心に従って仕事をする態度であり，向上心と競争心が改善活動の基礎となる（門田，1991, 367-368頁）という点で，まったくY理論的なのである。

　したがって，たとえIEの同じツールを使っていても，X理論を前提とした「管理」とY理論を前提とした「改善」ではまったく異なるのである。「管理」では，上から与えられた目標・標準のまわりに設定した許容範囲を逸脱した場合，原因を分析し，原因を除去する矯正的行動がとられる。それに対して「改善」では，現場で常に標準作りが行われ，それは「標準の改訂」あるいは「目標の上方修正」を意味する（藤本，2001, 151-152頁）。

　より明確に言えば，日本の会社でも，従業員は設定された標準に基づいて働いているが，日本の会社では，訓練および規律を通じたそうした標準の

「維持」と，そうした標準自体を向上させる「現状打破」という二つの要素から仕事が成り立っていると考えられているのである（今井，1991, 48-50頁）。つまり，「標準のないところにカイゼンはない」のであり，「標準はよりよい標準に取って代わられるためにのみ存在する」のである（今井，1991, 157-158頁）。

イニシアチブを生かすなら非金銭的報酬

報酬の情報的側面

科学的管理法的な報酬がうまくいかないのであれば，報酬はどのように与えたらいいのだろうか。実は，これが結構難しく，ノウハウを要することになる。なぜなら，金銭的報酬はインパクトが強すぎて，往々にしてイニシアチブを殺してしまうからである。そのメカニズムは，デシによって上手に整理されている。デシは内発的動機づけに及ぼす外的報酬の効果に関して，金銭的報酬を含んだあらゆる外的報酬は，次の二つの側面を持っているとした。

① それを提供することで，受け手の行動を統制し，特定の活動に従事させ続けることをねらいとしている統制的（controlling）側面
② 報酬の受け手に彼もしくは彼女が有能であることを伝える情報的（informational）側面

そして，受け手にとって統制的側面よりも情報的側面が顕現的であれば，内発的動機づけが強まると主張した（Deci, 1975, p.142, 邦訳160頁, Propositions III）。

そのような視点から考えてみると，金銭的報酬は，金額の多寡が一目瞭然で，その分インパクトもあるのだが，どうしても統制的側面が鼻につく。それよりは，非金銭的報酬の方が情報的側面を強調しやすい。たとえば，次のような非金銭的報酬の例は，大いに参考になる。

【SCENE 1】高級料亭に連れて行く

たとえば，ある人が手柄をたてたとき，社長室長がやってきて，今日の夜は時間を空けておくようにと言われる。言われるままに，5時過ぎに社長室に顔を出すと，社長が満面の笑みをたたえて

「よくやったな。」
と一言，そして握手を求められた。照れながらもうれしくて，握手すると，
「じゃあ，ちょっと出ようか。」
と促されて，社長の車に乗せられ，そのまま料亭に連れて行かれる。料亭には既に専務が待っていて，料亭の一室で，社長と専務から酒を勧められる。何しろ，こんな高級料亭など初めての経験である。あまりのことに緊張していたが，ふと気付くとテレビでしか見たことのない「ししおどし」（竹筒に水を落とし，その水の重みで竹筒がお辞儀をして戻る際に，石を打って音が出るようにした仕組み）がいい音をさせていた。

翌日，会社に行くと，同僚が尋ねてきた。
「〇〇さん，昨日は社長室に呼ばれていたみたいですけど，何かあったんですか？」
「いやね。昨夜，社長と専務に料亭に連れて行ってもらってね。あの『ししおどし』っていうの？　コーンコーンと音のする竹があるようなところでさ，こないだの仕事，よくやったと褒めてもらったんだよ。」
「えっ，本当ですか？　すごいじゃないですか。僕も行ってみたいなあ。」
「ああ，次の仕事がうまくいったら，今度は一緒に連れて行ってもらおう。」
「その料亭ってどこにあるんですか？」
「いや，それが，俺にも分かんないんだよね。何しろ社長の車に乗せられちゃったもんでね。」
「えっ，〇〇さん，社長の車に乗せてもらったんですか？　社長の車って，中はどんな感じでした？」
「うん，車内に葉巻の箱が置いてあって……」
と話は尽きないのである。そして酒の席でも，この自慢話が何度も活躍することになる。こうして「伝説」が誕生する。

ところが，仮に，報奨金として数百万円をもらったところで，いまどきは，銀行振り込みされて住宅ローンの繰上げ返済か何かに消えるのが関の山であろう。話題性も何もない。それでも奥さんは喜ぶはずだっ

て？　いやいや，奥さんを喜ばせるのだったら，もっといい方法がある。

【SCENE 2】ホーム・パーティーに家族同伴で招く

　たとえば，成功した開発チームを家族同伴で丸ごと，社長宅のホーム・パーティーに招待するのはどうだろう。そんなとき，女性は決まって同じような反応をするものである。
　「着ていく服がない。」
　そこで社長は，招待する社員を事前に社長室に呼んで，自分の家のホーム・パーティーに家族同伴で招待することを告げ，そして，次のようにささやくのである。
　「こういうとき女性は，着ていく服がないと口にするものらしい。だから，少ないけどな，ちょっとお金を包んでおいたから，これで奥さんの服でも買う足しにしてくれ。」
　そうしたら，もう奥さんも社長のファンである。ホーム・パーティー用に買った服を着るたびに，夫が手柄を立てて社長宅のホーム・パーティーに呼ばれたことを，そして（たとえ全額ではなくても）社長に服まで買ってもらったことを思い出すことだろう。
　高級料亭にしたってホーム・パーティーにしたって，使うお金はせいぜい数十万円といったところか。しかし，何百万円，何千万円報奨金に使うよりも，はるかに効果がある。

【SCENE 3】研修に社長が登場

　そう言ったら，「それでも数十万円は金がかかるじゃないか」と文句を言ったケチ臭い経営者がいた。だったら，さらにお金を使わずに効果の上がる方法がある。それは社長が研修に登場することだ。研修では，なんといってもメイン・イベントは社長の登場なのである。どんな高名な識者の名講演も，社長の存在の前では霞んでしまう。
　私も職業柄，研修の仕事を引き受けることがあるが，いまや会社は研修にかなりの金を使っている。テレビに出ているような著名人を呼んできては，ありがたいご高説を賜るなどということもよくある。聞いている側も，

「いやー，実物に初めてお目にかかっちゃったよ。テレビで見るよりも実物は意外とちっちゃいな。」
などと，失礼なことを言いながら，結構楽しんでいたりする。ところが，そんな研修も，たとえば研修担当者が
「社長は3時に研修所に到着する予定です。」
などとアナウンスしたとたんに，雰囲気がピーンと張った感じに変わる。大企業になればなるほど，経営者は一般の従業員から遠い存在になってしまうものである。

とはいえ，日本の会社の社長は，そんなにお話が上手なわけではない。10分かそこら話すと，もはやネタ切れという人も多い。しかし，そんなことは恐れるに足らない。社長が研修所にやってきて，2時間でも3時間でも一緒にいてくれたら，研修の参加者はそれだけで大いに盛り上がるのである。別に練りあげた講演内容など必要もない。たとえ話題に詰まっても，社長が
「さあこれから3時間，私はここにいる。質問してくれてもいいし，議論をふっかけてもらっても構わない。何でもいいから，日頃考えていること思っていることを私にぶつけてみてくれ。」
そう言えばいいのである。そして，発言内容が面白ければ，
「君は，名前は何ていうんだ？ そうか○○君か。ちょっと考えさせてもらうよ。」
とでも受け答えすればいいのである。後日，発言者の上司を呼び出して，○○君のことを色々と聞いてみれば，それでいい。たとえば
- これまで，どんなキャリアを積んできているのか？
- 今どんな仕事についているのか？
- これから何かやりたいといっている仕事はあるのか？
- 人望はあるのか？
- どんな家族構成なのか？

……等々。
それで，あわてて部屋に戻ってきたその上司が
「○○君，君はこないだの研修で何かしたのか？ 社長が君の事を根掘り葉掘り聞いていたぞ。」

とでも口にしようものならば，○○君は，もう天にも昇る気持ちになること請け合いである。社長が自分のことを覚えていてくれたのである。これでやる気の出ない社員がいるわけがない。

さらに，こんなうまいやり方もある。研修で議論が盛り上がってくるようだったら，社長は頃合を見計らって，傍らに控えている研修担当者にこう告げるのである。

「君が研修担当だったな。悪いが，今晩，このまま研修所に泊まっていくので，手配してくれないか。」

そう予定外のことを指示された研修担当者数人があわてた様子で

「貴賓室かどこか空いていなかったかチェックしてくれないか」

などと口走りながら，あわただしく動き始めると，研修の参加者の気分も大いに盛り上がる。

「あれっ？　ひょっとして，われわれの第△期だけ特別ってこと？　議論が盛り上がって，社長が泊まっていくなんて。」

実際には，泊まったとしても徹夜で議論する必要はなく，社長は早めに就寝してしまってもかまわないのである。それでも「伝説」は残る。そして研修担当の次の一言で「伝説」は伝承される。

「○○研修の第△期のときには，議論が白熱して社長がそのまま研修所に泊まりこんでいったこともあります。みなさんもあの先輩たちを見習って，実りある研修にしてください。」

(高橋，2005a, 94-99頁)

やりがいを感じた瞬間の経験こそ財産

ただし，常に自分の頭で考えることが必要である。答えはいつもケース・バイ・ケースなのだから。たとえば，SCENE 1 の高級料亭の話や SCENE 2 のホーム・パーティーの話をすると嫌な顔をする経営者が意外と多い。

「うちの社風に合わない。」

「私のキャラクターではない。」

「私はそういう特別扱いやえこひいきは嫌いなんだ。」

会社にも経営者にもそれぞれ個性があり，それでいいのである。SCENE 3 にしても，本当にカリスマ性の高い社長であれば，こんな手の込んだこと

をする必要すらない。ときどき社内の廊下ですれ違うだけでも感激したという社員も多いのである。

　ある運送会社の経営者がこんな話をしてくれた。トラックの運転手の世界は，完全な歩合給の世界だ。ところがこれでは運転手はうまく働かないという。そこで，お客さんの評判のいい運転手のトラックはアルミ・ホイールにしてやるのだそうだ。アルミ・ホイールにしてもらうと，運転手はうれしくなってよく働くという。中でもとくに評判のいい運転手には，トラックを買い替える際に新車をあてがうのだという。そうすると，運転手はさらにうれしくなって，もっとよく働く。アルミ・ホイールも新しいトラックも，自分でピカピカに磨くようにして洗って運転している。まさに勲章なのだ。ただし，他の運送会社にも何社か聞いてみたが，トラックのアルミ・ホイールにそんな意味を持たせている会社はなかった。要するに，金銭的報酬を使わない動機づけが，ケース・バイ・ケースでごく自然に行われているが，一般化は難しいということなのである。

　　　ある課長は，自分の部下である〇〇君が手柄を立てて，部長から彼に報奨金を出そうかどうか相談されたときに，自分の経験を踏まえてこう言った。
　　　「ご褒美代わりに〇〇君を今度，海外出張に連れて行きたいので，1週間の時間と旅費をくれませんか。私も若いときに上司の海外出張のかばん持ちをさせてもらって，もちろん仕事なので観光どころではありませんでしたが，とても充実して楽しい時間を過ごさせてもらったんです。きっと〇〇君も報奨金なんかでもらうより，その方がうれしいと思いますよ。本人の自信にもつながりますしね。」
　　　考えてみれば，そもそも若い人は，遊ぶ暇もないくらいに忙しく，本給よりも残業手当の方が多かったりするくらいではないか。使う暇もないままに預金通帳の残高がたまっていく生活。そんな人が，報奨金でどのくらい喜ぶというのだ。それくらいだったら……というこの課長の提案は実に理にかなっている。

　　　　　　　　　　　　　　　　　　　　　　（高橋，2005a，100頁）

この課長が若かりし頃，当時の部課長の海外出張に連れて行ってもらったときは，本当に，文字どおりのかばん持ちで，ヨーロッパの街を，スーツケースをガラガラいわせながら走り回り，ホテルに入ると疲れ果ててバタンキューの毎日だったという。しかし，あれは自分にとって本当にいい経験になったし，自信につながったと回顧していた。だから，同じことをあいつにもやってあげたい。それで十分なのである。いやそれこそが必要な「報酬」なのである。要するに，自分がしてもらってうれしかったことを今の若い人にもしてあげればいい。彼らもきっと同じ感情を持つはずだ。

つまり，ベテラン社員が，若かりし頃に経験して「うれしい」と感じたことは，今の若者が経験しても同様にうれしいと感じるし，「やる気を失った」と感じたことは，同様にやる気を失うのだ。だから，この生え抜きの課長がしたように，自分の過去を振り返り，やりがいを感じた瞬間，うれしかった瞬間，やる気を失った瞬間，他の人がされているのを見て羨ましかった瞬間，そういったものを経験として，知識として生かすべきなのである。

この課長のように，生え抜きの経営者も，自分の過去を振り返ってみれば，やりがいを感じた瞬間，うれしかった瞬間，やる気を失った瞬間，他の人がされているのを見て羨ましかった瞬間，そういったものが経験として，知識として，積み重ねられてきているはずである。それこそが財産なのだ。

自己決定理論の幻想

ところで，デシは内発的動機づけに関して，より踏み込んだ主張をしている。すなわち，「内発的に動機づけられた行動は，人がそれに従事することにより，自己を有能（competent）で自己決定的（self-determining）であると感知することのできるような行動」であると定義したのである（Deci, 1975, p.61, 邦訳68頁）。ここで，有能さと自己決定的であるということとは同義だと考えられている。なぜなら，人は自己の環境を自分で処理し，効果的な「変化」を生み出すことができるときに，有能であると感じるからである（White, 1959）。その上で，ある人の自己決定の感覚が高くなれば，彼もしくは彼女の満足感は増加し，逆に，もし，自己決定の感覚が低くなれば，彼もしくは彼女の満足感は減少するとした命題も掲げ（Deci, 1975, Proposition II），後に，自己決定理論（self-determination theory; SDT）と呼ぶようになった（Ryan

& Deci, 2000）。

そこで，高橋（1993a; 1993b）は，次の5問の回答をダミー変数化した上で，これら5問の合計点を「自己決定度」として定義して，職務満足との関係を検証している。

D1. トップの経営方針と自分の仕事との関係を考えながら仕事をしている。　（はい＝1; いいえ＝0）
D2. 上司からの権限委譲がなされている。　（はい＝1; いいえ＝0）
D3. 自分の意見が尊重されていると思う。　（はい＝1; いいえ＝0）
D4. 10年後の自分の会社のあるべき姿を認識している。　（はい＝1; いいえ＝0）
D5. 良いと思ったことは，周囲を説得する自信がある。　（はい＝1; いいえ＝0）

定義から，自己決定度は0から5までの整数値をとることになる。そこで，第5章の見通し指数の分析と同様に，JPC調査のデータ（JPC1990〜2000調査）を使って，「満足比率」との関係を調べると，自己決定度0で満足比率はほぼ18％，自己決定度が1上がるごとに満足比率が約10％ポイント上昇する比較的きれいなほぼ線形の関係（決定係数は0.9881）が見られた（Takahashi, 2002）。ということは，決定係数はやや小さくなるものの，自己決定度は見通し指数と同様に，満足比率を説明できるのだろうか。

そこで，従業員数が千数百人の日本企業X社を大規模な組織再編を挟んで10年近くにわたって定期的かつ継続的に全数調査してきたデータで調べてみよう（高橋・大川・稲水・秋池, 2013）。X社では，2004年度から毎年度1回のペースで，全従業員を対象とした質問票調査を行ってきた。全社一斉に質問調査票が配布され，記入してもらった上で回収するという留置法による全数調査である。2004〜12年度の9回分の調査では，質問調査票の総配布数は1万2054，総回収数は1万1908，回収率は98.8％であった。

X社では，2005年から06年にかけて，大規模かつ全面的な組織再編が行われた。この再編は，全国の事業所の数を3分の1に統廃合するという大規模なもので，それまで自分が働いてきた事業所がなくなり，会社にとどま

図7　X社調査の満足比率の年度推移

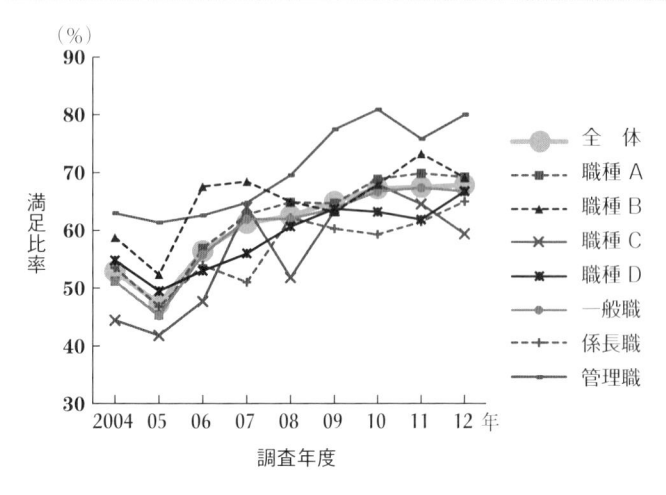

(出所)　高橋他 (2013) 図2。

るには地域を越えた転勤が必要となった。そこで，2005年8月末まで希望退職者を募ることとしたが，その結果，退職希望を意思表示した者が全従業員の20％近くにもなり，これは想定されていた人数よりも多く，2006年4月の新体制発足までに，新たに退職希望者数の半数程度の数の新人採用を迫られる結果となったほどであった。第1回調査は2004年10月，第2回調査は希望退職者募集締め切り直後の2005年9月，そして第3回調査は新入社員の大量採用と新体制発足からほぼ1年を経過した2007年2月に行われている。したがって，X社調査では，最初の3回の調査がこの大規模再編のちょうど前・最中・後を捉えていることになる。

　実際，図7には，X社の満足比率の年度推移を，全体，職種別（職種A・職種B・職種C・職種D），職位別（一般職・係長職・管理職）に示しているが，いずれの職種，職位でも2005年度の調査で急落し，2006年度以降は順調に回復軌道に乗ったことがわかる。

　「満足比率」を用いて，自己決定度との関係を調べてみると，のべ1万1706人分のX社調査データは，自己決定理論を支持しているように見える。プロットしてみると，図8のように，自己決定度0で満足比率はほぼ38％，

図8 自己決定度と満足比率

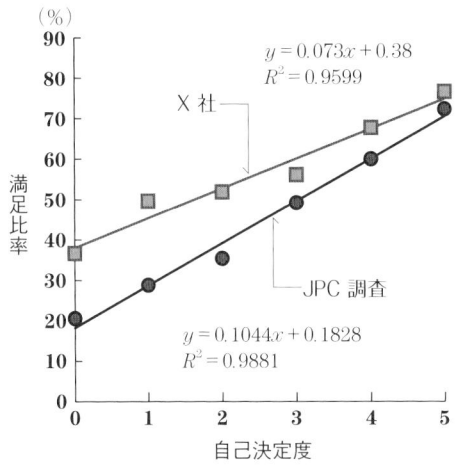

X社: $y = 0.073x + 0.38$, $R^2 = 0.9599$

JPC調査: $y = 0.1044x + 0.1828$, $R^2 = 0.9881$

（出所）　高橋他（2013）図3。

図9 見通し指数と満足比率

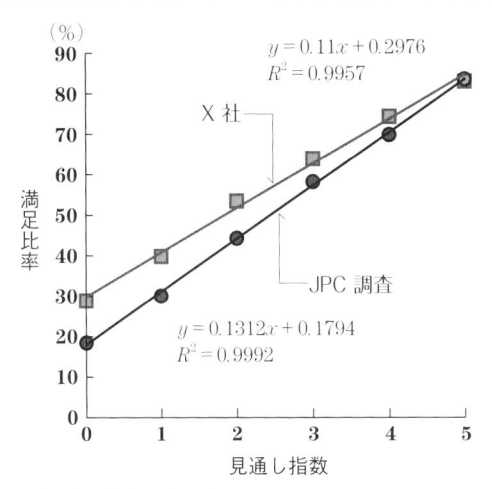

X社: $y = 0.11x + 0.2976$, $R^2 = 0.9957$

JPC調査: $y = 0.1312x + 0.1794$, $R^2 = 0.9992$

（出所）　高橋他（2013）図4。

図10 職種別・職位別の自己決定度と満足比率の年度変化

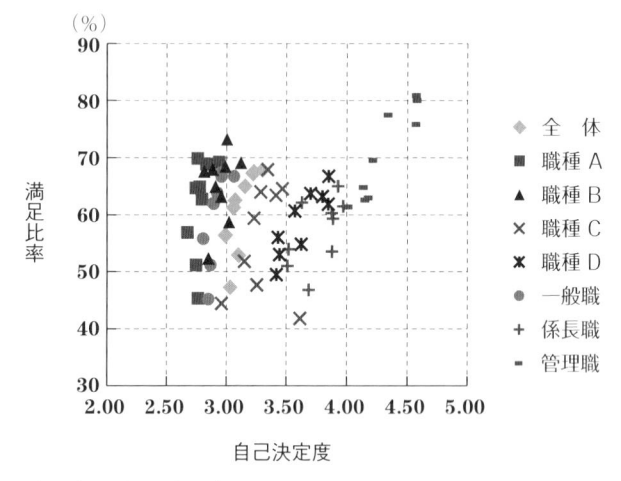

(出所) 高橋他（2013）図5。

　自己決定度が1上がるごとに満足比率が約7％ポイント上昇する比較的きれいな直線的関係（決定係数は0.9599）があることがわかる。比較のために，同じ図に，先ほど触れたJPC1990～2000調査の1万637人分のデータのプロットも示す。

　見通し指数の方も，図8同様に「満足比率」を用いて，のべ1万1721人分のX社調査データでプロットしてみると，図9のように，見通し指数0で満足比率はほぼ30％，見通し指数が1上がるごとに満足比率が約11％ポイント上昇するきれいな直線的関係（決定係数は0.9957）があることがわかる。同じく比較のために，第5章図3の1992～2000年の8908人分のJPC調査データのプロットも示すが，図8と比べ，両者の違いはぐっと小さくなる。

　X社では2005年から2006年にかけて大規模な組織再編が行われたために，諸指標が大きく変動するが，経年変化を見ることにしよう。図10は図8同様に，自己決定度を横軸，満足比率を縦軸にとったグラフに，各年の職種別・職位別の値をプロットしたものである。同様に，図11は，見通し指数を横軸，満足比率を縦軸にとったグラフに，各年の職種別・職位別の値をプロットしたものである。

図11 職種別・職位別の見通し指数と満足比率の年度変化

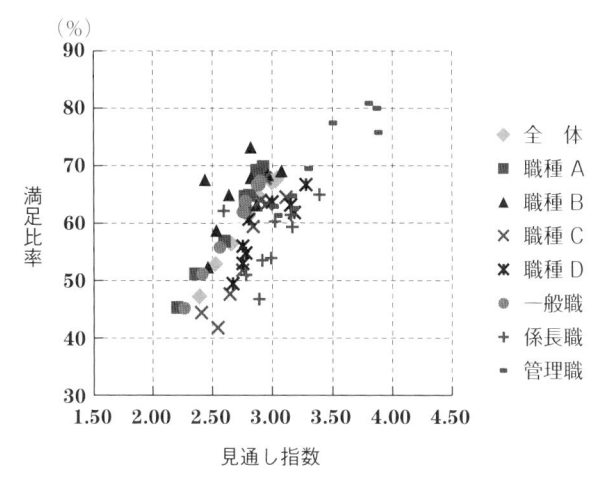

(出所) 髙橋他 (2013) 図6。

　一見して，明らかな違いに気がつく。見通し指数の図11の方は，全体でも，どの職種，どの職位でも，同じような切片，傾きをもった直線上を推移していたことがわかる。つまり，全体・各職種・各職位で，見通し指数が高くなるほど，満足感は増加するのである。それに対して，自己決定度の図10の方は，明らかに職種ごと，職位ごとに自己決定度の帯域が決まっており，その中で，2005年から2006年にかけて大規模な組織再編が行われたため満足比率が年によって上下していたことがわかる。とくにその傾向が顕著なのは，全体の約5割を構成する職種Aと約8割を構成する一般職で，職種Aの自己決定度は2.68（2006年度）〜2.94（2012年度）の狭い範囲に収まっており，一般職の自己決定度も2.80（2006年度）〜3.06（2012年度）の狭い範囲に収まっている。その狭い帯域の中で，職種Aの満足比率は45％から70％まで，一般職は45％から67％まで，上下するだけなのである。自己決定度の変動の幅が比較的大きい係長職，職種Cでもその帯域は他の職位，職種とはほとんど重ならない。図10と図11の傾向は，さらに調査を継続してデータを付加しても変わらない（Takahashi, Ohkawa, & Inamizu, 2014a, Figure 5; 2014b, Figure 2）。

たしかに，自己決定度は職種，とくに職位によって制度的に大きく制約されるものであろう。常識的に考えれば，一般職，係長職，管理職の自己決定度が同じわけがない。当然のことながら，上の職位の方が大きな権限をもっており，必然的に自己決定度も高いのである。もし，ある変数と満足比率の間に直接の関係があるのであれば，満足比率が変動した際には，その変数も一緒に変動していなくてはならない。その要件を満たしていたのは見通し指数の方だけなのである。それに対して，自己決定度の方は，職種ごと，職位ごとに自己決定度の帯域が決まっており，その中で満足比率が上下していた。つまり，自己決定度の場合には，論理的に考えても，明らかに

　　　　　職種・職位→自己決定度

という関係はあるが，満足比率と自己決定度は直接相関していない可能性が高いことになる。図10からすると，管理職の満足比率は相対的に高いので，

　　　　　職種・職位→満足比率

という関係があるかもしれない。両者を組み合わせると，

　　　　　自己決定度←職種・職位→満足比率

という関係が成り立っている可能性が高い。つまり，一見「自己決定度→満足比率」という関係がありそうに見えるが，これは実は疑似相関である可能性が高いことがわかったのである（高橋他，2013; Takahashi et al., 2014b）。

　つまり，内発的動機づけの実践として，自己決定度を上げようとすることは，一見有効そうに見えて，実は方法論的に疑わしい。それに対して，次の第7章で提唱している「仕事の報酬は次の仕事」は，「内発的に動機づけられた活動とは，当該の活動以外には明白な報酬がまったくないような活動のことである」という定義に最も素直にしたがった実践である。とはいえ，仕事から満足を得るとはいっても，ずっと同じ仕事を繰り返しているだけでは楽しくなかろう。それゆえ，「仕事の報酬は次の仕事」では，仕事の内容が徐々にチャレンジングになっていくことで，内発的動機づけを実現する。すなわち「人々は，自らにとって最適なチャレンジを追求し，征服しようとする」(Deci, 1975, p.62, 邦訳69頁）を実践するのである。そもそも，仕事自体がワクワクするものでなければ，内発的動機づけとは言えない。それには，仕事そのものを徐々によりチャレンジングなものに代えていく「仕事の報酬は次の仕事」型のシステムが一番ふさわしいのである。

第7章 社会人のためのエピローグ
——仕事の報酬は次の仕事

　組織やシステムを設計するには，まずはそれがどのように形成されてきたのかを理解する必要がある。日本企業の行動や組織を理解する鍵は「仕事の報酬は次の仕事」である。そうした思想で構築されたシステムはどのように運用されているのか。そこから理解が始まる。

『虚妄の成果主義』

日本型年功制

　筆者は，1986年から15年間，日本生産性本部（1994年4月～2009年3月は社会経済生産性本部と名称変更）の社会人向けの「経営アカデミー」で，グループ研究の指導講師をしていた。日本を代表するような企業から1人ずつ派遣された40歳前後のサラリーマン10人程度からなるグループの指導をするのである。とはいっても，始めた当初はまだ20代で，東京大学教養学部で統計学教室の助手をしていた。経営組織論が専攻分野とはいえ，数理計量アプローチを目指していた駆け出しの研究者が，40歳前後の実務家の指導など出来るわけもない。毎週のように終電近くまで続く夜のディスカッションに参加しては，とにかくおじさんたちの話を聞き続けた。事情が許せばオフィスや工場なども見せてもらったし，それぞれの会社で質問票調査，いわゆるモラール・サーベイもやらせてもらった。他の不定期の調査機会も含めると，結果的に，東京に本社がある大企業を中心に約80社で数万人のモラール・サーベイ，そして，ざっと計算して数千時間おじさんたちの話を聞き

続けたことになる。しかし,「年功序列」の会社は1社もなかったのである。

　たとえば,最初に実施したJPC1986調査の調査データ(大企業7社366人)では,20歳代前半では60％が年功序列と答えていたのに対して,40歳代以上では78％が能力主義であると答えていた。これは,年功序列で偉くなった人が,自分は実力で偉くなったのだとふんぞり返っていたわけではない。なぜなら,当時すでに,40歳代の人の職位の分布を見てみると,大卒男子ホワイトカラーだけを見比べてみても,幅の大きな会社では,同期の中でも,上は役員から下はヒラまでおり,幅の小さな会社でも,上は部長から下は課長補佐までいたからである。つまり,いまだに「年功序列」と揶揄される多くの日本の会社でも,すでに1980年代後半当時,40歳代ともなると同期でも歴然とした差があり,明らかに昇進・昇格・昇給で差がついていたのである。実際,日本企業には,当たり前のように定年前の年齢の生え抜きの社長がいるが,どこかで先輩たちを追い抜かないかぎりは,定年前の年齢では社長に到達できないはずだ。

　拙著『虚妄の成果主義』(高橋,2004)では,タイトルどおり制度としての成果主義を批判している。『虚妄の成果主義』が批判している「成果主義」とは,①できるだけ客観的にこれまでの成果を測ろうと努め,②成果のようなものに連動した賃金体系で動機づけを図ろうとするすべての考え方,である。しかも①と②はandではなくorである。①と②の両方を満たせば成果主義なのではなく,どちらか一つでも満たせば,成果主義なのである。この成果主義の下では必ずやシステムに起因した弊害が発生する。それは学問的に予測可能なお話なのであり,案の定,2000年以降,急速に普及が進んで日本企業を蝕み,そして廃れた。

　しかし,それ以上に問題なのは,成果主義導入を勧めた人々の日本企業に対する理解に重大な事実誤認があるということなのである。私が『虚妄の成果主義』で一番に主張したかったことは,ある程度の歴史を持った(つまり,生き延びてきた)日本企業のシステムに関する次のような事実だった。

> 日本型の人事システムの本質は,給料で報いるシステムではなく,次の仕事の内容で報いるシステムだということである。仕事の内容がそのまま動機づけにつながって機能してきたのであり,それは内発的動機づ

> けの理論からすると最も自然なモデルでもあった。他方，日本企業の賃金制度は，動機づけのためというよりは，生活費を保障する視点から賃金カーブが設計されてきた。この両輪が日本企業の成長を支えてきたのである。
>
> （高橋，2004, 4頁）

　このシステムを「日本型年功制」と呼んだが，これは明らかに年功序列ではなく，年功ベースで差のつくシステムだった。第5章でも触れたように，戦後，「年齢別生活費保障給型」の賃金カーブがベース・ライン（平均値）として設計されてきたのには，歴史的に積み重ねた理由があるのである。今こそ原点に立ち返り，従業員の生活を守り，従業員の働きに対しては次の仕事の内容と面白さで報いるようなシステム「日本型年功制」をより洗練された形で再構築することを目指すべきなのである。

　ただし，この「日本型年功制」というネーミングには，中身も読まずに，日本型年功制＝年功序列だと勝手に思い込む輩が出てくるリスクもある。あえてそのリスクを冒したのは，経営の世界では，これまで誤りや失敗をきちんと認めないままに，次から次へと新しいモデルに乗り換え，責任をうやむやにされてきた歴史があるからである。私の知る限り成果主義的な安易な人件費カット策は，不況の度に登場してきた。そのときそのときに，きちんと間違いを認めておかないから，十年も経つとまた同じ過ちを繰り返す。だから，あえて「日本型年功制」と名前をつけたのである。そこに回帰することが，間違いを認めることになると考えたからである。

どんな制度も運用次第

　その意味では，2004年という年は，経営（学）にとっては，画期的な年になったといえるのではないだろうか。『虚妄の成果主義』が出版された2004年1月は，成果主義ブームのピークだった。しかし，夏頃までには，さすがに現場でも成果主義の間違いに気がつき，マスコミの論調も成果主義は失敗したとネガティブ一色になる。そして12月に，それまで成果主義の旗振り役を果たしてきたはずの日本経団連の『経営労働政策委員会報告』2005年版が出版されると，その本文中から「成果主義」という文字が消えていた

（ただし，参考文献の書名の一部には残っている）。少なくとも 2005 年以降，成果主義のマスコミ取材は会社側から拒否され続け，日本を代表する企業でも，たとえば三井物産は 2006 年 4 月から成果主義をやめ，プロセス重視に切り替えると堂々と発表した。その他にも，公表はされていないが，多くの会社の人事労務の人から，成果主義の看板は残したままでも，運用を元の日本型年功制に戻したと，非公式に聞いている。

　ある成果主義導入の先行企業の例では，1990 年代に成果主義を導入したものの，導入後 1 年も経たないうちにその失敗に気がついた。ところが，華々しくマスコミを賑わしながら導入してしまった手前，社長も人事部も表立って「成果主義」の看板を下ろすわけにいかない。そこで，どんな制度も運用次第なので，看板をそのままにして，運用を数年かけて徐々に元に戻した。結局，この判断の早さのおかげで，この会社の場合，すぐに元気を取り戻した。

　実は，この会社のように，多くの会社では，成果主義の失敗を痛感した現場レベルで，すぐに形骸化が始まった。つまり運用が元に戻っていったのだ。たとえば，成果の評価シートや評価レポートがなくても，これまでだって昇進させる順番くらいは，周りの人にも十分納得性のある人事が出来ていた。そこで多くの日本企業の管理者は，まず人事を決め，次にそれに合ったような点数をつけ，さらにそれを各評価項目にブレークダウンして作文するようになった。このように逆算すれば，全体的に整合性のとれたきれいな評価レポートを書けるようになる。しかし，これではもはや成果主義ではない。さらに作文までが形骸化して，人事部が過去の評価文のコピーをくれたり，評価文の雛形を何種類か用意して，カット・アンド・ペーストで簡単に評価レポートが完成できるようにしてくれたり，という会社まで現れた。あまり文才豊かに個性的な文章を書かれると，人事部員が読んで理解するのに時間がかかるので，雛形に統一してくれた方が人事部も助かるのである。ただし，これでは先発組の「先進」事例ではあっても，成果主義ではない。

　実際，「どんな制度も運用次第」とは，核心をついた表現である。すでに第 5 章でも触れたように，かつてアベグレンは『日本の経営』（Abegglen, 1958）の中で，いくつかの工場での例を挙げて，職員と工員では賃金体系が違うものの，工員に対する生産性手当は，通常は生産高が標準生産高基準を

超えているために，実質的には恒常的かつ安定的に支払われていることを指摘している。つまり制度ではなく，実際の運用で，給与は主として年齢と教育程度の関数である基本給によって決まると指摘した（Abegglen, 1958, ch.4）。これが，いわゆる年功賃金である。つまり，日本では，もともと制度ではなく，運用を見て年功賃金だと判断されてきたわけだ。

ありのままの日本企業：選ばれし者たちの会社

正規分布をするのか？

　21世紀初頭，流行に乗って成果主義を導入した会社では，ABCDEなどの5段階評価をし（中には，もっと細かく，たとえば100点満点で評価していた会社もあったが），A: 10％, B: 20％, C: 40％, D: 20％, E: 10％と正規分布らしき枠をはめていることが多かった。しかし，そもそも評価は正規分布をするものなのだろうか。

　たとえば，大学の入学試験の成績（点数）は，正規分布をしているといわれる。大学入試の模擬試験で，いわゆる偏差値を計算して，もっともらしい比較ができるのも，試験の点数が正規分布をしているという前提に基づいている。しかし，まともな大学であれば，大学入試の「合格者」の入学試験の点数の分布は正規分布にならない。なぜなら，入学試験の点数の高い者から順に合格させていくからである。図1(A)を見ればわかるように，点数の低い者が不合格となることで分布は切断され，受験者の正規分布の右側の上澄み部分だけが合格者の分布になる。受験生の分布が正規分布（つまり左右対称）ならば，倍率2倍以上の入試での合格者の分布は，右向きのほぼ直角三角形，より正式に言えば「J字型分布」をしているはずなのである（肥田野・瀬谷・大川，1961, 137頁）。

　実際，日本を代表する某メーカーのホワイトカラーの評価の分布は，A: 10％, B: 20％, C: 30％, D: 40％で，もしEの人間がいたら名前を挙げてくれ，だそうである。これは経験則とされ，要するにJ字型分布なのである。そして，採用が厳格に行われている国家公務員の評価もJ字型分布である。たとえば，国立大学が法人化する直前の2003年冬季の勤勉手当（つまり，国立大学「教員」が，まだ国家公務員で「教官」と呼ばれていたときの最後のボーナス）

図1　合格者は正規分布をしていない

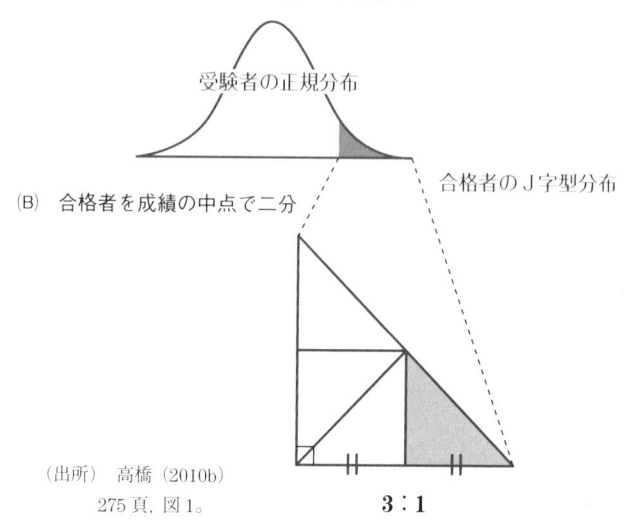

(A) 受験者の正規分布と合格者のJ字型分布

受験者の正規分布

合格者のJ字型分布

(B) 合格者を成績の中点で二分

3：1

（出所）　高橋（2010b）275頁，図1。

の人員分布割合は，「とくに優秀」1.1％，「優秀」22.6％，「標準」75.9％，「標準未満」0.4％だった。「優秀」対「標準」の比率がほぼ1対3であるということは，分布がほぼ直角三角形をしていることを示唆している。というのは，図1(B)のように補助線を引けばわかるように，右向きの直角三角形の底辺の中点で三角形を縦に二分すると，小さい直角三角形と，大きい台形の面積比は1対3となるからである。つまり，国家公務員の評価は，正確な評価である可能性が高い。

　このように，採用時の選抜を厳しく行うと，それに付随していくつかの特徴が現れる。たとえば，国家公務員同様，先ほどの某メーカーでもC: 30％とD: 40％を加えると70％を占めていたが，要するにJ字型分布では，いわゆる「普通の人」が大多数を占める一方で，それより下の人はあまりいないという大きな特徴がある。実際，日本の大企業では，よく「誰でも課長になれる」と自嘲気味に話すホワイトカラーの人が多いが，これは，もともと日本企業では，とくに大卒採用の際には暗黙の基準があって，「将来，管理職になれそうな人」つまり「課長以上になれそうな人」だけを選んで採用して

いるから生じる現象なのである。結果的に，ほぼ全員が課長になれたのであれば，それは採用がうまくいっていた証であり，何の問題もない。常識的に考えて，普通より下の人は，いない方がいいのであって，むしろ，いつまでたっても課長になれないような人が紛れ込んでいることの方が，よほど問題なのだ。

以上からわかるように，倍率が高く，採用時の選抜を厳しく行った会社では，評価は正規分布にはならない。もちろん，長年のうちには分布が崩れてくる可能性はある。しかし，もし選抜・採用の直後から数年で，評価の分布が正規分布をしていたら，統計学的に考えられる理由はただ一つ。ランダム・サンプリングしかない。つまり統計学的には，でたらめに（＝ランダムに）採用したときだけ正規分布が再現する。選抜をくじ引きでランダムにしない限りは，被採用者の分布は正規分布にならないのである（つまり，仮に正規分布をしていたなら，それは採用担当者がでたらめな採用をした証拠になる）。百歩譲っても，入社時の評価など入社後には何の役にも立たないという証拠，つまり採用時選抜など無意味だという証拠になる。しかし，そんなことはないだろう。採用時選抜は意味があるし，評価の分布は下の方が切断されている右向きの直角三角形，正式にはJ字型分布をしていて，普通の人が大多数を占めているはずなのである。

悪用された正規分布

それでは，なぜ成果主義では正規分布が使われたのだろうか。かつて，成果主義を勧めるコンサルタントは，次のようなセールス・トークをしていた。

(a)「成果主義は成果向上に効果がありますよ」
(b)「成果主義で総人件費が抑制できますよ」

ところが，この二つの命題(a)と(b)は論理的に両立しない。なぜなら定義から，成果主義では，成果が低下したという理由以外で人件費が下がってはいけないからである。成果主義を導入して総人件費が下がったのなら，それは単純に前年度よりも成果が下がったことを意味する。つまり成果主義導入が成果の低下をもたらしたことになる。

両立しない以上，(a)(b)のどちらかを選び，他方を犠牲にしなければならないわけだが，仮に経営者が，予算制約（＝昇給の原資）を無視して，とに

かく，成果を出した人間には，それに応じた賃金を支払っていたら，(a)ならば，会社は資金的に破綻し，倒産してしまう。とくに不況時には，個々の従業員が一生懸命働いて目標を達成しても，利益にはなかなかつながらない。それが不況というものだ。にもかかわらず，昇給の原資にも事欠く会社が，成果主義のように，お金をインセンティブに使えば，途端に資金が不足することは目に見えている。

そのため現実には，(b)の総人件費を抑制することが選択された。真の成果にかかわらず，成果主義では，正規分布を悪用して，成果が出なかったことにされた社員を生み出した。実際，上司が部下とも話し合ってちゃんと決めたはずの「客観的」評価だったのに，人事部に上げたら予算制約から下方修正するはめになったケースは枚挙にいとまがない。要するに，予算制約を無視した客観評価など成立しえないのであり，こうして本来あるべきJ字型分布の三角形のピークを削って，その分を分布の左側にもってきて（＝評価を下げて），左裾（＝給料が下がるほどの低評価の人々）を作ることで，正規分布をねつ造したのである。それこそが「正規分布」だと主張しなくてはならなかった本当の理由だった。そのために（＝給料を下げる人々を生み出すために），差をつけないと評価したことにならないという強迫観念を管理職に植え付けたが，これは合理的根拠のない，病的な「差をつけないと」症候群を生み出した。

実際，三角形のピーク付近に集まっている大多数の普通の人の中で差をつけて，給料が下がるほどの低評価の人々を作りだすことは不自然極まりない作業になる。実は，都市銀行では，ABCDEの5段階評価のようなことをすでに1980年代から行っていたが，その結果として，都市銀行の人事部あたりでその頃から知られていた事実は，21世紀でもそのまま当てはまる。わかったことは二つ。つまり，

　①　最上級のAと最下級のEはある程度固定席的。
　②　真ん中のBCDは評価をするたびにガラガラと入れ替わる。

このうち，①のA評価とE評価が固定席というのは，飛び抜けたエース級社員とダメ社員ならば，誰が見ても見分けがつき，その評価がほぼ一致していたということである。それに対して，こうした両極端の人以外の普通の人，つまりBCDの人はドングリの背比べで，差があまりなく，②のように，

ちょっとしたことで，前年Bだった人がCを飛ばしてDに，逆にDだった人がいきなりBに評価が変わることも珍しくなかった。やがてそのことに気がつき，各支店でBCDをローテーションで回してもいいことにした銀行まで現れた。今となっては，まるで笑い話だが，現場感覚からすると英断であった。

　J字型分布の話からもわかるように，実際の現場には個性に差がないわけではないが，給料に差をつけるほどの差のない普通の人がたくさんいる。むしろ大多数が，そんな普通の人といっていい。給料に差をつけるほどに差のない大多数の人に対して，細かく差をつけなくてはならないという根拠は何もないのである。なにしろ，すでに述べたように，評価は正規分布にならない上に，倍率が高くなればなるほど，正規分布の右裾のより上澄みの部分だけを採用することになるので，被採用者間の差は小さくなるからである。しかもすでに第6章でも述べたように，給料で解決するなら，ワーク・モチベーション論など不要であり，単純な「賃金による動機づけ」は科学的根拠のない迷信なので，給料に差をつけるほどの差のない普通の人たちの評価に差をつけ，給料に差をつける行為はまさしく徒労（＝無駄な骨折り）なのである。

　会社の経営状態が本当に苦しいのであれば，給料に差をつけるのではなく，給料を一律にベースダウンした方がまだいい。経営責任を回避する経営者，責任回避でベースダウンを極端に嫌がる労働組合が，成果主義という個別の賃金カット交渉（評価の際の個別面談）を認めてしまったが，正々堂々とベースダウンした方が，はるかにまともだ。ベースダウンする際には，経営者が経営責任の一端を認めざるをえないからである。

　「会社の経営状態は苦しく，賃金カットせざるをえなくなった（もしくは当分の間，定期昇給は難しい）。これには経営側にも責任の一端があることを承知している。経営側も責任をとって，役員報酬の一部をカットするから，従業員側もベースダウンに応じて，今は苦しいだろうが，とにかくこの苦境をともに凌いで，一緒に頑張ろうではないか」
と言ってくれた方が，社員にとってはどんなに潔いことか。

　それでは，入社後の昇進・昇格・昇給に大きな差がつくようになる「仕事の報酬は次の仕事」型のシステムとは，より具体的にはどのように運用されているシステムなのか。七つの特徴を挙げて整理しよう。

1.「今の仕事」ではなく「次の仕事」

今の仕事に満足してしまっていいのか

 実は，企業人相手のセミナーなどで，米国流の理論に則って職務満足の話をすると，話の後の質問の時間やパーティーのときに，必ずといっていいほど異口同音に出てくる悩ましい感想がある。いわく，

「しかし，今の仕事に満足してしまっていいんですかねえ。やっぱり，現状に満足せずに，常にハングリーだからこそ，チャレンジする気持ちも湧いてくるんじゃありませんか。」

 実は私もそう思う。本当は，私自身が何か後ろめたさを感じながら職務満足の話をしていたのである。

 実際，JPC1990～2000調査で調べた1万461人の満足比率は48.4％である。日本では他の国と比べても満足比率が低いというのは昔から比較的よく知られた事実でもある。だからといって日本人が不幸か（『フォーチュン』1997年1月13日号では"unhappy"と形容していた）といえば，それは全然違う問題であり，日本では，今の仕事に満足してしまっていいのかという「美学」の問題も絡んでくる。第6章でも触れたように，そもそも日本企業では，現状に満足しないことが，現状打破，改善へとつながっていく（今井，1991）。実際，第3章でも述べたように，日本企業では，一般の従業員が現状打破の気概を持っているために，体感温度的に「ぬるま湯感」を感じていることもわかっている。

 論理的に考えても，長期雇用を前提としている人は，「今」満足している必要はないのであって，将来の見通しさえ立っていれば，人は苦しいことやつらいことにも耐えられるものなのである。それは，第5章の見通し指数のところで，データ的にも明らかにされている。すなわち，今の仕事に対して決して満足しないような人でも，会社を辞めたりせずに，チャレンジを続けられるのだ。実は，私の過去の調査経験でも，アルバイトやパートタイムの人の方が，正社員よりも満足比率が高いのである。時間的射程距離の短いアルバイトやパートタイムの人が，今の仕事に満足できないなら仕事を変えるというのは，考えてみれば当然なのかもしれない。

「今の仕事」ではなく「次の仕事」で報いる

　仕事で報いるといっても，面白い仕事は限られている。逆説的だが，だからこそ「今の仕事」ではなく「次の仕事」で報いるという発想が生きてくる。たとえばこんなお話。

　　あるとき，あなたは大変な「雑用」ポストを押し付けられてしまった。これから少なくとも1年間はやらざるを得ないポストである。昨日まで営業の第一線で活躍してきたのに，引継ぎと称して乱雑に積まれた書類のファイルの山を目の前にして，あなたはさすがにゲンナリしていた。すると，そこにひょっこり部長がやってくる。
　　「おう！　ちゃんとやってるか？」
　　「ええ，まあ……」
　　とあなたは口を濁す。普段，あまり口もきいたことのない部長なのだが，空いていた隣のイスに腰掛けると，あなたにこんな意外なことを話し始めた。
　　「実は，俺も若い頃にこの仕事をさせられたことがあるんだよ。大変なんだコレが。しかもなんだかんだ言って，裏方の雑用だろう？　嫌になっちゃうよな。でもな，君みたいに入社以来ずっと営業の第一線でバリバリやってきた人間には見えてなかったと思うけど，この仕事を1年もやらされると，この会社がどんな仕組みで動いているかが分かるようになるんだよ。君も知ってると思うけど，常務の○○さん。あの人も若い頃にこの仕事をさせられててね。常務なんかは，将来の経営者候補たるものは，一度はこの仕事を経験すべきだとまでいうんだ。とにかく手を抜かずにやってみろ。だんだんとこの会社の仕組みが分かってきて，面白くなってくるから。」
　　と言い残して，部長はどこかに行ってしまった。ほんの1～2分の会話。たったそれだけのことなのに，それまで今にも雨が降り出しそうな曇天だったあなたの心の中は，いつの間にか雨雲が切れ，抜けるような青空が広がっていくような開放感があった。

　　　　　　　　　　　　　　　　　　　　　　（高橋，2005a, 84-85頁）

この「雑用」が一生続くわけではない。この「雑用」を終えた後に待っている次の仕事こそが真の報酬なのである。実際，手柄を立てた人は，次のようなことを求めるものである。
「今，社内で動き始めている○○プロジェクトがありますよね。私をぜひあのプロジェクト・チームに参加させてください。」
「入社のときからずっと憧れていたんです。○○本部の△△部長の下で働かせてください。」
「実は，企画書を暖めているのですが，ぜひ，頭出しだけでもいいですから予算を付けてくれませんか。」
　つまり，金ではなく次の仕事を求めているのである。そうやって与えられる新しい仕事，次の仕事を通して，人は成長し，やがては会社の成長につながる。その報酬たる次の仕事に，後顧の憂いなく没頭してもらうために，給料は生活を守る観点から設計される。この2本柱からなるシステムが「日本型年功制」なのである。
　ところが，このお話，成果主義では別の展開になる。理不尽だが，一番ありがちな結末は……残念ながら，あなたがどんなに頑張っても，所詮は裏方の雑用をさせられていたわけだから，まともな意味で業績が上がるわけもない。「当たった仕事が悪かった」と言われて，あなたは客観的に見て評価が下がり，給料も下がり，結果的に昇進も遅れてしまうことになる。そもそも，そのような仕事に就かされた段階で，結末は見えていたはずである。わざとやっているのである。実際に，成果主義で有名だった某コンサルタント会社では，社内で勤続年数の若い方から仕事を干していって（＝成果の出しにくい仕事，たとえば新規顧客の開拓に回していって），裁判になった。
　もう一つの結末は，あなたは，雑用とはいえ，この仕事を立派にやり遂げたので，破格の昇給を受けることになるというものである——ありそうもないが。満面の笑みをたたえた人事部長から握手を求められ，こう話しかけられる。
「君はわが社の成果主義のまさに成功者の一人だ。君の昇給率は社内でも5本の指に入る。」
あなたも得意の絶頂である。ところが，
「この調子で成果を挙げていけば，どんどん高い給料払うからね。これか

らも，この仕事にもっと精進するように。」
そう言われて，あなたは思わず
　「えっ，嘘でしょう？　ずっとこの仕事を続けるんですか？　僕が期待したのはそんなことじゃないんですよ……」
と口にしてしまう。そして人事部長の次の一言で，あなたはようやく目が覚める。
　「何わけの分からんことを言っているんだ。ちゃんと賃金は成果の対価になっているはずだぞ。成果を上げれば金をたくさん払うといっているんだ。たとえ嫌な仕事でも文句を言わずに働きなさい！」
これじゃあ懸命に働く気にならない。「賃金は成果の対価であるべきだ」という，一見もっともそうな主張だが，それではモチベーションは高まらないのだ。この成果主義の正論を聞いて，あなたは自分が求めていた評価や報酬が一体何だったのかをようやく悟ることになる。本当は給料ではなくて，やりがいのある次の仕事を期待していたということを。

上司がちゃんと見ていてくれればこそ

　たとえば，会社で，あるチームが手柄を立てたとしよう。誰がリーダーシップを発揮して仕事を進めていたのか，誰が成功の鍵を握るようなアイデアを出したのか，誰が連日連夜馬車馬のように働いて納期に間に合わせたのか，誰がムード・メーカーになって落ち込みがちな職場の雰囲気を盛り立てていたのか，そして，誰がみんなの足を引っ張り，誰がチームの手柄を独り占めしようと画策していたのか。そこまでわかってくれている上司の下で，誰もが働きたいと願うはずである。自ら自己申告しなくても，上司はちゃんと見ていてくれるはずだ，上司がそこのあたりを十分わかってくれているはずだと思えばこそ，部下は安心して働けるのである。
　それぞれの社員が質の異なる貢献をしたことを上司がちゃんと見てくれていて，各人の特性を生かせるような役割や次の仕事を考えてくれている。それがわかれば，自然とみんなよく働くし，それが納得性の高い本来の評価というものなのだ。要するに，次の仕事の与え方を見ていれば，上司が自分のことをどのように評価しているのか（あるいは，評価してくれていないのか）は，手に取るようにわかる。たとえばリーダーシップを発揮した人はもっと大き

な組織を任されるようになり，アイデアマン／アイデアウーマンとして貢献した人は，アイデアが必要なところにどんどん回されるようになる。

そもそも，どんなに優秀な人間でも，「大きな仕事」を自分一人の力でやるのは無理なのである。だから，出世していく人は，上司として，部下に実際に仕事を与えながら，どんな仕事に適した人材なのかをちゃんと見ている。普段からそうしてちゃんと部下を見ていかないと，いざ自分自身が大きな仕事を任せられたときに，困るのは自分だからだ。

したがって，働いても働かなくても同じだとみんなが思っているような職場の上司は，そもそも無能なのだ。会社の組織や制度とは関係ない。だから，そんな無能な上司の下で「ドングリの背比べ」状態でパッとしなかった人が，人事異動で良い仕事や良い上司にめぐり会ったとたん，突如頭角を現し，そのまま一気に役員まで駆け上がっていったなどという逸話も数多い。「人事の醍醐味」ともいわれる。

2. 加速度的に差がつく

まず仕事の内容に差がつく

ところで，前述のJPC1986調査で，40歳代以上では78％が能力主義であると答えていたにもかかわらず，20歳代前半では60％が年功序列と答えていたのはなぜだろう。そんなに差のつく人事システムなのに，なぜ入社早々の若い社員は自分の会社を年功序列だと思っていたのだろうか。

実は当時，調査対象の会社では，大卒はだいたい30歳前後でほぼ同時に係長クラスに昇進し，その際の昇給の幅もほとんど同じだったのである。おそらく，時期と金額だけを見て，年功序列と思ったのだろう。ところが，たとえば同期の中で一番優秀な人が，超重要な係長——そこの部署がコケたら，会社全体がコケるというほどの重要部署の係長で，前任係長も将来の社長候補と噂されていた——の席が空き，そこに昇進する。そのとき若い社員も初めて，同じ係長といっても軽重があるという当たり前の事実に気がつく。だから，その超重要係長ポストが空くまで，異動昇進が遅れていただけなのである。

言い換えれば，係長クラスですでに，それほど仕事の重要度の軽重には開

きがある。そして、当然のことながら、仕事の内容が違えば、そこから生まれてくる成果にも違いが生じる。その違いは、その後の進路までもかなりの程度決めていくことになる。すなわち、重要なのは昇進時期や昇給幅ではない。重要なのは、任される仕事の内容、大きさの方なのである。そのため、若い人が時期と金額だけを見ていると、真実の姿を見失うことになる。

　日本型年功制の本質は、給料で報いるシステムではなく、次の仕事の内容で報いるシステムであるということは、簡単に言えば、一つの仕事を達成したら、次に、もっと大きな仕事が、それを達成したら、さらにもっと大きな仕事が……と与えられることで、動機づけが行われていたということである。ここで「大きな仕事」には二つの意味がある。一つは予算的に大きな仕事という意味、もう一つは人員規模的にも大きな仕事という意味である。

　まず、予算的により大きな仕事を任せられるということは、売上げであれ利益であれ、より大きな数字、より大きな成果を残すことができるようになるということを意味している。こうして任される仕事の予算規模にどんどん差がついてくることで、加速度的に成果に差がついてくることになる。

　そして、人員規模的に大きな仕事に就くということは、それすなわち昇進することを意味している。当然のことながら、昇進して、より上のポストに就かなければ、より多くの部下を抱えることはできないからである。逆に言えば、ポストや権限は、仕事の大きさによって決まるものなのである。

　こうして、「仕事の報酬が次の仕事」型のシステムであるということは、評価の基になる仕事の内容自体に、どんどんと差がついてくることを意味している。つまり、社内での競争により、仕事の内容に差がついてくることで、それに引きずられる格好で、昇進・昇格・昇給そして成果にも、加速度的に差が開いてくるのである。

評価のベース（仕事）が変わらなければ、給料の上限も変わらない

　仮に、会社の人事制度・給与制度が「仕事の報酬は給料」型であったら、仕事をして成果を上げれば高い給料、成果が低ければ安い給料になるだけなのである。それでいいのだろうか。もし仕事の内容を固定したままで、成果に応じて給料に差をつけるだけのシステムだったら、給料の上限は一生変わらず、その範囲内で上下を繰り返すだけになる。それはそうだろう。経験年

数が増えようが，勤続年数が増えようが，仕事の内容は，何年経っても何十年経っても同じなのである。同じ仕事に対して，給料だけが，ある範囲を超えて上がり続ける方がおかしい。たとえば，コピーをとることを仕事にしている人が，どんなに効率的かつ質の高い仕事をしたとしても，青天井で給料がどんどん上がっていく（＝社長の報酬より高くなる）ことなど絶対にありえない。コピーの仕事に見合った給料しか出ない。もし，一段階以上，上の賃金水準へとさらなる昇給を求めるのであれば，他の会社に転職するしかない。

つまり，「仕事の報酬は給料」型のシステムでは，仕事をして成果を上げれば高い給料，成果が低ければ安い給料になるだけで，昇進も昇格もへたをすると異動すらもないので，入社時の「仕事」の格差は，そのまま辞めるまで残り続けてしまう。だから，「仕事の報酬は給料」型の国・社会では，転職が当たり前になるのである。そうしなければ，昇進も昇格も，真の昇給もありえないからだ。しかも同一労働同一賃金で，勤続年数不問で，ベテランも新人も同じ給料で雇えるのであれば，会社側は，あえて新人を雇うような愚は冒さない。若年層の失業率は，必然的に高水準になる。

それに対して「仕事の報酬は次の仕事」型のシステムでは，すでに述べたように，評価のベースになる仕事自体が次第に高度にチャレンジングになることで，自然とステップを踏んで昇給はするし，社内競争により加速度的に差がついてくるのである。逆説的に聞こえるかもしれないが，実は「仕事の報酬は給料」型よりも，「仕事の報酬は次の仕事」型のシステムの方が，長期的には，ずっと給料に差がつきやすくなるのである。

3. 論功行賞ではなく適材適所で

ピーターの法則

ただし，差がつくといっても，これは論功行賞ではない。そもそも「論功行賞」は，むしろ悪い意味で用いられるビジネス用語なのだ。明らかに力量不足の者が分不相応な重要ポジションに就かせてもらったときに，適材適所との距離を埋めるための理由として，論功行賞が使われる。しかし，人事というのは適材適所で行われるべきものであって，論功行賞で行うものではない。

「人々を笑わせ，そして考えさせてくれる研究」に対して贈られるイグノーベル賞は，ノーベル賞をもじって命名されたものだが，2010年に初の経営学賞が登場し，「人々をランダムに昇進させると，組織はより効率的になる」ことをコンピュータ・シミュレーションで示した物理学系のジャーナルの論文「ピーターの法則再訪」（Pluchino, Rapisarda, & Garofalo, 2010）を書いた3人に贈られた。

論文のタイトルにもなっている「ピーターの法則」（Peter principle）とは，カナダ生まれの教育学者ピーター（Laurence J. Peter; 1919-1990）が唱え，「階層社会では，すべての人は昇進を重ね，おのおのの無能レベルに到達する」という法則で，「やがて，あらゆるポストは，職責を果たせない無能な人間によって占められる」という結末になるわけだが。実は，成果主義で人事をすることこそが，その原因なのである。そのことが，『ピーターの法則』（Peter & Hull, 1969）の本全体で，さまざまな事例を出して，繰り返し，繰り返し強調されている。そして，そのことを受賞論文はコンピュータ・シミュレーションで示したのだ。

では，なぜそうなってしまうのか。その理屈は簡単である。要するに「名選手は名監督ならず」。必要とされる能力は仕事によって異なるのだというごく当たり前の事実からきているのである。階層社会でいうと，ある階層レベルでは有能だった人が，その上の階層レベルでも有能だとは限らない——というか，むしろ無能である可能性が高い——ということである。『ピーターの法則』では，現場では教師，技術者として有能だったので管理職に昇進させると，その途端，管理職としては無能ぶりを発揮しだした例を次々と挙げていく。

実際，ヒラで必要とされる能力と管理職として必要とされる能力とでは違いがあるし，経営者には，さらに特別な資質・能力が求められることは直感的に理解できる。現在のポジションでどんなに成果を上げていても，昇進させてうまくいく保証などない。だから成果主義や論功行賞で人事をやってはいけないのであり，あくまでも適材適所でやるべきなのである。

この論文は，エージェント・ベースド・モデル（agent-based model）あるいはマルチエージェント・シミュレーション（multi-agent simulation）とも呼ばれるシミュレーション・モデルを用いている。このモデルでは，複数のエー

ジェントが，それぞれのルールに基づいてコンピュータ上の空間で行動する。各エージェントのルール自体は簡単なものでも，多数のエージェントが互いに影響を与え合いながら行動すれば，個別エージェントの行動を積み上げた全体では，予測もできなかったような複雑な動きをするようになる（稲水，2014）。複雑系の分野で，遺伝的アルゴリズムやカオス理論と並んで1990年代に注目を集めるようになった。

この論文のモデルでは，160個のエージェントを下から81-41-21-11-5-1個と6層に配置したピラミッド組織を考えている。各エージェントは18歳以上60歳以下の「年齢」と1以上10以下の「有能度」(degree of competence)で特徴づけられている。年齢は平均25歳（標準偏差5歳），有能度は平均7.0（標準偏差2.0）の正規分布で与えられている。エージェントは，年齢が60歳を超えると退職し，有能度が4を下回ると解雇され，できた空席には下の階層から別のエージェントが昇進してくることになる。そうやって次々昇進していって最下層にできた空席には，さきほどの正規分布に従った有能度を持った新人が採用される（新人の年齢については言及がない。18歳と暗黙の前提があるのか）。

そこで，このモデルでは，昇進する際の有能度の変化と選抜にそれぞれ特徴のあるルールが組み込まれる。まず，有能度の変化については，ある階層レベルで有能だったメンバーは，より上の階層レベルでも有能だろう（シミュレーション・モデルでは±10％程度の変動は確率的にすることになっている）という「常識仮説」(CS; common sense hypothesis)と，それに対して，有能度は元の階層レベルでの有能度とは独立の確率変数だという「ピーター仮説」(PH; Peter hypothesis)の二つのルールが考えられている。次に，選抜については三つの昇進戦略を考えている。最良のメンバーを昇進させる「最良戦略」(The Best strategy)，最悪のメンバーを昇進させる「最悪戦略」(The Worst strategy)，ランダムに昇進させる「ランダム戦略」(Random strategy)である。

そして二つの仮説と三つの昇進戦略を組み合わせて，2×3＝6通りのシミュレーションを行っている。その結果，最良戦略や最悪戦略では，それぞれピーター仮説，常識仮説との組み合わせでは組織全体のパフォーマンスがマイナスになってしまうのに対して，ランダム戦略であれば，どちらの仮説が正しくても，組織全体のパフォーマンスはプラスになる。あるいは，ゲー

ム論的に最良戦略と最悪戦略を確率 0.47 と 0.53 で混合する「最良最悪戦略」（Best-Worst strategy）でもプラスになると結論している。

適材適所

> おじさんたちは，何も仕事をしていないようなときでも，ただボーッとしているわけではない。少なくとも私は，ずーっと若い人のことを見ている。
> 　査定や評価をしなくてはならないからとか，そんな理由で見ているのではない。だから彼らの目先の成果や業績を見ているわけではない。それよりも，どんな仕事が得意なのか，どんな仕事が苦手なのか，性格的に明るいのか暗いのか，几帳面なのか大雑把なのか……。とにかく，ありとあらゆることを見ている。直接の部下や後輩だけではない。目に入って気になる人はずっとウォッチしている。それは自分のためなのだ。
> 　私自身は凡庸な人間だが，たとえ優秀で，どんな仕事でも誰よりも速くこなせるような人間であったとしても，所詮，限られた時間内に一人でできる仕事の大きさには限りがある。そんなことは当たり前だろう。しかし，もし自分に大きな仕事が降ってきたとき，どんなメンバーでチームを組めば，その仕事をこなせるのか。その顔ぶれのアイデアさえ湧けば，私はどんな大きな仕事でも受けられる。だから，いつも若い人を見ているのだ。
>
> 　　　　　　　　　　　　　　　　　　　　（高橋，2010a, 7-8 頁）

　これは，以前，私のゼミで，学生相手に某大企業の部長（当時）がもらした本音トークの一部である。少なくとも私が見る限り，凡庸どころかエリート街道まっしぐらといった人物で，後に執行役員になっている。まさに適材適所のチーム・メンバーのアイデアが湧く人と，そうではない人とでは，任せられる仕事の大きさに差がついてくるということを体現しているのだろう。
　適材適所とはいっても，ポストによっては適した人材はごく限られる。実際，ある金融機関の人事担当者は，次のように語った。

> 特別な力量が求められ，失敗すると会社にとっても大変なことになるような重要な仕事には，それを任せられるだけの優れた人材を，誰でも努力すればできるような仕事には普通の人材を，そして，どうでもいい仕事にはどうでもいい人材を当てるのです。
>
> 　　　　　　　　　　　　　　　　　　　　　　　（高橋，2005a, 81頁）

　とくに，新規事業所，新規事業を立ち上げるような場合には，適材の異動が可能になるまで，事業開始を待って遅らせるようなこともある。それでも，社内に適材のいるような会社の人事は優秀である。将来を見越して，それを任せられる人材を育てておくのが人事の究極の仕事とまでいわれる。仮に，どんなに資金があっても，それを任せられる人材がいなければ，新規事業は成功しない。

　現実の企業では，課長より上のポストになればなるほど，人材不足感は強まる。社長まで来ると，そもそも社長の器の人物がいるかどうか。だから，大企業でも，社長を10年以上務めるような人が続出するのである。中小企業では事情はもっと厳しく，社長の後継者が現れない場合には，事業承継を優先させて，会社ごと，しっかりした経営者のいる会社に身売りするケースも多い。

　一方で，「ポスト不足でなかなか昇進できない」という言葉足らずの言い訳も便利なのでよく用いられる。その際，「年功序列」も抱き合わせで使い，たとえば「年功序列で上のポストがふさがっていて昇進できない」などと言い訳をする人もいるが，ここまでくると明らかに間違いで，現実には，昇進できないうちに御当人が後輩に追い抜かれてしまう（≠年功序列）という現象も日常茶飯事である。「ポスト不足でなかなか昇進できない」の意味は，正確にいえば，上に行くほど「誰でも努力すればできるような仕事」や「どうでもいい仕事」が減るということで，たしかにその類のポストは少なくなる。しかし本当に不足しているのは人材の方であり，力量の足りない人を昇進させられずにいるだけなのである。事実，一人の部長が二つ三つの部の部長を掛け持ちしているという組織図は，色々な会社で頻繁に目にする。あるメーカーでは，月火は東京の本社→水木は千葉の研究所→金土は地方の工場→月火は東京の本社→……というサイクルを2～3年ずっと繰り返していた

部長までいた。ヒラの人でも，異動しても仕事がついてきてしまうという現象もよく起こる。結局のところ，重要な仕事になればなるほど，その仕事をできる人にしか，仕事を任せられないのである。仕事は，できる人のところに，どんどん集まってきてしまう。まさに，余人をもって代えがたいのである。

4. 互換性部品にはさせない

同一労働同一賃金の悪夢

一般に，今の会社を辞めても，すぐに次の就職先が見つかることは良いことであり，自分自身の市場価値を高めておくことこそが肝要で，転職市場の存在こそが万能薬であるかのような主張までなされることがある。同一労働同一賃金は疑う余地のない「常識」だと主張する人までいる。まるで労働者や若者の味方のような顔をして。

実際，たとえばIT分野でプログラマのような仕事は，スキルもはっきりしているし，つぶしがきいて，たとえ今の会社を辞めても，すぐに雇ってくれる会社が他に見つかる可能性が高い。しかも，腕のいいプログラマであれば，若くても同世代の他の職種の人と比べて高めの給料をもらえる可能性がある。彼らの「市場価値」は高いのだ。

しかし，もう一度よく考えてみてほしい。

「こんな会社辞めたって，私を雇ってくれる会社はいくらでも見つかるんだ。」

と労働者側に言わしめる転職市場の恩恵は，労働者側に対してだけあるのではない。企業側にとっても同じ恩恵をもたらしているのだ。つまり企業側も，

「辞めてもいいよ。同じ給料で働いてくれる，君みたいなプログラマの代わりはいくらでも見つかるんだから。」

ということになる。つまり，転職市場で同じ値段で同じスキルの労働者を調達可能であるならば，労働者は単なる消耗品，互換性部品に過ぎなくなるのである。そして，こうした転職市場が存在する限り，会社を渡り歩いて経験年数を加えていっても，同じプログラマの仕事をしている限りは，所詮，プログラマとしての給料しかもらえないという当たり前の現実が出現する。そ

れが同一労働同一賃金の意味なのである。実は，転職市場が機能していればいるほど，労働者にとっては転職のうま味が減る。

　想像してみよう。転職市場が機能していれば，互換性部品である労働者は，故障や不具合（＝病気や家庭の事情），メンテナンス・コスト上昇（＝人件費上昇）を理由に，すぐに捨てられ，新しい「部品」と交換されてしまうだろう。機械の部品だって，取り替えのきかない部品だと思えばこそ，調整も修理もしながら大切に使うのである。それが近所のDIYの店でいつでも入手可能な互換性部品だったら，まさに消耗品なのだから，買ってきて新品に取り替え，古いのは捨ててしまった方が，ずっと簡単で面倒くさくないのである。これこそが，市場崇拝と同一労働同一賃金のもたらす悪夢なのだ。

実務経験を積ませるのは大人の責任

　「仕事の報酬は給料」型のシステムや社会は，人々を幸福にはしてくれない。正規雇用か非正規雇用かにかかわらず，せいぜい，消耗品の互換性部品としてのつかの間の居場所を提供してくれるにすぎない。「仕事の報酬は次の仕事」型のシステムや社会を構築・再構築する以外に，人として幸福に過ごす手立てはないのである。「仕事の報酬は次の仕事」型の人事制度になって，はじめて評価のベースである仕事に差がつくようになり，この評価のベースが変動するからこそ，同じ会社にずっと勤めていても，昇進・昇格・昇給が可能になるのである。

　もし，高い給料をもらおうと思ったら，そして会社から大切にしてもらおうと思ったら，自分が会社にとって取り替えのきかない余人をもって代えがたい人材にならなくてはならない。そこにはもう「同一労働」の概念は存在しない。なぜなら，他にできる人はいないのだから。ただし，そうなると今と同じ仕事「同一労働」は他の会社にもない可能性が高いので，そのことで市場性は失われるかもしれない。しかし，そうしなければ会社の中でレベルの高い仕事はできないし，その扱いも受けられないのである。

　実は，たまたま2003年度にJISA（社団法人情報サービス産業協会）の人材育成委員会・教育システム評価部会でITSS（ITスキル標準）に基づく教育システムの評価にかかわったことがある。教育システムの最初のエントリ・レベルのステップはeラーニング。次のステップからはミドル・レベルで問題解

決型の集合研修を積み上げて行うというものだった。集合研修には，特定の仕事で「実務経験〇年」と集合研修を受けるための条件が明記されていた。実際にその仕事を何年か経験して，仕事の中で現実の問題やトラブルにぶつかった経験を持った人が研修を受けて，次のワンランク上のスキルを目指すためのものだった。しかし，そもそもIT系の技術者には，コックピット症候群のような人も多くて，必要な実務経験を積めないのではないかという疑問がわく。それに対して，複数の担当者と人事関係者が異口同音に同じ回答をしていた。すなわち，

「今のスキルから外れて苦労することはあったとしても，もっと幅広い経験を積ませる必要があるし，人付き合いの苦手な人も多少は営業的な仕事を経験する必要はある。その人のこれからのキャリア・パスや将来のことを考えて，たとえご本人が難色を示しても，たとえご本人からは恨まれようとも，嫌がる本人を説得してでも，だましてでもローテーションを回すのが，まともな上司や人事部というものなんですよ。」

ITのようなスキルの比較的はっきりした分野ですら，本人の好きに任せていては，スキルアップは難しいのである。そのことを若者に説明し，説得するのは，「ちゃんと考えているはず」の上司であり，人事部であり，それこそが責任ある大人の仕事というものだろう。つまり，自分の市場価値に目を奪われがちな若者たちをこう諭してほしいのである。

「君たちを互換性の高い部品で終わらせるつもりはない。君たちには，取り替えのきかない，この会社にとってなくてはならない人材になってもらいたいのだ」と。

5. 投資の形での成果配分

成果配分の二つのやり方

株主への配当を除けば，成果配分には二つのやり方がある。一つは賃金の形での成果配分，そしてもう一つは，投資の形での成果配分である。人事労務系のコンサルタントや専門家は賃金のことしか頭にないが，経営学的には，投資の形での成果配分の方が，はるかに重要である。そして，それには必ず「仕事」の形での成果配分が伴う。実はそれが「仕事の報酬は次の仕事」の

もう一つの姿なのである。

　もちろん賃金の形での成果配分は重要である。仮に会社が大もうけをしているのであれば、そのもうけの一部を社員に分配することは可能であり、事実、これまでも賞与なりベースアップなりの形で成果配分が行われてきた。しかし、企業が利益をあげるとき、あるいは、すでにある程度の資金を内部留保として蓄えているとき、こうした余剰資金は、社員の賃金（ベースアップや賞与）の原資としてだけあるのではない。既存事業の規模拡大や新規事業（研究開発を含む）への投資のための原資でもあるのだ。それが、投資の形での成果配分なのである。

　日本企業では、「投資」という用語は、証券投資や不動産投資をイメージさせがちなので、「予算」と言い換えてもいいが、いずれにせよ、この投資あるいは予算の形での成果配分は、必ず「仕事」の形での配分を伴う。これが「仕事の報酬は次の仕事」型のシステムを機能しやすくしていた。新規事業だけではなく、既存事業の拡大であっても、投資をすれば、そこには新しくチャレンジングな仕事が生まれるからである。さらに、新しい組織が生まれ、新しいポストが生まれ、新しい雇用——多くは新人で部下になる人材の採用——も生まれる。

正社員を新卒で雇うべし

　部下や後輩ができ、新人が入ってくるだけでも、職場も人も生き生きしてくる。それだけで会社は元気になるのである。少なくとも戦後半世紀、日本の会社はずっとそうやって元気にやってきた。ところが、1999年12月に労働者派遣法が改正され、派遣業種が拡大されたことで、日本企業の多くは、人材のポートフォリオの名の下に、正社員を減らして、契約社員や派遣社員を増やしていった。その結果、そんな現場では、即戦力がうたい文句の派遣社員には仕事を教えず、派遣社員が失敗しても、本人を叱らずに派遣会社にクレームをつけて交代してもらうことが当たり前になった。

　そんな中、社長の決断で、派遣社員を使うのをやめ、正社員の新卒採用を再開した会社の事例は印象的である。たしかに、派遣会社が主張するように、正社員とはいっても、新人は派遣社員と比べて仕事ができるわけではない。しかし、新人の正社員が配属されてくると、上の人間が変わり始めた。先輩

は先輩らしく，上司は上司らしく振る舞うようになった。これまで派遣社員相手に，仕事を真面目に教えないばかりか，怒りもしなかった人たちが，新人の正社員を叱り，説教し，仕事を教えている。新人の正社員が来た職場は，それだけで活気が出てきた。新人正社員も成長してたくましくなっていく。もちろん先輩たちにとっても，後輩を育てるということは，同時に自分も一緒に成長していくということなのである。そして経営者も，正社員のいない会社では，苦境に陥ったときに，それを乗り越える気力が湧かないはずである。正社員の雇用を守るプレッシャーを感じながら背負っていくのが，まともな経営者としての歩む道のはず。そうした，かつては当たり前だったことを日本企業は再発見しだしたのである。

　成果主義が成果配分を賃金だけに限定してしまったことで，投資の形での成果配分を止めた会社が，みんな調子がおかしくなった。経営の問題を賃金の問題に矮小化してしまったことこそが，成果主義の犯した本当の大罪だったのである。当時の沈滞した経済状況の中，ただでさえ既存事業の規模拡大や新規事業への投資のリスクを回避したがる経営者の多くは，手っ取り早い人件費削減で目先の利益の確保に走った。たしかに人件費を削減すれば短期的には利益を出せるかもしれない。しかし，こんなことを十年も続けていたのでは，内部留保はたまっても，事業はどんどん萎縮し先細りしてしまう。深く考えもせずに正規雇用を減らしたので，若い正社員までいなくなった。新緑の芽吹きそうもない立ち枯れのような巨木が林立する荒涼たる風景。そこにM&Aの風が吹き始めたのも自然の道理であろう。利益や内部留保を投資ファンドに増配してくれてやるくらいだったら，会社と従業員のために使うべきだった。

6.「また君と一緒に仕事がしたい」という評価

「また君と一緒に仕事がしたい」

　「自分が評価されている（orされていない）と感じたのはどんな瞬間ですか？」
　そんな質問を色々な人々に投げかけてきた。本当の評価とは一体何なのか。そんな中で見つけた，一番シンプルで一番まともな評価は「また君と一緒に

仕事がしたい」である。「仕事の報酬は次の仕事」型システムにおける典型的な評価といってもいい。

実例を一つ挙げてみよう。これは、今風の言い方をすれば、自分の市場価値を高めることを常に心がけ、ある「事件」が起こるまでは、スキルを身につけるのに一生懸命で、自分自身をまるで職人だと思ってやってきた人——といっても「職人」ではなく、普通のホワイトカラーのサラリーマン——の体験談である。

> かつて自分が働いていた職場で先輩だった人から電話がかかってきて、ちょっと会って話がしたいと言われた。なつかしさもあって、いまや上司格になっているその人と会ってみた。すると、めずらしく真剣な面持ちで、
> 「戻ってきて、また一緒に仕事をしないか」
> と言われた。感激した！　本当に涙が出るほど感激した‼　そんな自分に一番感激した‼⁉　自分は、そんなことに感激する人間だとは思っていなかったもので……。まさしく同じ釜の飯を食い、自分のことを身近で何年も見ていて、仕事ぶりも人間性もよく知っている人が、自分とまた一緒に仕事がしたいと言ってくれている。そのことが、これほどまでにうれしいことだとは思いもしなかった。この経験が、人から評価されることの本当の意味と重さを教えてくれたのだ。
>
> 　　　　　　（高橋、2005a, 26-27頁。ただし多少説明的文言を加えた）

たったこの一言で、彼の仕事観、職業観そして人生観までが大きく変わったという。人から評価されるということは、そういうことなのだ。同じような感動体験をもつ人は多い。1986年に施行された男女雇用機会均等法で、女性の総合職一期生となった女性も、こんな話をしてくれた。一期生ということもあり、その会社では同期の女性総合職が何人も採用されたそうだ。しかし、世間の目というか、諸般の事情というか、結婚だ、出産だと、色々なことをきっかけに、同期の女性総合職も一人辞め、二人辞め……。その人もいつのまにか自分も、とくに何か理由があるわけでもないのに、そろそろ潮時かなと思い始めていたという。そんなある日のこと。かつての上司から呼

び出されて，こう言われたそうだ。

「すでに噂には聞いているかもしれないけれど，今度，私がリーダーになってプロジェクト・チームを発足させることになっている。うちの会社にとって，非常に重要なプロジェクトだ。ぜひ君にメンバーとして入ってもらいたい。」

この一言で，この人の人生は決まったという。先ほどの「職人」さん同様，これで感激しないわけがない。気がつくと，この人はその会社で最初の女性部長になっていた。

結局，評価というものは，そういうものなのだ。これほどまでに本人にとって劇的な感動体験ではなくても，これに近い体験をした人は多いはずである。「うちは○○君でもっている」という評判だとか，「また君と一緒に組んで仕事がしたい」「あの人と一緒に仕事が出来るのだったら，給料なんていくらでもかまわない（手弁当でもやらせてほしい）」，反対に「あんなやつとは二度と一緒に仕事をしたくない」というものが本当の評価なのだ。それは会社の経営者であっても同じこと。「会社の経営を（われわれの未来を）君に託したい」と前任者から言われることは格別であろう。若い頃にこうした経験を一度でもできた人のその後の人生は幸せである。

キー・パーソンくらいは選ばせて

私が知る限り，社運のかかっているようなプロジェクトを任されたとき，ほとんどの人は異口同音に同じようなことを口にするものだ。

「わかりました。お引き受けします。ただし，A君とB君を連れて行っていいですね。あとは人事の方で選んでくれていいですから。しかし，C君だけはやめてください。あいつが入ると仕事にならないので。」

つまり，何人かキー・パーソンとなるべきチーム・メンバーを指名する権限，あるいは拒否する権限を要求するのである。そして，これまで仕事を共にし，自分の仕事の仕方や考え方を理解してくれている仲間，互いに長所も短所も知り尽くした仲間の何人かをきっと指名する。

この世のすべての仕事が共同作業であり，誰かと一緒に営んでいくものなのだ。たとえどんなに優秀な社員でも，一人では何も出来ない。助けて，支えてくれる仲間がいるからこそ，納得のいく仕事ができてきたはずだ。納得

のできる仕事をするために，そんな仲間を集める必要がある。もしこれを「情実人事」と呼ぶのであれば，私は「情実人事」に賛成せざるをえない。しかし，これは情実人事ではない。なぜなら，このプロジェクトが失敗したら，一蓮托生で責任を取らされることは目に見えているし，そもそも社運がかかっているわけだから，失敗したら会社自体が危ない。責任の重さを自覚するからこそ，キー・パーソンくらいは自分に選ばせろと言っているのだ。

ビジネス・プランや資金よりも，それを任せられる人材が決定的

「また君と一緒に仕事がしたい」という評価は，大企業よりもベンチャー企業で，決定的に（致命的に）重要になる。大企業をスピンオフして，ほぼ同時期にIT系のベンチャー企業を立ち上げたAさん，Bさんの対照的な事例は，そのことを象徴している。

> Aさんの場合，田舎に残してきた年老いた両親のことを思い，会社を飛び出して出身地で起業することにした。その計画を部下や後輩達に打ち明けると，彼らは「私も連れて行ってください」と懇願してきた。Aさんが
> 「最初は食えるかどうかも分からないので，軌道に乗ったら声をかけるから。」
> というのも聞かずに，何人かは
> 「どうせ苦労するんだったら，手弁当でもいいから，最初から苦労をともにさせてください。」
> と一緒に会社を飛び出してついてきてしまった。そんな人の立ち上げたベンチャー企業は有望である。きっと成長するだろう。仕事も人も，その人めがけて集まってくるからである。実際，株式公開も視野に入ってきたらしい。
>
> 他方，優秀な技術者として鳴らしていたBさんの場合，彼にはお得意さんもついていて，独立しても仕事はあげるよと言われ，独立を決心する。しかし，周囲を口説いてはみたものの，誰もついてこない。「最近の若いやつは気概に欠ける」などとぼやきつつ，結局一人で飛び出して自分の会社を設立した。設立後，何人か新人を雇ってはみたものの，

みんな長続きしない。もちろん，Bさん自身は優秀な技術者なので，仕事はある。売上の数字も立つ。経理の事務員くらいは金を出せば雇える。しかし，起業して何年もたつのに，今も会社は一人でやっているようなものだ。Aさんの会社は，これぞまさしくベンチャー企業である。ところが，Bさんの会社ときたら，株式会社とは名ばかりで，いまだに個人商店にすぎない。

あるとき，Bさんが面白い事業プランを作成し，よせばいいのに，私が某ベンチャー・キャピタルに持ち込んだことがある。プレゼンの反応は上々。聞いていた二人のベンチャー・キャピタリストは

「面白い，面白い」

を連発。そこで，いよいよクライマックスとばかりに，

「それでは，ぜひ投資を！」

と言った途端，彼らは即座にきっぱりこう言った。

「投資するつもりはありません。」

けんもほろろとはこのことだ。

「ちょっと待ってよ。今の今まで，面白い面白いとさんざん言っていたじゃない。なんでそういう結論になるわけ？ 私も子供の使いじゃないんだから，このままでは帰れない。何か考えてくださいよ。」

と食い下がると，二人は後ろを向いて何やらごそごそと相談し始めた。そして，こちらに向き直るとこう言った。

「事業プランは良くできているので，事業プランを他の会社に売りませんか。そうですね。○百万円スタートでも買い手が見つかると思いますよ。」

そして次の一言がすごい。

「この事業プランを買った会社になら投資する用意はあります。」

(高橋，2005a, 28-29頁。ただし多少文章を加えている)

Bさんの会社に投資するつもりはないというその理由はもっともだった。そもそもBさんが社長では，この会社は大きくなれないというのである。実は，ベンチャー・キャピタルやベンチャー相手の融資担当者は，判で押したように異口同音に同じことを言う。

「会社を一人で飛び出して起業するような人は成功しないんですよ。」
つまり，Aさんのように，何人かの部下や後輩が付いてくるような人物であれば，起業した会社も軌道に乗るのだが，Bさんのように誰も付いてこないようでは，そもそも人望に欠けているというのである。たしかに，Bさんの会社の過去数年の実績を見ただけでも，それは明らかで，業績が好調にもかかわらず，会社には人が増える兆しがまったくない。うまくすれば大きな事業に成長するプランだからこそ，Bさん一人では，とてもこんな事業プランは実現できないというのである。

ビジネス・プランが決定的に重要だと言われているベンチャーですらこうなのである。いやベンチャーだからこそ厳しいのだ。要するに，ビジネス・プランも資金も，それを任せられる人材がいればこそ生きるのである。そうでなければ，溝に捨てているのと同じことになってしまう。

7. 定期異動という強力なツール

「嫌いだから左遷する」と言ってくれた方がマシ

人を好き嫌いで判断するなんて最低だ……とはよく言われるが，次の事例のように，はっきりと口に出して異動させられた人もいる。

> ある日，部長に呼ばれて部長室に行くと，部長が
> 「君が，そこそこ優秀であることは私も認める。しかし……，君は俺と合わんなぁ。俺が右と言えば君は左だと言うし，好みというか方向性というか，とにかく正反対だ。そこでだ。君も知っていると思うが，俺の同期で○○というのが△△支店で支店長をやっている。彼は，実に人間的に魅力のあるやつで，きっと彼なら君のことも生かしてくれるはずだ。悪いが，今度の定期異動で彼の所に異動してくれないか。」
> 「それって左遷ですか？」
> 「まあ都落ちといえば都落ちだが，俺の下でくすぶっているよりは，彼のところで伸び伸びと仕事をさせてもらった方が，君も幸せだろう。君の将来のことを考えても，会社の将来のことを考えても，その方がいいと思うんだ。」

> 「それって，結局，部長と私との相性の問題であって，私に特に能力的な問題があったわけではないんですよね。」
> 「ああ。君がそこそこ優秀であるということは，私も認めている。だからこそ，異動を勧めているんだ。」

(高橋，2005a, 19-20頁)

こんなことを言われたら，机の一つでも蹴飛ばしたくなるだろう。憤懣やるかたないとはまさにこのことだ。しかし，落ち着いて考えてみると，このように「合わない」とはっきり言ってもらった方が，ずっとマシなのである。なぜなら，仮に，人事異動の理由として成果や能力しか認められないとなると，左遷される本人の成果や能力に問題があるように形だけでも見せかけないと，左遷する理由がなくなってしまうからである。そうなると，ご本人にも気づかれないように，徐々に評価を下げていき，「君の点数が低かったので，今回異動の対象となった」という陰湿な行為を助長することになる。実際，そうした事例は少なからずあった。

それくらいだったら，「おまえのことが嫌いだから左遷する」と言われた方が，キャリア的にも成績的にも傷は浅く，気持ち的に割り切ってしまえば，この例のように，いつしか武勇伝として，酒飲み話のレパートリーに加えられることになる。それに，そのままつらい思いをしているよりは，精神的にずっと楽になる。実際，この場合は，

「今，冷静になって考えてみれば，もしあの時『左遷』されていなければ，あの部長の下では，会社を辞めていたかもしれない。」

とご本人が述懐しているのである。誰だって好き嫌いはある。自分にだってある。それは，ある範囲を超えてしまえば，仕事をする上でも差し障りが出てくる。一つの会社の中で長期に働いていくためには，好き嫌いや相性の問題をなんとかする必要がある。

しかし，普通は，ここまで事を荒立て，感情を逆なでせずに実行するツールがある。それが，定期異動という強力なツールである。

定期異動という強力なツールが離職率を低下させる

通例，離職は公式に定めた組織（たとえば企業）を退出することと定義さ

れる。たとえば，製造職を去り販売職につくことは，同時に会社も変われば離職と分類されるが，会社が変わらなければ離職にならない。小さな企業では離職となるかなりの部分が，大きな企業では「部門間異動」と分類される (March & Simon, 1993, p.118, 邦訳123頁)。つまり，多くの日本の大企業で当たり前のように行われる定期異動は，実は，離職率を直接的に下げる強力なツールだったのである。それに，定期異動の機会を使えば，本人にはわからないように，自分とは合わない部下を異動させる（左遷する？）こともできるし，仮にそうしなれば，やがて必然的に訪れる部下の「辞めてやる」行動（＝離職）を抑制することができるからである。

企業は離職率の数字をなかなか表に出したがらず，とくに，職務満足などと一緒にその実態を調べることは非常に難しい。そこで，JPC1993調査では，表に出しにくい会社全体の離職率ではなく，会社の一部の部門の離職率を調べた（高橋，1997，第2章）。具体的には，大企業のホワイトカラーに限定し，A～F社各社の組織単位において，調査時（1993年）から遡って過去数年間に自己都合で実際に退職した人数を年平均で求め，それを組織単位構成人員総数で割ったものを離職率として求めることにした。その結果は表1に示されている。

同時に，この調査では，これらの各社の各組織単位における全数調査を行い，第5章で既出の

Q4. チャンスがあれば転職または独立したいと思う。　（はい＝1；いいえ＝0）
Q5. 現在の職務に満足感を感じる。　（はい＝1；いいえ＝0）

といった質問にも答えてもらっている。ところが，質問Q4，Q5に対する各社での「はい」比率をそれぞれ「退出願望比率」「満足比率」と定義した上で，実際の離職率との関係を調べてみても，表1に示されているように，実際の離職率と満足比率，退出願望比率との間には明示的な関係は見出せないのである。

そこで，実際の離職率のとくに低かったC社，E社については，JPC1993調査の事後ヒアリング調査をした結果，「社内転職」とでも言うべき，組織

表1 実際の離職率と他の要因 (JPC1993調査)

	満足比率	退出願望比率	実際の年間離職率*
A社	60.9% (110)	25.7% (109)	5%程度
B社	31.2% (109)	59.8% (107)	20%程度
C社	62.2% (143)	28.7% (143)	1%以下
D社	48.1% (27)	59.2% (27)	5%程度
E社	41.8% (553)	54.1% (549)	1%以下
F社	60.1% (213)	40.3% (211)	5%程度

(注) 網掛けは「社内転職」。( ) 内は比率 (%) の基数。
 * 各社の調査対象とした組織における最近数年間の実際の自己都合による退職者数をもとにして，年間退職者数の平均を求め，それを当該組織の構成人員数で割って求めたもの。
(出所) 髙橋 (1997b) 40頁，表1。

内での他部門への大規模な，しかも3年という比較的短いサイクルでの定期的な人事異動が常態化しており，その見通しが立っているおかげで，たとえ退出願望があったとしても，それは実行には移されないということがわかった。つまり，たとえ現在，職務に対する不満があり，退出願望があったとしても，「社内転職」の見通しさえ立っていれば，参加し続けるというのである。事実，実際の離職率が20％程度と高いB社では，異動はあっても，こうした定期的な部門間あるいは職場間の異動はほとんど行われていなかった。そのため，「社内転職」の見通しが立たないのである。

　E社では，3年で定期異動が，しかもまったく違う職場への定期異動が行われている。このため支社・支店で自分の所掌業務に関しての専門知識を十分持ち合わせていない管理者も多い。ある叩き上げの課長いわく

> 部長が異動してくると，最初の1年は私の天下ですね。なにしろ部長はこの職場のことを何にも知らない訳だから，ああしろ，こうしろと言ったって，
> 「部長，ここでは実はこうなっているんですから……」
> と説明すると，多少理屈に無理があっても，ああそうかって感じになるんですよ。でも2年目になると少々怪しくなって来て，

> 「○○君，君この間あんなこと言ってたけど，やっぱり私の言った通りだったんじゃないのか」
> なんて呼びつけられたりして，ああそろそろまずいなあと思っていると，そのうち自分が他に異動になっちゃう。部長も私も3年で定期異動してたら，同じ人とは長くても2年，短いと1年しか重ならない訳ですからね。
>
> (高橋, 2007, 180頁)

これだけ聞いていると，なんだか無茶苦茶な感じもするが，職場の事情を把握するまでは部下の意見を尊重し，事情がわかってくるに従って，自分らしさを出そうとするなんて，実は良い上司に恵まれたケースの話をしているのである。だからユーモラスな感じがする。ところが，何人もの上司の中には，深刻な事態を引き起こしかねない人物も多いという。こうなると洒落にならない。着任した途端，よく事情もわからぬままに，部下の意見も聞かずに，自分らしい「業績」を残そうといわんばかりに，矢継ぎ早に指示を出しまくる人もいるらしい。こうした事例については，すでに第4章の「やり過ごし」のところで詳述済みである。

組織力を紡ぐ・磨く

「隠された投資」で育てる経営

「投資の形での成果配分」というときの「投資」の意味を，ペンローズの『会社成長の理論』(Penrose, 1959) は，実に理論的に整理して説明してくれている。ペンローズは，企業の経費一般に投資的な色彩があり，この隠された投資が企業成長を支えてきたと主張した。ペンローズの議論は，次のようなものであった。

人間個人の能力には限界がある。仮に，一人の人間が常に隅々までコントロールしなければ組織行動に一貫性を保てないというのであれば，一人の人間によって統率可能な規模には限界がある。つまり企業規模には限界があることになる。しかし，実際に成長して大きくなった企業ではそういった現象は見られない。なぜなら，実際には一人の人間ではなく，ペンローズがマネ

ジメント・チーム (management team) と呼んでいる一団によって組織がコントロールされているからである。

マネジメント・チームとは，一緒に働いた経験を持った経営幹部の集団のことである。それゆえ，チーム・メンバーの候補者は，時間がかかっても，共になすべき仕事を持たなければならない。その典型的なものが，第4章で触れた，創業者と苦楽を共にし，愛着を込めて創業者を「おやじ」と呼ぶような，創業者のテイストを引き継いだ真の後継者たちの集団なのである。創業者の魂，精神は，創業者の死後も彼らの中に宿り，それはやがて，創業者とは一面識もない若手社員にも引き継がれ，時間と世代を超えた不変の精神として受け継がれていく。そして，会社の将来，命運を決めるような重大な決断を迫られたとき，このテイストが決定的に重要な役割を果たすことになるのである。

経営幹部に限らず，たとえば，組織に新人が配属されてきたとき，当然のことながら，すぐに，新メンバーも含めて組織的に行動することは難しい。新メンバーは，足手まといであることも多いはずである。つまり，新メンバーが，本当に組織の一員となるのには時間がかかるのである。より正確に言えば，最初は組織でなく，「仕事を共にすることで，だんだんと組織らしくなってくる」のである。まるで糸を紡ぐように，綿，毛，繭から繊維を引き出して，撚りをかけて糸にするように，仕事を共にすることで，だんだんと組織力を紡いでいくのである（高橋, 2010a）。

実際，ペンローズのいた英国とは社会構造が異なる日本のような国では，マネジメント・チームとは，一緒に働いた経験を持った「仕事を任せられる人」の集団と言い換えた方が正しいだろう。しかし，ペンローズが言うように，マネジメント・チームのメンバー候補者は，共になすべき仕事，仕事を共にする時間を持たなければならないことには変わりはない。「仕事を任せられる人」を得るのに抜け道などないのだ。仕事を共にする経験を持たせない限り，仕事を任せられるようにはならない。それには，とにかく時間がかかるのである。

そして，成功し，成長してきた日本の大企業の強みは，ごく一握りの経営幹部だけにとどまらず，中間管理職やその下の階層，会社によっては工場で働く工員一人一人に至るまでもが，マネジメント・チームと呼ぶにふさわ

い集団を形成していることにあった。「日本型年功制」はそうしたチーム育成に向いたシステムだった。そして，たとえ日本語しかできなくても，そうした仕事を任せられる人材（役職も何もない一工員であっても）が，立ち上げ屋的経営サービス（Takahashi, 2015c）を発揮して，世界中に拠点を作ってきた。外国語に長けた通訳「仕事のできる人」は，たとえ高くても金さえ払えば雇える。しかし，「仕事を任せられる人」は，金では買えないのである。これは，中堅のメーカーでもそうなのである。中国をはじめとしたアジア諸国に行って，現地で工場を立ち上げたのは，優秀な幹部社員というよりは，ベテラン工員であることが多かったといわれている。彼らが世界中に拠点を作ってきたのだ。そして，「仕事を任せられる人」こそが企業にとっての希少資源であり，企業の成長を決める決定的な要因なのである。

　そのため，新しい企業は小さな組織規模からスタートせざるをえないし，一緒に働いた経験を積んだマネジメント・チームは徐々にしか大きくできない。そのため，企業の成長率には経営的限界がある。しかし，成長（規模）には経営的限界はない。こうしたメンバー候補者に，一緒に働いた経験を持たせるための費用をペンローズは「隠された投資」（concealed investment）と呼んだのだ。そして，大企業は小企業と比べて，必要経費の比較的多くの部分が投資的性格を持っているとも指摘したのである。要するに，「仕事の報酬は次の仕事」型のシステムでは，一見，何の変哲もない日常の活動にかかる必要経費自体が，成長に必要な投資なのである。接待費・交際費だってそうなのである。

コミュニケーションの悪さの二つの意味

　では，どうして一緒に働いた経験を積むことが，それほどまでに重要なのだろうか。それは，「人は意味（meaning）を共有（share）しないかもしれないが，経験（experience）は共有する」からであり，この共有された経験が，回顧的に有意味（sensible in retrospect）になるからである（Weick, 1995, p.188, 邦訳249頁）。

　たとえば，コミュニケーションが悪い，というような自己批判は，どこの会社でも，どの階層でも，よくされるものである。しかし実は，若い社員が言う「コミュニケーションの悪さ」とベテラン社員が言う「コミュニケーシ

ョンの悪さ」とでは意味が違う。若い社員が「コミュニケーションが悪い」と言うとき，そのほとんどは「言葉数が少ない」と同義である。つまり，ベテラン社員に対して「もっとたくさん説明してくれないと，何を言いたいのかわからない」と不満を言うときに「コミュニケーションが悪い」と言うのである。それに対して，ベテラン社員が「コミュニケーションが悪い」と言うときには「こんなに一から十まで全部俺が説明しないと理解できないのか」という意味になる。

　ベテラン社員だって，新人の頃は親切に全部説明してもらわないとわからなかったわけだから，新人には，時間が許す限り，詳細に説明すべきである。そのことで自分の頭の中も整理されてくる。そして，新入社員は，黙って待っていないで，先輩たちの後をついて回って，仕事のやり方，ものの見方，考え方，そして業界や社内でしか使われないような特殊な「方言」の使い方まで，とにかく盗むしかない。最終的には，本当に少ない言葉数で，まさにあうんの呼吸，以心伝心でコミュニケーションできるまでに熟達していかないと，組織の生産性は向上しないのである。

　　ある若手社員が，部長のところでくどくどと現状報告をしていた。本当にくどくどと。すると部長は，しびれを切らしたかのように，話をさえぎってこういった。
　「うーん。なんとかならんのか！」
　すると若手社員は即座にこう答えた。
　「承知しました。なんとかしてきます。」
　聞いていて思わず失笑である。「なんとかならんのか」ではまるで指示になっていない。それに，そもそも若手社員の方も，そういわれて「なんとかなる」のであれば，最初からなんとかしてくれば良かったのだ。ところが後で聞いてみると，これは私のような文脈を理解していない第三者には分からなかっただけで，コミュニケーションとしては十分成立していたのである。要するに，若手社員は部長からの「おまえにまかせるから，もう一押ししてこい」というニュアンスの一言がほしかったのである。

　　　　　　　　　　　　　　　　　　　　　　（高橋，2007, 101頁）

このように，よく知った者同士，境遇も同じ者同士で，互いに理解がしやすくなる現象はよく見られることである。これは，会話を交わす際に，使われる言葉そのものだけではなく，その文脈（コンテクスト）で，互いにピンとくる部分が多いからである。文化人類学者ホール（Edward T. Hall; 1914-2009）は，『文化を超えて』(Hall, 1976) の中で，高コンテクスト・コミュニケーション（high-context communication）と低コンテクスト・コミュニケーション（low-context communication）とに分類して議論を行っている。ただし，「高コンテクスト」のコミュニケーションと言ったとき，それは正確に言えば，ただ単に，あうんの呼吸で言葉数が少なくてすむというようなことを指しているのではない。より正確に言えば，文脈（コンテクスト）によって，発せられた言葉の意味が変わってくるほど，文脈に意味が埋め込まれているという意味である。

それに対して，「低コンテクスト」のコミュニケーションでは，情報の大半は明白に言葉の形にコード化されて，メッセージとして伝達される。それに対して，「高コンテクスト」のコミュニケーションでは，情報のほとんどがコンテクストの中あるいは個人に内在化されていて，明確にコード化されて伝達されるメッセージ自体の情報が非常に少ない。つまり言葉少なにコミュニケーションが行われる。

一般的に，米国の文化は低コンテクスト（LC）であり，対照的に日本の文化は高コンテクスト（HC）であるといわれている（Hall, 1976, pp.90-91, 邦訳107-108頁）。先ほどの例で言えば，若い社員は低コンテクスト・コミュニケーションを前提にしてコミュニケーションが悪いと嘆いていたが，他方，ベテラン社員は高コンテクスト・コミュニケーションを前提にして嘆いていたのである。

アフターファイブの効能

高コンテクスト・コミュニケーションを望むのであれば，単にビジネスライクに，給料をもらっている時間だけ仕事を共にするだけでは薄っぺらい。それでは，今，目の前にある仕事だけしか共有できないからである。過去の仕事の中から自分たちが経験したことや抱いた思いまでも同僚，部下，後輩と共有しようと思ったら，勤務時間の外を利用しなくてはならない。共有さ

れた経験を回顧的に有意味なものにするには，共通経験に関する物語を語る必要がある（Weick, 1995, p.189, 邦訳250頁）。

要は，今も昔も一緒に飲みに行くことが重要だということなのだが，あえて，昔と今はどこが違うのかといえば，昔の方が，会社の金で，接待に若い人を連れ回していた頻度が高かったかもしれない。それを当時の若い人たち（今のおじさんたち）が断ろうものなら，

「君，これは仕事だよ！ お得意さんが来るというのに，担当者の君が来ないんじゃ，お話にならないだろう。仕事なんだから来なさい。」

とか上司に言われ，渋々ついていくと，お客さんの方は一次会か，せいぜい二次会止まりで帰してしまい，あとは会社の上司や仲間とハシゴして飲み歩くことになるのである。ただし，それが無駄だったのかと聞かれれば，ベテラン社員は皆「無駄ではなかった」と答えるだろう。そうした機会でもなければ，上司の「昔の話」も先輩の「昔の話」も聞くことがなかったし，職場の同僚がどんな人生を歩んで，どんな仕事を経験してきたのかも知らないままのはずだったから。たとえ同じような話の繰り返しで，「今日の課長の話は3回目だな。しかも聞くたびに微妙にディテール（細かいところ）が違う」などと陰口を叩かれても，きちんと伝えるべきなのである。

そうすることで，はじめて若者にも，将来の仕事のイメージや自分のキャリア・パス，自分の会社のポジショニングなどがわかってくるのである。5年後10年後自分がどんな仕事をしているのかが，おぼろげながらにも見えてくるのである。そして若者たちは，生意気にもこう思うはずだ。

「うちの課長（部長）って，たいしたことないよな。あのくらいだったら俺にもなれるさ。」

ただし，若者は現実的でもある。

「でも，今すぐ課長（部長）をやれと言われても無理だな。あと5年，10年，ある程度仕事を経験させてもらわないと無理だ。」

これが本当に地に足のついたキャリア開発，キャリア・デザインなのである。こんなプロセスなくして，会社の未来を託すことのできる次の世代の人間が育つわけがない。しかも，アフターファイブで聞かされる愚痴話は，意外と役に立つことも多いのである。

仕事上のトラブルに巻き込まれて
「なんでまた俺がこんな目に……」
などとぼやきながら，状況報告を聞いていると，ふと
「あれ？ 似たような話，どこかで聞いたことがあるなぁ。そうだ！思い出した！ 以前，A課長が居酒屋で愚痴話をしていて盛り上がっちゃって，誰かのせいでひどい目にあったとかいって，さんざんこき下ろしていたな。えーッと誰だったっけ？ あっそうだ！ B部長だ！」
とはいえ，A課長は海外出張中。帰ってくるのを待っていられるような時間的余裕はない。腹をくくって，おそるおそるB部長に直接電話を入れる。平身低頭，事情を説明し，教えを請うと，
「なんで君がその件を知ってるんだ？」
「以前，A課長から部長の武勇伝をうかがったことがありまして……。」
「おおっ。あいつまだ覚えていたか。よしよし，午後5時には会議が終わるから，そのとき来なさい。」
そう言われて，午後5時にB部長を訪ねると
「俺も良く覚えていないから，こいつに電話してみなさい。さっき，電話しておいたから。」
とか言われて，名前と電話番号を書いた紙切れを渡されたりして。だったら，さっき電話でそう言えよ，と内心思うものの，とりあえず，これで問題解決の糸口は見えてきた……。

(高橋, 2007, 64頁)

ある会社では，誰に聞けばいいのかがわかれば，問題は8割方解決したも同じとまでいわれている。そして，この手の話は9時〜5時の勤務時間中には話さないものなのである。というか，勤務時間中には，愚痴話を話したり聞いたりする時間的余裕がないのだ。

「組織」に見えるとき

経営学の教科書にも載るような，見事に難関を切り抜けて成功し，成長していく組織がある一方で，それとは対照的に，失敗して消滅した組織や，失

敗したとまでは言わなくても，日常の簡単なことにも躓いてばかりいる組織が多数存在している。一体どこに違いがあるのだろうか。躓いてばかりいるのには，何か理由があるのだろうか。

　そもそも，いわゆるヒト・モノ・カネ等の物的，生物的，個人的，社会的なサブシステムから構成されている具体的な「組織」は，どんなときに「組織」として見えるのか。サイモンにも大きな影響を与えた近代組織論の創始者バーナード（Chester I. Barnard; 1886-1961）は，2人またはそれ以上の人々の諸活動または諸力が意識的に調整されているときに，「組織」——これをバーナードは協働システムと呼んでいる——として見えるのではないかと考えた。そこでバーナードは，「2人またはそれ以上の人々の，意識的に調整された諸活動または諸力のシステム」を公式組織と名づけることで，協働システムの中で，サブシステムとしての公式組織が成立しているときに，協働システムは「組織」として見えると考えたのである（Barnard, 1938）。

> 　大学近くの駅のホームで，たまたま同じ授業をとっていた二人の学生，A君とB君が，帰りの電車を待つ間に世間話をしていた。電車が来れば，いつものように，A君は上りの電車に乗り，B君は下りの電車に乗るつもりでいた。もし何事もなければ……。
> 　ところが，たまたまホームを歩いていた酔っ払いが，二人の見ている目の前でホームから線路に転落してしまった。さあ大変である。幸い電車は来ていないが，この酔っ払いはとても一人ではホームまで這い上がれそうにない。
> 　「おい！　助けるぞ！」
> 　二人はそう声をかけ合うと，A君がホームから線路に飛び降りて，酔っ払いのお尻を押し，B君がホームの上から酔っ払いの手を引っ張って，なんとか酔っ払いをホームの上に引き上げることに成功した。このときの二人のきびきびとした「組織的活動」に対して，周囲の人からは思わず拍手が起きた……。
>
> 　　　　　　　　　　　　　　　　　　　　（高橋，2010a, 115頁）

　このときの2人は「組織」に見える。バーナードは，先ほどの公式組織の

成立条件として，①コミュニケーション，②貢献意欲，③共通目的，の三つを挙げたが，実は，この3条件が揃って満たされたとき，われわれはそこに「組織」を見るのである。実際，いまの例では，①コミュニケーションだけではなく，そこには線路に落ちた人を助けようという③共通目的があり，なおかつ，その共通目的に向かって危険も顧みずに行動しようとする②貢献意欲もあった。このように名前も付けられず，せいぜい数時間の命しかない短命の公式組織が無数にある（Barnard, 1938, p.4, 邦訳4頁）。

　実は，バーナードの公式組織成立3条件は，組織化のプロセスを見ていない。しかし，組織化のプロセスは必要であろう。この例でも，A君とB君は同じ大学で同じ授業に出ている顔見知りであるし，実際，直前まで世間話をしていたので，コミュニケーションもとれていた。つまり，組織の下準備，組織化のプロセスは進んでいたのである。

「〜できる」観

　ただし，それでも，ホームについている列車緊急停止ボタンを押してから，救助活動に入るべきである。もし仮に，実際にそんな救助訓練が存在し，2人が事前にそれを受けていれば，列車緊急停止ボタンの設置場所も使い方も教えてもらっているし，かなり難しい作業でも，2人は組織として対処できるかもしれない。逆に言えば，そのような意義があるからこそ，会社などでも，防火防災のための総合訓練，自衛消防訓練などが，年1回以上，消防法などで義務づけられているわけだ。

　もし日頃から訓練をして，組織化のレベルを上げておけば，たとえば，どの程度の体重の人までなら2人だけで引き上げられ，それには何分くらいかかりそうかもある程度わかるようになる。こうした2人が知覚している「〜できる」観。これこそが，組織化の証として，2人が共有していくものなのである。

　躓いてばかりいる組織には欠けていて，見事に難関を切り抜けて成功していく組織が持っているもの。それはおそらく，この共有された「〜できる」観だろう。実際，仕事を受ける際に厄介なのが，いつもまったく同じ仕事ばかりが降ってくるわけではないということなのである。同じような仕事に見えていても，たとえば，仕様，価格，納期などが微妙に異なるのが通例であ

る。しかも，受ける組織側でも，たまたま繁忙期だったり，たまたま休暇や病欠の人が多かったり，たまたま機械が故障していたり，たまたまメンテナンスの時期にぶつかっていたりと条件が微妙に変化していくのが当たり前である。もちろん原価も一定ではない。そんなさまざまな条件のバリエーションの中で，小さな成功と小さな失敗を積み重ねながら，どんな風に振る舞えば「これくらいの仕事だったらできる」のかを探し当てていく。つまり，「～できる」観と結び付けながら組織としての振る舞いを洗練されたものにしていくことで，組織は成功の確率を高めていくことができる。経営戦略論でいう「ドメイン」(domain)すなわち組織の存在領域（榊原, 1992）も，組織が，環境・市場の中に「～できる」観で探す自らを最大限かつ有効に使える居場所のことを指すのである。

　「経営」の本質とは，あるいは「マネジメント」の本質とは，1人ひとりではできないような大きな仕事を皆でこなし，1人ひとりでは突破できないような難関を皆でなんとか切り抜けることだろう。それが「組織力」である。このチームだったら，この組織だったら，このくらいの大きさの仕事ならこなせるし，このくらいの難関でもなんとか切り抜けられる……という感覚。組織の皆で，こなしたり切り抜けたりするイメージと感覚を，リーダーはもちろん，組織の個々のメンバーも共有するために，日々の小さな成功体験・失敗体験の積み重ねが必要になってくる（高橋, 2010a）。

参考文献

Abegglen, James C. (1958) *The Japanese Factory: Aspects of Its Social Organization*. Glencoe, IL: Free Press.（占部都美監訳『日本の経営』ダイヤモンド社, 1958）

Abegglen, James C. (1973) *Management and Worker: The Japanese Solution*. Tokyo: Sophia University in cooperation with Kodansha International.（占部都美監訳『日本の経営から何を学ぶか』ダイヤモンド社, 1974）

Abernathy, William J. (1978) *The Productivity Dilemma: Roadblock to Innovation in the Automobile Industry*. Baltimore, MD: Johns Hopkins University Press.

Abernathy, William J., Kim B. Clark, & Alan M. Kantrow (1983) *Industrial Renaissance*. New York, NY: Basic Books.（望月嘉幸監訳『インダストリアル ルネサンス』TBSブリタニカ, 1984）

Abernathy, William J. & James M. Utterback (1978) "Patterns of industrial innovation," *Technology Review*, 80(7), 40–47.

Abernathy, William J. & Kenneth Wayne (1974) "Limits of the learning curve," *Harvard Business Review*, 52(5), 109–119.

Akiike, Atsushi (2013) "Where is Abernathy and Utterback Model?" *Annals of Business Administrative Science*, 12(5), 225–236.

Alchian, Armen (1963) "Reliability of progress curves in airframe production," *Econometrica*, 31(4), 679–693.

Andress, Frank J. (1954) "The learning curve as a production tool," *Harvard Business Review*, 32(1), 87–97.

Ansoff, H. Igor (1965) *Corporate Strategy*. New York, NY: McGraw-Hill.（広田寿亮訳『企業戦略論』産業能率短期大学出版部, 1969）

荒川敏彦（2001）「ヴェーバーの『殻』概念――『鉄の檻』への疑問――」日本社会学会大会。

荒川敏彦（2007）「殻の中に住むものは誰か――『鉄の檻』的ヴェーバー像からの解放――」『現代思想』35 (15)（2007年11月臨時増刊号）, 78–97。

Arnold, Horace Lucien & Fay Leone Faurote (1915) *Ford Methods and the Ford Shops*. New York, NY: Engineering Magazine Company.

Ashworth, Tony (1980) *Trench Warfare, 1914–1918: The Live and Let Live*

System. London: Macmillan.

Atkinson, John W. (1957) "Motivational determinants of risk-taking behavior," *Psychological Review*, 64(6), 359–372.

Ausubel, Nathan (1948) *A Treasury of Jewish Folklore: Stories, Traditions, Legends, Humor, Wisdom, and Folk Songs of the Jewish People*. New York, NY: Crown.

Axelrod, Robert (1980a) "Effective choice in the prisoner's dilemma," *Journal of Conflict Resolution*, 24(1), 3–25.

Axelrod, Robert (1980b) "More effective choice in the prisoner's dilemma," *Journal of Conflict Resolution*, 24(3), 379–403.

Axelrod, Robert (1981) "The emergence of cooperation among egoists," *American Political Science Review*, 75(2), 306–318.

Axelrod, Robert (1984) *The Evolution of Cooperation*. New York, NY: Basic Books. (松田裕之訳『つきあい方の科学』CBS出版〔2月の出版時；翌3月にHBJ出版局と名称変更〕, 1987)

Baldwin, Carliss Young & Kim B. Clark (2000) *Design rules*. Cambridge, MA: MIT Press. (安藤晴彦訳『デザイン・ルール——モジュール化パワー——』東洋経済新報社, 2004)

Baloff, Nicholas (1966) "Startups in machine-intensive production systems," *Journal of Industrial Engineering*, 17(1), 25–32.

Baloff, Nicholas (1971) "Extension of the learning curve: Some empirical results," *Operational Research Quarterly*, 22(4), 329–340.

Barnard, Chester I. (1938) *The Functions of the Executive*. Cambridge, MA: Harvard University Press. (山本安次郎・田杉競・飯野春樹訳『新訳 経営者の役割』ダイヤモンド社, 1968)

Barney, Jay B. (1997; 2002) *Gaining and Sustaining Competitive Advantage*. 1st ed., Reading, MA: Addison-Wesley; 2nd ed., Upper Saddle River, NJ: Prentice Hall. (第2版の訳：岡田正大訳『企業戦略論（上・中・下）』ダイヤモンド社, 2003)

Bellman, Richard Ernest (1957) *Dynamic Programming*. Princeton, NJ: Princeton University Press. (小田中敏男他訳『ダイナミック・プログラミング』東京図書, 1973)

Benz, Carl Friedrich (1925) *Lebensfahrt eines deutschen Erfinders*. Leipzig: Koehler & Amelang. (藤川芳朗訳『自動車と私——カール・ベンツ自伝——』

草思社，2005）

Berle, Adolf A., Jr. & Gardiner C. Means (1932) *The Modern Corporation and Private Property*. New York, NY: Macmillan. （北島忠男訳『近代株式会社と私有財産』文雅堂書店，1958）

Blackwell, David & M. A. Girshick (1954) *Theory of Games and Statistical Decisions*. New York, NY: John Wiley & Sons.

ボストン・コンサルティング・グループ（編著）（1970）『企業成長の論理』東洋経済新報社。

Brayfield, Arthur H. & Walter H. Crockett (1955) "Employee attitudes and employee performance," *Psychological Bulletin*, 52(5), 396-424.

Campbell-Kelly, Martin & William Aspray (1996) *Computer: A History of the Information Machine*. New York, NY: BasicBooks. （山本菊男訳『コンピューター200年史──情報マシーン開発物語──』海文堂出版，1999年）

Carey, Alex (1967) "The Hawthorne studies: a radical criticism," *American Sociological Review*, 32(3), 403-416.

Chandler, Alfred D., Jr. (1962) *Strategy and Structure: Chapters in the History of the American Industrial Enterprise*. Cambridge, MA: MIT Press. （三菱経済研究所訳『経営戦略と組織』実業之日本社，1967）

Chandler, Alfred D., Jr. (comp. and ed.) (1964) *Giant Enterprise: Ford, General Motors, and the Automobile Industry: Sources and Readings*. New York, NY: Harcourt, Brace & World. （内田忠夫・風間禎三郎訳『競争の戦略──GMとフォード・栄光への足跡──』ダイヤモンド社，1970）

Chandler, Alfred D., Jr. (1990) *Scale and Scope: The Dynamics of Industrial Capitalism*. Cambridge, MA: The Belknap Press of Harvard University Press. （安部悦生・川邉信雄・工藤章・西牟田祐二・日高千景・山口一臣訳『スケール・アンド・スコープ』有斐閣，1993）

Christensen, Clayton M. (1997) *The Innovator's Dilemma: When New Technologies Cause Great Firms to Fail*. Boston, MA: Harvard Business School Press. （伊豆原弓訳『イノベーションのジレンマ──技術革新が巨大企業を滅ぼすとき──』翔泳社，2000）

Cohen, Michael D., James G. March, & Johan P. Olsen (1972) "A garbage can model of organizational choice," *Administrative Science Quarterly*, 17(1), 1-25.

Conley, Patrick (1970) "Experience curves as a planning tool," *IEEE Spectrum*, 7(6), 63-68.

Conway, Richard W. & Andrew Schultz, Jr. (1959) "The manufacturing progress function," *Journal of Industrial Engineering*, 10(1), 39-53.

Deal, Terrence E. & Allan A. Kennedy (1982) *Corporate Cultures: The Rites and Rituals of Corporate Life*. Reading, MA: Addison-Wesley.(城山三郎訳『シンボリック・マネジャー』新潮社, 1983；新潮文庫版, 1987；岩波書店同時代ライブラリー版, 1997)

Deci, Edward L. (1975) *Intrinsic Motivation*. New York, NY: Plenum Press.(安藤延男・石田梅男訳『内発的動機づけ』誠信書房, 1980)

Deci, Edward L., Richard Koestner, & Richard M.Ryan (1999) "A meta-analytic review of experiments examining the effects of extrinsic rewards on intrinsic motivation," *Psychological Bulletin*, 125(6), 627-668.

DeGroot, Morris H. (1970) *Optimal Statistical Decisions*. New York, NY: McGraw-Hill.

Demsetz, Harold (1973) "Industry structure, market rivalry, and public policy," *Journal of Law and Economics*, 16(1), 1-9.

DiMaggio, Paul J. & Walter W. Powell (1983) "The iron cage revisited: Institutional isomorphism and collective rationality in organizational fields," *American Sociological Review*, 48(2), 147-160.

Dore, Ronald P. (1973) *British Factory-Japanese Factory: The Origins of National Diversity in Industrial Relations*. Berkeley, CA: University of California Press.(山之内靖・永易浩一訳『イギリスの工場・日本の工場』筑摩書房, 1987；ちくま学芸文庫版〔上・下〕, 1993)

Drucker, Peter F. (1971) "What we can learn from Japanese management," *Harvard Business Review*, 49(2), 110-122.

Dutton, John M., Annie Thomas, & John E. Butler (1984) "The history of progress functions as a managerial technology," *Business History Review*, 58(2), 204-233.

Fayol, Henri (1917) *Administration Industrielle et Générale*. Paris: Dunod.(佐々木恒男訳『産業ならびに一般の管理』未來社, 1972)

Ferguson, Thomas S. (1967) *Mathematical Statistics: A Decision Theoretic Approach*. New York, NY: Academic Press.

Ford, Henry (1922) *My Life and Work* (in collaboration with Samuel Crowther). Garden City, NY: Doubleday, Page & Company.(豊土栄訳『ヘンリー・フォード著作集(上巻・下巻)』創英社／三省堂書店, 2000 の上巻に第1部「私の人

生と事業」9-328,として所収:ただし,翻訳には抜けている箇所等があり,その場合には邦訳を引用していない)

Ford, Henry (1926) *Today and Tomorrow* (in collaboration with Samuel Crowther). Garden City, NY: Doubleday, Page & Company.(豊土栄訳『ヘンリー・フォード著作集(上巻・下巻)』創英社/三省堂書店,2000 の上巻に第2部「今日そして明日」331-612,として所収)

藤本隆宏(2001)『生産マネジメント入門 Ⅰ(生産システム編)』日本経済新聞社。

藤本隆宏(2002)「生産システムの進化論——トヨタの強さの真の源泉は何か——」『赤門マネジメント・レビュー』1(5),405-443。

藤本隆宏=ジョセフ・ティッド(Joseph Tidd)(1993)「フォード・システムの導入と現地適応——日英自動車産業の比較研究——」大河内暁男・武田晴人編『企業者活動と企業システム』東京大学出版会,282-310。

藤田英樹(2009)『コア・テキスト ミクロ組織論』新世社。

Hall, Edward T. (1976) *Beyond Culture*. Garden City, NY: Anchor Press.(岩田慶治・谷泰訳『文化を超えて』TBS ブリタニカ,1979. 新装版,1993)

Hannan, Michael T. & John Freeman (1984) "Structural inertia and organizational change," *American Sociological Review*, 49(2), 149-164.

Herzberg, Frederick (1966) *Work and the Nature of Man*. New York, NY: Thomas Y. Crowell.(北野利信訳『仕事と人間性』東洋経済新報社,1968)

Herzberg, Frederick, Bernard Mausner, & Barbara Bloch Snyderman (1959) *The Motivation to Work*. New York, NY: John Wiley & Sons.

肥田野直・瀬谷正敏・大川信明(1961)『心理教育 統計学』培風館。

樋口健治(2011)『自動車技術史の事典(普及版)』朝倉書店。

平尾芳樹(2008)『医療用 X 線 CT 技術の系統化調査報告』(技術の系統化調査報告 第 12 集)国立科学博物館。

Hirsch, Werner Z. (1952) "Manufacturing progress function," *Review of Economics and Statistics*, 34(2), 143-155.

Hirsch, Werner Z. (1956) "Firm progress ratios," *Econometrica*, 24(2), 136-143.

Hirschmann, Winfred B. (1964) "Profit from the learning curve," *Harvard Business Review*, 42(1), 125-139.

Hounshell, David A. (1984) *From the American System to Mass Production, 1800-1932: The Development of Manufacturing Technology in the United States*. Baltimore, MD and London: Johns Hopkins University Press.(和田一夫・金井光太朗・藤原道夫訳『アメリカン・システムから大量生産へ 1800〜1932』

名古屋大学出版会，1998）
Howard, Ronald A. (1960) *Dynamic Programming and Markov Processes*. Cambridge, MA: MIT Press.
五十嵐平達編著（1970）『フォード 1』（世界の自動車 44）二玄社。
五十嵐平達編著（1971）『リンカーン』（世界の自動車 47）二玄社。
Imai, Masaaki (1986) *Kaizen (Ky'zen) : The Key to Japan's Competitive Success*, New York, NY: Random House Business Division.
今井正明（1988; 1991）『カイゼン――日本企業が国際競争で成功した経営ノウハウ――』講談社。（講談社文庫版，1991）
稲水伸行（2014）『流動化する組織の意思決定――エージェント・ベース・アプローチ――』東京大学出版会。
Inamizu, Nobuyuki (2015a) "Garbage can code: Mysteries in the original simulation model," *Annals of Business Administrative Science*, 14(1), 15-34.
Inamizu, Nobuyuki (2015b) "Perspective index of production workers: Analysis of 'gemba capabilities in electrical and electronics industry'," *Annals of Business Administrative Science*, 14(3), 147-160.
Janis, Irving L. (1972; 1982) *Victims of groupthink: A Psychological Study of Foreign-Policy Decisions and Fiascoes*, 1st ed. (*Groupthink: Psychological Studies of Policy Decisions and Fiascoes*, 2nd ed. (A revised and enlarged edition)), Boston, MA: Houghton Mifflin.
Kandori, Michihiro (1997) "Evolutionary game theory in economics," in David M. Kreps & Kenneth F. Wallis (eds.), *Advances in Economics and Econometrics: Theory and Applications*, Vol. I, 243-277, Cambridge (UK); New York, NY: Cambridge University Press.
粕谷誠（1990）「財閥の銀行に対する統轄――三井銀行の事例――」『経営史学』24(4), 36-72。
Kim, Suk H. & Edward J. Farragher (1981) "Current capital budgeting practices," *Management Accounting*, 62(12), 26-30.
Klammer, Thomas (1972) "Empirical evidence of the adoption of sophisticated capital budgeting techniques," *Journal of Business*, 45(3), 387-397.
小池和男（1981）『日本の熟練』有斐閣。
小菅竜介（2011）『市場志向構築のジレンマ』東京大学大学院経済学研究科提出博士論文。
Kotter, John Paul (1982) *The General Managers*. New York, NY: Free Press.（金井

壽宏・加護野忠男・谷光太郎・宇田川富秋訳『ザ・ゼネラル・マネジャー ——実力経営者の発想と行動——』ダイヤモンド社, 1984)

黒川正流 (1982)「人間関係とリーダーシップ」二村敏子編著『組織の中の人間行動』有斐閣, 211-241。

桑嶋健一・高橋伸夫 (2001)『組織と意思決定』朝倉書店。

Lave, Jean & Etienne Wenger (1991) *Situated Learning: Legitimate Peripheral Participation*. Cambridge (UK); New York, NY: Cambridge University Press.（佐伯胖訳『状況に埋め込まれた学習』産業図書, 1993)

Lawler, Edward E., Ⅲ (1971) *Pay and Organizational Effectiveness: A Psychological View*. New York, NY: McGraw-Hill.（安藤瑞夫訳『給与と組織効率』ダイヤモンド社, 1972)

Lawler, Edward E., Ⅲ & Lyman W. Porter (1967) "The effect of performance on job satisfaction," *Industrial Relations*, 7(1), 20-28.

Leonard-Barton, Dorothy (1992) "Core capabilities and core rigidities: A paradox in managing new product development," *Strategic Management Journal*, 13(S1), 111-125.

Levitt, Theodore (1960) "Marketing myopia," *Harvard Business Review*, 38(4), 24-47.

Lewin, Kurt (1935) *A Dynamic Theory of Personality: Selected Papers* (Donald K. Adams & Karl E. Zener, trans.). New York, NY: McGraw-Hill.（相良守次・小川隆訳『パーソナリティの力学説』岩波書店, 1957)

Likert, Rensis (1961) *New Patterns of Management*. New York, NY: McGraw-Hill.（三隅二不二訳『経営の行動科学』ダイヤモンド社, 1964)

Lippman, Steven A. & Richard P. Rumelt (1982) "Uncertain imitability: An analysis of interfirm differences in efficiency under competition," *Bell Journal of Economics*, 13(2), 418-438.

Luce, R. Duncan & Howard Raiffa (1957) *Games and Decisions: Introduction and Critical Survey*. New York, NY: John Wiley & Sons.

Lynn, Leonard H. (1982) *How Japan Innovates: A Comparison with the U.S. in the Case of Oxygen Steelmaking*. Boulder, CO: Westview Press.（遠田雄志訳『イノベーションの本質』東洋経済新報社, 1986)

Maier, Norman R. F. (1949) *Frustration: The Study of Behavior without a Goal*. New York, NY: McGraw-Hill.（池田貞美, 高橋守雄訳『欲求不満の心理』誠信書房, 1962)

March, James G. & Johan P. Olsen (1986) "Garbage can models of decision making in organizations," in James G. March & Roger Weissinger-Baylon (eds.), *Ambiguity and Command: Organizational Perspectives on Military Decision Making*, 11-35. Marshfield, MA: Pitman.（遠田雄志・鎌田伸一・秋山信雄訳「組織意思決定のゴミ箱モデル」『「あいまい性」と作戦指揮』東洋経済新報社，1989, 13-40）

March, James G. & Herbert A. Simon (1958; 1993) *Organizations*. 1st ed., New York, NY: John Wiley & Sons; 2nd ed., Cambridge, MA: Blackwell.（初版の訳：土屋守章訳『オーガニゼーションズ』ダイヤモンド社，1977; 第2版の訳：高橋伸夫訳『オーガニゼーションズ 第2版——現代組織論の原典——』ダイヤモンド社，2014）

March, James G. & Roger Weissinger-Baylon (eds.) (1986) *Ambiguity and Command: Organizational Perspectives on Military Decision Making*. Marshfield, MA: Pitman.（遠田雄志・鎌田伸一・秋山信雄訳『「あいまい性」と作戦指揮』東洋経済新報社，1989）

Markowitz, Harry M. (1959) *Portfolio Selection: Efficient Diversification of Investments*. New York, NY: John Wiley & Sons.（鈴木雪夫監訳，山一證券投資信託委託株式会社訳『ポートフォリオ選択論』東洋経済新報社，1969）

松井賚夫 (1982)「モティベーションの期待理論」二村敏子編著『組織の中の人間行動』有斐閣，73-99.

Maynard Smith, John (1982) *Evolution and the Theory of Games*. Cambridge, UK: Cambridge University Press.（寺本英・梯正之訳『進化とゲーム理論』産業図書，1985）

Mayo, Elton (1933; 1946) *The Human Problems of an Industrial Civilization*. New York, NY: Macmillan. 2nd ed., Boston, MA: Division of Research, Graduate School of Business Administration, Harvard University.（第2版の訳：村本栄一訳『産業文明における人間問題』日本能率協会，1951）

McGregor, Douglas (1960) *The Human Side of Enterprise*. New York, NY: McGraw-Hill.（高橋達男訳『新版 企業の人間的側面』産業能率短期大学出版部，1970）

Mintzberg, Henry (1989) *Mintzberg on Management*. New York, NY: Free Press.（北野利信訳『人間感覚のマネジメント』ダイヤモンド社，1991）

Mitzman, Arthur (1969) *The Iron Cage: An Historical Interpretation of Max Weber*. New York, NY: Alfred A. Knopf.（安藤英治訳『鉄の檻——マックス・ウェーバー 一つの人間劇——』創文社，1975）

Mitzman, Arthur (1970) *The Iron Cage: An Historical Interpretation of Max Weber*. New York, NY: Alfred A. Knopf. (安藤英治訳『鉄の檻――マックス・ウェーバー 一つの人間劇――』創文社, 1975)

門田安弘 (1991)『新トヨタシステム』講談社。

Morse, Nancy C. & Everett Reimer (1956) "The experimental change of a major organizational variable," *Journal of Abnormal Social Psychology*, 52(1), 120–129.

Muth, John F. (1986) "Search theory and the manufacturing progress function," *Management Science*, 32(8), 948–962.

長瀬勝彦 (1999)『意思決定のストラテジー』中央経済社。

Okada, Yukihiko & Nobuyuki Inamizu (2014) "Effect of job type on perspective index: A case of Mito Shinkin Bank," *Annals of Business Administrative Science*, 13(6), 315–328.

小野豊明 (1960)『日本的経営と稟議制度』ダイヤモンド社。

折原浩 (1969)『危機における人間と学問――マージナル・マンの理論とウェーバー像の変貌――』未来社。

Ouchi, William G. (1981) *Theory Z: How American Business Can Meet the Japanese Challenge*. Reading, MA: Addison-Wesley. (徳山二郎監訳『セオリー Z』CBS ソニー出版, 1981)

Ouchi, William G. & Jerry B. Johnson (1978) "Types of organizational control and their relationship to emotional well being," *Administrative Science Quarterly*, 23(2), 293–317.

Pascale, Richard Tanner (1978a) "Communication and decision making across cultures: Japanese and American comparisons," *Administrative Science Quarterly*, 23(1), 91–110.

Pascale, Richard Tanner (1978b) "Personnel practices and employee attitudes: A study of Japanese- and American-managed firms in the United States," *Human Relations*, 31(7), 597–615.

Pascale, Richard Tanner (1984) "Perspectives on strategy: The real story behind Honda's success," *California Management Review*, 26(3), 47–72.

Pascale, Richard Tanner & Anthony G. Athos (1981) *The Art of Japanese Management*. New York, NY: Simon & Schuster. (深田祐介訳『ジャパニーズ・マネジメント』講談社, 1981；講談社文庫版, 1983)

Penrose, Edith E. T. (1959; 1980; 1995; 2009) *The Theory of the Growth of the*

Firm. 1st ed. & 2nd ed. Oxford (UK): Basil Blackwell; 3rd ed. & 4th ed. Oxford (UK): Oxford University Press.（第2版の訳：末松玄六訳『会社成長の理論〔第2版〕』ダイヤモンド社，1980; 第3版の訳：日高千景訳『企業成長の理論〔第3版〕』ダイヤモンド社，2010）

Peter, Laurence J. & Raymond Hull (1969) *The Peter Principle*. New York, NY: William Morrow & Company.（田中融二訳『ピーターの法則』ダイヤモンド社，1970; 渡辺伸也訳『ピーターの法則』ダイヤモンド社，2003）

Peteraf, Margaret A. (1993) "The cornerstones of competitive advantage: A resource-based view," *Strategic Management Journal*, 14(3), 179-191.

Pluchino, Alessandro, Andrea Rapisarda, & Cesare Garofalo (2010) "The Peter principle revisited: A computational study," *Physica A: Statistical Mechanics and its Applications*, 389(3), 467-472.

Porsche, Ferry (1989) *Ferry Porsche: Cars Are My Life* (with Günther Molter). Wellingborough: Patrick Stephens.（斎藤太治男訳『ポルシェ――その伝説と真実――』三推社／講談社，1993）

Porter, Michael E. (1980) *Competitive Strategy: Techniques for Analyzing Industries and Competitors*. New York, NY: Free Press.（土岐坤他訳『競争の戦略』ダイヤモンド社，1982）

Prahalad, C. K. & Richard A. Bettis (1986) "The dominant logic: A new linkage between diversity and performance," *Strategic Management Journal*, 7(6), 485-501.

Pruitt, Dean G. & Melvin J. Kimmel (1977) "Twenty years of experimental gaming: Critique, synthesis, and suggestions for the future," *Annual Review of Psychology*, 28(1), 363-392.

Rapoport, Anatol & Albert M. Chammah (1965) *Prisoner's Dilemma: A Study in Conflict and Cooperation*. Ann Arbor, MI: University of Michigan Press.（廣松毅・平山朝治・田中辰雄訳『囚人のジレンマ』啓明社，1983）

Ricardo, David (1817). *On the Principles of Political Economy and Taxation*. London: John Murray.（竹内謙二訳『経済学及び課税の原理』東京大学出版会，1973）

Roethlisberger, Fritz J. (1941) *Management and Morale*. Cambridge, MA: Harvard University Press.（野田一夫・川村欣也訳『経営と勤労意欲』ダイヤモンド社，1954）

Roethlisberger, Fritz J. & William J. Dickson (1939) *Management and the Worker:*

    An Account of a Research Program Conducted by the Western Electric Company, Hawthorne Works, Chicago. Cambridge, MA: Harvard University Press.

Ross, Sheldon M.（1970）*Applied Probability Models with Optimization Applications*. San Francisco, CA: Holden-Day.

Rumelt, Richard P.（1974）*Strategy, Structure, and Economic Performance*. Boston, MA: Harvard Business School Press.（鳥羽欽一郎他訳『多角化戦略と経済成果』東洋経済新報社，1977）

Rumelt, Richard P.（1984）"Towards a strategic theory of the firm," in R. B. Lamb（ed.）*Competitive Strategic Management*, Upper Saddle River, NJ: Prentice-Hall, 556-570.

Ryan, Richard M. & Edward L. Deci（2000）"Self-determination theory and the facilitation of intrinsic motivation, social development, and well-being." *American psychologist*, 55(1), 68-78.

佐伯胖（1980）『「きめ方」の論理』東京大学出版会。

榊原清則（1992）『企業ドメインの戦略論――構想の大きな会社とは――』中央公論社（中公新書）。

五月女正三（1987; 1990）『ライセンシング・ビジネス』発明協会。

五月女正三・橋本正敬（2003）『新訂 ライセンシング・ビジネス』発明協会。

Sayer, Derek（1991）*Capitalism and Modernity: An Excursus on Marx and Weber*. London; New York, NY: Routledge.（清野正義・鈴木正仁・吉田浩・栗岡幹英訳『資本主義とモダニティ――マルクスとウェーバーによる知的探検――』晃洋書房，1993）

Schein, Edgar H.（1985; 1992）*Organizational Culture and Leadership: A Dynamic View*. San Francisco, CA: Jossey-Bass.（初版の訳：清水紀彦・浜田幸雄訳『組織文化とリーダーシップ』ダイヤモンド社，1989）

Scodel, A., J. S. Minas, P. Ratoosh, & M. Lipetz（1959）"Some descriptive aspects of two-person non-zero-sum games," *Journal of Conflict Resolution*, 3(2), 114-119.

島田晴雄（1988）『ヒューマンウェアの経済学』岩波書店。

清水剛（1996）「進化のシミュレーション」高橋伸夫編著『未来傾斜原理』白桃書房，29-54。

Shimizu, Takashi & Nobuo Takahashi（2003）"Note on complete proof of Axelrod's Theorem," *Annals of Business Administrative Science*, 2(4), 39-46.

新宅純二郎 (1994)『日本企業の競争戦略』有斐閣。
塩見治人 (1978)『現代大量生産体制論』森山書店。
Simon, Herbert A. (1947; 1957; 1976; 1997) *Administrative Behavior: A Study of Decision-Making Processes in Administrative Organization*. New York, NY: Macmillan; 3rd and 4th eds. New York, NY: Free Press.（第2版の訳：松田武彦・高柳暁・二村敏子訳『経営行動』ダイヤモンド社，1965; 第3版の訳：1989; 第4版の訳：二村敏子・桑田耕太郎・高尾義明・西脇暢子・高柳美香訳『経営行動〔新版〕』ダイヤモンド社，2009)
Sloan, Alfred P. Jr. edited by John McDonald with Catharine Stevens (1964 c1963) *My Years with General Motors*. Garden City, NY: Doubleday. Reissued 1990 by New York, NY: Doubleday Currency with a new introduction by Peter F. Drucker. (田中融二・狩野貞子・石川博友訳『GMとともに――世界最大企業の経営哲学と成長戦略――』ダイヤモンド社，1967)
Sorensen, Charles E. (1956) *My Forty Years with Ford*. New York, NY: Norton. Reissued 2006 by Detroit, MI: Wayne State University Press.（高橋達男訳『フォード・その栄光と悲劇』産業能率短期大学出版部，1968; 福島正光訳『自動車王フォード』角川書店〔角川文庫〕，1969)。邦訳の引用ページは福島訳の角川文庫版による。
Stern, Philip Van Doren (1955) *Tin Lizzie: The Story of the Fabulous Model T Ford*. New York, NY: Simon and Schuster.
菅山真次 (1995)「日本的雇用関係の形成――就業規則・賃金・〈従業員〉――」山崎広明・橘川武郎編『「日本的」経営の連続と断絶』岩波書店，191-231。
鈴木光男 (1994)『新ゲーム理論』勁草書房。
高田一夫 (1982)「日本的経営批判論」津田眞澂編著『現代の日本的経営』有斐閣，165-194。
Takahashi, Nobuo (1987) *Design of Adaptive Organizations: Models and Empirical Research*. Berlin; Heidelberg; New York, NY: Springer-Verlag.
Takahashi, Nobuo (1988) "Sequential analysis of organization design: A model and a case of Japanese firms," *European Journal of Operational Research*, 36(3), 297-310.
高橋伸夫 (1989)「日本企業のぬるま湯的体質」『行動計量学』16(2), 1-12。
高橋伸夫 (1990)「組織活性化への数量的アプローチ」『組織科学』24(1), 37-45。
高橋伸夫 (1992)「日本企業におけるやり過ごし」『組織科学』26(3), 21-32。
高橋伸夫 (1993a)『ぬるま湯的経営の研究』東洋経済新報社。

高橋伸夫（1993b）『組織の中の決定理論』朝倉書店。
高橋伸夫（1994）「モデル」小林康夫・船曳建夫編『知の技法』東京大学出版会，147-157。
高橋伸夫（1995; 2003; 2006）『経営の再生――戦略の時代・組織の時代――』初版・新版・第3版，有斐閣。
高橋伸夫（1996a）「見通しと組織均衡」『組織科学』29(3), 57-68。
高橋伸夫（1996b; 2002; 2003）『できる社員は「やり過ごす」』ネスコ／文藝春秋：日経ビジネス人文庫版，日本経済新聞社；文春ウェブ文庫版，文藝春秋。
高橋伸夫（編著）（1996c）『未来傾斜原理――協調的な経営行動の進化――』白桃書房。
Takahashi, Nobuo (1997a) "A single garbage can model and the degree of anarchy in Japanese firms," *Human Relations*, 50(1), 91-108.
高橋伸夫（1997b）『日本企業の意思決定原理』東京大学出版会。
高橋伸夫（編著）（2000）『超企業・組織論』有斐閣。
高橋伸夫（2001a）「ぬるま湯的体質に見る人と会社の相性」『東京大学公開講座 相性』東京大学出版会，75-104。
高橋伸夫（2001b）「学習曲線の基礎」『経済学論集』66(4), 2-23（東京大学経済学会）。
Takahashi, Nobuo (2002a) "The degree of self-determination and job satisfaction of white-collar workers in Japanese firms," *Annals of Business Administrative Science*, 1(1), 1-7.
高橋伸夫（2002b）「ビジネスモデル特許とマーケティング」『経営学論集』72, 101-112（日本経営学会）。
高橋伸夫（2003）「ぬるま湯的体質の研究が出来るまで――叩かれることで目覚める――」『赤門マネジメント・レビュー』2(6), 247-277。
高橋伸夫（2004; 2010b）『虚妄の成果主義――日本型年功制復活のススメ――』日経BP社；ちくま文庫版，筑摩書房。
高橋伸夫（2005a）『〈育てる経営〉の戦略――ポスト成果主義への道――』講談社。
高橋伸夫（2005b）「知的財産とインセンティブ」『日本知財学会誌』2(1), 43-54。
高橋伸夫（2006a）「ライセンス・ビジネスと技術者の報酬」『オペレーションズ・リサーチ』51(8), 487-492。
高橋伸夫（2006b）「ライセンス・ビジネス概論」『赤門マネジメント・レビュー』5(9), 581-613。
高橋伸夫（2007）『コア・テキスト経営学入門』新世社。
高橋伸夫（2010a）『組織力――宿す，紡ぐ，磨く，繋ぐ――』筑摩書房（ちくま新

書)。
高橋伸夫 (2010b)『ダメになる会社──企業はなぜ転落するのか？──』筑摩書房 (ちくま新書)。
高橋伸夫 (2011)「殻──(3)「殻」にしがみつく──」『赤門マネジメント・レビュー』10(6), 419-440。
高橋伸夫 (2013)『殻──脱じり貧の経営──』ミネルヴァ書房。
Takahashi, Nobuo (2013a) "Jumping to hasty experience curves: The learning curve revisited," *Annals of Business Administrative Science, 12*(2), 71-87.
Takahashi, Nobuo (2013b) "Behind the learning curve: Requisite of a scale perspective," *Annals of Business Administrative Science, 12*(4), 167-179.
Takahashi, Nobuo (2013c) "A hypothesis about lukewarm feeling in Japanese firms," *Annals of Business Administrative Science, 12*(5), 237-250.
Takahashi, Nobuo (2013d) "On the future parameter," *Annals of Business Administrative Science, 12*(6), 277-290.
Takahashi, Nobuo (2014a) "Transfirm organization view," *Annals of Business Administrative Science, 13*(1), 31-46.
Takahashi, Nobuo (2014b) "Future parameter explains job satisfaction and turnover candidates in Japanese companies," *Annals of Business Administrative Science, 13*(3), 129-140.
Takahashi, Nobuo (2014c) "Four side views of blue LED patent pricing," *Annals of Business Administrative Science, 13*(6), 299-313.
Takahashi, Nobuo (2015a) "Behind the shell: Rigid persons clung onto it," *Annals of Business Administrative Science, 14*(1), 1-14.
Takahashi, Nobuo (2015b) "Where is bounded rationality from?" *Annals of Business Administrative Science, 14*(2), 67-82.
Takahashi, Nobuo (2015c) "An essential service in Penrose's economies of growth," *Annals of Business Administrative Science, 14*(3), 127-135.
高橋伸夫 (2015)『コア・テキスト 経営統計学』(ライブラリ　コア・テキスト経営学　別巻1) 新世社。
高橋伸夫・中野剛治 (2007a)「ライセンス・ビジネスとアライアンス」『研究年報・経済学』68(4), 603-619。
高橋伸夫・中野剛治 (編著)(2007b)『ライセンシング戦略──日本企業の知財ビジネス──』(東京大学ものづくり経営研究シリーズ) 有斐閣。
Takahashi, Nobuo, Hirofumi Ohkawa, & Nobuyuki Inamizu (2014a) "Perspective

index in Company X from 2004‒2013," *Annals of Business Administrative Science*, *13*(4), 231-242.

Takahashi, Nobuo, Hirofumi Ohkawa, & Nobuyuki Inamizu (2014b) "Spurious correlation between self-determination and job satisfaction: A case of Company X from 2004‒2013," *Annals of Business Administrative Science*, *13*(5), 243‒254.

Takahashi, Nobuo, Hirofumi Ohkawa, & Nobuyuki Inamizu (2014c) "Lukewarm feeling in Company X from 2004‒2013," *Annals of Business Administrative Science*, *13*(6), 343-352.

高橋伸夫・大川洋史・稲水伸行・秋池篤 (2013)「組織の打診調査法」『組織科学』*47*(2), 4-14。

高橋伸夫・清水剛 (2000)「『合併後の組織統合』をゲーム理論で解く――経営組織の中の『囚人のジレンマ』状況――」中山幹夫・武藤滋夫・船木由喜彦編『ゲーム理論で解く』有斐閣. 1-12。

高橋伸夫・新宅純二郎 (2002)「Resource-based view の形成」『赤門マネジメント・レビュー』*1*(9), 687-703。

Takahashi, Nobuo & Satoru Takayanagi (1985) "Decision procedure models and empirical research: The Japanese experience," *Human Relations*, *38*(8), 767-780.

高島鎮雄編著 (1979)『メルセデス・ベンツ―戦前』(世界の自動車 2) 二玄社。

Taylor, Frederick W. (1903) "Shop management," *Transactions of the American Society of Mechanical Engineers*, *24*, 1337-1480(No.1003).（上野陽一訳「Ⅱ 工場管理法」『科学的管理法　新版』産業能率短期大学出版部, 1969, 41-219）

Taylor, Frederick W. (1911) *The Principles of Scientific Management*. New York, NY: Harper & Brothers. Reissued 1967 by New York, NY: W. W. Norton.（上野陽一訳「Ⅲ 科学的管理法の原理」『科学的管理法　新版』産業能率短期大学出版部, 1969, 221-336）

Teece, David J. (1980) "Economies of scope and the scope of the enterprise," *Journal of Economic Behavior and Organization*, *1*(3), 223-247.

Teece, David J. (1986) "Profiting from technological innovation: Implications for integration, collaboration, licensing and public policy," *Research Policy*, *15*(6), 285-305.

Tichy, Noel M. & Mary Anne Devanna (1986) *The Transformational Leader*. New York, NY: John Wiley & Sons.（小林薫訳『現状変革型リーダー』ダイヤモンド

社，1988）

Tichy, Noel M. & Stratford Sherman（1993）*Control Your Destiny or Someone Else Will*. New York, NY: Doubleday.（小林規一訳『ジャック・ウェルチの GE 革命』東洋経済新報社，1994）

土屋守章（1982）「企業戦略論の展望」土屋守章編著『現代の企業戦略』有斐閣，1-22。

Utterback, James M.（1994）*Mastering the Dynamics of Innovation: How Companies Can Seize Opportunities in the Face of Technological Change*. Boston, MA: Harvard Business School Press.（大津正和・小川進訳『イノベーション・ダイナミクス』有斐閣，1998）

Utterback, James M. & William J. Abernathy（1975）"A dynamic model of process and product innovation," *Omega*, 3(6), 639-656.

von Hippel, Eric（1976）"The dominant role of users in the scientific instrument innovation process," *Research Policy*, 5(3), 212-239.

von Hippel, Eric（1988）*The Sources of Innovation*. New York, NY: Oxford University Press.（榊原清則訳『イノベーションの源泉』ダイヤモンド社，1991）

von Hippel, Eric（1998）"Economics of product development by users: The impact of 'sticky' local information," *Management Science*, 44(5), 629-644.

von Neumann, John & Oskar Morgenstern（1944）*Theory of Games and Economic Behavior*. Princeton, NJ: Princeton University Press.（武藤滋夫訳『ゲーム理論と経済行動：刊行 60 周年記念版』勁草書房，2014）

Vroom, Victor H.（1964）*Work and Motivation*. New York, NY: John Wiley & Sons.（坂下昭宣・榊原清則・小松陽一・城戸康彰訳『仕事とモティベーション』千倉書房，1982）

和田一夫（2009）『ものづくりの寓話』名古屋大学出版会。

和久本芳彦・中野剛治（2005）「経営戦略としてのライセンス」『赤門マネジメント・レビュー』4(1), 1-44。

Wald, Abraham（1950）*Statistical Decision Functions*. New York, NY: John Wiley & Sons.

Weber, Max（1920）*Die protestantische Ethik und der Geist des Kapitalismus*. Tübingen: Verlag von J. C. B. Mohr.（大塚久雄訳『プロテスタンティズムの倫理と資本主義の精神』岩波書店〔ワイド版岩波文庫〕，1991）

Weber, Max（1930）*The Protestant Ethic and the Spirit of Capitalism*（Talcott Parsons, Trans.）. New York, NY: Charles Scribner's Sons.（Original work published 1920)

ウェーバー，マックス (1938)『プロテスタンティズムの倫理と資本主義の精神』(梶山力訳)，有斐閣（原著 1920 年）

ヴェーバー，マックス (1988; 1989; 1991)『プロテスタンティズムの倫理と資本主義の精神』(大塚久雄訳)，岩波書店（岩波文庫，ワイド版岩波文庫），(原著 1920 年)

Weick, Karl E. (1969; 1979) *The Social Psychology of Organizing*. Reading, MA: Addison-Wesley. (1969 年版の訳：金児暁嗣訳『組織化の心理学』誠信書房，1980; 1979 年版の訳：遠田雄志訳『組織化の社会心理学 第 2 版』文眞堂，1997)

Weick, Karl E. (1987) "Substitutes for corporate strategy," in David J. Teece (ed.), *The Competitive Challenge: Strategies for Industrial Innovation and Renewal*, Cambridge, MA: Ballinger, 221–233. (石井淳蔵・奥村昭博・金井壽宏・角田隆太郎・野中郁次郎訳「戦略の代替物」『競争への挑戦』白桃書房，1988, 269–288)

Weick, Karl E. (1995) *Sensemaking in Organizations*. Thousand Oaks, CA: Sage Publications. (遠田雄志・西本直人訳『センスメーキング イン オーガニゼーションズ』文眞堂，2001)

Wernerfelt, Birger (1984) "A resource-based view of the firm," *Strategic Management Journal*, 5(2), 171–180.

White, Robert W. (1959) "Motivation reconsidered: The concept of competence," *Psychological Review*, 66(5), 297–333.

Williamson, Oliver E. (1967) "Hierarchical control and optimum firm size," *The Journal of Political Economy*, 75(2), 123–138.

Williamson, Oliver E. (1975) *Markets and Hierarchies: Analysis and Antitrust Implications*. New York, NY: Free Press. (浅沼万里・岩崎晃訳『市場と企業組織』日本評論社，1980)

Wright, T. P. (1936) "Factors affecting the cost of airplanes," *Journal of the Aeronautical Sciences*, 3(4), 122–128.

Yamada, Koji (2014) "Spurious correlation between economies and scale: Model T Ford revisited," *Annals of Business Administrative Science*, 13(4), 199–214.

山之内靖 (1997)『マックス・ヴェーバー入門』岩波書店（岩波新書）。

安田雪・高橋伸夫 (2007)「同型化メカニズムと正統性——経営学輪講 DiMaggio and Powell (1983)——」『赤門マネジメント・レビュー』6(9), 425–432。

Yelle, Louis E. (1979) "The learning curve: Historical review and comprehensive survey," *Decision Sciences*, *10*(2), 302-328.

横田理博 (2011)『ウェーバーの倫理思想――比較宗教社会学に込められた倫理観――』未来社。

Yoshino, Michael Y. (1968) *Japan's Managerial System: Tradition and Innovation*. Cambridge, MA: MIT Press. (内田幸雄監訳『日本の経営システム』ダイヤモンド社, 1975)

あとがき

　私が東京大学経済学部に助教授として着任して間もない頃のお話。「同僚」になったばかりの大先輩の経済学者から，唐突に質問された。同じ現象に対して，同じようなモデルを使っている場合でも，経営学者と経済学者ではまったくアプローチが違うように見える。一体どこが違うのだろうか，と。場所は，たしかコピー室かどこかだった。以来，経済学部で経営学を教える人間として，その質問は，いつも頭のどこかにひっかかっていた。

　そんな「事件」があった翌年から，私が東京大学経済学部で「経営」の講義を担当して，もう20年にもなる。講義のテキストは基本的に『経営の再生』（有斐閣）を使用してきた。その間，同書は増補・改訂を繰り返し，現在，第4版を準備中なのだが，それでも『経営の再生』にはストーリー的に入りきらない経営学的トピックスがいくつもあり，それらは「経営」の講義では独立単発ものとして取り上げてきた。そうした事情もあって，もう10年近くも前になろうか，有斐閣には別のテキストを執筆する約束をしてしまった。

　とはいえ，忙しさに紛れて企画は棚上げ，店晒し状態。そうこうしているうちに，2015年度から東京大学の学事暦が大きく変わることになり，それまで4単位だった講義を2単位×2に分割する必要に迫られた。私は思い切って，これまで単発で取り上げてきたトピックスの中で，比較的，聴衆（学生）の食いつきが良かったものを集めて，約束を果たすべく，2単位分の別のテキストを作ることにした。それが本書を書き始めた直接のきっかけである。

　そんなきっかけだったので，最初は雑多なトピックスを，ただ淡々と原稿にまとめ始めたわけだが，やがて私は，あることに気がついた。私は「経営」の講義の中で，無意識のうちに，冒頭に挙げた大先輩の質問に答えようとしてきたらしい。まさに『経営学で考える』とここが違いますよと。いつしか開講時期の決まった講義のテキストだということも忘れ，執筆に夢中になり，完成予定は無期限延期状態となってしまった。結局，またいつものように，妻・敦子にしわ寄せが行くことになり，迷惑をかけてしまい本当に申

し訳なかったが，こうやって完成してみると，本書は，おそらく経営学者が読んでも，かなり斬新な切り口の本になったのではないかと思う。ただ，全体的にやや理屈っぽくなったので，最終章は社会人でも身近に感じてもらえるような応用編にしてみた。

　質問されてから20年。こんな答えでいかがでしょうか，石川経夫先生。

　　　2015年5月11日

　　　　　　　　　　　　　　　　　　　　　　　　　　　　高橋 伸夫

索 引

人名索引（アルファベット順）

A
アベグレン（Abegglen, J. C.）　196, 198, 199, 203, 241, 262, 263
アバナシー（Abernathy, W. J.）　42, 55, 60, 72, 86, 87, 90, 94, 95, 100
赤崎勇　1, 24
秋池篤（Akiike, A.）　86, 254
アルキアン（Alchian, A. A.）　64, 73, 74
天野浩　1, 24
Andress, F. J.　64
Ansoff, H. I.　133
荒川敏彦　104, 105, 106
Arnold, H. L.　90, 91
Ashworth, T.　183
Aspray, W.　108
アトキンソン（Atkinson, J. W.）　222, 226
──のモデル　224
アクセルロッド（Axelrod, R.）　179, 183, 184, 185, 186, 188, 190

B
Baldwin, C. Y.　101
Baloff, N.　73
バーナード（Barnard, C. I.）　299
Barney, J. B.　22
ベルマン（Bellman, R. E.）　179
ベンツ（Benz, C. F.）　81
Berle, A. A., Jr.　56
Bettis, R. A.　152
Brayfield, A. H.　232
Butler, J. E.　62, 63

C
Campbell-Kelly, M.　108
Carey, A.　238
Chammah, A. M.　180, 182

チャンドラー（Chandler, A. D., Jr.）　35, 92, 93, 102, 192, 208
Christensen, C. M.　83
クラーク（Clark, K. B.）　60, 100, 101
Cohen, M. D.　156, 157, 160, 161, 165
コンレイ（Conley, P.）　64, 70
Conway, R.　73
Crockett, W. H.　232

D
ダイムラー（Daimler, G. W.）　81
ディール（Deal, T. E.）　155, 205, 206, 207
デシ（Deci, E. L.）　221, 224, 226, 227, 246, 252, 253, 258
──の実験　225
DeGroot, M. H.　186
デムセッツ（Demsetz, H.）　20
Devanna, M. A.　112
Dickson, W. J.　238
ディマージオ（DiMaggio, P.）　103, 104, 115
ドーア（Dore, R. P.）　202
ドラッカー（Drucker, P. F.）　146, 202
Dutton, J. M.　62, 63

E・F
エジソン（Edison, T. A.）　37
Farragher, E. J.　207
Faurote, F. L.　90, 91
ファヨール（Fayol, H.）　147, 243
Ferguson, T. S.　186
フォード（Ford, H.）　72, 77, 82, 83, 84, 86, 87, 88, 89, 91, 93, 94, 95, 96, 97, 99
Freeman, J.　107
藤本隆宏　52, 72, 90, 94, 96, 240, 245
藤田英樹　225

G

Garofalo, C. 275
ジェニーン (Geneen, H. S.) 36
ギルブレス (Gilbreth, F. B.) 240
ギルブレス (Gilbreth, L. M.) 240
Girshick, M. A. 179

H

ホール (Hall, E. T.) 296
Hannan, M. 107
橋本正敬 2
ハーズバーグ (Herzberg, F.) 230, 231
肥田野直 263
樋口健治 85, 102
平尾芳樹 8
ハーシュ (Hirsch, W. Z.) 65, 66
ハーシュマン (Hirschmann, W. B.) 64, 73, 75
本田宗一郎 48
ハウンスフィールド (Hounsfield, G. N.) 8
Hounshell, D. A. 84, 85, 89, 91, 93, 94, 95, 96, 97, 99, 100, 101, 102, 103
Howard, R. A. 179
Hull, R. 275

I・J

五十嵐平達 85, 96, 100, 101, 102
今井正明 (Imai, M.) 132, 245, 246, 268
稲水伸行 (Inamizu, N.) 165, 214, 254, 257, 276
Janis, I. L. 143
ヤスパース (Jaspers, K.) 105
Johnson, J. B. 206

K

カーネマン (Kahneman, D.) 144
梶山力 104
Kandori, M. 188
カントロウ (Kantrow, A. M.) 60, 100
粕谷誠 156
ケネディ (Kennedy, A. A.) 155, 205, 206, 207
Kim, S. H. 207
Kimmel, M. J. 178
Klammer, T. 208

ヌードセン (Knudsen, W. S.) 95
小池和男 202
小菅竜介 114
Kotter, J. P. 51
黒川正流 238
桑嶋健一 165

L

Lave, J. 154
ローラー (Lawler, E. E., Ⅲ) 222, 225, 229
リーランド (Leland, H. M.) 101
Leonard-Barton, D. 107
レビット (Levitt, T.) 77
レヴィン (Lewin, K.) 234
リッカート (Likert, R.) 232, 244
Lippman, S. A. 22
Luce, R. D. 179
Lynn, L. H. 158

M

マイヤー (Maier, N.) 234
マーチ (March, J. G.) 140, 156, 157, 160, 161, 165, 232, 233, 234, 290
マーコヴィッツ (Markowitz, H. M.) 59
松井賚夫 222
松永正男 203
マイバッハ (Maybach, W.) 81
メイナードスミス (Maynard Smith, J.) 188
メイヨー (Mayo, G. E.) 236, 238
マグレガー (McGregor, D. M.) 241, 242, 243, 244
Means, G. C. 56
ミンツバーグ (Mintzberg, H.) 49, 51, 152
ミッツマン (Mitzman, A.) 104, 105
門田安弘 245
Morse, N. C. 244
モルゲンシュテルン (Morgenstern, O.) 133, 192
ミュース (Muth, J. F.) 67, 79

N

長瀬勝彦 143
中村修二 1, 14, 15, 18, 30
中野剛治 2, 4

O

小川英治　24
大川洋史（Ohkawa, H.）　253, 257
大川信明　263
大塚久雄　104, 105
Okada, Y.　214
Olsen, J. P.　156, 157, 160, 161, 165
小野豊明　145
折原浩　106
オットー（Otto, N. A.）　81
オオウチ（Ouchi, W. G.）　204, 205, 206

P

パーソンズ（Parsons, T.）　104
パスカル（Pascale, R. T.）　48, 204, 206
ペンローズ（Penrose, E. E. T.）　192, 292
ピーター（Peter, L. J.）　275
Peteraf, M. A.　22, 23
Pluchino, A.　275
ポルシェ（Porsche, F.）　72
Porter, L. W.　229
Porter, M. E.　20
パウエル（Powell, W. W.）　103, 104, 115
Prahalad, C. K.　152
Pruitt, D. G.　178

R

Raiffa, H.　179
Rapisarda, A.　275
ラパポート（Rapoport, A.）　180, 182, 184
Reimer, E.　244
リカード（Ricardo, D.）　21
レスリスバーガー（Roethlisberger, F. J.）
　　235, 237, 238
Ross, S. M.　186
Rumelt, R. P.　19, 22, 37
Ryan, R. M.　252

S

榊原清則　301
五月女正三　2
シャイン（Schein, E. H.）　155
Schultz, A., Jr.　73
Scodel, A.　178
セルデン（Selden, G. B.）　83

瀬谷正敏　263
Sherman, S.　58
島田晴雄　245
清水剛（Shimizu, T.）　189, 193
新宅純二郎　19, 23, 100
塩見治人　91, 94
サイモン（Simon, H. A.）　138, 139, 140, 147,
　　150, 151, 156, 232, 233, 234, 290
　——の意思決定　141
スローン（Sloan, A. P., Jr.）　95, 99, 100
ソレンセン（Sorensen, C. E.）　77, 84, 85,
　　93, 96, 97, 99, 100, 101, 102
スタインンメッツ（Steinmetz, C. P.）　155
菅山真次　200
鈴木光男　180

T

高橋伸夫（Takahashi, Nobuo）　2, 3, 4, 7, 19,
　　23, 26, 28, 30, 34, 64, 67, 70, 76, 81, 85, 103,
　　104, 108, 123, 124, 126, 130, 131, 134, 141,
　　142, 145, 147, 148, 150, 152, 153, 155, 160,
　　161, 165, 166, 167, 169, 172, 179, 182, 186,
　　189, 191, 192, 193, 198, 210, 214, 250, 251,
　　253, 257, 258, 260, 261, 269, 278, 284, 287,
　　289, 290, 292, 294, 295, 301
高島鎮雄　81
Takayanagi, S.　152, 182
テイラー（Tayler, F. W.）　239, 240, 243, 244,
　　245
　——の人間観　241
Teece, D. J.　23, 108
Thomas, A.　62, 63
Tichy, N. M.　58, 112
ティッド（Tiddo, J.）　52
豊田喜一郎　53, 54
土屋守章　60
トベルスキー（Tversky, A.）　144

U・V

Utterback, J. M.　86, 98
von Hippel, E.　77, 87, 88
フォン・ノイマン（von Neumann, J.）　133,
　　192
ブルーム（Vroom, V. H.）　217, 219, 221, 231,
　　232, 233, 238, 241

―――モデル　224

W
和田一夫　89, 90, 91, 92, 93, 99
Wald, A.　134
ワトソン（Watson, T. J., Sr.）　155
Wayne, K.　42, 55
ウェーバー（Weber, M.）　103, 104, 105
ワイク（Weick, K. E.）　52, 113, 150, 294, 297
Weissinger-Baylon, R.　160
ウェルチ（Welch, J. F., Jr.）　58
Wenger, E.　154
Wernerfelt, B.　19
White, R. W.　252
Williamson, O. E.　19, 171
ライト（Wright, T. P.）　62, 67, 75

Y
Yamada, K.　78
山之内靖　103
安田雪　103
Yelle, L. E.　74
横田理博　105
吉野洋太郎　146

企業・組織名索引（アルファベット，五十音順）

アルファベット
AT&T（アメリカ電話電信会社〔American Telephone and Telegraph〕）　56, 235
BCG（ボストン・コンサルティング・グループ）　37, 41, 42, 48, 64
Cree（クリー）　29, 30
EMI（Electrical and Musical Industries, Ltd）　8
GE（ゼネラル・エレクトリック）　11, 37, 47, 58, 155, 206
GM（ゼネラル・モーターズ）　52, 55, 95, 99, 102
IBM　108, 155, 205, 206
ITT（International Telephone & Telegraph）　36
JISA（社団法人情報サービス産業協会）　280
JPC（日本生産性本部）　117
KDD　194
Lumileds　29
NCR　206
NTT　193, 195
OECD（経済協力開発機構）　203
Osram　29
P&G　206
RCA　58
Toshiba America Medical, Inc.　12
Toshiba America Medical Systems　12

ア　行
アマゾン・ドット・コム社　7
アメリカ電話電信会社（American Telephone and Telegraph）→ AT&T
アルピネ（Alpine）　158
イングリッシュ・エレクトリック　202
インテル　205
ウェスタン・エレクトリック　235
ウェスチングハウス　82
エイビス・レンタカー　37
エジソン・ゼネラル・エレクトリック社（Edison General Electric Company）　37
エジソン電灯社（Edison Electric Light Company）　37, 82

カ　行
カーチス・ライト（Curtiss-Wright）　62
ガルフ・ウエスタン・インダストリーズ（Gulf and Western Industries）　36
キャデラック自動車会社　101
キヤノン　25
久原鉱業　200
経済協力開発機構 → OECD
コマンボール（La Société Comambault）　243

サ　行
シェラトン・ホテル　36
シーメンス　11
社会経済生産性本部　259
新電電　194
住友銀行　7

索　引　327

3M　206
ゼネラル・エレクトリック（General Electric）
　　→ GE
ゼネラル・モーターズ　→ GM
全国電気通信労働組合（全電通）　195
ソニー　39

◼ タ 行
ダイアソニックス（Diasonics）　12
ダイムラー・ベンツ　82
テキサス・インスツルメンツ　51
デトロイト自動車会社　83
東芝　11
特許自動車製造業者協会　83
トムソンヒューストン・エレクトリック社
　　（Thomson-Houston Electric Company）
　　37
トヨタ（トヨタ自動車）　53, 71, 244
豊田合成　29
豊田自動織機　53

◼ ナ 行
ニコン　25
日亜化学工業株式会社　1, 14, 15, 18, 29
　　──のレントの源泉　23
日本経営者団体連盟（日経連）　201
日本経済団体連合会（日本経団連）　261
日本鋼管　158, 159
日本生産性本部　259
日本ゼネラル・モータース　53
日本電信電話株式会社　→ NTT
日本電信電話公社（電電公社）　194
　　──の労働組合　195

日本フォード　53
ニュー・コモン・キャリア（NCC）　94

◼ ハ 行
ハートフォード保険会社　37
日立製作所　200
　　──の多賀工場　202
　　──の日立工場　200, 202
　　──日立工場労働組合　201
ヒューレット・パッカード　205
フェスト（Voest）　158
フォード自動車会社（Ford Motor Company）
　　41, 52, 54, 72, 77, 83, 89, 96, 99, 101, 108,
　　241
　　──の工場の離職率　91
フォルクスワーゲン　72
米国トヨタ販売（Toyota Motor Sales, U.S.A.）
　　53
ペンシルベニア鉄道　56
ヘンリー・フォード自動車会社　83
ボストン・コンサルティング・グループ
　　（Boston Consulting Group）　→ BCG
ホンダ（本田技研工業）　48, 50
　　──の対米進出　48, 49

◼ マ 行
三井銀行　156
三井物産　262
水戸信用金庫　214

◼ ヤ・ラ 行
八幡製鉄　158, 159
リンカーン　101, 102

事項索引　(アルファベット，五十音順)

◼ アルファベット
A-Uモデル　86, 94
A1型試作車　53
A型フォード　94, 97
BCGマトリックス　44, 64
CPUチップ　76
CT（Computed Tomography）　8
CTスキャナー　11
ESS（進化的に安定な戦略）　188

FORTRAN　165
IE（インダストリアル・エンジニアリング）
　　240, 245
IPO（株式公開）　16, 17
ITバブル　131
JPC調査　117, 211, 213, 254, 268, 290
J字型分布　263, 266
KPI（重要業績評価指標）　149
LD転炉　157

M&A（合併・買収）　36, 205, 208
MBA　205
MFC　65
MRI（magnetic resonance imaging）　11
MRI 事業部　12
N 型（フォード）　77
『OECD 対日労働報告書』　203
OJT（on-the-job training）　174, 199
PDCA サイクル　50
PPM（製品ポートフォリオ経営）　37, 47, 60
RBV（資源ベース理論）　4, 5, 19, 113
ROI（資本利益率）　38
SGCP（Single Garbage Can Program）　165
　BASIC 版——　165
　Excel 版——　165
Single Garbage Can Program　→ SGCP
S 字曲線　39, 54
TLO（technology licensing organization；技術移転機関）　8, 10
T 型（フォード）　42, 54, 70, 72, 77, 81, 84, 87, 94, 98
　——生産打ち切り　97
　——専用工作機械　95
　——の価格　88
　「不変の——」のモデル・チェンジ　95
T 迷路実験　234
VRIO フレームワーク　22
X カー　102
X 線　11
X 理論　242, 244, 245
Y 理論　242, 245
　——が仮定する人間の特性　242

あ 行

アイアン・ケイジ（iron cage）　104
アイデンティティ　154
あいまい性下の意思決定　159
青色 LED　14, 24
青色 LED 訴訟　1, 3, 6, 29
　——地裁判決　2
「勢いをつける」機能　143
育種家　115
移行パターン　86
意思決定　133, 141, 144, 156, 244
　——前提　140

　——の質　147
意思決定論　151
1 次の結果　220
　——（成果）の誘意性　218
移動式組立ライン　90, 92
イニシアチブ（自発性，主導権）　243
　現場の——　244
イノベーション　87
イノベーター　87
　——のジレンマ　83
インサイダー取引　137
インセンティブ　176
インダストリアル・エンジニアリング　→ IE
ウォークマン　39, 57
運　用　262
営業秘密　31
衛生要因　231
『エクセレント・カンパニー』　206
エージェント・ベースド・モデル　275
エネルギー加法性の仮定　161
エレクトロニクス製品　87
大型ショッピング・センター　110
「大きな仕事」　273
「お返し」プログラム　184, 185
『オーガニゼーションズ』　156
オットー・エンジン　81, 82
オットー・サイクル特許　81
オーバーロード状況　169, 170
親会社　197
　——の営業力　109
親工場　92

か 行

解　160, 161
解係数　161
外国為替及び外国貿易管理法　32
外国人労働者　197
買い材料　13
外資法　32
会　社　197
　——の方針と管理　230
『会社成長の理論』　292
会社らしさ　155
回収期間法　207
改　善　68, 244, 245

――の継続　75
階層原理　242
階層統制的プログラム　244
外　注　93, 197
外的報酬　217, 218, 220, 225, 246
　　――の期待値　224
回避コスト　6
改良特許　25
科学機器　87
価格競争　88
科学的管理法　149, 235, 239, 243
課　業　240
隠された投資　292
学　習　154
学習曲線　40, 55, 61, 62, 63, 64, 65, 68, 73, 75, 76
　　対数線形型の――　67, 70, 72
学習率　63, 64
学　閥　203
確　率　218
隔離メカニズム　22
寡　占　20
仮想プレイヤー　192
ガソリン・エンジン　82, 84
割賦販売　100
合併・買収　→ M&A
金のなる木　44, 60
株式公開　→ IPO
株式市場　13
株式配当　33
家父長的関係　199
殻（Gehäuse）　105, 107, 112
　　――の裏　106
　　――を必要としない選択肢　116
カラー液晶（搭載）携帯電話　23, 24
環境適応　54
関係会社　196
慣性力　187
完全子会社　32
監　督　230
管　理　245
　　――の原則　147
管理サイクル　50
官僚制　103
機械加工工程の進歩率　66

機械集約型産業　74
企　業　197
　　――の境界　198
『企業文化』　206
企業文化論　155, 205, 206
企業別組合　203, 204
希釈化　18
技術移転　31, 32
技術教育　204
技術指導料　32
技術者の解雇　97
技術資料取引　31
技術的代替案探索　70, 72
希少価値のある資源／希少性　22
期　待　218
期待効用　136
期待効用理論　136, 218, 219
期待報酬　233
期待理論　217, 218, 233, 241
　　――の検証　221
　　――の定式化　219
キー・パーソン　285
規範的同型化　208
基本特許　10, 11, 25
　　――の専用実施権　12
客観（的成果）指標　148, 149
客観評価　149
キャッシュ・フロー　43
キャリア開発　297
キャリア・デザイン　297
吸収合併　101
給　与　230
協議による意思決定　204
矯正状態　182
強制的行動　245
競争的同型化　115
競争の事前（の）制限　22, 24
競争の争点　88
競争優位　60, 107
　　――をもたらす要因　22
協　調　178, 180, 190
　　――・裏切りゲーム　177
協調行動　175, 182, 183, 193
共通経験に関する物語　297
共通目的　300

共同作業　285
協働システム　299
共同出資　32
共有された経験　294
『虚妄の成果主義』　260
均　衡　136
金銭的報酬　26, 217, 225, 226, 227, 228, 246
　　──を職務遂行に連動させる報酬システム　229
　　──を使わない動機づけ　251
近代組織論　134, 137, 138, 156, 157
　　──的な意思決定モデル　159
組立工程の進歩率　66
組立分工場　92
クレーム処理　148
クロス・ライセンス（契約）　10, 12, 16, 29, 30, 111, 116
経営管理　36
経営管理論　147, 243
『経営行動』　138, 141, 148, 150
経営資源配分優先順位　47
経営者の役割　115
経営責任　267
経営戦略論　4, 5, 19
経営民主化　202
『経営労働政策委員会報告』　261
計画立案システム　51
経験曲線　38, 40, 55, 62, 64, 81
経済成長の要因　202
継続企業　→ゴーイング・コンサーン
継電器（リレー）組立作業実験　236
軽量化　85
結果の誘意性　220
欠　勤　232
決　定　140, 141
決定ルール　186
ゲホイゼ（Gehäuse）　104
『ゲームの理論と経済行動』　133
ゲームのルール　134
ゲーム理論　133, 134
原価企画　77
研究開発　46
　　──の（失敗による）リスク　14, 15
研究開発コスト　6
研究開発チームのチーム・ワーク　27

研究開発プロセス　15
権　限　273
現状打破　132
現　場　50, 76
コア硬直性　107
コア能力　106
ゴーイング・コンサーン（継続企業）　209
工　員　200
航空機産業　63, 74
貢献意欲　300
高原効果　73
高原状態　73
高コンテクスト・コミュニケーション　296
公式組織　300
　　──の成立条件　299-300
公式文書　204
工場管理法　239
合成的モチベーション　223
構造的慣性　107
硬直性　107
工程イノベーション　86, 87, 89, 98
行動による学習　61
後方帰納法　179, 182
効　用　218, 219, 222
合理化のプロセス　152
合理性　154, 157
効率性　94
合理的戦略　51
合理的な意思決定　152
合理的な人間　217, 218
凍りついた状態　101
子会社　196
コスト　171
コスト・ダウン　76, 77
固定給部分　201
ゴミ箱モデル　156, 158, 160, 165
　　──の定式化　159
コミュニケーション　300
　　──の悪さ　294
雇用契約　15
　　──における相当対価　18
雇用システムの違い　202
雇用保障　203
コングロマリット　36, 37, 60, 205
混合戦略　136

索　引　331

コンセンサス（合意）　202
コントロール・ロス（統制上の損失）　171
コンピュータ・シミュレーション　160, 165
コンピュータ選手権　184, 185
コンベアー　90
コンベアー・システム　89, 92

さ 行

在庫スペース　93
最適政策　179
最適性の原理　179
採用時の選考　198
作業条件　230, 236
作業能率　236
査　定　148
サーブリッグ（therblig）　240
差別的出来高給制度　240
「差をつけないと」症候群　266
参加者　160, 161
参加的プログラム　244
参加の決定　232
『産業ならびに一般の管理』　243
産業の脱成熟化　54
塹壕戦　183
三種の神器　203
酸素上吹き転炉（BOF）　158
サンプリング　137
時間請負　201
時間給制度　91
時間研究　240
磁気共鳴現象　11
事業化　15
事業承継　278
事業の再定義・細分化　47
事業の戦略的位置づけ　47
事業リスク　24
事業領域　→ドメイン
資金需要　40
資金流入　43
資源の価値　22
資源のユニークさ・異質性　22, 23
資源ベース理論　→RBV
自己アイデンティティ　113
試　行　137
自己概念　113

自己決定度　253, 258
　──と満足比率　253, 255
自己決定理論（SDT）　252
自己実現感　244
事後的合理化／事後的合理性　151, 153
仕　事　230
　──と満足　227
　──のあいまい性　168
　──の充実感　118
『仕事と人間性』　231
『仕事とモチベーション』　217, 224
「仕事の報酬は給料」型のシステム　273, 274
「仕事の報酬は次の仕事」型のシステム
　　258, 267, 273, 281, 284, 294
仕事を任せられる人　294
市場シェア　46, 57
市場成長率　40, 57
市場の定義　57
システム /360　108
システム /370　108
システム温　119, 123, 126, 132
　高──　127
自　製　25
自然的意業　239, 241
自然淘汰　115
下請け（企業）　196, 197
実　験　137
実験心理学　234
実施許諾契約　31
失敗回避動機　223, 224
質問票調査　117
自動車　82
自動車産業　54
自動車製造事業法　53
自動車特許　83
死の谷　15
シボレー　53, 95, 99
資本参加　32
資本集約型産業　208
資本主義社会　106
資本利益率　→ROI
社　員　200
　──・工員間の賃金格差の消滅／身分制度撤廃　201

シャシー組立工程　90, 92
社内転職　290
『ジャパニーズ・マネジメント』　206
収益性指標　207
従業員組合　201
従業員発明家　5, 15
自由時間　226
終身コミットメント　195, 196, 198, 200, 207, 210, 211
終身雇用（制）　200, 203, 204
　——の強み　204
囚人のジレンマ（・ゲーム）　175, 183, 192, 195
　——に関する実験　178
集積回路　76
重大な意思決定　143
集団安定（性）　188
集団思考　143
集中度と利益率　20
柔軟性　94, 97
周辺特許　16, 25
重要業績指標　→KPI
主観確率の理論　136
手段性　218, 220
純戦略　134
春闘方式　202
昇格　273
昇給　273
状況定義　140
使用許諾契約　31
上司　271
　——のあいまい性　167
　——の信頼性・安定性の低さ　170
常識　55
常識仮説　276
昇進　230, 273, 276
昇進戦略　276
商標　9
正味現在価値法　207
照明度　236
賞与　198
初期凹性　68, 70
職業人（Berufsmensch）　106
職種別・職位別の自己決定度と満足比率　256

職種別・職位別の見通し指数と満足比率　257
職長　199
職務遂行　227
　——と金銭的報酬の間の連結　229
　——と職務満足　228
職務の誘意性　241
職務発明　3, 5, 15, 34
職務不満足　230
職務満足　212, 213, 230, 241, 244, 268, 290
　——と欠勤　232
　——と生産性　232
　——と生産性の関係　224
　——と退出願望　212
　——と離職確率　232
職務満足要因と不満足要因の比較　231
職工　200
尻ぬぐい的行動　174
じり貧（状態）　107, 108, 112
　——の回避　132
進化的に安定な戦略　→ESS
新規事業　278
人件費　265
　——削減　283
信仰心　106
人材　288
人事　275
人事異動　170, 272
紳士的なプログラム　190
新職務発明制度　4
新製品　102
進歩関数　62, 63, 64, 65, 68, 78
進歩率　63, 66, 70
信頼性　107
垂直的統合・多角化　36
スキルアップ　281
スケール観　76
ストック・オプション　18
ストレス耐性　174
ストレート・ライセンス　9
スーパーカブ　48
成果向上　265
成果主義　148, 260, 261, 263, 265, 275, 283
生活給　201
生活費保障型賃金　201

索　引　333

成果配分　281, 283
正規分布　263, 265
製　鋼　158
成功接近動機　223
生産技術　60
生産子会社　197
生産コスト逓減　67
生産システム　94
　　――の柔軟性／効率性トレードオフ関係
　　101
生産性　78, 232
　　――と欠勤率　237
　　――のジレンマ　94, 100
生産性増大運動　238
生産性手当　241, 262
生産の決定　232
生産の単位　87
生産量拡大　78
静止式組立方式　90
正社員　282
成熟期　39
成熟産業　60
製造業　63
製造コスト　78
生態学的シミュレーション　185
成長期　39
成長企業　204
成長志向　209
成長性　130
正統的周辺参加（LPP）　154
制度的同型化　115, 208
性　能　88
製品イノベーション　86, 87, 100
製品知識　50
製品デザイン　55, 81, 87, 98
　　――以外の殻　108
　　――の化石化　107
製品の取捨選択　46
製品ポートフォリオ経営　→ PPM
製品ライフ・サイクル　38, 54, 100
税　法　32
『セオリーZ』　205
責　任　230
刹那主義型システム　191
設備投資　207

設備輸出　33
説明責任　107
ゼネラル・マネジャー　51
セルデン特許　83
ゼロ和状況　193, 195
ゼロ和3人ゲーム　192
ゼロ和2人ゲーム　134, 137, 195
全社的IE　245
選　択　140, 141
選択機会　156, 160, 161, 162
選択と集中　38
全面裏切りプログラム　188
　　――の集団安定性　189
戦　略　35, 54, 133, 134
戦略的事業単位（SBU）　47
創業者のテイスト　154, 293
創業者利益　4, 5, 15, 17, 34
「早熟―じり貧」型プロジェクト　208
相対市場シェア　44
創発的戦略　152
組　織　22, 197, 298
　　――に参加を続ける動機　217
　　――に参加を始める動機　217
　　――の（中の）意思決定過程／プロセス
　　145, 146, 157
　　――の機能　141, 143
　　――の（中での）合理性　144, 150, 156
　　――の個体群生態学　107
　　――の同型化　→同型化
　　――のネットワーク　198
組織化　300
　　――された無政府状態　157
　　――のプロセス　300
組織人　120
組織設計問題　179
組織づくり　35
組織的活動　27, 299
組織的怠業　239
組織文化　155, 206
『組織文化とリーダーシップ』　155
組織文化論　205
組織への参加　216
組織力　301
訴訟コスト　6, 9

■ た 行

第一種事業者　193
体　温　　120, 124, 126, 224
体感温度　　121, 126, 130
　　――（改良版）とぬるま湯比率　124, 125
体感温度仮説　　123, 125, 129, 130
体感温度測定尺度　　125
　　――の改善　　123
怠　業　　239
退出願望（比率）　　210, 212, 213, 290
退出の決定　　232
対人関係　　230
対　数　　55
対数線形モデル　　63
代替技術　　16
第二種事業者　　193
タイプ A　205
タイプ J　205
タイプ Z　205
滞留期間　　174
大量生産　　75
互いの行動を真似る傾向を表す相関係数　　181
多角化　　37, 60
択一式問題の解決　　141
達　成　　230
達成感　　225
　　――に対する承認　　230
脱成熟化　　54, 100
達成動機づけ　　226
達成動機づけモデル　　220, 222
単位当たり生産コスト　　43, 62, 63
短期的な生産性　　244
探　索　　233
探索理論のモデル　　67
逐次決定過程　　186
逐次分析　　179
窒化ガリウム　　24
知的財産権　　1, 2
チーム・メンバー　　285
超企業・組織　　198
長期利益　　208
直接労働量　　65
著作権法　　31
賃　金　　281, 283

　　――による動機づけ　　26
賃金制度　　201
低価格車市場　　95
定期異動　　289, 291
定期採用方式　　201
提　携　　4, 6, 30
　　――の選択　　31
低コンテクスト・コミュニケーション　　296
停止ルール　　185
テイスト　　154
定備工　　200
ディーラー　　93
適　温　　129, 130
適材適所　　274, 277
「～できる」観　　300
鉄鋼業の国際競争力　　158
鉄の檻　　103, 104
「鉄の檻再訪」　　103, 104, 115
デフレ　　131
電気通信事業法　　193
天井心理　　74
天職（Beruf）　　105
　　――義務の行動様式　　106
転　職　　274
転職市場　　279
同一労働（同一賃金）　　279, 280
動機づけ　　225, 234, 273
動機づけ衛生理論　　230
動機づけ要因　　230
同型化（組織の）　　103, 115
統計的決定理論　　136, 157, 179
動作研究　　240
投　資　　281, 282, 292
　　――の形での成果配分　　282, 292
　　――のリスク回避　　283
投資（収益の）回収／撤退　　33, 46
投資決定　　208
同時性　　161
統制による経営　　242
淘　汰　　186, 187
動的計画法　　179
導入期　　38
独　占　　20, 21
　　――のレント　　20
特化状態　　87

特化パターン　86
特　許　111
　　――の金銭的価値　7
　　――の侵害警告　13
　　ビジネスの道具としての――　9
特許権　6, 13, 15, 31
　　――・著作権使用料　113
　　――の金銭的価値　4, 9, 34
特許収入　31
特許出願　10
特許トロール　11
特許番号2628404号　→404特許
特許法　31
　　――35条　3, 4
　　――48条の3　10
トップ・マネジメント　50
ドナヴィッツ（Donawitz）工場　158
ドミナント製品デザイン　86
ドミナント・デザイン　85, 87, 98
ドミナント・ロジック　152
ドメイン（事業領域）　57, 301
留置法　117, 253
「共倒れ」の論理　178
トヨタ生産方式　245
トヨペット・クラウン　53
ドライビール　57
トラック生産　53
トランスミッション　84
取引コスト　19
取引不可能性　22, 23, 25

な　行

内製化　93
内　注　197
内的報酬　225
内発的動機づけ　224, 225, 228, 246, 252, 258
　　――の理論　226, 227
内部収益率法　207
内部留保　33, 208
ナッシュ均衡点　176
成行管理　245
2次の結果　220
　　――（報酬）の誘意性　218
日給5ドル制　241
日系企業と米国企業の比較研究　204

日本型年功制　28, 261, 270, 273, 294
日本型の人事システム　260
日本生産性本部　→JPC
日本的経営　145
　　――のブーム　146
　　――の評価　202
『日本的経営と稟議制度』　145
日本的経営論　195
日本的労使関係　203
『日本の経営』　196, 203, 241, 262
『日本の経営から何を学ぶか』　203
日本の工業化　196
日本の工場における生産性　199, 203
日本の雇用制度　28
ニュー・コモン・キャリア（NCC）　194
人間関係論　235, 236, 238
　　――的仮説の否定　239
ぬるま湯感　118, 130, 268
ぬるま湯的体質　117
ぬるま湯比率　125, 130
　　――の推移と体感温度　131
年金基金　36
年功序列　260, 272
年功制度　202
年功賃金　198, 200, 204, 263
年齢別生活費保障給型賃金カーブ　202, 261
年齢別湯かげん図　126, 127
能率給制度　201
能率の基準　148
能率の原則　147, 150, 152
能力主義　272
ノックダウン生産　53, 92
暖　簾　21

は　行

バイオ関連特許　13
バイオ・ベンチャー企業　13
買　収　12, 207
ハイテク企業　14
ハイランド・パーク工場　89, 92
鋼溶接組立製造法　75
白色LED　23, 24
派遣社員　197, 282
働くことの意味　215
閥　199

発明者主義　3, 4
発明対価　1, 2, 3, 34
発明の科学的・学術的価値　9
発明報酬　5, 33
花形　44
派閥　203
パーフェクト　7
バブル　131
「晩成―末広がり」型プロジェクト　208
半導体産業　25
販売店網　108
反復囚人のジレンマ　178, 184, 193
飛行機の製造方法　75
ビジネス・エンジン　59
ビジネス・プラン　288
ビジネスモデル特許　7, 13
ビジョン　74
非ゼロ和2人ゲーム　192, 195
ピーター仮説　276
ピーターの法則　275
　「――再訪」　275
非定型の意思決定　157
日雇工　200
ピュウリタニズム　105
評価　284
評価基準　47, 169
標準化　87
標準作業時間　240
標準的囚人のジレンマ・ゲーム　180
標準作り　245
標準の「維持」　132, 245
標準の改訂　245
評判　21
不況　266
複雑系　276
福利厚生費　199
部品加工精度　89
部品供給　92
部品生産の平準化　93
部品メーカー　93
部品輸出　33
不変の精神　155
部門間異動　290
フランチャイズ契約　111
振込処理システム　7

ブルーカラー労働者の賃金のホワイトカラー化　201
プレイヤー　134
ブレークダウン　142
プロセス重視の仕組み　114
『プロテスタンティズムの倫理と資本主義の精神』　103, 104
プロフェッショナル・マネジメント　50
文化　155
　――の繭　112
『文化を超えて』　296
分散投資の理論　59
分身会社　197
文脈（コンテクスト）　296
閉鎖型ボディ　99
ベイズ統計学　137
ベイズの定理　137
冪関数　79
ベースダウン　267
変化性向　119, 132
　個人の――　120, 224
変速機　84
ベンチャー企業　8, 14, 15, 286
　――の全株式　16
　――の売却額　16
ベンチャー・キャピタル　287
ベンツ車　82
報酬　218, 223, 246, 252
　――の情報的側面　246
　――の統制的側面　246
報酬システム　26
棒と針金組立製造法　75
ポスト　273
ホーソン実験　235, 238, 239
ポートフォリオ経営　37
ポートフォリオ選択理論　59
ポートフォリオ的な資産管理　59
ポートフォリオ・マトリックス　44
ボトム・アップ・コミュニケーション　204
ホワイトカラーの評価分布　262

ま 行

負け犬　45
マネジメント・コンサルタント　50
マネジメント・チーム　292-293

マピオン特許　7
マルチエージェント・シミュレーション
　　275
満足比率　212, 254, 268, 290
　──と自己決定度　258
見過ごしによる決定　162
見過ごしの発生頻度　166
見通し　174
見通し指数　210, 212, 268
　──と退出願望比率　211
　──と満足比率　213, 255
身分制撤廃　202
ミューズ・モデル　68, 78
ミューチュアル・ファンド　36
未来傾斜型システム　191
未来傾斜原理　191, 209
未来係数　185, 189, 191, 195, 197, 205, 207, 213
　──の指標化　210
民営化　193
無効審判請求　11, 16
メインフレーム・コンピュータ　108
目標管理　149
目標成功の困難性　222, 224
目標成功の容易性　223
目標設定　149
目標の上方修正　245
モータリゼーション　55
モチベーション（動機づけ）　271
モチベーション・スコア　221
モチベーション（の）理論　4, 5, 26, 217
　──から見た金銭的報酬　26
モデル・チェンジ　94, 95
モノコック製造法　75
ものづくり経営　76
模倣（学習）　187
模倣不可能性　22, 25
モラール・サーベイ　259
問題　161
　──のエネルギー必要量　162
問題（の）解決　141, 156, 160
　──による決定　160, 162, 166
問題児　45

■や　行
やりがい　252
やり過ごし　166, 191, 292
　──による決定　162, 166
　──の効用　173
　──のスクリーニング機能　169
　──のトレーニング機能／選別機能　171
　──の発生原因　167
　──のフィルター機能　170
　──の誘発　172
やり過ごしルール　170
誘意性　218, 219
　──の期待値　218
有限回の反復囚人ジレンマ・ゲーム　179, 180
遊星歯車式の変速機　84
優先順位　169, 172
有能度の変化と選抜　276
湯かげん図　122, 130
ユーザー・イノベーション　87
ゆでガエル現象　112, 128
要求水準　233, 234
予算制約　265
欲求不満　234
4サイクル・エンジン　82, 84
404特許（特許番号2628404号）　3, 15, 17
　──の帰属　30
　──の権利放棄　29
404特許維持（コスト）　29, 30

■ら　行
ライセンス・アウト　9, 27
ライセンス供与　4, 7
ライセンス契約　9
　──の形態　31
ライセンス交渉の回避　11
ライセンス・ビジネス（ライセンシング・ビジネス）　2, 6, 9, 14, 34
リカードのレント　21
離職　232, 289
離職者　244
離職率　91, 126, 205, 290
リストラクチュアリング　58
リーダーシップ　75
利得　134

利得表　134, 180
　　コンピュータ選手権で用いられた──
　　　185
リバー・ルージュ工場　93, 97
流動状態　87
流動パターン　86
稟議書　145
稟議制度　145, 202
稟議的経営　145-146
臨時工員　196
リンツ（Linz）工場　158
累積生産量　42, 43, 62, 63, 65
ルーチン・ワーク　143
レント　19, 113

──の源泉　22
ロイヤルティー　10, 31, 33
労使協調　194, 195
労働組合　201
労働時間　78
労働者派遣法　282
労働集約型産業　74
論功行賞　274

わ 行

ワーク・モチベーション理論　217, 229
割引率　186, 207, 208
ワンクリック特許　7

♣ 著者紹介

高橋伸夫（たかはし のぶお）
現在，東京大学大学院経済学研究科教授

略　歴
1980年，小樽商科大学商学部管理科学科卒業
1982年，筑波大学大学院社会工学研究科 学術修士（筑波大学）
1987年，学術博士（筑波大学）
1994年，東京大学経済学部助教授，同大学院経済学研究科助教授を経て
1998年より，現職

主要著書
Design of Adaptive Organizations, Springer-Verlag, 1987．『組織活性化の測定と実際』日本生産性本部，1989．『経営統計入門』東京大学出版会，1992．『組織の中の決定理論』朝倉書店，1993．『ぬるま湯的経営の研究』東洋経済新報社，1993．『経営の再生』有斐閣，1995．『できる社員は「やり過ごす」』ネスコ，1996（のち日経ビジネス人文庫）．『未来傾斜原理』（編著）白桃書房，1996．『日本企業の意思決定原理』東京大学出版会，1997．『組織文化の経営学』（編著）中央経済社，1997．『経営管理』（共著）有斐閣アルマ，1999．『鉄道経営と資金調達』有斐閣，2000．『超企業・組織論』（編）有斐閣，2000．『組織と意思決定』（共著）朝倉書店，2001．『虚妄の成果主義』日経BP社，2004（のちちくま文庫）．『リサーチ・マインド 経営学研究法』（共著）有斐閣アルマ，2005．『〈育てる経営〉の戦略』講談社選書メチエ，2005．『コア・テキスト 経営学入門』新世社，2007．『ライセンシング戦略』（共編著）有斐閣，2007．『組織力』ちくま新書，2010．『ダメになる会社』ちくま新書，2010．『よくわかる経営管理』（編著）ミネルヴァ書房，2011．『殻』ミネルヴァ書房，2013．ジェームズ・G.マーチ，ハーバート・A.サイモン『オーガニゼーションズ 第2版』（翻訳）ダイヤモンド社，2014，ほか．

経営学で考える
Managementthink

2015年9月10日　初版第1刷発行
2020年9月30日　初版第2刷発行

著　者	高　橋　伸　夫
発行者	江　草　貞　治
発行所	株式会社 有　斐　閣

郵便番号 101-0051
東京都千代田区神田神保町2-17
電話（03）3264-1315〔編集〕
　　（03）3265-6811〔営業〕
http://www.yuhikaku.co.jp/

組版・レイアウト　ティオ
印刷　大日本法令印刷株式会社　製本　大口製本印刷株式会社
© 2015, TAKAHASHI, Nobuo. Printed in Japan
落丁・乱丁本はお取替えいたします．
★定価はカバーに表示してあります．
ISBN 978-4-641-16461-1

JCOPY　本書の無断複写(コピー)は，著作権法上での例外を除き，禁じられています．複写される場合は，そのつど事前に，(一社)出版者著作権管理機構（電話03-5244-5088, FAX03-5244-5089, e-mail:info@jcopy.or.jp）の許諾を得てください．